# 统 计 学 基 础

主　编　李杰顺　徐　姚
副主编　张　龙　邓　茜　刘姿潇　赖　旋

东南大学出版社
·南京·

## 内容提要

本书旨在为高等职业教育财经类专业群提供一本实用的教材,以帮助学生为未来的与统计相关的工作打下扎实的基础。

本书以最新的《职业教育专业目录》中财经类专业内涵建设为目标,结合 Python 语言相关知识,对标统计类工作岗位新要求和数智化时代的数字化转型,共分为 9 个项目,涵盖了统计学的各个方面,从设计、调查、整理到分析,每个项目都结合了具体的案例和实际应用。在使用传统工具处理数据的同时,强调面向复杂问题的工具升级,以计算机思维逻辑和统计思维逻辑的异同为切入点,精选典型工作业务场景,使用 Excel 和 Python 语言,解决具体工作岗位场景中的常见问题,使数字化工具能够更好地赋能专业人才培养,同时也将与统计相关的课程思政元素在教材的各个章节中进行了有效融入。

本书配有教学课件、软件安装包、代码包等教学资源,学习者可以通过上述资源更为有效地达成学习目标。

本书可以作为高等职业教育专科院校财经商贸类相关专业的教学用书,也可以作为社会从业人员从事企事业统计岗位工作的参考用书。

### 图书在版编目(CIP)数据

统计学基础/ 李杰顺,徐姚主编. —南京:东南大学出版社,2023.12
 ISBN 978-7-5766-0857-1

Ⅰ.①统… Ⅱ.①李… ②徐… Ⅲ.①统计学 Ⅳ.①C8

中国国家版本馆 CIP 数据核字(2023)第 167650 号

责任编辑:徐 潇  责任校对:韩小亮  封面设计:毕 真  责任印制:周荣虎

**统计学基础**
Tongjixue Jichu

主　　编:李杰顺　徐　姚
出版发行:东南大学出版社
社　　址:南京四牌楼 2 号　邮编:210096
出 版 人:白云飞
网　　址:http://www.seupress.com
电子邮箱:press@seupress.com
经　　销:全国各地新华书店
印　　刷:南京玉河印刷厂
开　　本:787 mm×1092 mm　1/16
印　　张:19.5
字　　数:453 千
版　　次:2023 年 12 月第 1 版
印　　次:2023 年 12 月第 1 次印刷
书　　号:ISBN 978-7-5766-0857-1
定　　价:49.50 元

本社图书若有印装质量问题,请直接与营销部调换。电话(传真):025-83791830

# 前　言

习近平总书记在党的二十大报告中指出："加快发展数字经济,促进数字经济和实体经济深度融合。"新一代信息技术与各产业结合形成数字化生产力和数字经济是现代化财经商贸专业群发展的重要方向。

专业建设的核心是课程建设,课程建设的基础是教材建设,推进新《职业教育专业目录》背景下传统课程的教材建设需要着重考虑两个方面的因素:一是基于区域经济发展的人才需求;二是基于新专业目录下专业教学标准建设。鉴于此,编者从解读研究新专业目录着手,抓住传统专业转型的需要,开展了统计相关岗位能力要求的问卷调查、数据收集、数据分析等一系列调研活动。在调研过程中,编者发现当前各类企事业单位对统计从业人员的要求越来越高,传统知识体系和技能已经不能满足其发展的需要,企事业单位强烈需要提升员工技能,隐藏在此现象背后更深层次的原因则是整个统计行业都面临着转型。在问卷和需求调研中,我们梳理了统计工作的流程——"设计—调查—整理—分析",这些环节都已经或正在被人工智能、大数据和云计算等新技术所渗透、改变甚至代替,基于结果为导向的工作岗位设计逐渐向基于流程为导向的工作岗位设计进行转变。

本书基于以上调研,总结归纳有以下几个特点:

1. 编写团队基于专业群建设,跨专业融合,多元开发

本书编写团队由昆明工业职业技术学院国家"双高"专业群中相关专业负责人总体设计并规划教材编写思路及框架,以学校"双高"专业教师团队为基础,企业专家参与,共同组建编写团队。编写团队的搭建将使统计学与财经领域的其他学科(如统计与会计核算、物流管理、大数据与会计、市场营销等专业)更加紧密地融合,为学生提供更广阔的职业发展领域。

2. 突出实时数据分析,加强分析技能,突出数据与用户的沟通

本书所使用的数据和工具,大多来源于专业前沿,在保证有效性的同时,突显时效性,并且给出数据来源,方便学生后期更新数据。随着实时数据获取和处理技术的不断进步,学生将需要适应快速变化的数据环境,进行及时的数据分析和决策。

3. 有效融入课程思政,结合时政,为国育才

教材编写团队高度重视课程思政有效融入,多次开展调研工作,将专业知识和课程思政元素有效地融为一体,在案例中精挑细选,最终形成与本课程契合度较高的思政案例,在保证学生能扎实学习专业知识的同时,提高德育质量,切实做到为党育人、为国育才。

**4. 课程资源全面配套,高效丰富**

本书专门配置了教学课件、软件安装包和代码包,数字化教学资源丰富,形成可学可练的立体化教学资源,为开展课程教学打下坚实基础。

本书为云南省教育厅科学研究基金资助项目(课题项目:双高视域下校企协同创新统计与会计核算专业人才培养实践;项目编号:2022J1436),由昆明工业职业技术学院李杰顺老师、云南旅游职业学院徐姚老师担任主编,昆明工业职业技术学院张龙、邓茜老师,新道科技股份有限公司商业伙伴经理刘姿潇,江西环境工程职业学院赖旋担任副主编。它可供财经商贸大类下的统计类、会计类、金融类、市场营销类等有数据分析需要的专业使用,可建议作为专业基础课配套教材,在大一第二学期使用。

最后,特别感谢昆明工业职业技术学院各级领导和同事在教材编写过程中给予的大力支持,以及东南大学出版社在书稿编校及审核工作中所付出的努力。

尽管我们力求做到最好,在教学实践中也进行了反复的修改,但书中难免还有疏漏或错误之处,恳请读者在阅读和使用中提出更多宝贵的意见和建议,我们将在后续的版本中不断修改精进。

编 者<br>2023 年 8 月

# 目 录

项目一 概论 ·········································································· 1
  任务一 认识统计与统计的研究对象 ············································· 2
  任务二 统计研究方法与研究过程 ················································ 8
  任务三 统计学中的几个基本概念 ················································ 10
  拓展材料
      统计见证变革:中国数字经济大国的蓬勃发展 ························· 14

项目二 统计调查 ···································································· 15
  任务一 统计数据的来源 ························································· 16
  任务二 统计调查的组织形式 ····················································· 20
  任务三 统计调查的方案设计 ····················································· 27
  任务四 调查问卷的设计 ························································· 29
  任务五 问卷调查的实施 ························································· 36
  实训一 通过平台搜索数据 ······················································· 39
  实训二 利用 Python 获取和提取数据 ············································ 40
  拓展材料
      统计镜下的中国:人口普查揭示的社会与文化图谱 ··················· 46

项目三 统计整理 ···································································· 48
  任务一 统计整理的概述 ························································· 49
  任务二 统计分组 ································································ 50

任务三　分配数列 ······ 56

任务四　统计数据的显示 ······ 63

实训一　Excel 在统计整理中的应用 ······ 70

实训二　利用 Python 进行数据的清洗和绘图 ······ 79

拓展材料

　　统计见证辉煌：中国高铁发展的数据洞察 ······ 85

## 项目四　统计描述 ······ 86

任务一　总体规模描述 ······ 87

任务二　相对指标 ······ 90

任务三　集中趋势描述 ······ 99

任务四　离散趋势描述 ······ 115

任务五　分布的偏度和峰度 ······ 123

实训一　Excel 在统计描述中的应用 ······ 125

实训二　Python 在统计描述中的应用 ······ 131

拓展材料

　　赋能未来出行：中国 AI 技术在智慧交通统计分析中的突破 ······ 139

## 项目五　统计指数 ······ 140

任务一　统计指数的概念、作用和分类 ······ 141

任务二　综合指数的编制 ······ 144

任务三　平均数指数的编制 ······ 149

任务四　指数体系和因素分析 ······ 154

任务五　几种常用的经济指数 ······ 164

拓展材料

　　守护民生经济：中国 CPI 及通货膨胀控制的数据洞察 ······ 176

## 项目六　动态数列 ... 178

### 任务一　时间数列概述 ... 179
### 任务二　动态发展水平指标 ... 182
### 任务三　动态发展速度指标 ... 191
### 任务四　动态数列的趋势分析 ... 195
### 拓展材料
数据映射气候未来：全球暖化趋势与中国碳减排的统计分析 ... 208

## 项目七　抽样推断 ... 210

### 任务一　抽样推断的基本原理 ... 211
### 任务二　参数估计 ... 217
### 任务三　抽样组织方式 ... 224
### 任务四　样本容量的确定 ... 227
### 实训一　Excel 在抽样推断中的应用 ... 229
### 实训二　Python 在抽样推断中的应用 ... 232
### 拓展材料
中国"两山"智慧：绿水青山就是金山银山 ... 240

## 项目八　假设检验 ... 241

### 任务一　假设检验的基本问题 ... 242
### 任务二　假设检验的基本步骤 ... 245
### 任务三　常用参数的假设检验 ... 247
### 实训一　Excel 在假设检验中的应用 ... 254
### 实训二　Python 在假设检验中的应用 ... 255

## 项目九　相关与回归分析 ... 260

### 任务一　相关分析的概念与内容 ... 261
### 任务二　相关关系的判断与测定 ... 265

| 任务三 | 一元线性回归分析 | 270 |
|---|---|---|
| 任务四 | 多元线性回归分析 | 276 |
| 实训一 | Excel 在相关与回归分析中的应用 | 280 |
| 实训二 | Python 在相关与回归分析中的应用 | 286 |

拓展材料

    中国经济复苏的统计分析 ············· 292

| 附表 1 | 正态分布概率表 | 294 |
|---|---|---|
| 附表 2 | $t$ 分布临界值表 | 296 |
| 附表 3 | $\chi^2$ 分布临界值表 | 297 |
| 附表 4 | $F$ 分布临界值表 | 298 |
| 附表 5 | 累计法平均增长速度查对表 | 300 |
| 附表 6 | 相关系数表 | 304 |

# 项目一 概 论

## 学习目标

### 一、知识目标

- 理解统计的含义、统计学的学科性质以及统计活动的产生和发展。
- 理解统计研究方法,包括大量观察法、统计分组法、综合指标法等,并能够说明其应用场景和特点。
- 掌握统计研究过程,包括统计设计、统计调查、统计整理和统计分析等步骤,并能够解释每个步骤的作用和关键要点。
- 理解统计学中的几个基本概念,如总体与总体单位、标志、指标与指标体系、变异与变量,并能够运用这些概念进行统计分析。

### 二、能力目标

- 通过后期学习能够根据具体问题选择合适的统计方法和研究设计,并能够进行数据的收集、整理和描述。
- 通过后期学习能够运用统计学中的方法和技巧,对收集到的数据进行分析和解释,得出有关总体特征和关联关系的结论。
- 通过后期学习具备运用统计软件(如 Excel、SPSS 等)进行数据处理和分析的能力,能够利用辅助软件进行统计研究。

### 三、素养目标

- 了解我国统计学发展史,尤其是中外统计学发展史的比较,有利于我们总结历史经验,了解国情。
- 结合二十大报告精神突出学生社会责任感的培养,一方面要求具有扎实的专业知识,另一方面还需要具备良好的人文素养。
- 培养对统计学的兴趣和探索精神,能够持续学习和更新统计学知识,以适应不断变化的统计分析需求。

## 四、思维导图

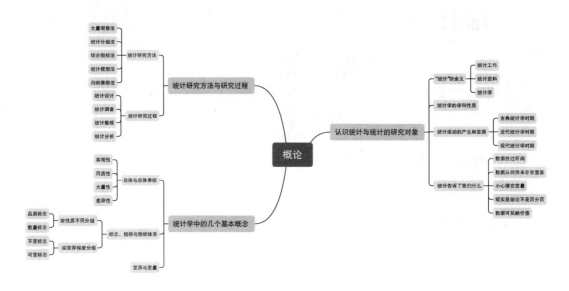

# 任务一　认识统计与统计的研究对象

统计语源最早来自欧洲,出现于中世纪的拉丁语 status,意思是指各种现象的状态和状况。由这一语根组成的意大利语 stato,表示国家的概念,以及表示关于各国的国家结构和国情这一方面知识的总称。

统计一词最早当作学名使用的是在 18 世纪的德国。哥廷根大学政治学教授阿亨瓦尔(G. Achenwall 1719—1772 年)为"国家学"定了一个新名词:Statistics,即统计学。

古往今来,统计作为一种认识工具,在人类社会生活中发挥着十分重要的作用。利用统计揭示事物本质,探寻行动方向的典型事例比比皆是。

## 一、"统计"的含义

在不同场合人们对"统计"主要有三种不同的理解,即统计工作、统计资料和统计学。

1. 统计工作即统计实践,它是对社会经济现象客观存在的现实数量方面进行收集、整理和分析的活动过程。

2. 统计资料即统计工作成果,它是统计实践活动过程中所取得的各项数字资料以及与之相关的其他实际资料的总称。

3. 统计学即统计科学,它是在统计实践活动的基础上形成和发展起来的,是关于统计的原理、原则和方法的一门科学,同时也揭示统计对象的本质特征和发展规律。

统计工作、统计资料和统计学三者之间既有区别,又有密切联系。

统计资料是统计工作的成果,所以统计工作和统计资料是过程与成果的关系;统计学是统计实践活动的经验总结和理论概括，统计工作是在统计理论的指导下进行和完成的。所以统计学与统计工作是理论与实践的关系。

### 二、统计学的学科性质

统计学的性质是与其研究对象密切联系在一起的。

统计学是研究如何对大量客观现象数量方面的资料进行收集、整理、描述和分析这一认识活动全过程的统计理论与方法的科学，即它是指导如何做好统计工作的原理、原则和方法。

统计学所研究的是统计认识活动的规律和方法，是从认识方法角度去指导统计实践活动。统计学本身并不对客观现象做出实质性的结论。探讨客观现象的数量表现及其本质规律性，是统计工作的任务，不是统计学的任务。因此，统计学是一门方法论科学，不是实质性科学。

### 三、我国统计活动的产生和发展

1. 原始社会

统计萌芽于远古时代。"结绳记事""刻木记数"可以说是最原始的统计，最初的统计活动主要是表现在剩余劳动成果的清点和计量上。

2. 奴隶社会

在我国，根据历史记载，公元前两千多年前就已有年、季、月、"二分二至"与365日的划分，已有"上中下三等九级"的贡赋标准，数量和分组的概念已经初步形成。

夏王朝"平水土，分九州，计民数"，进行了我国最早的人口调查，分中国为九州，人口1 355万。在国外，古代埃及、希腊和罗马的历史中也有许多类似的记载。公元前3050年左右，埃及为了规划金字塔的建筑和建立大型农业灌溉系统，曾先后调查了全国人口状况。

3. 封建社会

在封建社会，统计已略具规模。公元前三百多年，在商鞅的调查研究思想中，已把反映基本国情国力的"十三数"定为富国强兵的重要手段。秦汉时期，有地方田亩和户口资料的记载。唐宋有计口授田、田亩鱼鳞册等土地调查和计算；明清则有经常的人口登记和保甲制度。到17世纪中叶，随着社会经济的发展，"统计"一词已约定俗成，在《清朝文献通考》中有明文记载。

4. 社会主义社会

统计学在社会主义社会中具有重要作用。它通过数据收集、分析和应用，为经济规划、政策制定、资源配置和社会福利提供科学支持。统计学在评估社会发展、资源分配、社会福利和政府治理等方面发挥着关键作用，帮助决策者了解现状、制定目标和采取措施。同时，统计学也为风险管理和决策支持提供科学依据，减少不确定性和提高决策效率。在社会主义社会中，统计学促进公平、公正和全面发展，为实现社会主义的宏伟目标提供有力支撑。

## 四、资本主义社会的统计活动

1. 早期资本主义时期(18世纪末至19世纪初)

起初,统计活动主要集中在国家领土和人口普查方面。国家需要了解自身资源和人口的情况,以便有效管理和税收征收。工业革命的兴起推动了对工业生产、就业和劳动力的统计需求。一些国家建立了早期的统计机构,如英国的统计局。

2. 工业化时期(19世纪中期至20世纪初)

随着工业化的快速扩张,统计活动变得更加重要。政府需要更多数据来监测城市化、工业产出和社会问题的增长。经济统计变得更加复杂,包括了国民经济核算和产业统计。也诞生了很多著名的统计学家如法国的古劳姆·杜皮(Guillaume Dupuit)和英国的威廉姆·斯坦利·杰文斯(William Stanley Jevons)开始应用数学方法进行经济分析。

3. 两次世界大战和战后时期(20世纪初至20世纪末)

两次世界大战期间,统计活动在支持战争方面发挥了关键作用,包括物资分配、兵力规模和战略决策。战后,国家和国际组织更加重视统计数据的收集和共享,以支持复兴和国际合作。经济统计的发展促进了现代经济学的兴起,包括宏观经济学和计量经济学。

4. 当代资本主义时期(20世纪末至今)

当代资本主义社会中,统计数据变得更加广泛和复杂,包括社会、经济、环境和健康等多个领域。技术的飞速发展,特别是互联网和大数据技术,使数据的收集、存储和分析变得更加容易和实时。数据科学和人工智能的应用使统计分析变得更加精确和智能化,促进了商业决策、市场研究和政策制定。

总的来说,资本主义社会中的统计活动在不同时期受到政治、经济和技术因素的影响,不断演变和发展,以满足不断变化的需求。从简单的人口普查到复杂的多领域数据分析,统计学在资本主义社会中起到了至关重要的作用。

## 五、统计学的产生和发展

统计学的产生发展,可以划分为古典、近代和现代三个时期。

1. 古典统计学时期

古典统计学时期是指17世纪中叶至18世纪末统计学萌芽时期,当时分为政治算术学派和国势学派。

政治算术学派产生于17世纪的英国,主要代表人物是威廉·配第和约翰·格朗特。配第在其代表作《政治算术》中,"用数字、质量和尺度"表达思想,通过数量对比分析,研究英、法、荷三国的国情国力,阐明了英国的国际地位和社会经济发展的方向道路。格朗特的代表作是《关于死亡公报的自然观察和政治观察》。他根据公报数据对伦敦人口的出生率、死亡率、性别比例和人口发展趋势,做了分类、计算和预测。用具体的数量对比分析代替单纯的思维论证,这在社会科学研究方法上是一个重大的创新。

国势学派产生于17世纪的德国,主要代表物是康令和阿亨瓦尔。当时他们在大学里开设了一门新课程,最初叫"国势学",因在外文中,"国势"与"统计"词义相通,阿亨瓦尔于1749年把"国势学"定名为"统计学"。这门课程采用文字叙述方法,记述有关国情国力的系统知识。

国势学派和政治算术学派的区别在于,前者采用文字阐述,而后者采用的是数量分析方法。由于政治算术学派的方法被多数人接受,故该学派被公认为统计学的真正起源。

2. 近代统计学时期

近代统计学时期是指18世纪末到19世纪末,在这个时期统计学又形成了许多学派,其中最主要的有数理统计学派和社会统计学派。

数理统计学派产生于19世纪中叶,其奠基人是比利时的生物学家、数学家和统计学家阿道夫·凯特勒。凯特勒认为统计学既研究社会现象又研究自然现象,是一门独立的方法论科学。他把概率论引入统计学,根据大数定律的原理,利用统计观察资料计算和研究社会现象和自然现象的数量规律性,并用于预测未来的情况,从而开创了统计理论和实际应用的一个新领域。

社会统计学派产生于19世纪后半叶的德国,其主要代表人物是恩格尔和梅尔。社会统计学派在一定意义上是政治算术学派的延续,他们认为统计学是一门社会科学,是研究社会现象变动原因和规律性的实质性科学。统计学所研究的是社会总体而不是个别的社会现象,由于社会现象的复杂性和总体性,必须对社会现象总体进行大量的观察和分析,研究其内在的联系,这样才能反映出社会现象的规律性。

3. 现代统计学时期

现代统计学时期是指20世纪初至今,20世纪60年代以后统计学的发展趋势是:随着数学的发展,统计学越来越广泛地应用数学方法,成为通用方法论科学;统计学的新的分支和以统计学为基础的边缘科学不断形成,统计学的应用日益广泛和深入;电子计算机技术被引进统计领域,统计学的面目为之一新。当前,伴随着"大数据时代"的到来,社会上的各行各业对统计的依赖越来越强,统计方法也被运用于各个领域,很多统计软件(如SPSS、SAS、R语言及Python)被人们所知晓,甚至成为破解"难题"的必备工具。未来,统计必将处于长期的探索和发展之中。

伴随着人工智能的兴起,以我国讯飞星火认知大模型为代表的人工智能工具在统计学中也得到了较为广泛的应用。首先,人工智能可以辅助数据收集和数据预处理过程。它能够自动化地处理大规模数据,清洗和标准化数据,提高数据的质量和准确性。其次,人工智能可以应用于数据分析和建模中。通过机器学习和深度学习算法,可以从数据中发现隐藏的模式和规律,进行预测和分类,提供更精确的分析结果。再次,人工智能还可以实现自动化的决策支持系统,在实时性要求较高的情况下,快速做出数据驱动的决策。最后,人工智能还能应用于数据可视化和交互式数据探索中,通过智能化的可视化工具和用户界面,帮助用户更直观地理解和探索数据。总的来说,人工智能在统计实务中的应用提高了数据处理和分析的效率,增强了决策的准确性和智能化水平,推动了统计学的发展和创新。

## 六、统计告诉了我们什么

统计是用来处理数据的。数据由数字组成,但它不是单纯的数字。例如光是 2.4 这个数字本身并没有什么含义,但是假如我们得知,有一个篮球选手的身高超过了 2.4 m,那他的身高已经超过了姚明。我们根据数字,联系上下文并和常识衔接,就可以做出判断。

统计是从数据中找出信息,并且得出结论。我们用的工具是图表和计算,加上常识判断。下面我们再通过几个例子,对统计进行更为全面的认识。

### 数据胜过听闻

[信仰不能取代数字——斯潘塞(Henry Spencer)]

在过去,贫困地区的扶贫工作主要依赖于政府官员和扶贫干部的经验判断和目测评估。然而,这种主观的评估方法容易导致信息不准确、不全面,使得扶贫资源无法得到有效分配。

为了解决这一问题,中国政府开始利用数据分析和监测系统来识别和监测贫困地区的情况。通过收集和分析大量的数据,包括收入、教育、医疗等多个维度的指标,政府能够更准确地了解每个贫困家庭的具体情况和需求。

基于这些数据,政府可以制定更精准的扶贫政策和措施,确保扶贫资源更好地分配到最需要的人群中。例如,政府可以根据数据分析的结果,针对不同的贫困家庭制定个性化的扶贫方案,提供相应的培训、教育、就业和医疗等支持,以帮助他们脱贫。

通过数据分析和监测系统,政府能够更准确地识别和解决贫困问题,避免了主观判断和听闻信息的不确定性。这种数据驱动的精准扶贫模式在中国取得了显著的成效,为减贫工作提供了科学依据和决策支持,达到了数据胜过听闻的效果。

### 数据从何而来非常重要

[数字不会说谎,但说谎的人会想出办法——格罗夫纳(Charles Grosvenor)]

"数据从何而来非常重要"是统计学中的一个重要原则,也是实践中的一个关键问题。数据的来源和质量直接关系到统计分析结果的准确性和可靠性。

我国城市交通管理部门通过安装交通监测设备,如交通摄像头、车辆识别系统、交通流量传感器等,在主要道路和交叉路口进行数据采集。这些设备能够实时收集车辆行驶速度、车流量、拥堵时长等交通数据。

收集到的交通数据经过整理和分析,形成交通拥堵状况的数据指标,如平均车速、交通流量峰值、拥堵指数等。这些指标能够反映不同时间段和不同地区的交通拥堵情况。

通过对这些数据的分析,交通管理部门能够了解城市不同路段和时间段的交通状况,发现交通拥堵的热点区域和高峰时段。同时,还可以预测交通拥堵的趋势和变化,为交通管理部门制定针对性的交通调控措施提供科学依据。

基于数据的分析结果,交通管理部门可以采取一系列的措施来改善交通拥堵状况,如优化信号配时、调整交通流量分配、建设交通设施等。这些措施能够提高道路通行效率,减少交通拥堵,提升城市交通的整体运行水平。

因此,数据从何而来非常重要,它是了解交通拥堵状况、制定科学决策和采取有效措施的基础。通过数据采集和分析,可以更好地管理城市交通,改善居民出行体验,提升城市的交通运输效率。

## 小心潜在变量

[我的钱够我这辈子用了,只要我不买东西——梅森(Jackie Mason)]

"小心潜在变量"是指在进行数据分析时,要注意未被考虑的潜在变量可能对结果产生影响。

在过去的一些研究中,发现每天喝太多咖啡可能会增加患心脏病的风险。然而,这些研究中存在未被考虑的潜在变量——抽烟。

事实上,那些每天喝很多咖啡的人更有可能是吸烟者,而吸烟是一种已知的导致心脏病的危险因素。因此,这些研究中的结论可能是由抽烟这个潜在变量导致的,而非咖啡本身。

后来的一些研究则更充分地考虑了抽烟这个潜在变量,并发现当控制了抽烟这个潜在变量时,每天喝咖啡并不会明显增加患心脏病的风险。

这个例子再次说明,未被考虑的潜在变量可能会对研究结论产生重大影响。因此,在进行数据分析或研究时,我们必须尽可能地考虑到潜在变量,并采用相应的控制策略来确保结果的准确性和可靠性。

## 现实是结论不是百分之百

[数学定律不能百分之百确实地用在现实生活里;能百分之百确实地用
数学定律描述的,就不是现实生活。——爱因斯坦(Albert Einstein)]

"现实是结论不是百分之百"是指在现实生活中,我们往往不能确定某个结论是绝对正确的。下面以一个著名的例子——"普法根定理"为例,说明现实是结论不是百分之百的重要性。

19世纪末,数学家弗雷德里克·普法根提出了一个著名的定理,即"任何偶数都可以表示为两个质数之和"。这个定理被认为是数学史上的一个伟大成就,被称为"普法根定理"。

然而,后来的数学家们发现,普法根定理并非完全正确。虽然对于许多偶数,确实可以找到两个质数之和等于它们,但是有些偶数却不行。这些无法表示为两个质数之和的偶数被称为"奇异偶数"。

事实上,普法根定理中的"任何偶数"应该被理解为"任何足够大的偶数"。而在数学中,类似这样的结论通常都需要加上一些限制条件,以保证它的正确性。

这个例子说明了现实是结论不是百分之百的重要性。即使是经过了深入研究的定理,也可能存在漏洞,需要不断地加以修正和完善。在数据分析或研究中,我们也应该意识到结论的不确定性,并不断地检验和验证它们,以确保我们的结论尽可能地接近真实情况。

## 数据可反映价值

[要用统计骗人很容易,但是不用统计,骗人更容易。
——莫斯提勒(Frederick Mosteller)]

在我国的电子商务领域,消费者可以在购买商品后对其进行评价,包括给出文字评价和打分。这些用户评价数据可以被视为反映商品质量和用户满意度的重要指标。

以某电子商务平台上的手机产品为例,该平台允许用户对购买的手机进行评价,并给出满意度评分(通常是从1到5)。在一个特定的手机产品页面上,用户可以看到该产品的平均评分和用户的评价内容。

在这个案例中,数据可反映价值的意义在于:

1. 商品质量评价:通过阅读用户的评价,消费者可以了解其他人对该手机的使用体验和质量表现的评价,从而得到关于手机质量的信息。

2. 用户满意度评价:用户的评价和评分可以反映他们对手机的满意度。如果一个手机产品收到了大量的高分评价和正面评价,那么可以认为该产品在用户群体中具有较高的满意度。

3. 品牌声誉建设:电子商务平台上的用户评价可以对品牌形象和声誉产生重要影响。正面的评价和高分可以增强品牌在消费者心中的信任和好感度,有助于提升销量和品牌价值。

因此,在这个案例中,电子商务平台上的用户评价数据为消费者提供了有关手机产品质量和用户满意度的信息,反映了商品的价值和品牌的声誉,为消费者做出购买决策提供了重要参考。

# 任务二 统计研究方法与研究过程

## 一、统计研究方法

基于研究对象的性质和特点的不同,统计学形成了相互区别、相互联系、相互配合的研究方法体系。其中最主要、最基本的研究方法有:

1. 大量观察法

大量观察法是指对统计总体中的全部或足够多的单位进行调查、计量和分析研究,以综合概括现象总体的数量特征和发展规律性的方法。

统计学研究之所以采用大量观察,是因为一般客观现象都是在诸多因素综合作用下形成的,个别现象往往受偶然因素的影响,使各单位的特征和数量表现有很大差别,所以要反映总体特征就不能任意抽取个别或少数单位进行观察。必须在对所研究对象的定性分析基础上,确定调查对象和总体范围,并对总体中的所有单位或足够多单位的变量进行登记和计算,然后经过科学加工,才能揭示总体的数量特征和规律性。大量观察法的数学依据是大数定律。其本质意义在于经过大量观察,使个别的、偶然的差异性相互抵消,而整体的、必然的规律性显示出来。例如要了解城乡人民生活水平的提高程度，就要观察足够多城乡家庭的收支情况，才能做出正确判断。

2. 统计分组法

统计分组法是指根据统计研究任务的要求和研究现象总体的内在特点，把现象总体按某一标志划分为若干性质不同但又有联系的几个部分。总体的变异性是统计分组法的客观依据。统计分组法是在总体内进行的一种定性分类，它把总体划分为一个个性质不同的范围更小的总体。例如要了解居民消费水平情况，根据中国消费的结构特征，利用统计分组法把居民分为城镇居民和农村居民两组分别进行研究，使分组后的研究对象呈现出组内差异小、组间差异大的特征，能够使我们更好地认识城乡消费水平的差异。

3. 综合指标法

综合指标法是指运用各种综合统计指标，从具体数量方面对现实社会经济总体的规模及特征所进行的概括和分析的方法。在大量观察法和统计分组法基础上计算的综合指标，基本排除了总体中个别偶然因素的影响，反映出普遍的、决定性条件的作用结果。

综合指标法使用三种指标，即总量指标、相对指标和平均指标。在统计分析中广泛使用各种指标来说明问题、解决问题。例如动态趋势分析法、因素影响法、回归与相关分析法等都是运用综合指标来研究现象之间的数量关系的。

综合指标法和统计分组法是密切联系、相互依存的。统计分组法如果没有相应的统计指标来反映现象的规模水平，就不能揭示现象总体的数量特征；而综合指标法如果没有科学的统计分组，就无法划分出事物变化的数量界限，会掩盖现象的矛盾，成为笼统的指标。所以在研究社会经济现象的数量关系时，必须科学地进行分组，合理地设置指标，指标体系和分组体系应该相适应。综合指标法和统计分组法总是结合起来应用的。

4. 统计模型法

统计模型法是根据一定的经济理论和假定条件，用数学方程去模拟现实经济现象相互关系的一种研究方法。利用这种方法可以对社会现象和过程中存在的数量关系进行比较完整和近似的描述，从而简化了客观存在的复杂的其他关系，以便于利用模型对社会经济现象的变化进行数量上的评估和预测。

由此可见，统计模型法是在前三种研究方法的基础上，进一步系统化和精确化的发展。它把客观存在的总体内部结构，各因素的相互关系，以一定的形式有机地结合起来，大大提高了统计分析的认识能力。

5. 归纳推断法

在统计研究过程中，观察总体各单位的特征，由此得出关于总体的某种信息，这种从个别到一般、从事实到概括的推理方法称为归纳推断法。

归纳推断法可以使我们从具体的事实中得出一般的知识，扩大知识领域，增长新知识，它是统计研究中常用的方法。常常存在这种情况，我们所观察的只是部分或者有限的单位，而所需要判断的总体范围却是很广的，甚至是无限的。这就产生了根据局部的样本资料对整个总体数量特征做出判断的置信度问题。以一定的置信标准要求，根据样本数据来判断总体数量特征的归纳推理方法称为统计推断法。统计推断法是逻辑归纳法在统计推理中的应用,所以也称为归纳推断法。它可以用于总体数量特征的估计,也可以用于对总体某些假设的检验。

## 二、统计研究过程

进行一个完整的统计研究,其过程主要包括以下四个步骤,具体如下:

1. 统计设计

统计设计是根据统计研究的目的和要求,对统计研究的对象、内容、方法、程序所做的通盘考虑和安排。

2. 统计调查

统计调查是根据统计设计的要求收集统计数据的阶段,是定量认识的起点。

3. 统计整理

统计整理是对统计调查取得的资料进行初步加工整理的环节,其目的在于使资料系统化和条理化,以显示总体的数量特征。

4. 统计分析

统计分析是对统计整理的数据进行再加工和深加工的过程,主要采用各种分析方法,计算各种分析指标,以揭示被研究现象的总体数量特征和表层规律性。

# 任务三 统计学中的几个基本概念

## 一、总体与总体单位

统计总体:根据统计研究目的,由客观存在的、在某一共同性质基础上结合起来的许多个别事物的集合。

总体单位:构成统计总体的每一个别事物,简称单位。

例如,对某啤酒厂生产的啤酒的酒精含量进行调查,总体是该厂生产的所有啤酒,总体单位是每瓶啤酒;某企业职工的年薪达到12万元,则可对该企业职工的工资情况进行调查,总体就是该企业的所有职工,总体单位就是每一位职工。

统计总体按其范围和单位数是否可以计量,可分为有限总体与无限总体。

1. 有限总体是指总体范围和总体单位都能明确界定,能够准确计算出总体单位总数目的总体。如对某工厂设备进行普查。

2. 无限总体是指总体范围和总体单位暂时不能明确界定或因技术手段所限而难以准确计算出总体单位总数目的总体。如对某池塘鱼苗的统计。

统计总体按其包含范围不同和内容不同可分为大总体和小总体。如对人口进行普查,则乡人口是县人口的一部分,县人口是市人口的一部分等。

统计总体具有客观性、同质性、大量性和差异性四个特征。

1. 客观性

客观性是指构成总体的每一单位都是客观存在的事物。总体是根据统计研究目的要求和调查对象本身特点确定的。

2. 同质性

同质性是指构成总体的每一单位至少在某一方面应具有共同性质,这是构成总体的前提条件。

3. 大量性

大量性是指构成总体的个别单位必须是大量的。统计研究的目的在于说明现象总体的数量特征和事物发展变化的规律,由于个别现象往往具有特殊性和偶然性,因而不能足以代表和说明总体特征。只有对大量个别现象的数量表现进行综合分析研究,才能反映出总体的本质特征,大量性是构成总体的基本前提。例如,当我们要研究人口性别构成情况时,只有对大量人口进行调查,才能准确得出一个地区或一个国家人口性别构成。

4. 差异性

差异性是指总体的各个单位除在某一方面必须具有相同性质之外,在其他许多方面都是有差别的。

## 二、标志、指标与指标体系

标志:表明总体单位属性或特征的名称。任何一个总体单位都有表现自己的一些特征。例如在人口普查中,每个人都是总体单位,其中某人是一个总体单位,他的性别、籍贯、年龄、学历都是总体单位的特征;又如,全国的企业是一个总体,每个企业是总体单位,它的所有制、职工人数、产值、利润,都是说明总体单位的标志。

标志表现:也称标志值,表示标志特征在各单位的具体体现。例如,"性别"是标志,"男"或"女"是标志在某一单位上的具体体现。

标志可以有多种分类方法。

1. 按标志的性质不同可分为品质标志和数量标志

品质标志是表明事物属性特征,只能用文字说明,不能用数值来表示的标志。

例如,性别只能用"男""女"来表示,性别就属于品质标志。当然此类例子还有很多,如籍贯、学历、企业的所有制等,都属于品质标志。

数量标志是表明事物量的特征,用数值来表示的标志。例如,学生的年龄用"20岁"等数值来表示,职工人数、产值、利润等都用数值来表示,且说明总体单位均为数量标志。数量标志的具体表现也称作标志值。

2. 按标志的变异程度可分为不变标志和可变标志

不变标志是指在总体各单位上的具体表现都相同的标志。

可变标志是指在总体各单位上的具体表现不尽相同的标志。

例如，这是某校 MBA 班 3 名同学的基本情况一览表：

| 姓名 | 性别 | 年龄/岁 | 工作年限 | 政治面貌 |
| --- | --- | --- | --- | --- |
| 李世清 | 女 | 25 | 2 | 中共党员 |
| 杨艳 | 女 | 27 | 2 | 群众 |
| 徐敏敏 | 女 | 31 | 2 | 群众 |

在此案例中，相对于这三个总体单位，性别和工作年限为不变标志；而年龄和政治面貌则为可变标志。

指标是说明总体属性的。对于指标有两种不同的理解，一种认为指标是反映总体数量特征的概念或范畴。例如，国内生产总值（GDP）、国民生产总值（GNP）、国民总收入、工业总产值、工业增加值等就是指标。这种理解包含三个要素：指标的含义、计算的范围以及计算的方法和计量单位。这种理解常常被运用于统计理论和统计设计中。另一种认为指标是反映总体数量特征的概念加具体数值。例如，2010 年我国国内生产总值为 397 983 亿元，它是指标。这种理解不仅包含上述三个要素，而且包含了指标的时间、空间和指标的具体数值。这种理解常常被具体运用于统计调查、统计整理和统计分析中。

标志和指标既有区别又有联系。

区别是：

1. 标志说明总体单位的特征，指标说明总体的特征。

2. 有的标志可用数值来表示，如数量标志；有的标志不能用数值表示，如品质标志，而所有的指标都可用数值表示。

联系是：

1. 数量指标的数值是根据数量标志的标志值汇总而来的。例如，某企业的工资总额是根据每个职工的工资汇总得到的。在此企业全部职工是总体，每个职工是总体单位，工资是数量标志，工资总额是数量指标。

2. 指标与标志间存在变换关系，随着研究目的的改变，原来的总体变为总体单位，原来的指标相应地变为数量标志。例如，学生相对于班级来说，如果把班级视为总体，那么班级里的每一位学生为其总体单位，但是如果班级相对于学校来说，如果将学校视为总体，那么学校里的每一个班级就可以视为其总体单位。在这里，由于研究目的的不同，原来的总体单位变为总体，当然原来的指标相应地变为数量标志。

统计指标体系：由若干个相互联系、相互制约的统计指标组成的一个统计指标系统叫做统计指标体系。

统计指标体系可以说明研究现象各个方面相互依存和相互制约的数量关系。根据所研究问题的范围大小，可以建立宏观统计指标体系和微观统计指标体系。

宏观统计指标体系就是反映整个现象大范围的统计指标体系。如反映整个国民经济和社会发展的统计指标体系。

微观统计指标体系就是反映现象较小范围的统计指标体系。如反映企业或事业单位的统计指标体系。

介于这两者之间的可以称为中观统计指标体系。如反映各地区或各部门的统计指标体系。

根据所反映现象的范围和内容的不同,统计指标体系可以分为综合性统计指标体系和专题性统计指标体系。

综合性统计指标体系是较全面地反映总系统及其各个子系统的综合情况的统计指标体系。如国民经济和社会发展统计指标体系。

专题性统计指标体系则是反映某一个方面或问题的统计指标体系。如经济效益指标体系就是专题性统计指标体系。

统计指标体系对于统计分析和研究具有重要的意义,设计科学的统计指标体系,可以描述现象的全貌和发展的全过程,分析和研究现象总体存在的矛盾以及各种因素对现象总体变动结果的影响方向和程度,也可以对未来现象发展的指标和变化趋势进行计算和预测。

### 三、变异与变量

可变标志表现在各个单位上的差别称为变异。如前所述,总体各单位的特征,除必须具有某一共同性质特征以外,在其他许多方面的标志,其表现上是有差别的。当表现为质的差别时,称为可变的品质标志;当表现为量的差别时,称为可变的数量标志。

可变的数量标志,在统计中称为变量。变量的具体表现即为变量值,如工资 1 200 元、2 400 元、2 650 元等,"工资"是变量,1 500 元、2 000 元就是变量值。变量值包括数量标志值和指标值。

变量按其取值是否连续可以分为离散型变量和连续型变量。

离散型变量是指取值用整数列举的变量。例如,企业生产零件数、学生人数等,这些变量的值只能用整数表现,其为离散型变量。

连续型变量是指其取值可以连续不断、无限分割的变量。例如,人的身高、体重、企业销售额与 GDP 等,这类变量的取值在两个整数之间可有无限个数值。在统计实践中,为了便于计算,也可将有的连续型变量按离散型变量处理,如人的年龄、企业的产值等。

## ▶▶▶ 小　结

本章介绍了统计学的基本概念和研究方法,以及统计学的研究对象。统计学是研究数据的收集、分析和解释的学科。通过统计工作和统计资料,我们可以了解到客观事物的规律和特征。

统计学具有客观性和实证性,通过大量观察法、统计分组法、综合指标法、统计模型法和归纳推断法等研究方法,进行数据的收集、整理、分析和解释。

在统计学中,我们了解了总体与总体单位的概念,总体具有客观性、同质性、大量性和差异性。标志、指标和指标体系用于衡量总体的性质和变异程度。变异与变量则是统计学中的重要概念,帮助我们理解数据的差异和变化。

通过学习本章的内容,我们了解到统计学的基本概念和研究方法,掌握了统计研究的过程和数据分析的基本原则。这些知识将为我们进行统计调查和数据分析提供基础,并帮助我们理解数据背后的规律和意义。

## 单元练习

1. 登录中国统计网 http://www.stats.gov.cn/,结合自己所学专业,谈谈你对统计学的理解。

2. 了解许宝騄老师等优秀统计学家热爱祖国,兢兢业业工作的光荣事迹,学习分享,增强爱国主义情怀。

## 拓展材料

不明于计数,而欲举大事,犹无舟楫而欲经于水险也。
———管子

**统计见证变革:中国数字经济大国的蓬勃发展**

中国数字经济的迅猛增长是 21 世纪中国经济发展的一个显著特征。统计学在这一过程中扮演了关键角色,统计结果为政策制定、企业战略规划和经济预测提供了重要的依据,对中国数字经济的发展具有核心作用。

互联网普及率:截至 2022 年 12 月,中国的互联网用户规模为 10.67 亿,互联网普及率达到了 75.6%。这一数据较 2000 年的 2 200 万用户和不足 2% 的普及率有了显著增长,反映出中国数字化基础设施的快速发展和互联网技术的广泛应用,这也进一步推动了国家的经济创新和社会进步。

电子商务交易额:在同一时期,中国电子商务年交易额实现了从数十亿到数万亿元人民币的飞跃,这不仅标志着消费模式的转变,也反映了数字经济在国内总产值中日益增长的份额。

移动支付:据统计,截至 2022 年 12 月中国网络支付用户规模达 9.11 亿,占网民整体的 85.4%。这一数据不仅显示了支付方式的转变,还揭示了数字技术在提高经济效率和促进金融包容性方面的作用。

跨境电商:中国跨境电商的出口额在过去几年中显著增长,这反映了中国数字经济在全球市场中的影响力和竞争力。统计数据能帮助企业识别新的市场机会,指导国家在国际贸易中的战略布局。

通过以上统计数据的收集、分析和解读,我们不仅能够看到中国数字经济的发展轨迹,还能理解其对社会经济结构、消费模式、国际贸易等方面的深远影响。

(数据来源:《第 5 次中国互联网络发展状况统计报告》,检索自 www.cnnic.com)

# 项目二 统计调查

## 学习目标

### 一、知识目标

- 了解统计数据的来源,包括官方统计、抽样调查、实验研究等。
- 理解统计调查的组织形式,包括抽样调查、实验研究、普查等。
- 掌握统计调查的方案设计过程,包括目标确定、样本选择、调查内容设计等。
- 理解调查问卷的设计原则,包括问题的清晰性、逻辑性、回答方式等。
- 掌握问卷调查的实施步骤,包括样本的选择、问卷的发放和收集、数据的录入和清洗等。

### 二、能力目标

- 能够根据需要选择合适的统计数据来源,并了解其特点和适用范围。
- 能够根据研究目的和资源情况,选择合适的统计调查组织形式。
- 能够设计合理的统计调查方案,包括样本设计、调查内容设计等。
- 能够根据研究问题和调查对象,设计有效的调查问卷。
- 能够独立进行问卷调查的实施,包括样本选择、问卷发放、数据收集等。

### 三、素养目标

- 结合二十大报告精神,培养学生守正创新、严谨求真的学习素养。
- 培养对统计数据的来源和质量的敏感性,以保证数据的可靠性和有效性。
- 培养统计调查方案设计的逻辑思维和系统性思考能力。
- 培养数据处理和分析的精确性和细致性,以提供准确的研究结论和推断。
- 培养对调查过程中的伦理和法律问题的意识,以保护调查对象的权益。

## 四、思维导图

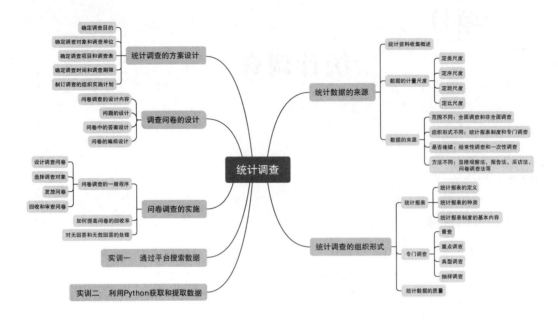

# 任务一  统计数据的来源

统计数据是从哪里来的？为什么我们应该相信？约吉·贝拉曾经说过："你只要肯看，就可以观察到许多事。"统计是数据的科学，因为除了要有好的判断外，甚至要有好的品味，再加上好的数学，才能造就好的统计。好的判断中有一大部分，是在于决定你究竟要度量什么，如此产生的数据才能帮你了解所关心的问题，而不好的数据来源，是懒惰、不了解，甚至存心误导。每当有人丢个数字给你，你第一时间该问的就是："这数字是从哪儿来的？"

## 一、统计资料收集概述

统计资料收集的主要形式是统计调查，就是根据统计研究的目的和要求，采用科学的方法，对调查对象中各调查单位的有关标志的具体表现，有计划、有组织地进行登记，取得真实可靠统计资料的活动过程。

统计调查的基本要求：准确、及时、完整、经济地取得反映社会经济现象总体和各部分之间相互联系的原始资料。

## 二、数据的计量尺度

统计数据是采用某种计量尺度对客观现象进行计量的结果，采用不同的计量尺度会得到不同类型的统计数据。因而人们在收集统计数据之前要先对客观现象进行计量或测量。按照计量学的一般分类方法以及对事物计量的精确程度，可将计量尺度由低级到高级、由粗略到精确分为四个层次:定类尺度、定序尺度、定距尺度和定比尺度。对客观现象进行计量或测量时,采用不同的计量尺度可以得到不同类型的统计数据,而不同类型的统计数据需要用不同的统计分析方法来进行分析。

1. 定类尺度(nominal scale)

定类尺度也称类别尺度或列名尺度,是最粗略、最低层次的计量尺度。这种计量尺度只能按照事物的某种属性对其进行平行的分类或分组。例如,在民族分类时用"1"代表汉族,"2"代表满族,"3"代表蒙古族,等等,但这些数字只是一个分类符号,不能进行运算。这种计量尺度只能反映事物之间的类别不同,不能反映事物之间的其他差别。因而,使用这种尺度对客观现象所做的分类,各类别之间只是并列关系,不能区分彼此的优劣或大小,各类别之间的顺序可以改变。运用定类尺度计量出的统计数据,通常是通过计算出每一类别中各元素或个体出现的频数或频率来进行分析。

2. 定序尺度(ordinal scale)

定序尺度又称顺序尺度,是对客观现象之间等级差别或顺序差别的一种测度。这种计量尺度不仅可以将客观现象分成不同的类别,而且可以确定这些类别的优劣或顺序。定序尺度的计量结果也表现为类别,但与定类尺度测度的类别不一样,这些类别之间可以比较顺序。例如,考试成绩可以分为优、良、中、及格、不及格等,考试成绩"优"好于"良","良"好于"中"。定序尺度对事物的计量要比定类尺度精确一些,但它也只是测度了事物类别之间的顺序,并未测量出类别之间的准确差值。定序尺度可用于分类,也可用于统计分析中确定中位数、四分位数、众数等指标。

3. 定距尺度(interval scale)

定距尺度也称间隔尺度。这种计量尺度不仅能将事物分为不同类型并加以排序,还可以准确地指出类别之间差距的大小。定距尺度是对事物类别或次序的间距的测量,因而其结果表现为数值。例如,百分制考试成绩,即 80 分与 90 分之间和 90 分与 100 分之间都相差 10 分。由于定距尺度的计量结果表现为数值,还可以计算出差值,因此它不仅具有定类尺度和定序尺度的特性,其结果还可以进行加减运算,准确性比定类尺度和定序尺度高。在统计数据中定距尺度居于主要地位,是定比尺度的基础。

4. 定比尺度(ratio scale)

定比尺度也称为比率尺度,它是在定距尺度的基础上先确定比较的基数,再将此相关的数字进行对比,形成相对数,用来反映客观现象的构成、密度、速度等数量关系。例如,我们不能说 20 ℃是 10 ℃的两倍,而应该说 20 ℃比 10 ℃高 10 ℃。因为按华氏温度计量20 ℃变成了 68 ℉,10 ℃变成了 50 ℉,它们之间并不是两倍的关系。所以定比尺度除了具有上述 3 种计量尺度的全部特征外,还可以计算两个测度值的比值。定比尺度与定距尺度之间的差别在于:定距尺度中没有绝对零点,而定比尺度中必须有一个绝对固定的零点。

### 三、数据的来源

统计数据来源于直接组织的调查、观察和科学实验,我们称之为原始资料,也称为第一手资料。如原始记录、统计台账、调查问卷答案、实验结果等。如果资料来源于已有的数据,我们称之为次级资料,也称为第二手资料。如期刊、报纸、广播、电视以及网络上的一些资料,各级政府机构公布的资料(如统计年鉴),企业内部记录和报告等。

原始资料的收集,即统计调查是统计工作的基础环节,是认识事物的起点。其分类标准为:

1. 按被调查者包括的范围不同,统计调查可分为全面调查和非全面调查

(1) 全面调查是指对调查对象中的全部单位,都无一例外地进行登记或观察的一种调查方法。如普查和全面统计报表。

(2) 非全面调查是指只对调查对象中的一部分单位进行登记或观察的一种调查方法。如重点调查、典型调查和抽样调查。

进行非全面调查的必要性主要表现在:节省人力、物力、财力和时间;有时不需要全面调查,当只要了解基本情况时,一般用重点调查;当只要了解典型情况时,常常用典型调查;当需要从部分推断总体时,通常用抽样调查。很难或不可能进行全面调查,如职工家庭收支情况调查、产品质量检查(破坏性检验)等。

2. 按调查的组织形式不同,统计调查可分为统计报表制度和专门调查

(1) 统计报表制度是指根据统计法规的规定,按一定的表式和要求(指标、表格形式、计算方法等),自上而下统一部署,自下而上逐级提供统计资料的一种统计调查方法。

(2) 专门调查是指为了研究某些专门问题而专门组织的调查。如为了解一定时点状态上的资料而组织的人口普查,多属一次性专门调查,如普查、抽样调查;可以是全面调查,也可以是非全面调查,如重点调查、典型调查、抽样调查。

3. 按调查登记时间是否连续,统计调查可分为经常性调查和一次性调查

(1) 经常性调查是指随着调查对象在时间上的变化而连续不断地登记或观察,以了解事物在一定时期内发生、发展的全过程。这种调查在工业等物质生产活动中应用广泛,如工业产品产量调查、主要生产耗材调查等。

当研究的现象在一定时期内变化较大或研究的目的是一定时期内客观现象的全部过程时,一般用经常性调查。

(2) 一次性调查是指对调查对象在某一时刻的状况进行一次性登记,以反映事物在一定时点上的发展水平(状态),是不连续的调查。如人口可隔一段时间进行一次普查。

当研究的现象在一定时期内变动不大(如固定资产总值、一国人口数等)或研究对象在某一时间上达到什么水平时(库存调查),通常用一次性调查。

4. 按收集资料的方法不同,统计调查可分为直接观察法、报告法(凭证法)、采访法(询问法或通信法)、问卷调查法等

(1) 直接观察法是指调查人员深入现场对调查对象直接进行点数、测定和计量而取得

资料的方法。例如为及时了解农作物产量而进行的实割实测、脱粒、晾晒、过秤计量;又如为了解工业企业期末的在制品存量,调查人员进入生产现场进行观察、计数、测量等。但有些社会经济现象还不能用直接观察法进行测量,如对农民或职工家庭收支情况资料的收集,就不宜直接计量和观察。

(2) 报告法,又称凭证法,是指要求调查对象以原始记录、台账和核算资料为依据,向有关单位提供统计资料的方法。如报表制度等,当前我国企事业单位向上级填报统计报表,就是报告法。报告法具有统一项目、统一表式、统一要求和统一上报程序的特点。

(3) 采访法,又称询问法或通信法,是指由调查人员向被调查者提问,根据被调查者的答复来收集资料的方法。这一方法又分为个别访问和开调查会两种。个别访问是由调查人员向被调查者逐一询问来收集资料的方法。开调查会是指邀请了解情况的人员参加座谈会,以此来收集资料的方法。

(4) 问卷调查法,问卷是指为了统计调查所用的、以提问的形式表述问题的表格。问卷调查法就是调查者用问卷对所研究的社会经济现象进行度量,从而收集到可靠的社会经济资料,深刻认识某一现象的一种方法。

(5) 实验法是一种特殊的观察调查方法,它是在所设定的特殊实验场所、特殊状态下,对调查对象进行实验以取得所需资料的一种调查方法。

根据场所的不同,实验法可分为室内实验法和市场实验法。室内实验法可用于广告认知的实验等,例如,在同日的报纸上,版面大小相同,分别刊登 A、B 两种广告,然后将其散发给读者,以测定其反应结果。市场实验法可用于消费者需要调查等,例如,企业让消费者免费使用一种新产品,以得到消费者对新产品看法的资料。

随着社会、经济和科技的发展,政府、企业和个人对各类信息的需求与日俱增,于是出现了大量的信息中心、数据工厂、简报中心、市场调查公司、电话呼叫中心、媒体研究公司等专业调研机构。随着社会进入大数据时代,统计调查的手段也在不断更新,如通过计算机辅助手机客户端调查、计算机辅助面访调查、网络调查和各种检测记录仪器的问世,使今天的统计数据更加准确、及时和完整,进一步提高了统计调查的速度和质量,同时也降低了统计调查的费用支出。

当然在科学研究和管理决策中,也要善于利用各种现成的数据。对于外部次级资料,既可以从报纸、图书、杂志、统计年鉴、网络等渠道获得,也可以从调查公司或数据库公司等处购买。近年来,互联网已经成为数据来源的重要渠道,很多政府及企业也建立了属于自己的数据库,用于分析用户的行为信息(如 BAT,百度、阿里巴巴、腾讯),通过记录和分析用户的行为信息,可以向用户提供更好的服务。而一些政府网站也为老百姓提供了公共访问端口,访问者可以从中获得一些有用的数据,表 2-1 给出部分获取经济类二手数据常用网站,表 2-2 给出部分市场调查公司网站,这些网站都建有可供公众访问的数据库。

表 2-1　获取经济类二手数据常用网站

| 机构名称 | 网址 |
| --- | --- |
| 国家统计局 | http://www.stats.gov.cn/ |
| 国务院发展研究中心 | http://www.drcnet.com.cn/ |
| 中国经济信息网 | http://www.cei.cn/ |
| 乡村研究数据库 | https://www.ruralchina.cn/ |
| 华通数据中心 | http://data.acmr.com.cn/ |

表 2-2　部分市场调查公司网站

| 机构名称 | 网址 |
| --- | --- |
| 新浪财经 | https://finance.sina.cn/ |
| 央视市场研究(CTR) | https://www.ctrchina.cn/ |
| 北京零点有数数据科技股份有限公司 | http://www.horizon-china.com/ |

而对于内部次级资料，它是来自企业或单位内部的资料，由于信息不公开而无法直接获取。企业内部的会计账目、销售记录和其他各种报告等都属于内部次级资料。有时由于无法获得内部原始资料，如宏观统计核算资料中，其原始统计台账、统计报表等资料都是内部资料，而很多学者的研究又对其有需要，因此只能通过不同的方式进行推断。

# 任务二　统计调查的组织形式

## 一、统计报表

1. 统计报表的定义

统计报表是按照国家或上级部门统一规定的表式、统一的指标、统一的报送程序和报送时间，自下而上逐级提供基本统计资料的一种调查方式。统计报表所包括的范围比较全面，项目比较系统，指标内容相对稳定，因此，这是我国统计调查中取得国民经济和社会发展情况基本统计资料的一种重要手段。与其他统计调查方式相比较，统计报表具有统一性、时效性、全面性、资料的相对可靠性（建立在原始记录和核算数字基础之上）、连续性等特点。

统计报表的优点有：(1)它可以事先布置到基层单位，基层单位可根据报表的要求，建立和健全各种原始记录，使统计报表的资料来源有可靠的基础，以保证统计资料的准确、及时、完整。基层单位也可以利用统计报表资料，对生产经营活动进行科学管理。(2)由于它采取逐级上报、汇总的形式，各级领导部门都能得到其管辖范围内的统计报表资料，因此他们能经常了解本地区、本部门的经济和社会发展情况。(3)它是经常性调查，内容相对稳定,有利于积累和历史对比。

统计是计划的基础,没有科学的统计,就不可能有真正的计划。我国国民经济和社会发展计划的编制离不开统计报表提供的统计数字。至于检查监督计划的执行情况,更需要通过统计报表,及时了解计划进程及存在的问题和问题发生的原因,以便采取有效措施,保证计划实现。

2. 统计报表的种类

统计报表承担着为计划的制订及其执行情况的检查提供资料的任务,这就决定了统计报表必须以全面调查为主,非全面调查为辅。统计报表可按不同的标志划分为以下几种类型。

(1) 按内容和实施范围不同,统计报表可分为国家统计报表、部门统计报表和地方统计报表。国家统计报表是根据有关的国家统计调查项目和统计调查计划制订的统计报表,也叫国民经济基本统计报表。这种统计报表是从整个国民经济的角度出发制订,并按照国民经济的部门来划分,如农业、工业、建筑业、固定资产投资、国内贸易、对外经济贸易、劳动工资、交通运输、物价、人民生活等。这些报表在全国范围内的各行各业实施,主要用来收集整个国民经济和社会发展情况的基本统计资料。部门统计报表是根据有关部门的统计调查项目和统计调查计划制订的统计报表,实施范围限于各业务主管部门系统内,一般用来收集各级主管部门所需要的专门统计资料。地方统计报表是根据有关地方统计调查项目和统计调查计划相应制订的统计报表,其实施的范围是各省、市、自治区,主要用来满足地方的专门需要。另外,部门统计报表和地方统计报表也是国家统计报表的补充。

(2) 按主管系统不同,统计报表可分为基本统计报表与专业统计报表。

(3) 按调查范围不同,统计报表可分为全面统计报表与非全面统计报表。全面统计报表要求调查对象中的每个单位都要填报;非全面统计报表只要求调查对象中的一部分单位填报。非全面调查填报的报表属于非全面统计报表。

(4) 按报送周期不同,统计报表可分为日报、旬报、月报、季报、半年报和年报统计报表,其中以月报和年报统计报表为主。周期短的统计报表,投入的人力、物力、财力就要多,因此,指标项目可以少一些、粗一些;周期长的统计报表,指标项目可以多一些、细一些。月报、年报的周期较长,其内容比较详尽;日报、旬报的周期较短,其内容只限于填报少量最主要的指标。统计报表的原则是,凡年报、半年报一次能满足需要的,就不用季报、月报;月报能满足要求的,就不用日报、旬报。

(5) 按填报单位不同,统计报表可分为基层报表和综合报表。基层报表主要由基层企事业单位填报,它所提供的原始资料是统计的基础资料。综合报表是由主管部门根据基层报表逐级汇总填报的统计报表。它汇总后得到各级基本统计指标。填报基层报表的单位称为基层单位,填报综合统计报表的单位称为综合单位。

(6) 按报送方式不同,统计报表可分为电讯报表和书面报表。电讯报表又可分为电报、电话报、传真报等。日报和旬报要求迅速上报,通常采用电讯方式报送。月报、季报、半年报和年报,除月报中的少数采用电讯方式报送之外,一般都以书面的方式报送,报送手段可采用邮局邮寄或电子信箱传递。

### 3. 统计报表制度的基本内容

统计报表制度是指基层单位和下级机关按照统一规定的表格、内容和报送程序，定期向上级机关和国家报送统计资料的制度。执行统计报表制度，是各地区、各部门、各单位按照国家的法律规定必须向国家履行的一种义务。我国的统计报表制度的基本内容有：

(1) 报表内容和指标体系的确定

(2) 报表表式的设计

报表表式是指统计报表的具体格式，包括主栏项目、宾栏项目以及补充资料项目；表名、表号、填报单位、报表期别、报送日期、报送方式、单位负责人及填报人签署等。报表表式分为基本表式和专业表式两种。

(3) 报表的实施范围

应由哪些单位填报(编报单位)，汇总时包括哪些单位(编报单位)。

(4) 报表的报送程序和报送日期

报表的报送程序，包括填报单位填报报表的份数、方式和报送单位，且要规定其报送日期。

(5) 填表说明

具体说明填表的方法、指标说明(指标的概念、计算范围、计算方法)以及其他有关问题。

(6) 统计目录

指统计报表中主栏项目的一览表。大体可分为两类：一类是主栏中填报的统计分组用的目录，如工业部门分类目录等；另一类是主栏中填报的具体项目的目录，如工业产品目录等。

我国统计报表制度近年来进行了一系列的改革，主要分为 7 种基层一套表和 9 套综合报表制度。

## 二、专门调查

专门调查是为了研究某种特殊目的而专门组织起来的一种收集统计资料的调查组织形式，具体包括以下几种方式：

### 1. 普查(Census——普查是企图把整个总体纳入样本的抽样调查)

普查是根据统计的特定目的而专门组织的一次性全面调查，如全国人口普查、工业普查、科技人员普查等。它主要收集那些不宜用经常调查来收集的全面、准确的统计资料；调查属于一定时点的社会经济现象总量；也可以用来调查反映一定时期现象的总量，如出生人口总数和死亡人口总数等。

普查是一种重要的调查方法。虽然有些情况可以通过定期统计报表收集全面的基本统计资料，但它不能代替普查。因为有些社会经济现象，如人口年龄(与性别结合在一起的)构成变化、物资存在、耕地面积、工业设备等情况不可能也不需要组织经常性的全面调查，而在我国经济建设中，又必须掌握比较全面详细的这些资料，这就需要通过普查来解

决。为了摸清有关国情国力的重要数字,需要分期分批地进行专项普查,普查具有以下特点:

(1) 普查通常是一次性的或周期性的。由于普查涉及面广、调查单位多需要耗费大量的人力、物力和财力,通常需要间隔较长的时间,一般每隔若干年进行一次,从而保证数据的可比性。例如中国统计调查制度中,人口普查在每逢末尾数字为"0"的年份进行,其中最近的一次是2020年的第七次人口普查;经济普查一般针对第二、第三产业,在每逢末尾数字为"3""8"的年份进行;农业普查在每逢末尾数字为"7"的年份进行;统计基本单位普查在每逢末尾数字为"1""6"的年份进行。

(2) 普查规范化主要体现在以下两个方面:

第一,规定统一的标准时点和统一的普查期限。如中国人口普查的标准时点为普查年份的11月1日零时整;第五次经济普查的标准时点为2023年12月31日。

第二,规定统一的普查项目和指标。普查时必须按照统一规定的项目和指标进行登记,不准任意改变或增减。且每次调查的项目和指标应尽量保持一致,以便于进行历次调查资料的对比分析和观察社会经济现象发展变化情况。

(3) 普查对调查对象中的所有单位进行调查,需要耗费较多的人力、物力和财力,同时也需要较长的时间才能得到普查的结果,时效性不强。

(4) 普查的全面性是相对的,由于普查过程有时滞性,调查对象在该时间段内是会出现变化的,如人口普查,整个普查过程是在一定时间段内完成的,但在这个时间段内,人口的出生死亡、迁入迁出无时无刻总在进行中,因此最后人口普查的结果是相对准确的,而非绝对。

(5) 普查的适用范围比较窄,只能调查一些最基本及特定的现象,但其可为抽样调查或其他调查提供基本依据。

总体而言,普查具有资料范围全面、详尽、系统的优点,但是普查的工作量大,耗资也多,一般只有国家才有足够的人、财、物资源进行普查,且数据只是相对准确,不经常进行。

2. 重点调查(Key-point Investigation)

重点调查是指根据调查研究的目的,在调查对象中选择一部分重点单位进行调查,从而达到了解现象的基本特征和发展趋势的目的,是一种非全面的定性调查。其中,重点单位是指调查单位的标志在标志值总量中占据较大的比重,在调查总体中具有举足轻重的,能够代表总体的情况、特征和主要发展变化趋势的样本单位。总的来说可以简单概括为"少而精",即抽取调查单位少,但调查单位中包含的目标标志所占比重大,例如要了解全国钢铁生产的基本情况和趋势,不需要全部调查全国大大小小的钢厂,这样费时费力,而只需要调查占全国钢铁产量比重很大的首钢、鞍钢、武钢、上海宝钢等钢厂的钢铁产量即可,虽然只有几个调查单位,但钢铁产量却占绝大部分比重,这样可以在一定程度上降低调查难度,节约人力、物力、财力和时间。

重点调查具有以下特点:

(1) 重点单位选多选少,要根据调查任务来确定。一般来说,选出的单位应尽可能少些,而其标志值在总体标志总量中所占比重应该尽可能大些。另外,选中的单位,其经营管理制度应比较健全、统计力量应比较充实、统计基础应比较巩固,这样才能准确、及时地取得资料。

(2) 重点单位的选择要客观。由于重点单位的选择是着眼于这些单位的标志值在总体标志总量中的比重,而不是这些单位在技术管理或其他方面是否有特定意义,因此,重点单位的选择应不带有主观因素。

(3) 重点单位的选择要有相对的观念,即要用发展变化的眼光看问题。一个单位在某一问题上是重点,在另一问题上不一定是重点;在某一调查总体中是重点,在另一调查总体中不一定是重点;在这个时期是重点,在另一个时期不一定是重点。因此,对不同问题的重点调查,或同一问题不同时期的重点调查,要随着情况的变化而随时调整重点单位。

(4) 虽然重点单位的标志值在总体标志总量中占有绝大比重,掌握了它们的情况,就基本掌握了总体特征,但是这些情况毕竟不能完整地反映总体总量,而且重点调查的资料也不具备推断总体总量的条件。因此,重点调查只是为了获得反映总体基本情况的统计资料,但它不宜推断总体。

3. **典型调查**(Typical Investigation)

典型调查也是一种非全面调查。若对调查对象已有初步认识,则可根据调查研究的目的和任务,有针对性地选择其中一个或几个有代表性的单位,对其进行系统周密、深入细致的调查研究,以认识和揭示调查对象的本质和规律。这种由点到面,由个别到一般的认识方法,每个经济工作者都应该掌握运用。

典型调查的特点在于:

(1) 典型单位是根据调查目的有意识选择出来的,这便于从典型入手,逐步认识事物的一般性和普遍性,调查方法机动灵活,省时、省力,有利于提高调查效率。

(2) 典型调查是一种深入、细致的调查研究,既可以收集有关数字资料,又可以掌握具体、生动的情况,研究事物发生、发展过程和结果,有利于探索事物发展变化的规律性。

在典型调查的整个过程中,准确地选择典型单位是做好典型调查,保证调查质量的关键问题。在选择典型单位时,首先要根据调查目的和任务,进行全面分析,综合比较,了解被研究总体的全面情况和一般水平;然后从各个可供选择的单位中挑选富有代表性的典型单位。

典型单位的选择:

(1) 划类选典。在统计调查工作中,有时为了近似地估算总体的指标数值,而总体又十分复杂,可以在了解总体概况的基础上,按某种标志把总体划分为若干类型,根据每一类型在总体中所占的比例,选出被调查的若干典型单位。

(2) 挑选中等典型。典型调查的目的,通常是了解总体的一般情况,掌握总体的一般数量表现。中等典型可以代表总体的平均水平。"麻雀虽小,五脏俱全",通过解剖"麻雀",可以认识总体的内部构成、一般水平和发展变化规律。

(3) 挑选先进、后进或新生事物典型。这是为了总结成功的经验,找出失败的教训,宣传各种榜样,以推进各项事业的发展。

典型调查总体而言对少数单位进行研究,能够深入研究现象的原因,比较经济实用。

其主要运用于以下几个方面：

（1）研究尚未充分发展、处于萌芽状态的新生事物或某种倾向性的社会问题。通过对典型单位进行深入细致的调查，可以及时发现新情况和新问题，探测事物发展变化的趋势，做出科学的预测。

（2）分析事物的不同类型，研究事物之间的差别和联系。如通过调查可以区别先进事物与落后事物，分别总结它们之间的经验教训，进一步进行对策研究，促进事物的转化与发展。例如，2017年7月8日，第一家无人超市开业，使用手机淘宝或者支付宝扫码可以直接进店消费，整个超市没有一个销售员、收银员。由于没有人工成本，无人超市的成本支出大约只有传统超市的1/4，店主只需要每天早上自己补货即可，据悉平均一个人可以一天管理10家这种无人超市，按照一个补货员一个月5 000元的工资计算，相当于平均一家店的人工成本只有500元左右，这对于高成本的传统超市、传统零售业来说生存空间将变得越来越小，甚至无利可图。无人超市属于一个全新的事物，如果你对它的运营比较感兴趣的话，不妨对无人超市进行一次典型调查。

此外，在总体内部差别不大，或分类后各类型内部差别不大的情况下，典型单位的代表性很显著，也可以用典型调查资料来补充和验证全面调查的数字。但是，这种调查由于受"有意识地选出若干有代表性"的限制，在很大程度上受人们主观认识的影响，因此，必须同其他调查方法结合起来使用，才能避免出现片面性。

4. 抽样调查（Sampling）

有句谚语说："你不需要吃完整头牛，才知道这头牛的肉是老的。"这就是抽样调查的精髓：从检查一部分来得知全体。抽样调查是按照随机原则，从调查对象中抽取一部分单位作为样本进行调查，并根据这一部分单位的调查结果，从数量方面推断总体指标的一种非全面调查方法。抽样调查虽然是一种非全面调查，但它的目的却是取得反映全面情况的统计资料，所以，从某种意义上说，它可以起到全面调查的作用。

抽样调查具有以下特征：

(1) 按照随机原则抽取样本，排除了个人主观意愿的影响；

(2) 对一小部分单位做深入细致的调查研究，取得数据，并据此从数量上推算总体；

(3) 抽样推断的抽样误差可以事先计算并加以控制，以保证抽样推断的结果具有一定的精确度。

在社会经济现象调查中，抽样调查主要适用于以下情况：

(1) 有些经济现象无法进行全面调查，但需要了解它的全面情况。如具有破坏性的产品质量检验（灯泡寿命测试）等。

(2) 不必要进行全面调查的现象。如了解居民对主要耐用消费品的需求量等。

(3) 有些情况下，抽样调查的结果比全面调查要准确。由于全面调查单位多，工作量大，因而调查过程中发生记录误差的可能性就大，加之复查难度大，在实际工作中，许多统计调查（如人口普查、经济普查）在全面调查后，随即进行抽样调查，用其结果验证全面调查的质量，或修正全面调查的统计资料，使调查结果更为准确，更接近于实际数值。

总而言之，抽样调查能够定量推算和代表总体特征，是比较完善和科学的调查，在实际应用中最为广泛。

《中华人民共和国统计法》(以下简称《统计法》)第十六条规定:"搜集、整理统计资料,应当以周期性普查为基础,以经常性抽样调查为主体,综合运用全面调查、重点调查等方法,并充分利用行政记录等资料。

重大国情国力普查由国务院统一领导,国务院和地方人民政府组织统计机构和有关部门共同实施。"

三种主要非全面调查区别表如表2-3所示。

表2-3 三种主要非全面调查区别表

| | 调查单位的选取方式 | 调查目的 | 推断总体指标的准确性和可靠性 |
|---|---|---|---|
| 重点调查 | 重点单位根据重点单位的标志总量是否占全部单位标志总量的较大比重这一标准来确定 | 通过对重点单位的调查,掌握总体的基本情况 | 在推断总体指标时,利用样本在总体中所占比例,对总体指标可进行推算,在允许误差下可保证推断的准确性和可靠性 |
| 抽样调查 | 按随机原则从全部总体单位中抽选出来的,不受人的主观因素所影响 | 通过随机选取调查单位的调查结果来推断总体的数量特征 | 以部分单位调查的结果推算总体指标。由于按随机原则抽选调查单位,因而在给定概率和误差范围条件下,可保证推断的准确性和可靠性 |
| 典型调查 | 典型单位是在对总体情况分析的基础上有意识地抽选来的,带有较强的主观性 | 有针对性地选择其中一个或几个有代表性的单位,进行深入调查,以认识和揭示调查对象的本质和规律 | 由于典型单位的选择受人的主观意识干扰较强,因而难以保证推断结果的准确性和可靠性,推断误差不能计算也难以控制 |

## 三、统计数据的质量

统计的整个工作过程就是对数据的加工过程,从原始数据的收集开始,经过整理、显示,样本信息的提取到总体数量规律性的科学推断,都有一个减少误差、提高数据质量的问题。也就是说,统计数据的质量控制问题是贯穿于统计研究全过程的重要问题。但在不同的统计调查方法中,统计数据的误差产生的原因是不同的,严重程度也不同。

统计调查阶段是统计研究的第一步,其收集到的数据好坏,直接决定了统计研究的成败,因而在这里认识误差、控制误差就显得非常重要。在这一阶段中数据出现的误差从不同的角度分类,可以分为非抽样误差与抽样误差。

非抽样误差是由于调查过程中各有关阶段工作失误造成的。它包括调查方案中有关规定或解释不明确所导致的填报错误、抄录错误、汇总错误,不完整的抽样框导致的误差,调查中不回答产生的误差等。非抽样误差在普查、抽样调查中都有可能发生,显然,从理论上来看,这类误差是可以控制的。克服或降低非抽样误差时,一方面要加强对统计调查人员的培训,使他们树立较强的责任心和数据质量意识,加强填报和汇总时的检查;另一方面要掌握获取完整抽样框的方法,以及科学抽样的方法与技术。在非抽样误差中还有一种人为干扰造成的误差,即有意隐瞒或者虚高虚低数据,这是需要给予特别注意的。例如,近年来,大学毕业生存在就业难的问题,我们在对毕业生就业情况进行跟踪调查时,某些学校负责人曲解就业率指标,为了提高自己学校的知名度,无视有关统计法律法规,通过"钻空子"虚报、盲报数据等手段,刻意提高学校就业率指标,造成学校间的不正当竞争。这种虚报、高报等行为都触犯了《统计法》,统计人员要坚决抵制并予以揭露。

抽样误差是利用样本推断总体时产生的误差。由于样本只是总体的一部分,用样本的信息去推断总体,或多或少会存在误差,因而抽样误差对任何一个随机样本来讲都是不可避免的。但它又是可以计量的,而且是可以控制的。在坚持随机原则的条件下,一般来讲,样本的容量越大,抽样误差就越小,确切地说,抽样误差与样本容量的平方根大致成反比例关系,因而在抽样调查中,随机原则非常重要;当然在面对一定总体时,我们应该抽取多少的样本,也和我们可以接受的误差大小有着密切的联系,其中的原理和抽样方法将在项目七抽样推断中进行探讨。

总的来说,非抽样误差特别是其中的系统偏差是可以控制的。但如果不注意,这类偏差造成的结果对调查质量来说是致命的。美国统计学会早在1995年就专门编写了《调查误差的主要来源是什么》,其中列出了10种容易犯的错误并给出了应采取的措施。戴维·S.穆尔在其著作《统计学的世界》里也重点强调了好样本和坏样本的产生对统计项目的成败起着决定性作用。加强统计数据质量的管理要体现在统计研究的全过程,在描述统计和推断统计阶段都要时刻注意统计方法的科学、准确,注意统计方法适用的前提条件和假设,要根据统计数据的特点和研究的目的选择统计方法,在统计分析时要注意定性分析与定量分析的结合,等等。统计数据质量问题,我们在后续项目的介绍中,会从不同角度、不同方法来加以诠释。

# 任务三 统计调查的方案设计

在统计调查工作正式开始之前,需要制定出一个完整、周密的数据采集方案,以指导整个调查工作,使调查得以顺利实施和完成。数据采集方案又称为调查方案,它是指导整个调查过程的纲领性文件。

在实施统计调查之前,应当明确"由何人主持调查及向谁调查?何时开始调查?在何地进行调查?调查的内容是什么?如何进行调查?"五个问题,即统计学家通常所说的"4W1H"(Who、When、Where、What、How)。因此,调查者首先要根据需要与可能,制定科学的调查方案,它是调查工作的依据,是保证调查顺利进行的前提。调查方案主要包括下列内容:

## 一、确定调查目的

制定调查方案,首先要明确调查目的,即明确为什么要进行调查,调查要解决什么样的问题。调查目的决定着被调查者、调查内容和方法。有了明确的目的,才能做到有的放矢,正确地确定调查的内容和方法,才能根据调查目的收集与之相关的资料,而舍弃与之无关的资料。这样,就可以节约人力、物力、财力,缩短调查时间,提高调查资料的时效性。

## 二、确定调查对象和调查单位

确定调查对象和调查单位,是为了解决向谁调查、由谁来具体提供资料的问题。

调查对象,是指需要调查的那些社会经济现象的总体,是说明向谁调查的问题。确定调查对象,首先需要根据调查目的,对研究对象进行认真分析,掌握其主要特征,科学地规定调查对象的含义;其次要明确规定调查对象总体的范围,划清它与其他社会现象的界限。只有调查对象的含义确切、界限清楚,才能避免登记时重复或遗漏,保证统计资料的准确。

调查单位,是指调查对象中所要调查的具体单位,即总体单位,是需要进行登记的标志(项目)的承担者,说明谁来提供资料的问题。调查单位的确定取决于调查目的和调查对象。例如,市场调查中的一个著名例子:尼尔森市场研究公司做的电视收视率调查服务。尼尔森公司分析得出的收视率影响广告商投入某节目的广告费用,以及该节目的后续播出。对于尼尔森全国电视收视率来说:

**总体**:所有当时一亿户有电视机的美国住户。

**样本**:约 5 000 个住户,住户同意使用"个人收视记录器"来记录该户中每个人收视的节目。所记录的变量包括住户中的人数与他们的年龄及性别,电视机开着的时段,以及电视机开着时是谁在看、看什么节目。

## 三、确定调查项目和调查表

调查提纲由调查项目组成。调查项目就是要调查的内容,也就是被调查单位的特征,即标志。确定调查提纲所要解决的问题是:向调查单位调查什么?调查单位有哪些特征?用什么标志来反映调查单位的特征?在调查中涉及哪些调查项目?这些都应根据调查目的和调查单位的特点而定,并贯彻"少而精"的原则进行处理。例如,2020 年第七次人口普查根据调查项目拟定了姓名、性别、年龄、民族、文化程度、职业、行业、婚姻状况、迁来本地的原因等 26 个记录调查项目。

调查项目所要解决的问题是向被调查者调查什么,也就是被调查者需回答什么问题。在确定所要登记的标志,即调查项目时,应注意以下几点:

1. 各调查项目必须是可行的,是能够取得的确切资料。即必须从实际出发,只列出能够取得资料的项目,不可能取得资料的项目就不应列入提纲。

2. 要有科学的理论依据和统一的解释,即列入调查提纲的内容含义要明确、具体,不能有两种或两种以上的解释,以免调查人员按照各自不同的理解填写,使调查结果无法汇总。

3. 调查项目要少而精,即只列出调查目的所必需的项目,登记与问题本质有关的标志,以免内容庞杂,增加工作量,造成调查工作的浪费。

4. 各调查项目之间尽可能做到相互联系,彼此衔接,以便于相互核对和分析。

调查表是指调查项目按照一定的顺序排列起来形成的一定的表式,这是统计工作收集资料的基本工具。调查目的、被调查者都可以从调查表中反映出来。调查表主要用于统计调查阶段,是收集原始资料的基本工具,且便于填写或汇总整理。

调查表一般有单一表和一览表两种。单一表是指一张调查表上只登记一个调查单位的表格,它可以容纳较多的项目(标志),便于整理和分类。一览表是指把许多调查单位填写在一张表上,便于合计和核对差错,但它容纳的调查项目有限。

### 四、确定调查时间和调查期限

统计调查时间包括两个方面的含义,即调查时间和调查期限。调查时间是指调查资料所属的时间,在统计调查中,如果所调查的是时期现象,那么就要明确规定调查资料所属时期。例如,所要调查的是时点现象,就要明确规定调查资料所属时点。如我国第七次人口普查调查时点是2020年11月1日0时。调查期限是整个调查工作的起止时间,包括收集资料和报送资料等全部工作所需要的时间。为了确保资料的时效性,调查期限不宜过长。

### 五、制订调查的组织实施计划

为了保证整个统计调查工作的顺利进行,在调查方案中还应该有一个周密的组织实施计划。统计调查成功实施必须要有严密细致的组织工作。调查的组织实施计划主要包括以下内容:

1. 确定调查工作的领导机构和办事机构。
2. 明确调查人员的组织与分工。
3. 明确调查前的准备工作,包括宣传教育、人员培训、文件资料的印发、方案的传达布置、调查经费的预算及开支办法等。
4. 规定调查工作的检查、监督方法。
5. 确定公布调查成果的时间等。

## 任务四 调查问卷的设计

问卷调查是社会调查中最常用的资料收集方法,美国社会学家艾尔·巴比称"问卷是社会调查的支柱",英国社会学家莫泽则称"十项社会调查中就有九项是采用问卷进行的",在西方国家,问卷调查被广泛地应用于民意测验和社会问题的研究。近些年,问卷调查在我国也日益普及,老百姓慢慢开始接受这种调查方式。

### 一、问卷调查的设计内容

问卷调查简称问卷法,它是调查者运用统计设计的问卷向被选取的调查对象了解情况或征询意见的一种调查方法。问卷调查具有简单方便,易于对资料进行统计处理和定量分析,节省调查时间,提高调查效率等特点。

一份完整的调查问卷,主要包括以下内容:

1. 问卷的标题

问卷的标题要概括性地说明调查研究的主题,使被调查者对所要回答的问题有一个大致的了解。标题应简明、扼要,既要明确调查对象,又要突出研究主题,在调查主题允许的情况下,应做到引起回答者的兴趣。

2. 卷首语

卷首语可以是一封告知被调查者的信,也可以是导语,说明调查的目的、意义、填写问卷的要求和注意事项,同时署上调查单位的名称和时间。如果问卷涉及隐私问题,需告知被调查者问卷匿名与否,信息是否为其保密。问卷说明的作用,在于使被调查者了解问卷调查的意图,引起他们的重视和兴趣,争取他们的支持和合作。它是调查者与被调查者沟通的中介。卷首语的长短是由内容决定的,但应尽可能简明扼要,切忌废话和不实之词。(见图2-1)

图 2-1　问卷调查卷首语示例

---

×××大学毕业生跟踪调查问卷(毕业生填写)

亲爱的校友:

　　你好!在此我们谨代表母校向你问好!为了充分了解和听取毕业生对学校素质培养的综合评价和建议,进一步推动学校教学改革,提高学校就业服务水平,我们设计了本份问卷,希望你在工作之余给予支持。谢谢!

×××大学招生与职业发展处

---

3. 填写说明

填写说明是告知调查对象如何正确填写问卷的指导书,这部分内容有时可以集中在一起,有时也可以分散到各有关问题的前面。图2-2是上述调查问卷中填写说明集中在一起的例子。

图 2-2　问卷调查填写说明示例

---

填写说明:

(1)请你在所选答案上画"√"。

(2)如无特殊说明,每一问题只能选择一个答案;如要求选择多项答案,题目后面都有注明;若还要求对所选多项答案排序,则请按题后说明填写。

(3)如果你选择的是问卷答案中"其他"项,请在后面的横线上填写你的具体情况或者具体看法。

(4)期望你对问卷中每个问题都做出回答,不要遗漏。

---

4. 调查主题

这是调查者所要了解的基本内容,也是调查问卷的核心部分,其包括问题和答案。问卷调查中的问题按其内容不同可分为背景性问题、客观性问题、主观性问题和检验性问题,答案按回答的方式不同分为开放式回答、封闭式回答和混合式回答。

5. 编码

它是将问卷中的调查项目变成数字的工作过程,以便于分类整理,易于进行计算机处理和统计分析。编码既可以在问卷设计的同时就设计好,也可以等调查完成后再进行,对答案的编码有前编码和后编码之分,封闭式回答的每个答案,在设计问卷时就设计了代码,称为前编码;开放式回答的答案一般是在调查结束后根据答案的具体情况再编订代码,称为后编码。在实际问卷调查中,一般多采用前编码,编码一般放在每一页的最右边,但它并不是所有问卷都需要的项目。

6. 背景资料

例如在消费者调查中,在问卷的最后附上被调查者的性别、年龄、民族、家庭人数、婚姻状况、文化程度、职业、收入等。在企业调查问卷后附上企业名称、地址、所有制性质、主管部门等。

7. 结束语

结束语放在问卷的最后,一般采用以下三种表达方式:

(1) 向被调查者表示诚恳的感谢,以及关于不要漏填与复核的请求。这种表达方式既显示调查者首尾一贯的礼貌,又督促被调查者填好未回答的问题和修改有错的答案(见图2-3)。

**图2-3 问卷调查结束语示例1**

访问到此结束,对于您的合作与帮助,我们表示诚挚的感谢!为了保证资料的完整与翔实,请您再花一点时间浏览一下刚才填过的问卷,看看是否有填错、漏填的地方,谢谢您的合作!祝您身体健康!

(2) 提出1～2个关于本次调查形势与内容感受等方面的问题,征询被调查者的意见,可采取封闭性或开放性问题形式(见图2-4)。

**图2-4 问卷调查结束语示例2**

封闭性问题:
您填完问卷后对我们此次调查,有什么感受吗?
A. 很有意义　　　B. 有一定意义　　　C. 毫无意义　　　D. 问卷与调查目标无关
开放性问题:
　　完成此次问卷后,您对我们的调查有何建议?如有,请告知,我们会尽可能将其完善,再次感谢您对此次调查的支持!

(3) 提出本次调查研究中的一个重要问题,以开放性问题形式放在问卷的结尾(见图2-5)。

**图2-5 问卷调查结束语示例3**

在对手机教学软件所做调查问卷结尾处,可安排如下一个开放性问题:
　　您在使用我们的手机教学软件进行教学过程当中,遇到了哪些问题?请将遇到的主要问题写在下面的横线上,我们将尽力改进,给予您更好的服务。

## 二、问题的设计

1. 问题的产生

问题是问卷的核心,设计问卷时,必须仔细研究问题的类别和提问方法。问题的形成一般经过如下步骤:情况(环境)分析;提出假设→概念具体化;寻找变项→确定指标→为测定已经确定的指标,编制直接问题与间接问题。大体步骤为:情况→假设→概念→变项→指标→问题。例如,现有这样一个调查课题:"在高职高专院校同学中,有部分同学厌学,他们为什么厌学?"对于此课题,我们可以形成一系列的思考,具体过程如下:

情况:为什么部分同学厌学?

假设:有的同学因学习成绩不好而厌学,有的同学因人际关系处理不当而厌学,而有的同学因大量精力用在做兼职上而厌学。

概念:学习成绩,人际关系,兼职,厌学

变项:对学习内容的掌握情况、测验成绩、平时测验成绩、作业情况;与教师的关系、与同学的关系、与家长的关系、与雇主的关系;对老师所讲的内容不感兴趣、对教师的说教有厌烦的心理、对学校环境不适应、雇佣过程中劳动强度过大等。

问题:你的入学成绩如何?你在最近的考试中,成绩如何?你能按时按质完成老师布置的作业吗?你喜欢你的任课老师吗?你与身边的同学相处如何?你觉得学校的学习环境怎么样?你业余时间会选择做兼职吗?你觉得兼职是否会影响到你的学习生活?等等。

2. 问题的主要类型及询问方式

根据所提问题的性质,可分为直接性问题、间接性问题和假设性问题。

(1) 直接性问题。调查中可以直问直答,对被调查者没有困窘或敏感影响的问题,可采用直接提问方式。如被调查者的性别、职业、年龄等。

(2) 间接性问题。对于涉及被调查者的个人秘密或隐私等不愿直接回答的问题,询问时可采用间接提问方式。如年龄、体重、经济收入、某些敏感药品的使用情况等问题,可采用分组形式取得答案。

(3) 假设性问题。对于涉及被调查者对某些问题的看法或未来想法的问题,询问时可采用假设性提问方式。如"如果您重新选择购置一辆汽车,您会更关注新车的哪些配置?"

根据对问题的作答方式,可分为开放性问题和封闭性问题。

(1) 开放性问题。开放性问题是指所提问题不列出备选答案,答题类型也不做任何具体规定,而由被调查者根据自己的想法用文字表达出来。例如,"您认为教师使用微课教学比起传统多媒体教学,效果如何?"

开放性问题的主要优点是可以使被调查者充分自由地按自己的想法与方式回答问题,不受限制,有利于发挥被调查者的主动性和想象力,特别适合于询问那些潜在答案很多或者答案比较复杂或者尚未弄清各种可能答案的问题。开放性问题的主要缺点是被调查者答题的随意性较大,调查者难以排除无用信息和不确切信息。由于答案不规范,数据的处理和分析也比较困难。

(2) 封闭性问题。封闭性问题是指问题和各种可能的答案都事先设计好,让被调查者通过选择答案来回答问题的一种问题形式。

例如,在很多国家的入境卡上,你经常会看到这样的问题:

您来访的目的:(请在下列选项后的括号内画"√")

A. 旅游（　　）　　B. 会务（　　）　　C. 商务（　　）　　D. 会议（　　）
E. 教育（　　）　　F. 工作（　　）　　G. 展览（　　）　　H. 转机（　　）

封闭性问题由于有标准答案,因此回答方便,易于进行各种统一处理和分析,有利于提高问卷的回收率和有效率。但有时回答者只能在规定的范围内被动回答,无法充分反映应答者的想法。

例如,您使用的手机是什么品牌的?

A. 苹果（　　）　　B. 三星（　　）　　C. 华为（　　）　　D. OPPO（　　）

很明显上述的备选答案无法囊括市面上的所有手机品牌,如果被访者是我,我可能就无法在四个备选答案中选出我使用的手机品牌,因为我使用的手机是金立,在这个时候,我们可以考虑使用半开放式问题,将上面的问题改为:

您使用的手机是什么品牌的?（如选择其他,请在横线上填写对应您使用的手机品牌）

A. 苹果（　　）　　B. 三星（　　）　　C. 华为（　　）　　D. OPPO（　　）
E. 其他_____（　　）

根据所提问题内容不同,可分为事实性问题、断定性问题、假设性问题和敏感性问题。下面介绍其中三种。

(1) 事实性问题。事实性问题要求被调查者回答有关事实情况,其主要目的是获取反映客观实际的资料。因此,问题的含义必须清楚,使被调查者容易理解并易于回答。如职业、出生年月、经济收入、家庭状况、教育程度、居住条件等。

(2) 断定性问题。断定性问题是假定某个被调查者在某个问题上确有其行为或态度,继续进一步了解另外一些行为或态度。这种问题由两个或两个以上的问题相互衔接而成,前面一个问题是后面一个问题的前提。例如,"您一直订阅《读者》吗?",如果回答"是",就需要回答下一个问题:"您喜欢本杂志的哪一个栏目?";如果回答"否",就不必回答下一个问题。

(3) 敏感性问题。敏感性问题是指涉及个人社会地位、隐私等,不为一般社会道德和法纪所允许的行为以及私生活等方面的问题。这类问题大多数被调查者总是企图回避,不愿意合作。因此,要了解这些敏感性问题,必须变换提问方式或采取一些特殊的调查技术。

以上是从不同角度对各种问题所作的分类,在实际调查中,几种类型的问题往往结合起来使用。

3. 设计问题时应注意的问题

为了做到概念的准确、简明、生动,设计问卷应注意以下问题:

(1) 避免提笼统、抽象或过于专业化的问题。这样的问题容易造成理解困难,不易回答,并且对实际调查工作无指导意义。例如,"您对本酒店满意吗?"这样的问题过于笼统,很难达到预期效果,可具体提问:您认为本酒店价格合适吗？您认为本酒店服务质量如何?

（2）避免多重性提问。即一个问题只要求应答者说清楚一件事。例如，"您父母购买养老保险了吗？"该提问询问了两个问题，若被调查者的双亲中只有一方购买了养老保险，问题就没办法回答。

（3）避免诱导性和倾向性。即所提问题对被调查者不能有诱导作用或倾向性表达，一定要恪守中立的态度。例如，"很多专业人士认为，购买国债是一种比较保险的理财方式，您觉得呢？"该提问中"专业人士"一词就带有倾向性。诱导性提问会导致两种不良后果：一是被调查者不加思考就同意所引导问题中暗示的结论；二是由于诱导性提问大多是引用权威或大多数人的态度，被调查者考虑到这个结论既然已经是普遍的结论，就会产生心理的顺向反应。此外，对于一些敏感性问题，在诱导性提问下，被调查者不敢表达其他想法等，常常会引出与事实相反的结论，因此，这种提问是调查的大忌。

（4）避免使用冗长复杂的语句和不易理解的词语。在语义能表达清楚的前提下，句子要尽量简洁。在大规模调查中，被调查者的文化背景、受教育程度等都会有很大差别。在考虑词语时，要注意被调查者的地区差别、文化差别等因素，尤其是在面访式问卷调查中，还需考虑语言沟通的问题。

（5）避免提令被调查者难堪、禁忌和敏感的问题。涉及各地风俗和民族习惯中的忌讳，关系个人利害关系和个人隐私等问题都是属于令被调查者难堪、禁忌、敏感的问题。例如，"您是否有过离异？"还有询问女性的体重、年龄，男性的收入等。对于这类问题，被调查者往往出于本能的自卫心理，容易产生种种顾虑，不愿意回答或不予真实回答，而且还会引起被调查者的反感，因此，问卷中应尽量避免。如果有些问题非问不可，则应考虑回答者的自尊心，尽量注意提问的方式、方法和措辞。

（6）注意时间范围的表达。调查问题中常常涉及时间的问题，而问卷设计时如果忽略了时间范围的准确表达，那么会造成调查结果不可靠。例如，"您过去的收入有多少？""过去"一词表述的时间范围不明确，被调查者遇到这种问题往往会因时间范围不明确而无从回答。

### 三、问卷中的答案设计

设计问卷答案应把握以下基本方法和应注意的问题。

1. 答案设计的基本方法

（1）二项选择法。这种方法也称为真伪法或二分法。它是指提出的问题仅有两种答案可以选择："是"或"否"，"有"或"无"等。这两种答案是对立的、排斥的，被调查者的回答非此即彼，不能有更多的选择。例如，"您家里有扫地机器人吗？"的答案只能是"有"或"无"。

这种方法的优点是：回答者易于理解，调查者可迅速得到明确的答案，便于统计处理，分析也比较容易。其缺点是：回答者没有进一步阐明理由的机会，因此难以反映被调查者的意见与程度的差别，了解的情况也不够深入。这种方法适用于互相排斥的两项择一式问题及询问较为简单的事实性问题。

（2）多项选择法。这种方法是指所提出的问题事先预备好两个以上的答案，回答者可选其中的一项或几项作答。

例如,您喜欢下列哪种品牌的洗发水?(在您认为合适的括号内画"√")
A. 采乐(　　)　　B. 潘婷(　　)　　C. 飘柔(　　)　　D. 蒂花之秀(　　)
E. 舒蕾(　　)　　F. 海飞丝(　　)　　G. 名人(　　)　　H. 蜂花(　　)
I. 其他(　　)

这种方法的优点是比二项选择法的强制选择有所缓和,答案有一定的范围,也便于统一处理。但采用这种方法时,设计者要考虑以下两种情况:一是要考虑到全部可能出现的结果及答案可能出现重复和遗漏;二是要注意备选答案的排列顺序。有些回答者常常喜欢选择第一个答案,从而使调查结果发生偏差。此外,答案不宜过多,否则,是回答者将无从选择或产生厌烦。一般情况下,这种多项选择答案应控制在 8 个以内。当样本量有限时,多项选择易使结果分散,缺乏说服力。

(3) 顺位法。它是指列出若干种答案,由回答者按重要性确定先后顺序的方法。顺位法主要有两种:一种是对全部答案排序;另一种是只对其中的某些答案排序。究竟采用何种方法,应由调查者来决定。具体排列顺序由回答者根据自己所喜欢的事物和认识事物的程度等进行排序(一般我们将程度分为 7 个等级)。

例如,你喜欢此次"英雄联盟"游戏更新中"源计划"这个皮肤系列吗?
A. 喜欢得不要不要的,我给满分
B. 6
C. 5
D. 4
E. 3
F. 2
G. 好难看

再例如,您是从哪儿了解到我们好恒健身的?(请按顺序排出前三位)
A. 电视　　　　　B. 报纸　　　　　C. 互联网　　　　D. 广播
E. 朋友介绍　　　F. 促销人员的宣传　G. 公司宣传资料　H. 其他(请注明)____

顺位法便于被调查者对其意见、动机、感觉等做衡量和比较性的表达,也便于对调查结果加以统计。但调查项目不宜过多,过多则容易分散,很难排位,同时所询问的排列顺序也可能会对被调查者产生某种暗示影响。

(4) 回忆法。它是指通过回忆,了解被调查者对不同事物印象强弱的方法。

2. **答案设计时应注意的问题**

(1) 答案要穷尽。答案要穷尽是指每个问题中所列出的备选答案应包括所有可能的回答。

(2) 答案需互斥。从逻辑上讲,互斥是指两个概念之间不能出现交叉和包容的现象。在设计答案时,一个问题所列出的不同答案必须互不相容,以避免被调查者重复选择。

(3) 标记要清楚。对于封闭性问题,每项答案都应有明显的填答标记或注释,且要留出足够填答标记的空格。

（4）要使用定距、定比尺度。对于敏感性问题，为了尽可能消除被调查者的顾虑，应采用定距或定比答案设计。

### 四、问卷的编排设计

对问卷中所设计的问题进行编排，一般有以下几个方面：

1. 问卷的顺序

在设计问卷时，要注意问题的排列顺序，使问卷条理清楚，顺理成章。

（1）问题的编排应有逻辑性。

（2）问题的顺序应先易后难。容易回答的问题放在前面，较难回答的问题放在后面；将被调查者比较熟悉的问题放在前面，将被调查者比较生疏的问题放在后面；将一般性问题放在前面，敏感性问题或特殊性问题放在后面。

（3）封闭性问题放在前面，开放性问题放在后面，需要注意封闭性问题和开放性问题的配比，如果开放性问题太多，可能会影响调查质量。

（4）能引起被调查者兴趣的问题放在前面，易引起被调查者紧张的问题放在后面。

2. 问题的衔接

问卷中的各种问题应很好地衔接起来，使调查者能快捷方便地找到符合某种回答条件和不符合某种回答条件的答案。

例如，您会演奏乐器吗？

不会（　）

会（　）　　如果会，您会演奏的乐器是：

钢琴（　）　小提琴（　）　吉他（　）　其他（请注明）＿＿＿

有时，连续几个问题都只适合于具有某种条件的被调查者，设计时可采用跳答指示的方法来解决。

例如，A. 您日常出行喜欢骑自行车吗？

不喜欢（　）　喜欢（　）（请跳答第 D 题）

在这个例子中，该问题后的 B、C 两个问题都是询问被调查者日常出行不喜欢骑自行车原因。通过跳答指示，使被调查者很快找到自己应该回答的问题。但应注意，这类跳答衔接法不宜过多使用，否则会给人以版面混乱的感觉，同时容易漏答和错答。

## 任务五　问卷调查的实施

### 一、问卷调查的一般程序

问卷调查的一般程序是设计调查问卷、选择调查对象、发放问卷、回收和审查问卷。

1. 设计调查问卷

问卷的设计必须做到问卷整体的严谨性,即问卷结构的各组成部分都不能少,而且要按顺序排列,尤其是问卷的主体部分。问题的排列顺序要科学,这样有利于被调查者顺利完成回答;同时还必须做到清楚明确,即问卷各部分的表述要清楚明确,特别是问卷主体部分与答案。

另外,问卷的初稿设计工作完毕之后,不要急于投入使用,特别是对于一些大规模调查问卷,最好的办法是先组织问卷的测试,如果发现问题,再及时修改,如果第一次测试后有很大的改动,可以考虑是否有必要组织第二次测试。在问卷测试工作完成,确定没有必要再进行第二次修改后,可以考虑定稿,问卷定稿就可以正式投入使用。

2. 选择调查对象

对于问卷调查,我们必须考虑两个因素:一是问卷的回收率,即发出问卷后,经调查对象填答并能被调查者收回的问卷比率,回收率的多少与问卷的发放方式和问卷设计质量有关;二是问卷的有效率,凡未做回答或者不按要求填答的,都属于无效问卷,有效率等于实际收回的问卷数减去无效问卷数,得到的差再除以实际收回的问卷数,即:

$$问卷回收率(R) = \frac{实际收回的问卷数}{发出问卷总数} \times 100\%$$

$$问卷有效率(K) = \frac{实际收回的问卷数 - 无效问卷数}{实际收回的问卷数} \times 100\%$$

考虑到问卷调查的回收率和有效率一般不可能达到100%,因此选择调查对象时,其数目应多于抽样要求的研究对象数,即:

$$n = \frac{n_0}{R \times K}$$

式中,$n_0$ 代表通过抽样确定的研究对象数;$R$ 代表预计问卷回收率;$K$ 代表预计问卷有效率。

例如,嘉定通过抽样确定研究对象有500人,通过问卷网进行问卷制作,采用网络问卷的方式进行发放,预计此次网络问卷回收率在50%~70%,取 $R$ 为60%,预计此次问卷有效率大致为70%,则应选取的调查对象是:

$$n = \frac{500}{60\% \times 70\%} \approx 1\,190(人)$$

3. 发放问卷

发放问卷的途径主要有通过互联网、面访、电话、报刊发行、邮寄、送发等。

问卷发放时必须注意两个问题:一是有利于提高问卷的填答质量;二是有利于提高问卷的回收率。为了达到这两个要求,通过面访进行的问卷调查,可以采用一些奖励的办法来进行,如抽奖、赠送礼品等,采用互联网聊天软件(QQ、微信等)进行的问卷投放,可以适当给予红包来刺激参与者的积极性。无论使用哪种方式发放问卷,直接或间接调查者的态度和责任心都是取得调查成功的重要条件,决不能草草了事。

4. 回收和审查问卷

对于回收的问卷必须进行认真的审查,回答不完整、不按要求回答和回答中存在明显逻辑错误的问卷应该为无效问卷。在对问卷数据进行整理加工时,不能计算无效问卷的数据,否则会造成降低研究的可靠性和准确性的后果。对问卷的数据处理,必须建立在有效问卷的基础上,这样才能保证问卷调查结论的科学性。

## 二、如何提高问卷的回收率

1. 认真选择调查课题

要选择具有吸引力的调查课题,调动起被调查者的参与意识,使他们感到参与调查是一件有意义的事情。随着国民素质的提高,关系到人们切身利益的问题、社会上的"热点"问题,以及具有新鲜感的问题,往往会引起被调查者的兴趣和提高参与调查的积极性,这样的调查课题,往往也会有较为理想的回收率。

2. 提高问卷设计的质量

问卷的设计质量对问卷的回收率和有效率,往往会产生很大的影响。问卷的质量首先取决于问卷的内容,特别是问题的选择、排列和表述,以及回答的类型和方式。例如,问卷本身给被调查者一种非常专业的感觉,问卷的有效率往往比较高;再如问卷中开放性问题太多的话,很多被调查者潜意识就会觉得这个调查会占用他的很多时间,并且要写很多字,会很麻烦,那么问卷的回收率就会大打折扣。

3. 要争取知名度高、权威性强的机构支持

问卷调查主办者的权威性和知名度,往往会影响被调查者对问卷调查的信任度和回答意愿。例如,党政机关主办的调查,回收率较高;企事业单位主办的调查,回收率较低;再如:上级机关和高级机构主办的调查,回收率较高,而下级机关或低级机构主办的调查回收率较低等。因此,为了提高问卷的回收率,应尽可能争取权威性强、知名度高的机构来主办调查,或者是取得他们对问卷调查的公开支持。

4. 要挑选适当的调查对象

调查对象的合作态度、理解和回答书面问题的能力,对问卷的回收率和有效率往往会产生巨大影响。一般情况下,对问卷调查内容比较熟悉的,有一定文字理解能力和表达能力的,较少接受问卷调查的调查对象,回答问卷的积极性较高;反之,则较低。

5. 尽量采取回收率较高的问卷调查方式

调查方式对问卷的回收率有着重大影响。根据一般的经验,报纸杂志问卷的最终回收率为$10\%\sim20\%$,邮寄问卷的最终回收率为$30\%\sim60\%$,电话问卷的最终回收率为$50\%\sim80\%$,面访问卷的最终回收率最高,有时甚至可以达到$100\%$,而互联网调查,则取决于调查的项目、问卷寄送的渠道,以及调查者与被调查者之间的关系等因素,不太容易估计。因此,在条件许可的情况下,应尽可能采取面访问卷的方式进行调查。

### 6. 采用适当的激励手段

采用适当的激励手段,也是提高问卷回收率的方法之一,激励手段多种多样,当然也受调查经费的限制,但是无论选用什么样的激励手段,只要有都应该在调查问卷的卷首语中加以说明,以便起到应有的激励作用。

总之,影响问卷回收率的因素是多种多样的,归根到底取决于调查者的实际工作质量,只要调查者兢兢业业,认真做好调查课题的选择、调查问卷的设计和调查对象的挑选等工作,高质量的问卷调查是完全可以实现的。

### 三、对无回答和无效回答的处理

问卷调查总会出现无回答和无效回答的情况,对这两种情况都不应轻易放过,而应做一些必要的研究。这是因为:(1)它是正确评价调查结果的需要。只有弄清了无回答和无效回答的原因,才能准确说明调查结论的代表性和有效范围。(2)它是总结和改进调查工作的需要。无回答和无效回答有被调查者方面的原因,但主要原因却在调查者方面。因此,弄清无回答和无效回答的原因,有利于总结经验教训,改进调查工作。

对于无回答的研究,不同的调查方式应采取不同的方法。对于面访问卷的无回答,应当弄清原因。如果是调查对象不在或无时间回答,就可以改期再做;如果是调查对象拒绝回答,就应当面或侧面了解不合作原因。发送问卷一般是通过有关机构下发的,因此在回收问卷时,就应通过有关机构了解无回答者的情况和原因。报纸杂志问卷、互联网问卷、邮寄问卷的无回答研究就比较困难。因为回收的问卷是无记名的,很难弄清回答者和无回答者究竟是谁,但也不是毫无办法。例如,报纸杂志问卷可根据回收问卷的邮戳,弄清哪些地区的回复率高,哪些地区的回复率低,然后派人到回复率低的地区去有重点访问某报纸杂志订阅客户,做面对式调查等。

对于无效回答的研究,应以审查中被淘汰的无效问卷为主要依据。要研究无效回答的类型和频率,看看哪些是个别性的错误,哪些是带有共性的问题。一般来说,凡是带有共性的问题都与问卷的设计有关,如问题选择不当、排列不合理、问题表述不准确、回答方式的设计不符合实际、对问答的指导和说明不够清楚,以及问题的衔接不明晰等。总之,应把设计中存在的问题作为研究的重点,并根据研究的结果不断改进问卷的设计工作。

# 实训一 通过平台搜索数据

## 一、通过搜索平台获取数据(以百度指数为例)

普通用户可以通过以下步骤来查看百度指数的数据。

### 1. 打开百度指数网站

在浏览器中打开百度指数网站(https://index.baidu.com/),或者通过搜索引擎搜索

"百度指数"进入该网站。

2. 输入关键词

在搜索框中输入所需查询的关键词,并选择地区和时间范围,点击"搜索"。

3. 查看数据

在页面上方可以看到该关键词的整体指数、搜索指数和媒体指数等数据,同时可以选择查看具体日期的数据曲线和排名变化情况。

此外,用户还可以通过注册账号并登录百度指数,享受更多的数据查询和分析服务。

### 二、通过新浪财经获取上市公司财务报表数据

普通用户可以通过以下步骤来查看新浪财经上市公司财务报表数据。

1. 打开新浪财经网站

在浏览器中打开新浪财经网站(https://finance.sina.com.cn/),或者通过搜索引擎搜索"新浪财经"进入该网站。

2. 进入上市公司页面

在新浪财经首页的搜索框中输入公司代码或名称,进入上市公司页面。

3. 选择公司

在上市公司页面中,可以通过搜索框或者选择行业分类的方式找到所需公司的股票代码或名称。

4. 查看财务报表数据

进入所需公司的页面后,在页面下方可以看到该公司的财务报表数据,包括利润表、资产负债表、现金流量表等,用户可以选择不同的财务报表和时间范围进行查看和比较分析。

(注意:由于财务报表数据可能存在一定的滞后性和不确定性,用户在进行投资和决策时需要结合其他信息和分析工具进行综合判断。)

# 实训二 利用 Python 获取和提取数据

### 一、通过 Python 获取和提取数据

Python 提供了许多实用的库和工具。下面是一个基于 Python 获取网络数据的案例,通过使用 Requests 库和 BeautifulSoup 库,从网页上获取和提取数据。

假设我们需要获取某个网站上的新闻标题和链接,具体步骤如下:

1. 安装必要的库

我们需要安装 Requests 库和 BeautifulSoup 库,可以通过以下命令来安装:

pip install requests

```
pip install beautifulsoup4
pip install pandas
```

2. 获取网页内容

使用 Requests 库来发送 HTTP(超文本传输协议)请求,获取网页内容:

```
import requests

url = 'http://example.com/news.html'
response = requests.get(url)

if response.status_code == 200:
    content = response.content
    print(content)
else:
    print('Failed to retrieve content')
```

在上面的代码中,我们使用了 Requests 库的 get(·)函数来获取指定网页的内容。如果状态码是 200,表示请求成功,我们就可以通过 response.content 属性来获取网页内容。

3. 解析网页内容

使用 BeautifulSoup 库来解析网页内容,从中提取我们需要的信息。在这个例子中,我们需要提取新闻标题和链接。

```
from bs4 import BeautifulSoup

soup = BeautifulSoup(content, 'html.parser')

for article in soup.find_all('article'):
    title = article.h2.a.text.strip()
    link = article.h2.a['href']
    print(title)
    print(link)
```

在上面的代码中,我们使用了 BeautifulSoup 库来解析网页内容,使用 find_all(·)函数来查找所有的 article 标签,并使用.text 属性和['href']属性来获取新闻标题和链接。

完整代码如下:

```
import requests
from bs4 import BeautifulSoup

url = 'http://example.com/news.html'
response = requests.get(url)
```

```
if response.status_code == 200:
    content = response.content
    soup = BeautifulSoup(content, 'html.parser')
    for article insoup.find_all('article'):
        title = article.h2.a.text.strip()
        link = article.h2.a['href']
        print(title)
        print(link)
else:
    print('Failed to retrieve content')
```

当我们运行以上代码时,将会从网页上获取新闻标题和链接,并将其打印输出。

## 二、通过 Python 获取和提取数据——以百度指数为例

要从百度指数上获取数据,可以使用百度指数开放平台提供的 API 接口(应用程序接口),以便于通过编程来访问和获取数据。下面是一些基本步骤:

### 1. 注册并创建应用程序

在百度指数开放平台注册一个账户并创建一个应用程序,获取应用程序的 API Key 和 Secret Key,这些是用于访问 API 的凭证。

### 2. 安装必要的库

使用 Python 编程语言来调用 API 接口,需要安装百度 API SDK 和 Requests 库。

```
pip install baidu-aip
pip install requests
```

### 3. 设置访问 API 的参数

设置访问 API 的参数,包括访问地址、请求方式、请求头、请求参数等。其中请求参数需要根据具体需求进行设置。以下是一个简单的例子:

```
import requests
fromaip import AipIndex

APP_ID = 'your_app_id'
API_KEY = 'your_api_key'
SECRET_KEY = 'your_secret_key'

client = AipIndex(APP_ID, API_KEY, SECRET_KEY)

url = 'https://openapi.baidu.com/rest/2.0/trend/v1/multi-search'
headers = {'Content-Type': 'application/x-www-form-urlencoded'}
```

```
params = {'area': 0, 'word': 'Python'}

response = requests.post(url, headers=headers, params=params)

if response.status_code == 200:
    data = response.json()
    print(data)
else:
    print('Failed to retrieve content')
```

在上面的代码中,我们使用了 AipIndex 类来设置 API 的访问凭证,并使用 Requests 库来发送 POST 请求,获取 API 返回的数据。

4. 解析 API 返回的数据

根据 API 返回的数据格式,使用 Python 代码来解析所需的数据。以下是一个例子:

```
import requests
fromaip import AipIndex

APP_ID = 'your_app_id'
API_KEY = 'your_api_key'
SECRET_KEY = 'your_secret_key'

client = AipIndex(APP_ID, API_KEY, SECRET_KEY)

url = 'https://openapi.baidu.com/rest/2.0/trend/v1/multi-search'
headers = {'Content-Type': 'application/x-www-form-urlencoded'}
params = {'area': 0, 'word': 'Python'}

response = requests.post(url, headers=headers, params=params)

if response.status_code == 200:
    data = response.json()
    index_data = data['data'][0]['userIndexes'][0]['all']['data']
    print(index_data)
else:
    print('Failed to retrieve content')
```

在上面的代码中,我们从 API 返回的 JSON 数据中提取了所需的指数数据,并将其打印输出。

以上是一个简单地从百度指数上获取数据的过程,需要注意的是,具体的 API 参数和返回值格式可能会因 API 版本的不同而有所变化,因此需要根据实际情况来进行调整。

## ▷▷▷ 小　结

　　本章我们学习了统计调查的相关知识,包括统计数据的来源、统计调查的组织形式、统计调查的方案设计、调查问卷的设计和问卷调查的实施。

　　统计数据的来源可以通过统计资料收集,根据数据的计量尺度进行分类,包括定类尺度、定序尺度、定距尺度和定比尺度。数据的来源可以根据范围、组织形式、是否连续和方法不同进行分类,包括全面调查和非全面调查、统计报表制度和专门调查、经常性调查和一次性调查,以及直接观察法、报告法、采访法、问卷调查法等。

　　统计调查的组织形式包括统计报表和专门调查,其中统计报表包括各种统计表,而专门调查则包括普查、重点调查、典型调查和抽样调查。统计数据的质量也是统计调查中需要关注的重要问题之一。

　　进行统计调查时,需要设计调查方案,包括确定调查目的、调查对象和调查单位、调查项目和调查表、调查时间和调查期限,并制订组织实施计划。调查问卷的设计是问卷调查的重要环节,需要设计问题和答案,并合理编排问卷内容。

　　在实施问卷调查时,需要按照一般的程序进行,包括设计调查问卷、选择调查对象、发放问卷、回收和审查问卷。为了提高问卷的回收率,还可以采取一些措施。对于无回答或无效回答的情况,也需要进行处理。

　　通过本章的学习,我们了解了统计调查的基本概念和方法,掌握了调查方案设计和问卷调查的实施步骤。这些知识将为我们进行实际的统计调查提供指导,并帮助我们获取和分析相关数据。

## 单元练习

### 一、单项选择题

1. 顺序数据(　　)。
   A. 是一种定量数据
   B. 可以进行排序,表明事物之间的大小、优劣关系等
   C. 可以反映事物在数量上的差异
   D. 其计算功能与数据型数据相同

2. 规定普查的标准时点旨在保证调查资料的(　　)。
   A. 准确性　　　　B. 时效性　　　　C. 周期性　　　　D. 全面性

3. 全面调查与非全面调查中的"全面"指的是(　　)。
   A. 调查内容全面　B. 调查单位全面　C. 调查时间全面　D. 调查地点全面

4. 某啤酒厂为了了解该厂生产的啤酒的酒精含量,宜采取(　　)。
   A. 普查　　　　　B. 典型调查　　　C. 抽样调查　　　D. 重点调查

5. 高考结束后,某培训机构想要了解某地区高考取得高分的同学的学习生活习惯,他们宜于采取(　　)方式来选择学校获取样本。
   A. 普查　　　　　B. 典型调查　　　C. 抽样调查　　　D. 重点调查
6. 有意识地选择三个钢厂调查其产值情况,这种调查方式属于(　　)。
   A. 抽样调查　　　B. 典型调查　　　C. 普查　　　　　D. 重点调查
7. 下述调查属于经常性调查的是(　　)。
   A. 每隔10年进行一次人口普查
   B. 对五年来商品价格变动情况进行调查
   C. 对2000年职称评审结果进行调查
   D. 按月上报商品销售额
8. 问卷设计的主体部分是(　　)。
   A. 卷首语　　　　B. 编码　　　　　C. 问题和答案　　D. 结束语

## 二、判断题

1. 在统计调查方案中,调查期限是指调查资料所属的时间,调查时间是指调查工作的起止时间。　　　　　　　　　　　　　　　　　　　　　　　　　　　　　　(　　)
2. 调查单位与报告单位是一致的。　　　　　　　　　　　　　　　　　　(　　)
3. 原始数据是数据的直接来源。　　　　　　　　　　　　　　　　　　　(　　)
4. 统计报表是我国定期取得统计资料的基本调查方式。　　　　　　　　　(　　)
5. 抽样调查是所有调查方式中最有科学依据的方式方法,因此它适用于任何调查任务。　　　　　　　　　　　　　　　　　　　　　　　　　　　　　　　　(　　)
6. 统计报表可以摸清一个国家的国情国力,特别是可以了解与掌握人力、财力、物资资源状况及其利用状况,为国家制定长远规划与政策提供可靠的依据。　　　　(　　)
7. 每月月初登记职工人数属于经常性调查。　　　　　　　　　　　　　　(　　)
8. "你购买计算机的目的是什么"是一种开放性问题。　　　　　　　　　　(　　)

## 三、思考题

1. 抽样调查、重点调查和典型调查这三种非全面调查的区别是什么?
2. 统计调查方案的基本内容是什么?
3. 什么是调查问卷?调查问卷的基本结构如何?
4. 如何提高问卷的回收率?

## 四、综合能力训练

学生由兴趣出发,根据自身能力,对某一社会或经济现象展开问卷调查。根据调查目的和任务设计统计调查方案。

实训目的:通过设计调查方案,制作调查问卷,进行问卷调查的实施,加深对本项目内容的理解。

实训组织:学生每5～7人分为一组,按小组完成此次统计调查任务。

实训提示:教师提出活动前的准备及注意事项,验收实训成果,组织学生对实训中的所学所感进行分享。

# 拓展材料

*没有调查，就没有发言权。*

——邓小平

## 统计镜下的中国：人口普查揭示的社会与文化图谱

中国人口普查是一个具有重大影响的统计调查项目。人口普查是对国家人口信息进行全面、系统和定期的收集、统计和分析，为政府决策提供重要依据。

中国自 1953 年起，每十年进行一次人口普查。这个庞大的调查工程涉及全国各地，调查人口数量众多，覆盖范围广泛。通过人口普查，可以了解国家人口总量、人口结构、人口分布、人口流动等关键信息，为政府制定人口政策、社会福利计划、城乡规划等提供科学依据。

人口普查涉及大量的数据收集、整理、分析和报告工作。调查人员需采用科学的调查方法，设计合理的调查问卷，确保数据的准确性和完整性。通过人口普查数据的分析，可以揭示出人口变化趋势、人口结构的变化以及城乡发展的特点，为国家发展战略和社会政策的制定提供重要参考。

2020 年第七次人口普查是中国政府于 2020 年 11 月 1 日 0 时至 12 月 10 日 24 时进行的全国人口普查。以下是该次人口普查的主要结果：

人口数量：

一、总人口

全国总人口[①]为 1 443 497 378 人，其中：普查登记的大陆 31 个省、自治区、直辖市和现役军人的人口共 1 411 778 724 人；香港特别行政区人口为 7 474 200 人；澳门特别行政区人口为 683 218 人；台湾地区人口为 23 561 236 人。

二、人口增长

全国人口[②]与 2010 年第六次全国人口普查的 1 339 724 852 人相比，增加 72 053 872 人，增长 5.38%，年平均增长率为 0.53%。

三、户别人口

全国共有家庭户 494 157 423 户，集体户 28 531 842 户，家庭户人口为 1 292 809 300 人，集体户人口为 118 969 424 人。平均每个家庭户的人口为 2.62 人，比 2010 年第六次全国人口普查的 3.10 人减少 0.48 人。

---

① 全国总人口包括大陆 31 个省、自治区、直辖市和现役军人的人口，以及香港特别行政区人口、澳门特别行政区人口和台湾地区人口。

② 全国人口是指大陆 31 个省、自治区、直辖市和现役军人的人口，不包括居住在 31 个省、自治区、直辖市的港澳台居民和外籍人员。

## 四、民族人口

全国人口中,汉族人口为 1 286 311 334 人,占 91.11%;各少数民族人口为 125 467 390 人,占 8.89%。与 2010 年第六次全国人口普查相比,汉族人口增加 60 378 693 人,增长 4.93%;各少数民族人口增加 11 675 179 人,增长 10.26%。

**教育程度:**

## 一、受教育程度人口

全国人口中,拥有大学(指大专及以上)文化程度的人口为 218 360 767 人;拥有高中(含中专)文化程度的人口为 213 005 258 人;拥有初中文化程度的人口为 487 163 489 人;拥有小学文化程度的人口为 349 658 828 人(以上各种受教育程度的人包括各类学校的毕业生、肄业生和在校生)。与 2010 年第六次全国人口普查相比,每 10 万人中拥有大学文化程度的由 8 930 人上升为 15 467 人;拥有高中文化程度的由 14 032 人上升为 15 088 人;拥有初中文化程度的由 38 788 人下降为 34 507 人;拥有小学文化程度的由 26 779 人下降为 24 767人。

## 二、平均受教育年限

与 2010 年第六次全国人口普查相比,全国人口中,15 岁及以上人口的平均受教育年限由 9.08 年提高至 9.91 年。31 个省份中,平均受教育年限在 10 年以上的省份有 13 个,在 9 年至 10 年之间的省份有 14 个,在 9 年以下的省份有 4 个。

## 三、文盲人口

全国人口中,文盲人口(15 岁及以上不识字的人)为 37 750 200 人,与 2010 年第六次全国人口普查相比,文盲人口减少 16 906 373 人,文盲率由 4.08% 下降为 2.67%,下降 1.41 个百分点。

人口普查事例充分展示了统计调查在了解社会现象、制定政策和规划发展方向方面的重要作用。通过准确获取和分析大量的数据,政府和研究机构能够更好地理解社会现象、预测趋势、解决问题,为国家和社会的发展提供科学支持。

# 项目三 统计整理

## 学习目标

### 一、知识目标

- 了解统计分组的概念和意义,掌握选择分组标志和分组方法。
- 理解分配数列的概念,能够编制品质分配数列和变量分配数列,计算累计频数和累计频率。
- 掌握统计数据的显示方法,包括统计表和各类统计图(柱形图、直方图、折线图、圆形图、散点图等)。
- 了解 Excel 在统计整理中的应用,掌握基本的数据整理和统计分析功能。
- 了解 Python 在数据清洗和绘图方面的应用,能够利用 Python 进行数据清洗和绘制统计图表。

### 二、能力目标

- 能够进行统计分组,选择合适的分组标志和分组方法,进行数据分组整理。
- 能够编制品质分配数列和变量分配数列,并计算相关的统计指标。
- 具备使用统计图表展示统计数据的能力,能够根据需求选择合适的统计图表进行数据可视化展示。
- 能够利用 Excel 进行数据整理和统计分析,包括数据筛选、排序、透视表等操作。
- 具备利用 Python 进行数据清洗和绘图的能力,能够利用 Python 的数据处理和可视化库进行数据清洗和绘图操作。

### 三、素养目标

- 结合二十大报告精神,坚持问题导向,培养学生强烈的社会责任感和创新精神。
- 培养数据可视化的能力,能够利用统计图表将复杂的数据简洁化、直观化,提高数据传达和解读的效果。
- 培养使用计算工具进行数据处理和分析的能力,提高工作效率和数据处理的准确性。

- 培养对数据的敏感性和批判性思维,能够审视和评估统计数据的质量和可靠性。

## 四、思维导图

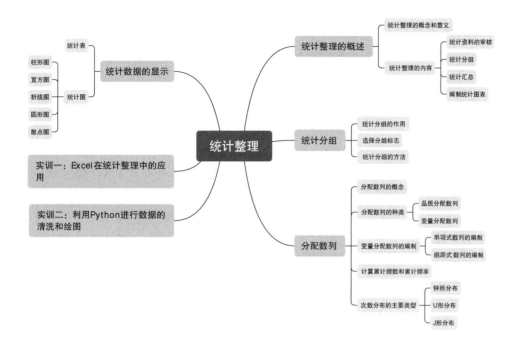

# 任务一 统计整理的概述

统计资料整理是统计工作的第三个阶段,它在整个统计工作过程中起着承前启后的作用,它既是统计调查的继续和深化,又是统计分析的基础和前提,是统计调查和统计分析的连接点。

## 一、统计整理的概念和意义

统计资料整理,简称统计整理,是指根据统计研究的目的任务,对统计调查所得的原始资料进行科学的分类和汇总;或对已初步加工的次级资料进行再加工,使其系统化、条理化、科学化,以反映所研究的现象总体特征的工作过程。

统计整理在统计研究工作中起到承前启后的作用。统计调查得到的大量的、零散的、不规范的资料,只能表明被调查单位的具体情况,反映事物的表面现象,不能说明事物的综合情况,必须进行加工整理。例如,人口普查中的人口资料,只能说明每一个人的具体情况,如姓名、性别、年龄、文化程度等。必须通过对人口总体中每个人的资料进行整理、分组、汇总等加工处理后,才能得到人口总体的综合情况,如总人口数、平均年龄、男女性别比例等,从而了解人口总体的规模、结构、增减变动状况等,达到对人口总体的全面系统的认识。

因此，统计整理是实现对总体现象的认识。统计整理的正确与否、质量好坏，将直接影响统计对社会经济现象数量描述的准确性和数量分析的真实性。采用科学的方法进行统计整理是顺利完成统计分析任务的前提。

## 二、统计整理的内容

统计整理的全过程包括统计资料的审核、分组、汇总和编制统计图表4个环节，需要按照一定的步骤进行。

1. 统计资料的审核

原始资料一经汇总，资料中的各种差错就会被掩盖起来，会影响到统计资料的质量，对调查资料进行审核是统计整理的第一步，包括以下内容：首先是审核资料的完整性，看调查单位或填报单位是否齐全；其次是审核资料的及时性，看填报单位是否按规定的时间报送了有关资料；最后是审核资料的正确性，即检查所填报的资料是否准确可靠。

正确性的审核较为复杂，我们常用以下两种方法进行审核：

（1）逻辑性审核。即审核资料的回答内容是否合情合理，各个项目之间是否有矛盾。例如，在某省人口调查表中，"年龄"填写"10"，而"从事工作"却填"财务"，其中必有一栏填错。

（2）计算审核。即审核资料的统计口径、范围、计算方法和计量单位是否符合要求，统计数字是否正确。

2. 统计分组

根据研究目的和统计分析的需要，选择整理的标志，并进行归类分组。统计分组是统计整理的重要内容和统计分析的基础，只有正确的分组才能整理出具有科学价值的综合指标，并借助这些指标来揭示现象的本质与规律。

3. 统计汇总

统计汇总就是对分组后的各项统计指标进行汇总处理，并计算各组的单位数和合计数，计算出说明总体和各组情况的统计指标数值。

4. 编制统计图表

通过编制统计表和绘制统计图，将整理出的资料简洁明了且有序地呈现在读者面前。

# 任务二 统计分组

## 一、统计分组的作用

统计分组是根据统计研究的目的和任务，按照选定的变异标志将总体划分为若干部分或组别，使组与组之间具有差异性，而同一组内的单位保持相对同质性。例如，社会产品按其经济用途分为生产资料和消费资料；企业按年产量或投资总额可分为大型企业、中型企业和小型企业等。通过统计分组,可以区分社会经济现象在质和量方面的差别。

统计分组在统计研究中的作用主要体现在以下三方面:

1. 区分社会经济现象的类型

社会经济现象是极其复杂多样的,客观上存在着各种不同的类型,各种不同类型的现象在规模、水平、结构、比例关系等方面的数量表现也各不相同。利用统计分组就能根据统计研究的目的,将总体划分为各种性质不同的类型,来研究各类现象的数量差异和特征以及相互关系。例如,中国居民城镇、农村的划分,就说明在中国二元经济结构下社会经济关系存在巨大的差异。

2. 研究总体内部结构

利用统计分组计算出各组数值在总体中所占比重,对社会经济现象的内部结构进行研究,可以说明现象总体的基本性质和特征。同时,对现象内部结构的变化进行动态研究,还可以反映现象总体发展变化的过程、趋势和规律。

**例 3-1** 下面举例某高校经济管理学院近几年教师学历结构,如表 3-1 所示。

表 3-1 某高校经济管理学院近几年教师学历结构表

单位:人

| 年份 | 本科 | 硕士 | 博士 | 合计 |
| --- | --- | --- | --- | --- |
| 2018 | 50 | 35 | 15 | 100 |
| 2019 | 44 | 38 | 18 | 100 |
| 2020 | 40 | 36 | 24 | 100 |
| 2021 | 38 | 36 | 26 | 100 |
| 2022 | 34 | 38 | 28 | 100 |

从表 3-1 中可以看出,该学院通过近几年的教师队伍学历优化,初步实现了提升教师队伍学历的目标。

3. 研究现象之间的依存关系

客观现象之间都存在着不同程度的相互联系、相互制约的依存关系。例如,市场商品价格与其需求量之间、家庭的工资收入与日常生活之间,都在一定程度上存在相互依存的关系。所有这些依存关系,都可以通过统计分组分析出现象之间的相互关系,与结果因素之间的变动规律。

**例 3-2** 下面举例某企业在不同生产规模情况下,产量与单位成本的数据,如表 3-2 所示。

表 3-2 某企业产量与单位成本的情况

| 按产量分组/万件 | 单位成本/(元/件) |
| --- | --- |
| 2 以下 | 12 |
| 2~4 | 11.5 |

续表 3-2

| 按产量分组/万件 | 单位成本/(元/件) |
|---|---|
| 4~6 | 10.8 |
| 6~8 | 10 |
| 8以上 | 8.9 |

从表 3-2 中可以看出,产量越大,单位成本越小,表明单位成本随产量增加而降低。这种依存关系,只有通过分组才可以观察到。

以上统计分组的三方面是相互联系、相互补充的,同时也可以看出统计分组在统计研究中的重要地位,它是后续统计工作的基石,应用于统计工作全过程,是统计研究的基本方法之一。

## 二、选择分组标志

统计分组中关键的问题在于选择分组标志。分组标志就是将统计总体区分为若干组成部分的根据。社会经济现象一般都有许多不同的标志。对同一总体进行分组,会有多种选择,为确保分组后的各组能够正确反映事物内部的规律性,选择分组标志时,应遵循以下原则:

(1) 根据统计研究的目的与任务选择分组标志

在对社会经济现象进行研究时,不同的研究任务要选择不同的分组标志进行分组。例如,以全国工业企业为总体进行研究时,这个研究对象就有很多标志,如经济类型、固定资产原值、职工人数、所属行业等。在具体研究过程中到底应该采用哪种标志进行分组,就要看研究的目的。如果研究的目的是要分析不同经济类型的企业在总体中的构成,那么就要选择经济类型作为分组标志;如果要研究工业企业规模构成状况,那么可以选择产值、固定资产原值等作为分组标志。

(2) 选择最能反映现象本质特征的标志作为分组标志

由于社会经济现象复杂多样,因此在选择分组标志时,有多种选择。这就需要根据研究对象的特征,选择最主要的、最能反映事物本质特征的标志进行分组。例如,我们研究某企业职工生活水平高低情况,可以将职工的工资水平作为分组标志,也可以将职工家庭成员人均收入水平作为分组标志。相比较而言,职工家庭成员人均收入水平更能反映职工生活水平的高低,更能反映现象的本质特征。因为即使某一职工工资水平较高,但如果他赡养的人口数很多的话,其家庭生活水平也不会很高。在进行统计分组时,就要选择其中最能反映问题本质特征的标志即职工家庭成员人均收入进行分组,这样能够使我们对所研究的对象有一个正确的认识。

(3) 根据现象所处的历史时期来选择标志

社会经济现象是随着时间、地点的变化而变化的。同一个标志在过去某个时期是适用的,现在就不一定适用;在这个场合适用,在另一场合就不一定适用。因此,即使是研究同类现象,也要视具体时间、地点、条件的不同而选择不同的分组标志。例如,反映企业规模大小的标志有职工人数、生产能力、固定资产价值等,究竟应选择其中哪个标志作为分组标志,需视具体条件而定。在技术不发达或劳动密集的条件下,适宜用职工人数多少来表示企业规模大小;反之,在技术进步或技术装备比较先进的条件下,采用固定资产价值或生产能力就会更恰当,更切合实际。

尤其需要注意的是:在选择分组标志时,还要遵循穷尽性和互斥性两个原则。穷尽性原则是指统计分组必须保证总体的每一个单位都能归入其中的一个组,各个组的单位数之和等于总体单位总数,总体的指标必须是各个单位相应指标的综合;互斥性原则是指统计分组必须保证总体的每一个单位只能属于其中的一个组,不能出现重复统计的现象,否则,就必然会影响到统计资料的真实性。

### 三、统计分组的方法

统计分组要求将总体内标志表现不同的总体单位分开,使标志表现相同或相近的总体单位归属在同一组。因此,分组标志一经选定,就要突出总体在这一标志下的性质差异或数量差异,即在分组标志范围内,划分各相邻组间的性质界限和数量界限。根据分组标志的不同特征,统计总体可以按品质标志分组,也可以按数量标志分组。

**1. 按分组标志性质不同,分为品质标志分组和数量标志分组**

(1)按品质标志分组就是选择反映事物属性差异的品质标志作为分组标志,并在品质标志的变异范围内划定各组界限,将总体划分成若干个性质不同的组成部分。

例如,表3-3中2021年年末人口数是按地区来进行的分组,表3-4中我国2013—2022年地级市数是按年份来进行的分组。

表3-3 2021年按地区分组的年末人口　　　　　　　　单位:万人

| 按地区分组 | 人口数 | 按地区分组 | 人口数 |
|---|---|---|---|
| 北京 | 2 189 | 湖北 | 5 830 |
| 天津 | 1 373 | 湖南 | 6 622 |
| 河北 | 7 448 | 广东 | 12 684 |
| 山西 | 3 480 | 广西 | 5 037 |
| 内蒙古 | 2 400 | 海南 | 1 020 |
| 辽宁 | 4 229 | 重庆 | 3 212 |
| 吉林 | 2 375 | 四川 | 8 372 |
| 黑龙江 | 3 125 | 贵州 | 3 852 |
| 上海 | 2 489 | 云南 | 4 690 |
| 江苏 | 8 505 | 西藏 | 366 |
| 浙江 | 6 540 | 陕西 | 3 954 |
| 安徽 | 6 113 | 甘肃 | 2 490 |
| 福建 | 4 187 | 青海 | 594 |
| 江西 | 4 517 | 宁夏 | 725 |
| 山东 | 10 170 | 新疆 | 2 589 |
| 河南 | 9 883 | | |

资料来源:2021年《中国统计年鉴》。

表 3-4　我国 2013—2022 年地级市数　　　　　　　　　　　　　　　　　　单位：个

| 年份 | 地级市数 | 年份 | 地级市数 |
|---|---|---|---|
| 2013 | 286 | 2018 | 293 |
| 2014 | 288 | 2019 | 293 |
| 2015 | 291 | 2020 | 293 |
| 2016 | 293 | 2021 | 293 |
| 2017 | 294 | 2022 | 293 |

资料来源：中华人民共和国国家统计局，2022 年国家数据。

（2）按数量标志分组就是根据统计研究的目的，选择反映事物数量差异的数量标志作为分组标志，在数量标志值的变异范围内划定各组的数量界限，将总体划分为性质不同的若干个部分或组别，结果形成变量数列。进一步根据数量标志值的多少不同，又可以划分为以下类型。

① 单项式分组和组距式分组。单项式分组指的是分组后，每组组别只有一个标志值的统计分组。例如，某城市家庭按人口多少进行分组，可以分为(1,2,3,4,5)，按每个家庭汽车拥有量(1,2,3,4,5)分组时，由于其中标志值变动的范围比较小，因此均可采用单项式分组。组距式分组指的是分组后，每组组别对应多个标志值而形成区间的统计分组，其中区间的距离称为组距，故称组距式分组。对离散变量，如果变量值的变动幅度很大，变量值个数很多，则可进行组距式分组。例如，在百分制考试中，学生按考试成绩分组；我国人口按年龄进行分组等均适合采用组距式分组。

对连续变量进行分组，由于不能一一列举其变量值，只能采用组距式的分组方式，如企业按产值、营业利润、劳动生产率、工资等标志进行的分组，就只能是采用组距式分组。

② 等距分组和不等距分组。等距分组是各组保持相等的组距，即各组标志值的变动都限于相同的范围。不等距分组即各组组距不相等，也称为异距分组。例如，人口按年龄分组编制的等距数列和不等距数列，见表 3-5 和表 3-6。

表 3-5　某地区人口年龄构成

| 按年龄分组/岁 | 人口数/万人 | 比重/% |
|---|---|---|
| 10 以下 | 50 | 2.538 |
| 10～20 | 180 | 9.137 |
| 20～30 | 320 | 16.244 |
| 30～40 | 520 | 26.396 |
| 40～50 | 450 | 22.843 |
| 50～60 | 300 | 15.228 |
| 60 及以上 | 150 | 7.614 |
| 合计 | 1 970 | 100.000 |

表 3-6　某地区人口年龄构成（异距数列）

| 按年龄分组/岁 | 人口数/万人 | 比重/% |
|---|---|---|
| 1 以下（婴儿组） | 30 | 1.500 |
| 1～3（幼儿组） | 100 | 5.000 |
| 3～7（学龄前儿童组） | 220 | 11.000 |
| 7～18（青少年组） | 380 | 19.000 |
| 18～35（青年组） | 620 | 31.000 |
| 35～60（中年组） | 490 | 24.500 |
| 60 以上（老年组） | 160 | 8.000 |
| 合计 | 2 000 | 100.000 |

在表 3-6 中人口按年龄进行不等距分组，将全部人口划分为婴儿组、幼儿组、学龄前儿童组、青少年组、青年组、中年组和老年组 7 个类别。与表 3-5 相比，表 3-6 更清楚地显示出人口的年龄构成，当然通过这个案例我们也发现，按品质分组和按数量分组，有时也不是完全割裂开的。

统计分组时采用等距分组还是不等距分组，取决于研究对象的性质特点。在标志值变动比较均匀的情况下宜采用等距分组。等距分组便于各组单位数和标志值直接比较，也便于计算各项综合指标。在标志值变动很不均匀，按一定的比例关系变化或取值呈现极端偏斜分布状态时，宜采用不等距分组，此时更能说明现象本质特征。

2. 按分组标志的多少，分为简单分组和复合分组

（1）简单分组是指按照一个标志进行分组。表 3-7 是按分数对某班期末考试成绩进行分组。

表 3-7　某班按期末考试成绩分组

| 成绩/分 | 人数/人 |
|---|---|
| 60 以下 | 5 |
| 60～70 | 12 |
| 70～80 | 20 |
| 80～90 | 14 |
| 90 以上 | 3 |
| 合计 | 54 |

（2）复合分组是指对同一个总体，把两个或两个以上标志层叠起来进行分组。表 3-8 是按职称、年龄、性别对某高校教师进行复核分组，这里我们就用到三个标志的层叠进行分组。

表 3-8 某高校教师的复合分组

| 职称(第一标志) | 年龄(第二标志) | 性别(第三标志) |
|---|---|---|
| 高级职称 | 45 岁及以下 | 男 |
| | | 女 |
| | 45 岁以上 | 男 |
| | | 女 |
| 非高级职称 | 45 岁及以下 | 男 |
| | | 女 |
| | 45 岁以上 | 男 |
| | | 女 |

## 任务三 分配数列

分配数列是统计整理结果的一种重要表现形式,它可以表明总体单位在各组间的分布特征、结构状况,在此基础上进一步来研究标志的构成、平均水平及其变动规律。由于分组标志的性质不同,因此分配数列的编制方法当然也是不同的。

### 一、分配数列的概念

分配数列是在统计分组的基础上,将总体的所有单位按组归类整理,并按一定顺序排列而形成的总体中各个单位在各组间的分布,又称分布数列或次数分配。

在分配数列中,分布在各个组的总体单位数叫次数或频数。各组次数与总次数之比称为比率或频率。频率分布能够正确反映现象在总体的分布特征、结构状况,是分析总体特征及其变动规律的重要手段。

由此可见,分配数列有两个组成要素:一个是分组;一个是次数或频率。如表 3-9 所示为某企业职工学历结构情况。

表 3-9 某企业职工学历结构情况

| 文化程度 | 职工人数/人 | 占总人数的比重/% |
|---|---|---|
| 本科及研究生以上 | 250 | 12.5 |
| 大专 | 350 | 17.5 |
| 中专及高中 | 800 | 40.0 |
| 初中 | 600 | 30.0 |
| 合计 | 2 000 | 100.0 |
| 各组指标名称 | 次数或频数 | 比率或频率 |

## 二、分配数列的种类

根据分组标志的不同,分配数列可分为品质分配数列和变量分配数列两种。

### 1. 品质分配数列

按品质标志分组形成的分配数列叫做品质分配数列,简称品质数列,也叫属性分布数列。例如,表 3-10 是 2022 年我国国内生产总值及构成情况,是按品质标志分组的。

表 3-10　2022 年我国国内生产总值及构成情况

| 产业 | 国内生产总值 | |
|---|---|---|
| | 绝对数/亿元 | 相对数/% |
| 第一产业增加值 | 88 345.1 | 7.3 |
| 第二产业增加值 | 483 164.5 | 39.92 |
| 第三产业增加值 | 638 697.6 | 52.78 |
| 合计 | 1 210 207.2 | 100.0 |

资料来源:中华人民共和国国家统计局,2022 年国家数据。

### 2. 变量分配数列

按数量标志分组所编制的分配数列叫变量分配数列,简称变量数列。变量分配数列按变量的表示方法和分组方法不同,可以分为单项式分配数列和组距式分配数列两种。

(1) 单项式分配数列:是指将每一变量值列为一组形成的数列,即每一组只包含一个变量值,按单项式分组所编制的变量数列。这种分组形式只适用于离散变量,而且要求在离散变量的变动范围较小、变量值个数较少时使用。例如,表 3-11 是某小区家庭按照儿童数分组。

表 3-11　某小区家庭按照儿童数分组

| 按照儿童数分组/户 | 家庭数/户 |
|---|---|
| 0 | 20 |
| 1 | 60 |
| 2 | 150 |
| 3 | 90 |
| 4 | 40 |
| 合计 | 360 |

(2) 组距式分配数列:是以标志值变动的范围作为一组的分组,即组距式分组所形成的变量数列。它适用于所有的连续变量和取值范围较大的离散型变量。例如,表 3-12 是某班同学统计学成绩分布。

表 3-12　某班同学统计学成绩分布

| 成绩/分 | 人数/人 | 比例/% |
|---|---|---|
| 60 以下 | 2 | 2.50 |
| 60~69 | 15 | 18.75 |
| 70~79 | 36 | 45.00 |
| 80~89 | 20 | 25.00 |
| 89 以上 | 7 | 8.75 |
| 合计 | 80 | 100.00 |

### 三、变量分配数列的编制

对于品质数列来说，如果分组标志选择得好，分组标准定得恰当，那么事物性质的差异表现得就比较明确，总体中各组也容易划分。在编制品质数列时，只要按规定的分组标准将总体单位按组归类整理即可。品质数列一般来说比较稳定，通常能准确反映总体的分布特征。在这里我们只对变量分配数列的编制做重点介绍。

1. 单项式数列的编制

在编制单项式数列时，首先将调查所得资料按照数值由小到大的顺序排列；其次确定各组的变量值和组数，一般有多少个变量值就有多少组；最后汇总出各变量值出现的次数，编制单项式数列。

由于单项式数列每组只有一个变量值，各组之间界限划分也非常明确，因此编制出的数列也很稳定。

单项式数列一般只能用在变量值变化幅度不大的离散变量。当变量值变动幅度较大时，如果采用单项式数列，组数太多，不便于分析问题，也难以反映总体单位在各组的分布趋势，这就需要采用组距式数列。连续型变量只能编制组距式数列。

例 3-3　抽取某班级 20 名同学调查他们的年龄，试编制单项式数列。

19　18　20　20　20　19　18　19　19　21
20　20　19　20　20　21　19　20　20　19

具体步骤如下：

（1）将总体单位标志值从小到大排列起来：

18　18　19　19　19　19　19　19　19　20
20　20　20　20　20　20　20　20　21　21

（2）以每一岁作为一个组，以每一组出现的次数为各组次数，编制单项式数列，如表 3-13 所示。

表 3-13  某班 20 名学生年龄统计表

| 学生年龄/岁 | 频数 | 频率/% |
| --- | --- | --- |
| 18 | 2 | 10 |
| 19 | 7 | 35 |
| 20 | 9 | 45 |
| 21 | 2 | 10 |
| 合计 | 20 | 100 |

由所给的资料编制成了单项式数列,在此案例中学生年龄是从 18~21 岁,数据跨度较小,如果我们拿到手的资料数据跨度较大,那么用单项式数列进行编制,组数就会比较多,这样就很难看出数据分布的特点,在这种情况下我们就需要使用到组距式数列。

**2. 组距式数列的编制**

连续型变量和变量值跨度较大的离散型变量适合编制组距式数列。组距式数列不再是一个变量值代表一个组,而是将整个变量值一次划分为几个区间,一个区间为一组,由这些组所包含的次数所组成的变量数列,构成组距式数列。

编制这种数列涉及的问题相对较多,主要有全距、组限、组距、组数、组中值、等距数列和不等距数列等问题。

(1) 全距:全距是总体中最大标志值与最小标志值之差。

(2) 组限:组限是指组距数列中,每个组两端的变量值。其中每组的最大值叫上限,每组的最小值叫下限,统称为组限。如果各组的组限都齐全,称为封闭组。如果组限最小组缺下限或最大组缺上限,称为开口组。缺下限的开口组,组距数列的第一组用"×××以下"表示,缺上限的开口组,组距数列的最后一组用"×××以上"来表示。

划分连续型变量的组限时,采用"重叠分组"和上限不在组内原则。相邻两组的上下限应用同一变量值表示,即相邻两组的上下限必须重叠。一般应把重叠的数值归入下限那一组,这叫"上限不在组内"原则。

划分离散型变量组限时,相邻两组的上下限可用两个连续自然数表示,也可用"重叠分组"。

(3) 组距:在组距式分组中,组距是各组上下限之间的距离,即各组最大标志值和最小标志值之差。组距=上限-下限。按数量标志进行组距式分组,还可分为等距分组和不等距(或称为异距)分组。

等距分组就是标志值的各组保持相等的组距。等距分组便于绘制统计图,也便于进行各类运算。凡是标志值变动比较均匀的情况下,建议采用等距分组。

不等距分组就是各组的组距不相等。在标志值分布很不均匀,如急剧增长、下降,变动幅度很大时应考虑采用不等距分组。

(4) 组数:组数是指根据一定的组距划分的区间的数目。组数的多少与组距的大小呈反方向变化的关系。组距越小,则组数越多;反之,组距越大,则组数越少。对于组数和组距,先确定哪个,应视具体情况而定。

(5) 组中值:组中值是各组中点位置所对应的变量值。

在封闭组的组中值计算中,其计算公式为:

$$组中值 = \frac{本组上限 + 本组下限}{2}$$

在开口组的组中值计算中,其计算公式为:

$$缺上限组的组中值 = 本组下限 + \frac{邻组组距}{2}$$

$$缺下限组的组中值 = 本组上限 - \frac{邻组组距}{2}$$

在计算平均指标或进行其他统计分析时,常以组中值来代表各组标志值的平均水平。当各组标志值均匀分布时,组中值代表各组标志值的水平,其代表性就高。

组距式数列的编制比较复杂,下面结合实例具体说明。

**例 3-4** 根据下面资料编制变量数列。

某单位 30 名工人的月生产零件数(单位:件)资料为:

1 060  840  1 100  910  1 090  910
1 110  1 070  990  940  1 190  870
1 180  970  1 030  1 060  850  1 060
1 010  1 050  960  1 050  1 070  1 210
1 050  950  1 060  1 280  1 110  1 010

1. 将原始资料按大小顺序排列

840   850   870   910   910   940
950   960   970   990   1 010  1 010
1 030  1 050  1 050  1 050  1 060  1 060
1 060  1 060  1 070  1 070  1 090  1 100
1 110  1 110  1 180  1 190  1 210  1 280

2. 确定组距和组数

在好排序的数字中,找出最大值和最小值,计算全距($R$)为:

$$全距 = 最大值 - 最小值 = 1\ 280 - 840 = 440(件)$$

然后确定组数($k$)和组距($i$)

$$k = 1 + 3.322 \lg n \tag{3-1}$$

$$\approx 5.91(由于 k 为组数,故取整 6 组)$$

$$i = \frac{R}{k} \tag{3-2}$$

$$= \frac{440}{6} \approx 73.33(i 为组限,取 75,非四舍五入,原因在确定组限介绍)$$

式(3-1)称为斯德吉斯(H. A. Sturges)组数公式。上述公式中,$n$ 为数据的个数,$R$ 为全距。不过实际中也可以视情况先确定组距或组数,再根据式(3-2)确定另一个。先确定哪一个,应该考虑下面两个原则:首先,要尽量能反映总体单位的分布情况及总体单位的集中趋势;其次要尽可能区分出组与组性质上的差异。

3. 确定组限

确定组限,应注意以下问题:

(1) 最小组的下限(起点值)应低于最小变量值,最大组的上限(终点值)应高于最大变量值。否则会出现有的变量值无法归入组的情况(见图 3-1)。

**图 3-1 组限确定示意图**

(2) 组限的确定应有利于表现总体分布的特点,应反映出事物的变化。

(3) 为了方便计算组限应尽可能取整,最好是 5 或 10 的整倍数。

(4) 由于变量有连续型变量和离散型变量两种,因此其组限的确定方法是不同的。

连续型变量采用"重叠分组"。划分离散型变量组限时,相邻两组的上下限可用两个连续自然数表示,也可用"重叠分组"。

4. 编制组距式变量数列

计算表 3-14 中各组的频数和频率,编制 30 名工人月生产零件数分组表。

**表 3-14 某工厂 30 名工人月生产零件数分组表**

| 按生产零件数分组/件 | 频数 | 频率/% |
|---|---|---|
| 910 以下 | 3 | 10.00 |
| 910~985 | 6 | 20.00 |
| 985~1 060 | 7 | 23.33 |
| 1 060~1 135 | 10 | 33.33 |
| 1 135~1 210 | 2 | 6.67 |
| 1 210 以上 | 2 | 6.67 |
| 合计 | 30 | 100.00 |

在变量数列中,我们可以通过频数的合计来检验变量是否不重不漏地归入各组,而且各组的频率都是介于 0 和 1 之间的,且各组频率之和等于 1。

## 四、计算累计频数和累计频率

为了更详细地认识变量的分布特征,还可以编制累计频数和累计频率数列。其分为向上累计频数(频率)和向下累计频数(频率)两种。

1. 向上累计频数的意义

由变量值小的组向变量值大的组累计各组的频数或频率,称为向上累计频数或向上累计频率。累计数说明小于该组下限的各组频数(频率)之和。

2. 向下累计频数的意义

由变量值大的组向变量值小的组累计各组的频数或频率,称为向下累计频数或向下累计频率。累计数说明大于及等于该组下限的各组频数(频率)之和。

依据表 3-14,编制含累计频数/频率的分配数列,如表 3-15 所示。

表 3-15  某工厂 30 名工人月生产零件数分组表(含累计频数/频率)

| 按生产零件数分组/件 | 频数 | 频率/% | 向上累计 | | 向下累计 | |
|---|---|---|---|---|---|---|
| | | | 频数 | 频率/% | 频数 | 频率/% |
| 910 以下 | 3 | 10.00 | 3 | 10.00 | 30 | 100.00 |
| 910～985 | 6 | 20.00 | 9 | 30.00 | 27 | 90.00 |
| 985～1 060 | 7 | 23.33 | 16 | 53.33 | 21 | 70.00 |
| 1 060～1 135 | 10 | 33.33 | 26 | 86.66 | 14 | 46.67 |
| 1 135～1 210 | 2 | 6.67 | 28 | 93.33 | 4 | 13.34 |
| 1 210 以上 | 2 | 6.67 | 30 | 100.00 | 2 | 6.67 |
| 合计 | 30 | 100.00 | — | — | — | — |

表 3-15 中数据说明,月生产零件数在 1 060 及以下的有 16 人,占总数的 53.33%,或者说月生产零件数在 1 060 及以上的有 14 人,占总数的 46.67%,以此类推。

## 五、次数分布的主要类型

由于社会经济现象性质各不相同,因此频数分布也不尽相同。频数(次数)分布主要有钟形分布、U 形分布和 J 形分布三种类型(见图 3-2)。

1. 钟形分布

钟形分布是指靠近两端的变量值分配次数较少,中间变量值则分配次数较多,绘制成的曲线图形状宛如一口古钟的次数分布。

钟形分布是客观现象分布中最常见的分布,其突出特征是"中间大,两头小"。如果钟形分布的中间变量值次数最多,两侧变量值分配的次数随着其与中间变量值距离的增大而逐渐减少,并围绕中心变量值两侧呈完全对称分布,那么称为对称分布。例如,学生成绩的分布;单位面积的农产品产量。

许多客观现象总体都趋近于正态分布。中心变量值两侧的变量值次数分布不对称的称为非对称分布或偏态分布,通常有左偏态和右偏态两种。

2. U 形分布

U 形分布的特征与钟形分布特征恰恰相反,靠近中间的变量值分布次数少,靠近两端的变量值分布次数多,分布特征是"两头大,中间小"。绘成的曲线图形如英文字母"U"。例如,人口在不同年龄时的死亡率一般近似地表现为 U 形分布。

3. J 形分布

J 形分布有正反两种情况;次数随变量值的增大而增多时所绘成的曲线图形如英文字母"J",称为正 J 形分布;次数随变量值的增大而减少时所绘成的曲线图形犹如反写的英文字母"J",称为反 J 形分布。例如,商品供给量随着价格的提高而不断增加,使供给曲线呈正 J 形分布;人口总体按年龄大小的分布一般呈反 J 形分布。

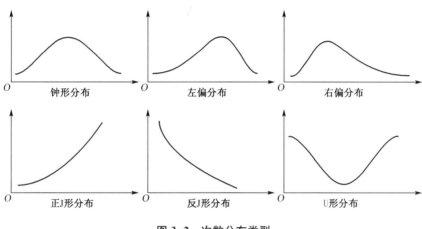

图 3-2　次数分布类型

## 任务四　统计数据的显示

经过整理以后的统计资料往往通过统计表和统计图显示出来,因此,统计表和统计图成为显示统计数据的重要工具。

### 一、统计表

1. 统计表的概念和构成

统计表就是由纵横交叉的直线所组成的表格来显示统计数据的表格。统计表的运用范围极其广泛,是表现统计资料最常用的形式。其主要优点是:能使统计资料条理化,更清晰地表述统计数据之间的相互联系;统计数据的显示简明易懂;便于计算和比较表内的各项统计指标,并易于检查数字的完整性和正确性。

统计表的构成,可以从表式和内容两个方面来认识(见表 3-13)。

从统计表的形式上看,统计表由总标题、横行标题、纵栏标题和数字资料四个要素构成(见表 3-13)。

表3-13　某班20名学生年龄统计表

| 学生年龄/岁 | 频数 | 频率/% |
|---|---|---|
| 18 | 2 | 10 |
| 19 | 7 | 35 |
| 20 | 9 | 45 |
| 21 | 2 | 10 |
| 合计 | 20 | 100 |

（总标题、横行标题、纵栏标题（宾词栏）、主词栏、数字资料）

（1）总标题是统计表的名称，用以概括说明整个表的内容，多数情况要包括总体的时间和空间限制，一般位于表的上方中央。

（2）横行标题是横行内容的名称，通常用来说明总体及其各组的名称，通常也称为主词，一般列在表的左边。

（3）纵栏标题是纵栏内容的名称，通常用来表示反映总体及其各组成部分数量特征的统计指标的名称，通常也称为宾词，一般列在表的上方。

（4）数字资料是各项指标的具体数值，内容由横行标题和纵栏标题所限定，其数字可以是绝对数、相对数或平均数。

另外，为了补充统计表中未说明的问题，统计表往往还附有一些说明，包括资料来源、指标计算方法、填报单位、填表人、填表日期等。

统计表从其内容上看由两部分组成：一部分是主词；另一部分是宾词。主词是统计表的主体，也是统计表所要说明的对象。主词通常用横行标题来表示。宾词是说明主词的各项指标，一般由纵栏标题和指标数值所组成。

统计表的主词和宾词的位置一般如上所述，但不是固定不变的，有时为了编排合理与阅读方便，可以将主词和宾词的位置互换。

2. 统计表的分类

统计表按对总体分组的情况不同，可以分为简单表、分组表和复合表。

（1）简单表：是指对统计总体未做任何分组，仅按单位名称或时间顺序排列而成的统计表，如表3-16所示。

表 3-16　中国主要河流基本情况

| 名称 | 流域面积/km² | 河长/km |
|---|---|---|
| 长江 | 1 808 500 | 6 300 |
| 黄河 | 752 443 | 5 464 |
| 松花江 | 537 000 | 1 927 |
| 辽河 | 371 000 | 1 394 |
| 珠江 | 453 700 | 2 214 |
| 海河 | 319 000 | 1 389 |
| 淮河 | 174 000 | 1 000 |

(2) 分组表：又称简单分组表，是指对统计总体仅按一个标志进行分组而形成的统计表，如表 3-17 所示。利用分组表可以深入分析现象的内部结构和现象间的相互依存关系。

表 3-17　某企业职工学历构成情况

| 文化程度 | 职工人数/人 | 占总人数的比重/% |
|---|---|---|
| 大专及大专以上 | 350 | 17.5 |
| 中专及高中 | 800 | 40.0 |
| 初中 | 600 | 30.0 |
| 小学及小学以下 | 250 | 12.5 |
| 合计 | 2 000 | 100.0 |

(3) 复合表：又称复合分组表，是指对统计总体按两个或两个以上标志进行层叠分组而形成的统计表，如表 3-18 所示。

表 3-18　2022 年某高等学校普通本、专科部分学科招生人数

单位：人

| 项目 | 本科 | 专科 | 合计 |
|---|---|---|---|
| 经济学 | 1 056 | — | 1 056 |
| 法学 | 847 | — | 847 |
| 文学 | 596 | — | 596 |
| 工学 | 1 603 | — | 1 603 |
| 农学 | — | 416 | 416 |
| 医学 | 929 | — | 929 |
| 管理学 | — | 668 | 668 |
| 合计 | 5 031 | 1 084 | 6 115 |

3. 编制统计表的要求

为了使统计表能够科学地反映研究对象的数量特征，同时为了美观和标准化，编制统计表时要遵循科学、实用、简练、美观的原则，还应符合以下要求：

(1) 统计表的标题、项目、指标要简明扼要，应写明资料所属的时间和空间范围，使人一

目了然，便于分析。如果指标的计量单位只有一个，则通常列在表的右上角；如果计量单位较多，则列在相应的指标栏内。

（2）统计表的纵栏、横行的排列要尽量反映出内容方面的逻辑关系。比如表3-19。

（3）当统计表的栏目较多时，可进行编号以说明其相互关系。主语栏和计量单位栏常用甲、乙、丙等文字编号，宾语栏常用1、2、3等数字编号。

表3-19　某地区2022年国民生产总值和职工人数统计表

| 项目 | | 国民生产总值/万元 | 职工人数/人 |
| --- | --- | --- | --- |
| 国有经济 | 大型 | 13 030 | 14 254 |
| | 中型 | 9 140 | 50 321 |
| | 小型 | 5 021 | 10 232 |
| 集体经济 | 大型 | 8 067 | 7 500 |
| | 中型 | 6 160 | 11 564 |
| | 小型 | 4 600 | 50 635 |
| 外商投资经济 | 大型 | 7 500 | 9 213 |
| | 中型 | 6 210 | 8 530 |
| | 小型 | 5 400 | 5 035 |
| 其他经济 | 大型 | 5 800 | 7 400 |
| | 中型 | 4 510 | 8 111 |
| | 小型 | 4 016 | 4 256 |

（4）表中的合计栏可以排在前面，也可以排在最后，如果只列出其中部分项目，则合计栏必须排在前面。

（5）表中的统计数字应书写工整、字迹清晰；数字应填写整齐，数位对准。数字为零时要写出"0"来，不应填写数字的空格用"—"线表示；未发生的数字空着不填；估算的数字应在表下说明；无法取得的资料用"…"号表示；如果某项数字与邻项数字相同，则仍应填写数字，不得用"同上""同左"等字样或符号代替。

（6）国际上规范的统计表是"三线表"，表的上下两端用粗线，左右两边不封口，纵栏之间用细线分开，横行之间可以不加线。如果横行过多，也可以每五行加一细线。

（7）统计表的资料来源及其他需要说明的问题可在表下加以注明。例如，统计资料的来源、填表时间、制表人、审核人等。

（8）统计表中的数字资料都要注明计量单位。计量单位应按统计制度的规定填写，不得另设不同的计量单位。

为使统计表阅读方便，计量单位应按如下方法表示：当各指标数都以同一单位计量时，就将计量单位写在统计表的右上角；当同栏指标数值以同一单位计量时，而各栏的计量单位不同时，应将单位写在各纵栏标题的下方或右方；当同行统计资料以同一单位计量，而各行的计量单位不同时，可在横行标题后添列一计量单位栏，用以标明各行的计量单位。

## 二、统计图

统计图是人们用来展示统计资料的另一种常用形式,它根据整理过的统计资料,运用几何图形或具体的形象来表现研究对象的数量关系和数量特征的图形。与统计表相比,它具有鲜明、醒目、生动、直观等特点。常用的统计图有如下几种。

1. 柱形图

柱形图分为单式柱形图和复式柱形图。

根据表 3-13 绘制成的单式柱形图如图 3-3 所示。

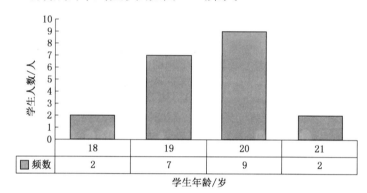

图 3-3　某班 20 名学生年龄柱形图

根据表 3-20 给出的数据资料,为了反映某企业各车间的计划产量与实际产量的对比情况,绘制了如图 3-4 所示的复式柱形图。

表 3-20　某企业 2016 年产量完成情况表

单位:件

| 车间名称 | 计划产量 | 实际产量 |
| --- | --- | --- |
| A 车间 | 166 | 168 |
| B 车间 | 194 | 240 |
| C 车间 | 240 | 312 |
| D 车间 | 250 | 260 |
| 合计 | 850 | 980 |

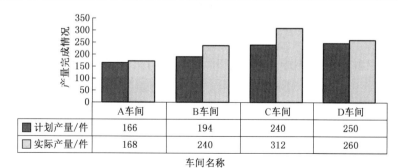

图 3-4　某企业各车间 2016 年产量完成情况对比图

## 2. 直方图

直方图是用矩形的宽度和高度来表示频数分布的图形。在平面直角坐标系中,横轴表示数据分组,纵轴表示频数或频率,这样各组与相应的频数就形成了一个矩形,即直方图。它一般用来表现连续型变量的分布特征。例如,根据表 3-14 绘制的频率直方图如图 3-5 所示。

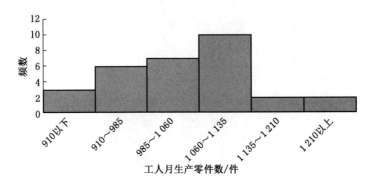

图 3-5  某工厂 30 名工人月生产零件频数直方图

## 3. 折线图

折线图也称频数多边图,它是在直方图的基础上把相邻直方形的顶边中点连接成一条折线,再把折线两端与横轴上直方形两侧延伸的中点相连,就形成了频数分布折线图。折线图也可以用各直方形上顶封线的中点连接而成。例如,根据表 3-13,我们也可以对该班学生年龄绘制折线图(见图 3-6)。

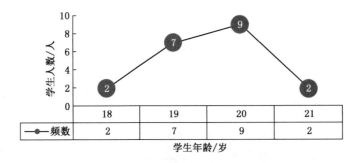

图 3-6  某班 20 名学生年龄折线图

## 4. 圆形图

圆形图又称饼图,它是以圆的面积或圆内各扇形的面积来表示数值大小或总体内部结构的一种图形。

根据表 3-13,我们也可以通过绘制圆形图来反映学生年龄结构,如图 3-7 所示。

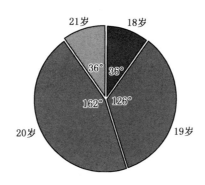

图 3-7　某班 20 名学生年龄圆形图

5. 散点图

散点图主要用于显示时间序列数据,以反映事物发展变化的规律和趋势。表 3-21 反映了 2011—2016 年我国某省城乡居民家庭的人均收入情况,我们可以将其绘制成散点图,如图 3-8 所示。

表 3-21　2011—2016 年我国某省城乡居民家庭的月人均收入情况

单位:元

| 年份 | 2011 | 2012 | 2013 | 2014 | 2015 | 2016 |
|---|---|---|---|---|---|---|
| 城镇居民家庭人均收入 | 2 477.4 | 3 446.4 | 4 288.6 | 4 837.6 | 5 166.3 | 5 425.1 |
| 农村居民家庭人均收入 | 982.6 | 1 334 | 1 671.1 | 1 926.3 | 2 092.4 | 2 462.2 |

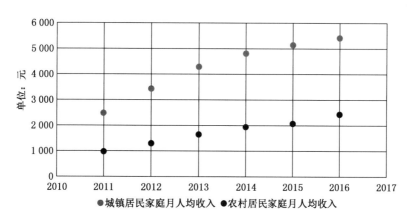

图 3-8　2011—2016 年我国某省城乡居民家庭的月人均收入散点图

从图 3-8 中我们可以清楚地看出,城乡居民的家庭人均收入逐年提高,而且城镇居民的家庭人均收入高于农村,2011 年以后这种差距有扩大的趋势。

# 实训一  Excel 在统计整理中的应用

## 一、利用 Excel 进行数据的清洗

我们在实际工作中,在对数据进行基本绘图之前,首先需要对原始数据进行清洗,我们利用 Excel 进行数据清洗的基本步骤如下:

1. 导入数据

首先需要将待清洗的数据导入 Excel 中,可以使用"打开"或"导入"功能,也可以将数据复制粘贴到 Excel 工作表中。

2. 确认数据格式

在进行数据清洗前,需要确认数据的格式是否正确。可以查看数据类型、日期格式、文本格式、数值格式等,避免在后续处理中出现错误。

3. 删除重复数据

使用 Excel 中的"删除重复项"功能可以轻松删除数据中的重复记录。选择数据范围后,点击"数据"选项卡中的"删除重复项",选择需要删除的列,并确认删除即可。

4. 填充空白单元格

使用 Excel 中的"填充"功能可以将空白单元格填充为指定的数值或文本。选中需要填充的单元格范围,右键点击选择"填充",然后选择需要填充的数值或文本即可。

5. 删除空白行或列

使用 Excel 中的"删除"功能可以删除数据中的空白行或列。选中需要删除的行或列,右键点击选择"删除",然后选择"整行"或"整列"即可。

6. 格式化数据

使用 Excel 中的"格式化"功能可以将数据格式化为指定的格式,如数值格式、日期格式、百分比格式等。选中需要格式化的单元格范围,右键点击选择"格式化单元格",然后选择需要的格式即可。

7. 分列或合并单元格

使用 Excel 中的"分列"功能可以将一列数据拆分为多列,而"合并单元格"功能可以将多个单元格合并为一个单元格。选中需要分列或合并的单元格范围,然后选择"数据"选项卡中的"文本到列"或"合并单元格"即可。

8. 过滤和排序

使用 Excel 中的"筛选"和"排序"功能可以对数据进行过滤和排序。选中需要过滤或排序的数据范围,然后选择"数据"选项卡中的"筛选"或"排序"即可。

9. 公式计算

使用 Excel 中的公式可以对数据进行复杂的计算和转换。例如，可以使用 SUM 函数计算总和，使用 IF 函数进行条件判断，使用 VLOOKUP 函数进行查找等。

以上是 Excel 中常用的数据清洗方法，根据具体需求可以选择适当的方法进行处理。

## 二、利用 Excel 表格中 FREQUENCY 函数进行统计数据的分组整理

用各种方法取得的统计数据，必须经过加工整理，使之系统化、条理化，才能符合统计分析的要求。在 Excel 的统计函数中有一个专门用于统计分组的 FREQUENCY 函数，可以完成分组、计算频数和频率等操作。我们使用例题 3-4 的资料，说明其使用方法。（此处使用的 Excel 为 2010 版）

某单位 30 名工人的月生产零件数（单位：件）资料为：

| 1 060 | 840   | 1 100 | 910   | 1 090 | 910   |
| 1 110 | 1 070 | 990   | 940   | 1 190 | 870   |
| 1 180 | 970   | 1 030 | 1 060 | 850   | 1 060 |
| 1 010 | 1 050 | 960   | 1 050 | 1 070 | 1 210 |
| 1 050 | 950   | 1 060 | 1 280 | 1 110 | 1 010 |

现准备将这 30 名工人月生产零件数分为 6 组，分别为 910 以下、910～985、985～1 060、1 060～1 135、1 135～1 210、1 210 以上。

第一步，将 30 名工人的日生产零件数输入 A1 至 A30 单元格，并选定 C3：C8 单元格作为放置分组结果的区域（见图 3-9）。

第二步，从"公式"菜单中选择"$f_x$ 插入函数"项，在弹出的对话框中"选择类别"列表中选择"统计"，在"选择函数"列表中选择 FREQUENCY，回车进入 FREQUENCY 函数参数对话框（见图 3-10）。

第三步，在 FREQUENCY 函数参数对话框中填写 Data-array 和 Bins-array，Data-array 中输入待分组计算频数分布原数据，本例可输入 A1：A30；Bins-array 中输入分组标志。FREQUENCY

图 3-9 工人月生产零件数录入数据

要求按组距的上限分组，不接受非数值字符的分组标志（如"××以下"或"不足××"之类），因此，断开的分组标志可以直接输入各组上限数值，而重叠的分组标志则以各组上限减 1 的方式确定分组标志，这样上限数值自动计入下一组。本例的月产量分段区间为 910 以下、910～985、985～1 060、1 060～1 135、1 135～1 210、1 210 以上，因此可输入 909、984、1 059、1 134、1 209、1 284。由于分组结果要给出一组频数，因此必须以数集的形式输入，即在输入数据的两端加大括号{ }，各数据之间用分号隔开，即输入{909；984；1 059；1 134；1 209；1 284}。需要注意的是，如果分组变量为连续变量，而且变量值中有小数的话，那么分组标志则应以各组上限减 0.1、减 0.01 或减 0.001 等的方式确定，至于减多少要看变量

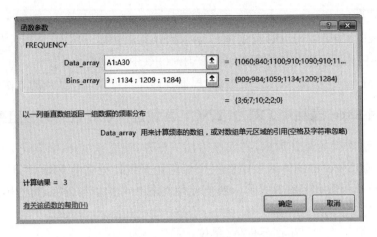

图 3-10　FREQUENCY 函数参数对话框

值的小数位数。

输入完毕,即在框下看到频数分布 3;6;7;10;2;2(后面的 0 表示没有其他)。

第四步,将频数分布 3;6;7;10;2;2 记入指定的 C3:C8 单元格内。

第五步,取得频数分布后,可按图 3-11 将横行标题和纵栏标题填写齐全。

| | A | B | C | D | E | F | G | H | I |
|---|---|---|---|---|---|---|---|---|---|
| 1 | 1060 | 按生产零件数分组/件 | 频数 | 频率/% | 向上累计 | | 向下累计 | | |
| 2 | 840 | | | | 频数 | 频率/% | 频数 | 频率/% | |
| 3 | 1100 | 910以下 | 3 | 10 | 3 | 10 | 30 | 100 | |
| 4 | 910 | 910～985 | 6 | 20 | 9 | 30 | 27 | 90 | |
| 5 | 1090 | 985～1060 | 7 | 23.33 | 16 | 53.33 | 21 | 70 | |
| 6 | 910 | 1060～1135 | 10 | 33.33 | 26 | 86.66 | 14 | 46.67 | |
| 7 | 1110 | 1135～1210 | 2 | 6.67 | 28 | 93.33 | 4 | 13.34 | |
| 8 | 1070 | 1210以上 | 2 | 6.67 | 30 | 100 | 2 | 6.67 | |
| 9 | 990 | 合计 | 30 | 100 | - | - | - | - | |
| 10 | 940 | | | | | | | | |

图 3-11　某工厂 30 名工人月生产零件数分布表输入图

第六步,取得频数分布后,再列表计算频率以及累计频数和频率。

(1) 人数合计,可单击 C9 单元格,输入"=SUM(C3:C8)",回车得出结果为 30 人(SUM 是求和函数)。

(2) D 列频率,可先单击 D3 单元格,输入"=C3/30＊100"(＊是乘法符号;除数要直接输入数字 30,否则无法使用填充柄功能),回车得出结果为 10%;然后利用填充柄功能按住鼠标左键向下拖曳至 D9 单元格放开鼠标,即得出 D4～D9 单元格的频率。

(3) E 列向上累计次数可先单击 E3 单元格,输入"=C3",再单击 E4 单元格,输入"=E3＋C4",然后利用填充柄功能按住鼠标左键向下拖曳至 E8 单元格放开鼠标,即得出 E5～E8 单元格的累计频数。F 列引用 E 列公式即可得到累计频率。G 列、H 列可仿照此法计算。

### 三、利用 Excel 表格中的图表向导绘制统计图

利用上例整理出的次数分布表,选中 B3:C8,点击"插入"—"图表",在插入图表对话框

"推荐的图表"中可以看到系统推荐的统计图(见图 3-12),当然也可以选择所有图表,如柱形图、饼形图等,在子图表类型中选择适当的类型(见图 3-13)。(此处以柱形图为例)

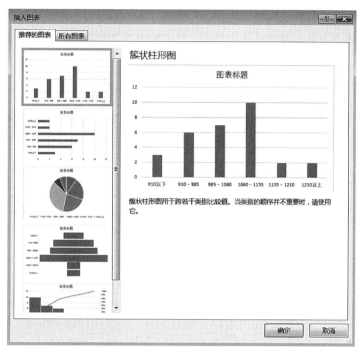

图 3-12　推荐的图表对话框

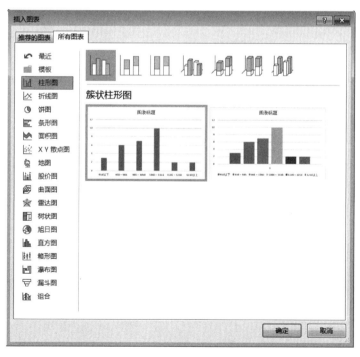

图 3-13　所有图表对话框

点击完成即可完成统计图的绘制,如图 3-14 所示。

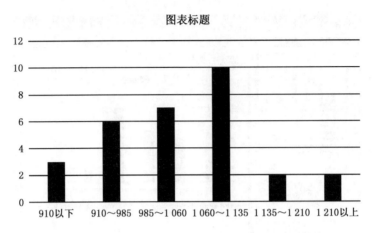

图 3-14　某工厂 30 名工人月生产零件数次数分布图

上图格式可以调整,如果要消除各个分类间距(即各个直方形中间的间距),则双击直方形打开"设置数据系列格式"选项,点击"系列选项",将分类间距调整为 0(见图 3-15)。

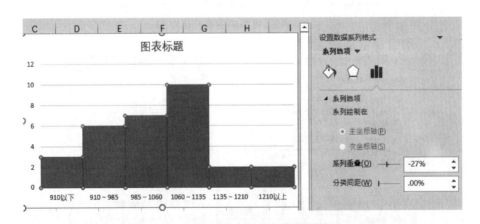

图 3-15　设置数据系列格式分类间距对话框

如果希望将各组数据用不同颜色表示,选择"系列选项"中的"填充与线条",在"颜色"选项选择自己喜欢的颜色即可(见图 3-16)。

最后再加上图表标题、坐标轴标题、图例、趋势线,调整图表大小即可(见图 3-17)。

利用相似的方法可以制作各种不同的图形,如图 3-18 所示的圆形图。

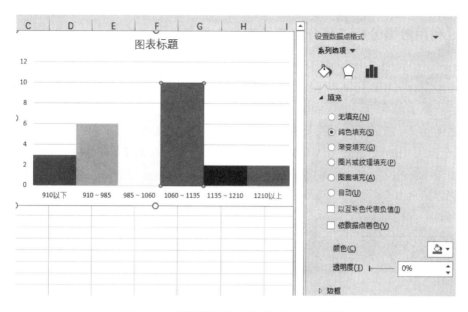

图 3-16　设置数据系列格式颜色填充对话框

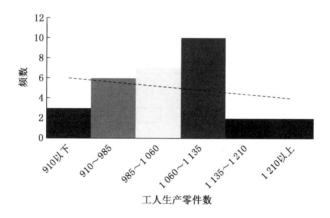

图 3-17　某工厂 30 名工人月生产零件频数分布直方图

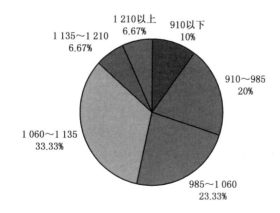

图 3-18　某工厂 30 名工人月生产零件数圆形图

## 四、利用数据分析工具分组并绘制直方图

Microsoft Excel 提供了一组数据分析工具——分析工具库,利用该组工具可以在进行复杂统计或工程分析时节省步骤。其中有些工具可以用于分组,在产生输出表格的同时,还可以绘制图表。由于在默认的情况下,Excel 并没有安装分析工具库,因此在使用数据分析工具之前,必须先安装分析工具库。方法为左键点击"文件"—"选项"—"加载项"—"转到"勾选全部可用加载宏—点击"确定",之后就可以在"工具菜单"右上端看到"数据分析"选项。

现仍以上面某工厂 30 名工人月生产零件数为例,准备将这 30 名工人月生产零件数分为 6 组,分别为 910 以下、910~985、985~1 060、1 060~1 135、1 135~1 210、1 210 以上。

第一步,将 30 名工人月生产零件数输入 A2 至 A31 单元格(见图 3-19)。

| | A | B | C |
|---|---|---|---|
| 1 | 工人月生产零件数/件 | | |
| 2 | 1060 | | |
| 3 | 840 | | |
| 4 | 1100 | | |
| 5 | 910 | | |
| 6 | 1090 | | |
| 7 | 910 | | |
| 8 | 1110 | | |
| 9 | 1070 | | |
| 10 | 990 | | |
| 11 | 940 | | |
| 12 | 1190 | | |
| 13 | 870 | | |
| 14 | 1180 | | |

图 3-19 某工厂 30 名工人月生产零件数据输入界面

第二步,为将样本单位按组归类,还需输入分组标志;但只能按组的"边界值"(即组距分组的上限)分组,不能有非数值的字符(如"××以下""不足××"之类)。本例分为 6 组,分别为 909、984、1 059、1 134、1 209、1 284,输入 B2 至 B7 单元格。数据表显示如图 3-20 所示。

| | A | B | C |
|---|---|---|---|
| 1 | 工人月生产零件数/件 | 工人月生产零件数/件 | |
| 2 | 1060 | 909 | |
| 3 | 840 | 984 | |
| 4 | 1100 | 1059 | |
| 5 | 910 | 1134 | |
| 6 | 1090 | 1209 | |
| 7 | 910 | 1284 | |
| 8 | 1110 | | |
| 9 | 1070 | | |
| 10 | 990 | | |
| 11 | 940 | | |
| 12 | 1190 | | |
| 13 | 870 | | |

图 3-20 某工厂 30 名工人月生产零件标志输入界面

第三步,在"工具"菜单中单击"数据分析"选项,从其对话框的"分析工具"列表中选择"直方图",打开"直方图"对话框(见图 3-21)。

图 3-21　数据分析对话框

第四步,在"直方图"对话框的"输入区域"框中输入"＄A＄1：＄A＄31"(即选中 A1：A31 区域)(见图 3-22)。由于第 1 行是标志项,还需单击选定"标志"复选框。"接收区域"实际是要求输入分组标志所在的单元格区域,本例可输入"＄B＄1：＄B＄7"(即选中 B1：B7 区域)。如果在此框中不输入分组标志所在的区域,系统将在最小值和最大值之间建立一个平滑分布的分组。在"输出区域"框中键入输出表左上角的单元格行列号,本例为 C1。若要同时给出频数分布直方图,则可单击"图表输出"复选框。若要同时给出"累积％"(通常称"累计频率"),可单击"累积百分率"框,系统将在直方图上添加累计频率折线。

图 3-22　直方图对话框

第五步,以上各项均选定后,回车确认,即在 B 列右侧给出一个 3 列的分组表和一个直方图(图 3-23)。在给出的表和图中,"频率"实际上是频数,"累计％"实际上是累计频率。

|   | A | B | C | D | E |
|---|---|---|---|---|---|
| 1 | 工人月生产零件数/件 | 工人月生产零件数/件 | 工人月生产零件数/件 | 频率 | 累积 % |
| 2 | 1060 | 909 | 909 | 3 | 10.00% |
| 3 | 840 | 984 | 984 | 6 | 30.00% |
| 4 | 1100 | 1059 | 1059 | 7 | 53.33% |
| 5 | 910 | 1134 | 1134 | 10 | 86.67% |
| 6 | 1090 | 1209 | 1209 | 2 | 93.33% |
| 7 | 910 | 1284 | 1284 | 2 | 100.00% |
| 8 | 1110 | | 其他 | 0 | 100.00% |
| 9 | 1070 | | | | |
| 10 | 990 | | | | |
| 11 | 940 | | | | |
| 12 | 1190 | | | | |
| 13 | 870 | | | | |
| 14 | 1180 | | | | |
| 15 | 970 | | | | |
| 16 | 1030 | | | | |
| 17 | 1060 | | | | |
| 18 | 850 | | | | |
| 19 | 1060 | | | | |

图 3-23 某工厂 30 名工人月生产零件数分组结果及直方图(初图)

第六步,在分组表中将多余的"其他"一组删除,修改各组组限,按上述方法将分类间距调整为 0,修改合适字体,对图形进行适当处理,即可得到合适结果(见图 3-24)。

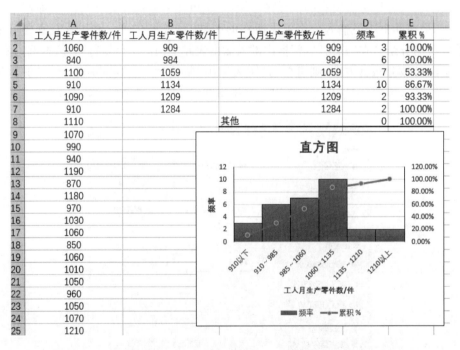

图 3-24 某工厂 30 名工人月生产零件数分组结果及直方图(修改图)

# 实训二　利用 Python 进行数据的清洗和绘图

## 一、利用 Python 进行数据的清洗

在 Python 中，可以使用多个库对数据进行清洗和转换，如 pandas、numpy、re 等。

以 pandas 库为例，以下是一些常见的数据清洗操作：

1. 读取数据

使用 pandas 中的 read_csv 函数读取 csv 格式的数据，并存储为 pandas 中的 DataFrame 格式。

import pandas as pd
df = pd.read_csv('data.csv')

　　如果是读取 excel 数据，则可使用以下代码：

import pandas as pd
♯ 读取 excel 文件
df = pd.read_excel('data.xlsx')
♯ 输出前几行数据
print(df.head())

2. 处理缺失值

使用 pandas 中的 dropna 函数删除缺失值，使用 fillna 函数填充缺失值。

♯删除缺失值
df = df.dropna()
♯填充缺失值
df = df.fillna(value=0)

3. 数据类型转换

使用 pandas 中的 astype 函数将列的数据类型转换为指定类型。

♯将列的数据类型转换为整数型
df['age'] = df['age'].astype(int)

4. 数据筛选

使用 pandas 中的 loc 或 iloc 函数根据指定的条件筛选数据。

♯筛选 age 列大于等于 18 的数据
df = df.loc[df['age'] >= 18]

5. 字符串操作

使用 pandas 中的 str 函数对字符串进行操作，如分割、替换等。

♯将 email 列按照@符号进行分割，并保留分割后的第一个元素

df['username'] = df['email'].str.split('@').str[0]

### 6. 数据去重

使用 pandas 中的 drop_duplicates 函数对数据进行去重。

```
#对 name 列进行去重
df = df.drop_duplicates(subset=['name'])
```

以上仅是一些常见的数据清洗操作,实际使用中还会有很多其他的操作。可以根据具体的需求进行选择和使用。

## 二、利用 Python 进行绘图——以折线图和箱线图为例

Python 有很多用于数据可视化的绘图库,比较常用的有 matplotlib、seaborn 和 plotly 等。这里以 matplotlib 为例,介绍如何使用 Python 进行绘图。

### 1. 安装 matplotlib 库

使用 pip 安装 matplotlib 库,命令如下:

```
pip install matplotlib
```

### 2. 导入 matplotlib 库

在 Python 脚本中导入 matplotlib 库,命令如下:

```
import matplotlib.pyplot as plt
```

### 3. 绘制线性图

使用 matplotlib 库绘制线性图的步骤如下:

```
import matplotlib.pyplot as plt
#设置字体为楷体
plt.rcParams['font.sans-serif']=['KaiTi']
#允许显示负值
plt.rcParams['axes.unicode_minus']=False
#图形大小设置为 5 cm 长,4 cm 高
plt.figure(figsize=(5,4))
import pandas as pd
#读取"DTdata.xlsx"文件中"来电记录"的工作簿
dtdata=pd.read_excel("DTdata.xlsx","来电记录")
#读取通话时长列的前 50 行数据
thsc=dtdata.通话时长.head(50)
#X 赋值行序列
X=thsc.index
#Y 赋值 50 行数据的值
Y=thsc.values
plt.figure(figsize=(5,4))
```

#绘制折线图

plt.plot(X,Y)

呈现出来的图形如图 3-25 所示：

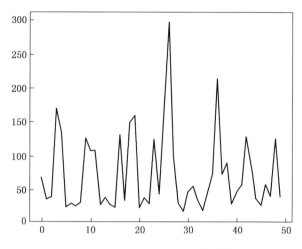

图 3-25　用 matplotlib 绘制的折线图

4. 绘制箱线图

使用 seaborn 工具绘制统计类图形——箱线图的步骤如下（见图 3-26）：

import seaborn as sns

sns.set(font="SimHei")

import pandas as pd

dtdata=pd.read_excel("DTdata.xlsx","来电记录")

#对通话时长的前 50 行数据绘制箱线图

sns.boxplot(x=dtdata["通话时长"].head(50))

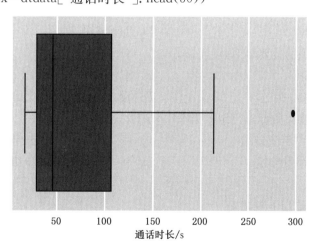

图 3-26　用 seaborn 工具绘制的箱线图

以上是使用 matplotlib 库绘制折线图和箱线图的简单示例,实际使用中还可以根据需要使用不同的函数和参数进行定制化绘图。

## 小 结

本章我们学习了统计整理的相关知识,包括统计整理的概述、统计分组、分配数列、统计数据的显示等内容。

统计整理是对统计资料进行审核、分组、汇总和统计表的编制等工作的过程。它在统计工作中起到整理和呈现数据的作用,帮助我们更好地理解和分析数据。

统计分组是将数据按照一定的标志和方法进行分类和分组的过程。我们需要选择合适的分组标志,然后根据不同的方法进行分组操作。

分配数列是对变量进行分组的方式,分为品质分配数列和变量分配数列。变量分配数列可以采用单项式数列编制和组距式数列编制的方法,计算累计频数和累计频率,并掌握不同类型的次数分布,如钟形分布、U 形分布和 J 形分布等。

在统计数据的显示方面,我们可以使用统计表和统计图进行呈现。常用的统计图包括柱形图、直方图、折线图、圆形图和散点图等,这些图形有助于直观地展示数据的分布和趋势。

通过本章的学习,我们了解了统计整理的概念和意义,学会了进行统计分组和分配数列的操作,以及掌握了统计数据的显示方式。这些知识将为我们进行数据清洗、整理和可视化提供基础,使我们能够更好地理解和展示统计数据。

## 单元练习

**一、单项选择题**

1. 统计整理主要是针对(　　)进行加工的过程。

A. 综合统计数据　　　　　　　B. 历史数据资料

C. 统计分析数据　　　　　　　D. 原始调查数据

2. 统计资料整理的首要环节是(　　)。

A. 编制统计报表　　　　　　　B. 审核汇总资料

C. 审核原始资料　　　　　　　D. 设计整理方案

3. (　　)属于按品质标志分组。

A. 雇员按受教育年限分组　　　B. 职工按就业领域分组

C. 企业按资产存量分组　　　　D. 住户按人口多寡分组

4. 组中值是(　　)。

A. 一个组的上限与下限之差

B. 一个组的上限与下限之间的中点值

C. 一个组的最小值

D. 一个组的最大值

5. 将全部变量值依次划分为若干个区间,并将这一区间的变量值作为一组,这样的分组方法称为( )。
   A. 单变量值分组　　　　　　　　B. 组距分组
   C. 等距分组　　　　　　　　　　D. 连续分组
6. 将某企业职工月收入依次分为 2 000 元以下、2 000～3 000 元、3 000～4 000 元、4 000～5 000 元、5 000 元以上几组。最后一组的组中值近似为( )。
   A. 5 000　　　B. 7 500　　　C. 5 500　　　D. 6 500
7. 在编制组距数列时,当全距不变的情况下,组距与组数的关系是( )。
   A. 正比例关系　　　　　　　　B. 反比例关系
   C. 乘积关系　　　　　　　　　D. 毫无关系
8. 对某地区的全部商业企业按实现的利润额多少进行分组,这种分组属于( )。
   A. 数量标志分组　　　　　　　B. 属性分组
   C. 分组体系　　　　　　　　　D. 复合分组

## 二、多项选择题

1. 统计分组的作用在于( )。
   A. 区分现象的类型　　　　　　B. 反映现象总体的内部结构变化
   C. 比较现象间的一般水平　　　D. 分析现象的变化关系
   E. 研究现象之间数量的依存关系
2. 统计数据的预处理,包括( )。
   A. 数据分类　　B. 数据筛选　　C. 数据审核　　D. 数据排序
   E. 数据订正
3. 统计数据准确性审核方法有( )。
   A. 计算检查　　B. 逻辑检查　　C. 时间检查　　D. 调查检查
   E. 平衡检查
4. 指出下列分组哪些是按品质标志分组的( )。
   A. 人口按性别分组　　　　　　B. 企业按产值多少分组
   C. 家庭按收入水平分组　　　　D. 在岗职工按文化程度分组
   E. 酒店按星级分组
5. 变量数列中频率应满足的条件是( )。
   A. 各组频率大于 1　　　　　　B. 各组频率大于 0
   C. 各组频率之和等于 1　　　　D. 各组频率之和小于 1
   E. 各组频率之和大于 0
6. 频率是( )
   A. 概率　　　　　　　　　　　B. 各组的次数
   C. 非负数　　　　　　　　　　D. 自然数
   E. 各组的频数占总体单位数的比重

## 三、简答题

1. 什么是统计整理?请简述统计整理的步骤。

2. 请简述统计分组的作用。

3. 请简述组距数列的编制步骤。

4. 请简述统计表的构成。

### 四、综合能力训练

1. 某 4S 店共 30 名销售员,下面是每个销售员的销售额数据,根据以下数据,进行统计分组,编制频数分布表并计算累计频数和累计频率。

**某 4S 店 30 名销售员的销售额**　　　　　　　　　　　单位:万元

| 60 | 72 | 78 | 86 | 60 | 73 |
| --- | --- | --- | --- | --- | --- |
| 78 | 87 | 62 | 74 | 79 | 88 |
| 65 | 75 | 79 | 89 | 65 | 76 |
| 80 | 89 | 66 | 76 | 82 | 90 |
| 67 | 76 | 85 | 91 | 70 | 76 |

2. 某大型连锁超市拥有 50 家连锁店,某月利润额资料如下:

**某大型连锁超市 50 家连锁店某月利润额原始资料**　　　　单位:万元

| 1.5 | 7.0 | 12.8 | 14.8 | 19.3 |
| --- | --- | --- | --- | --- |
| 4.0 | 7.4 | 13.4 | 8.5 | 5.0 |
| 13.2 | 15.5 | 11.4 | 8.3 | 4.5 |
| 21.0 | 15.7 | 15.5 | 11.9 | 13.6 |
| 16.3 | 22.0 | 5.8 | 9.5 | 16.0 |
| 13.9 | 16.7 | 25.0 | 6.0 | 12.0 |
| 17.1 | 3.5 | 29.0 | 6.8 | 10.5 |
| 23.0 | 12.6 | 14.2 | 18.7 | 2.0 |
| 10.0 | 12.4 | 17.5 | 14.5 | 20.0 |
| 6.4 | 26.0 | 17.3 | 14.7 | 18.2 |

**试根据以上数据进行如下操作:**

(1) 把数据输入 Excel 中。

(2) 分组并绘制频数分布表。

(3) 绘制柱形图,并标出每个柱形的数据。

(4) 设置纵横坐标的标题。

(5) 更改柱的颜色为红色。

(6) 更改右边图例系列 1 的名称为 A。

(7) 把柱形图的各个部分拖到合适的大小,使图形尽量美观。

(8) 绘制圆形图和折线图,比较哪个图最能直观显示出此数据的规律。

# 拓展材料

统计整理是一项艺术,它将零散的数据整合成有意义的信息,帮助我们揭示隐藏在数据背后的故事。

——爱德华·塔夫特(Edward Tufte)

## 统计见证辉煌:中国高铁发展的数据洞察

自2008年京津城际铁路开通以来,中国高铁网络经历了快速扩张,成为世界上最长、最快的高速铁路网络。

通过收集和分析关于高铁线路长度、车站数量、每日运营列车次数、年客运量等数据,可以清晰地展现中国高铁发展的脉络。例如,统计数据可以显示中国高铁如何促进了城市间的联系,改善了人民的出行条件,提升了经济效率,并促进了沿线城市的经济发展。

地理整合与国际市场接入:自2008年以来,中国高铁网络的快速扩张提供了一个独特的机会来研究基础设施与贸易之间的相互作用。由高铁网络发展带来的行业内部整合显著提升了企业的出口额。这种整合有助于缩小信息差距,促进出口企业与国际市场的接入。

知识获取与质量提升:高铁网络的发展促进了出口商的地理整合,从而显著减少了企业在进入外国市场时面临的信息障碍。尤其是对于那些面临较大知识获取挑战的企业(如小型企业或远离中心地区的企业),这种整合显著提高了他们对重要贸易知识获取的效率。企业不仅出口量增加,而且出口产品的质量也有所提升。

综合来看,中国高铁网络的发展不仅提升了国内的连接性,而且显著促进了国际贸易的发展,帮助企业更有效地进入全球市场,同时提升了出口产品的质量和竞争力。这些成就不仅展示了中国在基础设施建设和技术创新方面的领先地位,而且反映了国家对于经济发展和国际合作的重视。

# 项目四 统计描述

## 学习目标

### 一、知识目标

- 了解总体规模描述的概念,掌握总体规模指标的计算方法。
- 理解相对指标的含义,学习如何计算和解释相对指标。
- 熟悉集中趋势描述的概念,学会计算和解释均值、中位数和众数。
- 理解离散趋势描述的概念,学习如何计算和解释极差、方差和标准差。
- 掌握分布的偏度和峰度的概念,了解如何计算和解释分布的偏度和峰度。

### 二、能力目标

- 能够根据给定的数据计算总体规模指标,包括总体容量、总体平均数和总体总数。
- 能够计算和解释相对指标,如百分比和比例。
- 能够计算并解释集中趋势描述的指标,如均值、中位数和众数。
- 能够计算并解释离散趋势描述的指标,如极差、方差和标准差。
- 能够计算并解释分布的偏度和峰度,评估数据的分布形态。

### 三、素养目标

- 结合二十大报告精神,培养学生耐心细致的工作作风和严肃认真的工作态度。
- 培养对数据的敏感性和分析能力,能够准确把握数据的集中趋势和离散趋势。
- 培养对统计描述方法的正确理解和运用的能力,避免对数据的错误解读和误导。
- 培养对数据分布特征的敏感性,能够发现数据中的偏度和峰度情况,深入理解数据的分布形态。

## 四、思维导图

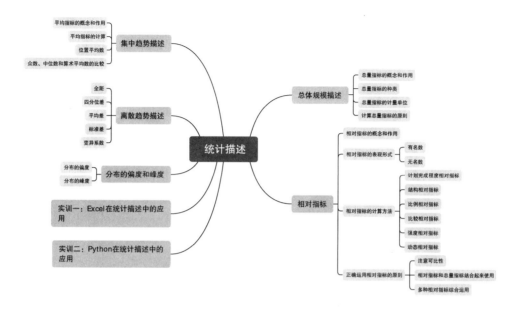

## 任务一　总体规模描述

### 一、总量指标的概念和作用

1. 总量指标的概念

总量指标是用来反映社会经济现象在一定条件下的总规模、总水平或工作总量的统计指标。总量指标用绝对数表示,也就是用一个绝对数来反映特定现象在一定时间上的总量状况,它是一种最基本的统计指标。

表 4-1 是 2021 年和 2022 年中国的国内生产总值(GDP)、粮食产量及同比增长率数据。

表 4-1　国内生产总值、粮食产量及同比增长率数据

| 项目名称 | 2022 年 | 2021 年 | 同比增长率/% |
| --- | --- | --- | --- |
| 国内生产总值(GDP)/亿元 | 1 210 207.2 | 1 149 237.0 | 5.3 |
| 粮食产量/万 t | 68 653 | 68 285 | 0.54 |

数据来源:中国国家统计局。

该表格中,国内生产总值(GDP)和粮食产量均为总量指标,而同比增长率则为相对指标。

**2. 总量指标的作用**

总量指标是最基本的统计指标,其主要作用可概括如下:

(1) 总量指标是统计认识事物的起点。

由于客观现象基本情况首先都表现为一定的总量,因此总量指标能具体表明一个国家的国情、国力和建设的规模,以及各地区、部门、单位经济活动成果和工作总量。

(2) 总量指标是制定政策、编制计划、进行科学管理的主要依据。

因为制定政策、计划,实行科学管理,都要以客观实际为依据,而反映客观实际的最基本指标,就是总量指标。因此,它就成了最主要的依据。

(3) 总量指标是计算相对指标和平均指标的基础。

相对指标和平均指标一般是由两个有联系的总量指标对比计算出来的,是总量指标的派生指标。

## 二、总量指标的种类

**1. 按其说明总体的内容分**

(1) 总体单位总量

总体单位总量是用来反映统计总体内包含总体单位个数多少的总量指标。它用来表明统计总体的容量大小。例如,研究我国的人口状况时,统计总体是全国所有公民,总体单位是每一位公民,那么我国的人口数表明总体单位的个数,是总体单位总量。再如,研究某地区的高职教育发展状况,统计总体是该地区的所有高职院校,若该地区高职院校有 124 所,则 124 所即为总体单位总量。

(2) 总体标志总量

总体标志总量是统计总体各单位某一方面数量标志值的总和。仍举上例,该地区的每所高职院校是总体单位,每一所高职院校的教职工人数是该校的一个数量标志,则该地区全部高职教职工人数就是总体标志总量。另外,该地区高职院校的年毕业生人数、占地面积、拥有图书册数等指标也都是总体标志总量。一个已经确定的统计总体,其总体单位总量是唯一确定的,而总体标志总量却不止一个。

尤其需要注意的是,某一总量指标是总体单位总量还是总体标志总量不是完全确定的,而是随着统计总体的改变而改变的。如上例中的该地区高职教职工人数是总体标志总量,若研究目的变为认识该地区高职教职工的生活水平时,统计总体是该地区的所有高职教职工,该地区的所有高职教职工人数就变成总体单位总量了。

**2. 按其反映总体的时间状况分**

(1) 时期指标

时期指标是反映社会经济现象在一段时间内发展变化结果的总量。例如,2022 年我国国内生产总值达到 1 210 207.2 亿元,是指在 2022 年这一年的时间内,我国国民经济各行业每天所创增加值的总和。再如,产品产量、社会零售商品销售额等都是时期指标。

时期指标具有如下特点:

① 具有可加性。时间上相邻的时期指标相加能够得到另一更长时期的总量指标。

② 指标数值的大小与所属时期的长短直接相关。一般来讲,时期越长,指标数值就越大。

③ 必须连续登记而得。时期指标数值的大小取决于整个时期内所有时间上的发展状况,只有连续登记得到的时期指标才会准确。

(2) 时点指标

时点指标反映社会经济现象在某一时刻或某一时点上的状况的总量。例如,2021年底我国共有国有控股企业法人单位数 323 277 个,这仅能说明我国 2021 年 12 月 31 日这一天的基本单位的数量情况。再如,人口数、商品库存额、外汇储备额等也都是时点指标。

时点指标具有如下特点:

① 不具有可加性。不同时点上的两个时点指标数值相加不具有实际意义。

② 数值大小与登记时间的间隔长短无关。时点指标仅仅反映社会经济现象在一瞬间的数量,每隔多长时间登记一次对它没有影响。

③ 指标数值是间断计数的。时点指标没有必要进行连续登记,有的也是不可能连续进行登记的,如一国的总人口数。

### 三、总量指标的计量单位

总量指标的计量形式都是有名数,都有计量单位。根据总量指标所反映现象的性质不同,其计量单位一般有实物单位、价值单位和劳动单位三种。

1. 实物单位

实物单位是根据事物的外部特征或物理属性而采用的单位。它又分为:

(1) 自然单位。如鞋以"双"为单位;桌子以"张"为单位;拖拉机以"台"为单位等。

(2) 度量衡单位。度量衡单位是以已经确定出的标准来计量实物的质量、长度、面积、容积等的单位。如 t、km、m 等。

(3) 复合单位。复合单位是两个单位的乘积。如货物周转量用"吨公里"计量;电的度数用"kW·h"计量等。

(4) 双重单位。双重单位是用两种或两种以上的单位结合起来进行计量。如起重机的计量单位是"台/t"。

(5) 标准实物单位。标准实物单位是按照统一的折算标准来计量事物数量的一种实物单位。它主要用于计量存在差异的工业产品和农产品,为了准确地反映其总量,需要把各产品按照一定的标准折合成标准品再相加。如把含氮量不同的化肥都折合成含氮 100% 的标准化肥;把各种能源都折合成热量值为 29 400 kJ/kg 的标准煤等。以实物单位计量的总量指标,叫做实物指标。

2. 价值单位

价值单位也叫货币单位,它是以货币作为价值尺度来计量社会财产和劳动成果。例如,国内生产总值、城乡居民储蓄额、外汇收入、财政收入都必须用货币单位来计量,常见的货币单位有美元、人民币元、欧元等。用货币单位计量的总量指标叫做价值指标。价值指标具有十分广泛的综合能力，在国民经济管理中起着重要的作用。

3. 劳动单位

劳动单位主要用于企业内部计量工业产品的数量，它是用生产工业产品所必需的劳动时间来计量生产工人的劳动成果。企业首先根据自身的生产状况制定出生产单位产品所需的工时定额，再乘产品的实物即得以劳动单位计量的产量指标——劳动量指标，也叫做定额工时总产量。

### 四、计算总量指标的原则

要正确统计总量指标，必须遵循以下原则：

1. 科学性

科学性就是计算总量指标要有科学的理论依据。总量指标是一定现象的数量表现，每一个总量指标都具有一定质的规定性。由于客观事物之间彼此存在着密切联系，若不从理论上规定含义和界限，就无法进行统计。如计算工业总产值时，首先必须确定工业总产值的概念和包括范围，然后才能进行统计。

2. 可比性

可比性就是指在不同地区和不同时期的同一总量指标要具有可比性。同类物质产品直接反映产品同样的使用价值和经济内容，可以相加计算总量指标，而不同类现象相加的总量指标是没有可比性的。不同的历史条件往往影响总量指标所反映的内容和包括的范围，在确定和使用总量指标时，要进行适当调整使不同时期的总量指标具有可比性。

3. 统一性

统一性是指总量指标的计量单位计算方法必须统一，这样才能使总量指标在较大的范围（如全国）、较长的历史时期内，具有明确一致的意义。

## 任务二　相对指标

### 一、相对指标的概念和作用

1. 相对指标的概念

统计学对现象之间及现象内部各部分之间比率关系的描述，常用相对指标。相对指标是两个有相互联系的现象数量之比，用以反映现象的发展速度、强度、结构或数量联系程度，其结果表现为相对数，故也称为统计相对数。例如，我国2022年人口自然增长率为$-0.60‰$、财政支出增长速度为$6.1\%$等，都是相对指标。

2. 相对指标的作用

（1）综合反映社会经济现象之间的内部结构、比例关系，从而可深入分析其性质。例如,计算一个地区不同经济类型的结构,可以说明该地区经济的根本性质;计算一个地区第一、二、三产业的比例,可以说明该地区社会经济现代化的程度。

(2) 将现象的绝对差异抽象化,使原来不能直接对比的总量指标可以进行比较。由于不同企业的生产规模及条件不同,直接用总产值或总产量比较,评价意义不大。但用各自的计划完成程度、资金利润率、资金产值率、发展速度等相对指标进行比较,便可对其生产经营的结果做出合理的评价。

(3) 具体表明现象的发展过程及事物之间的相互关联程度,反映事物发展变化的趋势。例如,产值计划完成程度就比实际产值完成数更能说明计划执行情况;发展速度可以揭示经济发展变化趋势等。

## 二、相对指标的表现形式

相对指标有有名数和无名数两种表现形式。

1. 有名数

有名数是以计算强度相对指标的分子与分母指标数值和计量单位结合起来表示的。如人口密度用"人/$km^2$"表示,人均国民生产总值用"元/人"表示。

2. 无名数

无名数是一种抽象化的数值,常以倍数、系数、成数、百分数、千分数等来表示。

(1) 倍数或系数

倍数或系数是将对比基数抽象为1而计算的相对数,当分子数值比分母数值大得多时,常用倍数表示。例如,2022年我国粗钢产量为101 795.90万t,约是2021年粗钢产量103 524.26万t的$\frac{49}{50}$。当分子数值与分母数值差别不大时,常用系数表示,系数可以大于1,亦可以小于1。如相关系数、磨损系数等。

(2) 成数

成数是将对比基数定为10而计算出来的相对数。如粮食产量增产一成,即增长十分之一。

(3) 百分数或千分数

百分数(%)是将对比基数定为100而计算出来的相对数,它是相对指标常用的一种表现形式。当对比的两个指标数值不太悬殊时适合用百分数。如某门课程的及格人数占全班总人数的96%,某企业本月产量计划完成程度为103%等。

统计中还把两个以百分数表示的指标进行对比,差距相当于1%,称为一个百分点。例如,某学校计划升学率比去年提高10%,实际提高12%,实际比计划多提高两个百分点。(尤其需要注意,百分点不是相对指标。)

千分数(‰)是将对比基数抽象为1 000而计算出来的相对数。一般在分子比分母数值小很多时用千分数表示。例如,2022年我国人口出生率为6.77‰,死亡率为7.37‰,自然增长率为-0.6‰。此外,还有万分数、十万分数等。

### 三、相对指标的计算方法

相对指标按照研究对象的性质、分析目的和对比标准的不同,可分为六种:计划完成程度相对指标、结构相对指标、比例相对指标、比较相对指标、强度相对指标和动态相对指标。

#### 1. 计划完成程度相对指标

(1) 计划完成程度相对指标的概念

计划完成程度相对指标是将社会经济现象在一定时期内的实际完成数与计划任务数进行对比,用来检查、监督计划执行情况的相对指标,一般以百分数表示。其计算公式为:

$$计划完成程度相对指标 = \frac{实际完成数}{计划任务数} \times 100\% \tag{4-1}$$

计划完成程度相对指标的分子是实际完成数,分母是计划任务数,分子指标和分母指标在指标含义、计算方法、计量单位及时间长度等方面应该完全一致。同时,分子、分母不允许互换。

(2) 计划完成程度相对指标的计算

在实际经济工作中,计划任务数既可以是绝对数,也可以是相对数或平均数,因此计划完成程度相对指标在计算形式上有所不同。

① 计划任务数为绝对数时,可直接用实际水平和计划水平对比求得计划完成程度相对指标,其计算公式为:

$$计划完成程度相对指标 = \frac{实际水平}{计划水平} \times 100\% \tag{4-2}$$

**例 4-1**  设某公司 2016 年计划销售额为 2.5 亿元,实际销售额为 2.8 亿元,则销售额计划完成程度相对指数是多少?

解:销售额计划完成程度相对指标=2.8/2.5×100%=112%

计算结果表明该公司 2016 年超额 12%完成年度销售额计划。

② 计划任务数为平均数时,其计算公式为:

$$计划完成程度相对指标 = \frac{实际平均水平}{计划平均水平} \times 100\% \tag{4-3}$$

**例 4-2**  某企业一产品平均单位成本计划为 100 元/件,实际平均单位成本为 108 元/件,则

$$计划完成程度相对指标 = \frac{实际平均水平}{计划平均水平} \times 100\% = \frac{108}{100} \times 100\% = 108\%$$

该企业差 8%未能完成计划。

③ 计划任务数为相对数时,即以本年计划数比上年实际数提高或降低多少的相对数表示时,如劳动生产率提高率、成本降低率、原材料利用率降低率等。其计算公式为:

$$计划完成程度相对指标 = \frac{1 \pm 实际提高(降低)的百分数}{1 \pm 计划提高(降低)的百分数} \times 100\% \tag{4-4}$$

**例 4-3** 某厂计划 2016 年劳动生产率要比上年提高 5%,实际提高 6%,则

$$\text{计划完成程度相对指标} = \frac{1+6\%}{1+5\%} \times 100\% \approx 100.95\%$$

即超额 0.95% 完成计划。

**例 4-4** 某企业计划产品单位成本比上年降低 5%,实际降低 6%,则

$$\text{计划完成程度相对指标} = \frac{1-6\%}{1-5\%} \times 100\% \approx 98.95\%$$

即成本降低率比计划多完成 1.05%。

需要说明的是,在计划完成程度相对指标中,100% 是判断是否完成计划的数量界限。但是,计划完成程度相对指标同计划完成情况是不同的,计划完成程度相对指标是评价计划完成情况的标准和依据,计划完成程度相对指标是中性的,本身没有好坏之分。计划完成情况则相反,可以说完成了计划或没有完成计划。因此,利用计划完成程度相对指标进行评价时,要根据指标的性质和要求而定。对于数值越大越好的指标,如产值、产量、利润、劳动生产率等,计划完成程度相对指标要大于 100% 才算超额完成计划,超过 100% 的部分为超额完成计划的相对数;对于数值越小越好的指标,如原材料消耗量、单位产品平均成本、亏损额等,计划完成程度相对指标要小于 100% 才算超额完成计划,而超过 100% 的部分,则表示未完成计划的差距。

(3) 短期计划进度执行情况检查

在计划执行过程中,要对计划进度经常进行检查,以了解进度的快慢,保证计划的实现。其计算公式为:

$$\text{计划执行进度} = \frac{\text{计划期内截至某阶段的累计实际完成数}}{\text{计划期总数}} \times 100\% \qquad (4-5)$$

**例 4-5** 某商业企业某年计划销售额 300 万元,到 9 月底累计销售额为 260 万元,则累积到第三季度为止销售额计划执行进度为:

$$\text{计划执行进度} = \frac{260}{300} \times 100\% \approx 86.67\%$$

计算结果表明,该企业某年第三季度已过,进度已完成计划任务的 86.67%,说明计划进度执行较快。

(4) 长期计划的检查

长期计划,如五年计划。由于计划任务的规定有不同的性质,有的任务是按全期应完成的累计数规定的,有的任务则是规定计划期末应达到的水平,因此有两种不同的检查分析方法。

① 累积法。当计划任务数是规定在整个计划期间应完成的累计数时,采用累计法检查计划的完成情况。这类指标有基本建设投资完成额、新增固定资产等。其计算公式为:

$$\text{长期计划完成程度} = \frac{\text{计划期间实际完成累计数}}{\text{本期计划任务数}} \times 100\% \qquad (4-6)$$

② 水平法。当计划任务数是规定末期(如末年)应达到的水平时,要采用水平法检查计划的完成情况。计算公式为:

$$长期计划完成程度 = \frac{期末实际水平}{计划期末水平} \times 100\% \tag{4-7}$$

采用水平法检查计划执行情况,也应计算提前完成计划的时间。在水平法下,只要有连续一期(如一年)的时间,实际完成的水平达到了计划末期(如末年)水平,就能计算提前完成时间。

**例 4-6** 某煤矿计划在"十四五"期间截至 2022 年,共为国家生产 200 万 t 原煤,或达到年产量 100 万 t 原煤。实际统计资料如下:2021 年产量 86.8 万 t,2022 年产量 123.2 万 t。如表 4-2 所示。计算该矿"十四五"期间原煤产量计划完成情况。

表 4-2 某煤矿 2021—2022 年月产量统计表　　　　单位:万 t

| 年份 | 1 | 2 | 3 | 4 | 5 | 6 | 7 | 8 | 9 | 10 | 11 | 12 | 合计 |
|---|---|---|---|---|---|---|---|---|---|---|---|---|---|
| 2021 | 5.4 | 5.6 | 6.5 | 6.8 | 7 | 7 | 7.4 | 7.7 | 8.2 | 8.1 | 8.4 | 8.7 | 86.8 |
| 2022 | 9.8 | 9.5 | 9.6 | 9.8 | 9.9 | 10.1 | 10.4 | 10.7 | 10.7 | 10.8 | 10.9 | 11 | 123.2 |

解:试据上述统计资料,确定该矿"十四五"期间原煤产量计划提前完成的时间。
累计法:期末共完成 210 万 t,超额 5% 完成任务,超出 10 万 t。
水平法:期末完成年产量 123.2 万 t,超额 23.2% 完成任务,超出 23.2 万 t。

**2. 结构相对指标**

结构相对指标是在总体分组的基础上,将总体的某部分数值与总体全部数值相比而计算的相对数,它可以反映总体的构成情况。其计算公式如下:

$$结构相对指标 = \frac{总体中某部分数值}{总体全部数值} \times 100\% \tag{4-8}$$

结构相对指标,又称比重指标,一般用百分数或系数表示,各组比重总和等于 100% 或 1。

**例 4-7** 2021 年我国全年国内生产总值为 1 149 237.0 亿元,其中,第一产业增加值 83 216.5 亿元;第二产业增加值 451 544.1 亿元;第三产业增加值 614 476.4 亿元。则各产业所占比重为:

$$第一产业增加值所占比重 = \frac{83\ 216.5}{1\ 149\ 237} \times 100\% \approx 7.24\%$$

$$第二产业增加值所占比重 = \frac{451\ 544.1}{1\ 149\ 237} \times 100\% \approx 39.29\%$$

$$第三产业增加值所占比重 = \frac{614\ 476.4}{1\ 149\ 237} \times 100\% \approx 53.47\%$$

可见,第三产业增加值所占比重最大,达到53.47%,第二产业增加值所占比重低于第三产业增加值所占比重。由此可见,第三产业在近几年中发展很快,其在总体中所占比重已位于三大产业之首。

结构相对指标的主要作用:

(1) 利用结构相对指标,对事物的内部构成进行分析,不仅可以说明事物的性质和特征,而且能够反映事物发展的不同阶段和量变引起质变的过程。

表4-3利用结构相对指标可以看出,我国经济在改革开放的发展中,现代化程度不断提高,已由第二产业为主体的相对落后经济模式逐步转化为以第三产业为主体的较先进的经济模式。

表4-3 2019—2022年我国国内生产总值构成统计表　　　　单位:%

|  | 2019年 | 2020年 | 2021年 | 2022年 |
| --- | --- | --- | --- | --- |
| 第一产业 | 7.1 | 7.7 | 7.2 | 7.3 |
| 第二产业 | 38.6 | 37.8 | 39.3 | 39.9 |
| 第三产业 | 54.3 | 54.5 | 53.5 | 52.8 |
| 国内生产总值 | 100.0 | 100.0 | 100.0 | 100.0 |

数据来源:中国国家统计局。

(2) 结构相对指标可以说明事物总体的质量或工作的质量,反映人力、物力和财力的利用情况。例如,学生成绩优秀率的高低可以反映教学质量的高低,产品合格率的高低可以表明生产部门的工作质量的优劣等;工时利用率、原材料利用率等可以反映企业的人力、物力利用状况。

**3. 比例相对指标**

总体内部各个组成部分之间存在着一定的联系和协调关系。比例相对指标是反映总体中各组成部分之间数量联系程度、协调平衡状况及比例关系的相对指标。其计算公式如下:

$$\text{比例相对指标} = \frac{\text{总体中某一部分数值}}{\text{总体中另一部分数值}} \tag{4-9}$$

比例相对指标一般用百分数或几比几的形式表示。

**例4-8** 根据2020年我国第七次全国人口普查的汇总结果,我国31个省、自治区、直辖市(不含港澳台)和现役军人人口中,男性7.23亿人,占总人口的51.24%;女性6.88亿人,占总人口的48.76%。男女性别比为多少?

解:男女性别比为7.23∶6.88=105.07∶100=105.07%

利用比例相对指标对总体的比例关系进行研究,能帮助我们认识客观事物按比例发展,判断比例关系正常与否。当现象总体内部的比例关系发生变化,并超过一定的数量界限时,总体的性质会发生变化。例如,1952年我国农村人口与城镇人口的比例是654∶100,而2022年的比例是100∶189,表明我国的社会结构发生了重大变化,工业化的成绩巨大。

需要说明的是,比例相对数也必须在统计分组的基础上才可以计算,在比例相对数的计算过程中,分子数值和分母数值可以互换。

4. 比较相对指标

比较相对指标是反映同类现象在不同空间条件下数量对比关系的综合指标,用以说明某一种现象同一时间在不同地区(或单位)发展的差异程度。其计算公式如下:

$$\text{比较相对指标} = \frac{\text{某条件下的某类指标数值}}{\text{另一条件下的同类指标数值}} \tag{4-10}$$

式中,分子与分母现象所属统计指标的含义、口径、计算方法和计量单位必须一致。

**例 4-9** 中国陆地面积约为 960 万 $km^2$,美国约为 937 万 $km^2$,两者之比为:

$$\frac{960}{937} \approx 102.45\% = 1.024\ 5$$

比较相对指标一般可用百分数、倍数、系数表示,它在统计实践中有着广泛的应用。例如,在经济管理工作中,把企业的各项技术经济指标与同类企业的先进水平和国际先进水平对比、与国家规定的质量标准对比,可找出差距,挖掘潜力,为提高企业的生产管理水平提供依据。

计算比较相对指标时,作为比较基数的分母可取不同的对象。一般有两种情况:(1)比较标准是一般对象。如果把分子与分母概括为甲、乙两个国家、地区、部门或单位,这时既可以用甲∶乙,也可以用乙∶甲,即分子与分母的数值可以互换。例如,中、美两国的国土面积相比,既可以是中国是美国的 1.024 5 倍,也可以是美国是中国的 97.60%。(2)比较标准(基数)典型化。例如,将本单位产品的质量、成本、单耗等各项技术经济指标都和国家规定的水平比较、和同行业的先进水平比较、和国外先进水平比较等,这时分子和分母的位置不能互换。

需要说明的是,比较相对指标可以用总量指标进行对比,也可以用相对指标或平均指标进行对比。但由于总量指标易受总体范围大小的影响,因而,计算比较相对指标时,更多地采用相对指标或平均指标。

5. 强度相对指标

强度相对指标是两个性质不同但有联系的总量指标之比,用来表明某一现象在另一现象中发展的强度、密度和普遍程度。其计算公式如下:

$$\text{强度相对指标} = \frac{\text{某一总量指标数值}}{\text{另一有联系而性质不同的总量指标数值}} \tag{4-11}$$

强度相对指标数值的表现形式可以是有名数,由分子与分母的单位组成复合单位。例如,2022 年我国国内生产总值达到 1 210 207.2 亿元,2022 年末全国全年平均人口数为 141 175 万人,则人均国民生产总值为 85 724 元/人。另外,有些强度相对指标的数值也用千分数或百分数表示,如 2022 年我国人口出生率为 6.77‰。

强度相对指标的作用主要是:(1)反映一个国家或地区的经济实力。例如,2022 年我国农村居民人均可支配收入为 20 133 元/人,农村居民平均每百户年末计算机拥有量为 24.6 台/百户。这些强度相对指标数值愈大,表明一个国家的经济实力愈强。(2)反映事物的密度和普遍程度。例如,人口密度是人口数与土地面积对比的强度相对指标,它反映了人口的密集程度。(3)反映企业经济效益的好坏。例如,计算资金利税率、流通费用率、商品适销率等强度相对指标,可以说明企业经济效益的高低。

强度相对指标的分子、分母有时可以互换,因而可以计算正指标和逆指标。

**例 4-10** 2021 年我国全年平均人口数为 141 236 万人,医院病床数约为 766 万张。则

$$\text{每千人口病床数} = \frac{\text{医院病床数}}{\text{人口总数}} = \frac{766}{141\,236} \approx 5.4(\text{张}/\text{千人})(\text{正指标})$$

$$\text{每张病床服务人数} = \frac{\text{人口总数}}{\text{医院病床数}} = \frac{141\,236}{766} \approx 184.38(\text{人}/\text{张})(\text{逆指标})$$

上述计算结果 5.4 张/千人,说明每千人拥有的医院病床为 5.4 张,数值越大,表示每千人拥有的床位数越多,说明我国医疗保证程度越高,它从正面说明医疗保障程度越高,故称正指标;184.38 人/张说明平均每张病床要供 184.38 人使用,指标数值越小,说明医疗保证程度越高,故称逆指标。

强度相对指标有时分子和分母可以互换,从而形成正逆指标,正指标越大,逆指标越小,说明其强度、密度、普遍程度越大。值得注意的是,有的强度相对指标的分子、分母不能互换。例如,人口出生率、死亡率等强度相对指标的分子、分母是不能互换的。另外,计算强度相对指标时,必须注意社会经济现象之间客观上要存在一定的经济或技术上的联系,这样,两个指标对比才会有现实意义。如人口数与土地面积相比,能够说明人口的密度;但若用钢材产量和土地面积相比,就没有意义了。

6. 动态相对指标

动态相对指标是现象报告期水平与基期水平之比,用来反映现象在时间上的发展变化情况,又称为动态相对数或发展速度。其计算公式为:

$$\text{动态相对指标} = \frac{\text{报告期水平}}{\text{基期水平}} \times 100\% \tag{4-12}$$

动态相对指标一般用%表示,有时也用倍数表示。式中,基期是指用作比较基础的时期,报告期则是同基期对比的时期。

**例 4-11** 某地区国内生产总值 2022 年为 8 367.15 亿元,2021 年为 7 432.12 亿元,其动态相对指标或称发展速度为:

$$\text{动态相对指标} = \frac{8\,367.15}{7\,432.12} \times 100\% \approx 112.58\%$$

上述计算表明该地区国内生产总值动态相对数或发展速度为 112.58%,这表明该地区 2022 年国内生产总值比上年增长了 12.58%。

动态相对指标在统计分析中应用广泛,详细内容见本书项目六"动态数列"。

### 7. 几种相对指标的对比

对于上述 6 种指标的比较可以用表 4-4 表示。

表 4-4  6 种相对指标的对比

| 相对指标 | 是否在同一总体中 | 是否为同类现象比较 | 是否为同一时期比较 |
| --- | --- | --- | --- |
| 计划完成程度相对指标 | 是 | 是 | 是 |
| 结构相对指标 | 是 | 是 | 是 |
| 比例相对指标 | 是 | 是 | 是 |
| 比较相对指标 | 否 | 是 | 是 |
| 强度相对指标 | — | 否 | 是 |
| 动态相对指标 | — | — | 否 |

## 四、正确运用相对指标的原则

相对指标种类较多，各有自己的意义和作用，在计算和应用上也有一些不同的要求和特点，但从总体上来说，计算和应用相对指标，要坚持三个方面的原则。

### 1. 注意可比性

注意可比性主要是指对比的分子和分母两个指标之间在经济内容、计算范围、计算方法和计量单位等方面要保持一致或相互适应的状态。

由于不同时期商品或劳务的价格水平是不同的，我们不能简单地将 2022 年国内生产总值同 2021 年国内生产总值进行对比，为了保证两者的可比性，要么按 2021 年的价格水平对 2022 年国内生产总值进行调整，要么按 2022 年的价格水平对 2021 年国内生产总值进行调整，使得两个指标的价格水平保持可比。

当然，对于可比性要灵活地运用，不能机械地理解。我们既要防止过分强调可比性而不敢进行事物的对比分析，又不能忽视指标的可比性而盲目地进行对比分析。只要两个指标比得合理、比得符合实际、比得符合研究目的，对比的结果能够确切地说明分析对象固有的联系，这样的对比就符合可比性原则。

### 2. 相对指标和总量指标结合起来使用

相对指标虽然可以反映现象之间的差异程度，但是把现象的绝对水平抽象化了，说明不了现象之间在绝对数量上的差异。因此，应用相对指标进行统计分析时，必须与其背后的绝对水平以及两个对比指标的绝对额结合起来，以全面、正确地认识客观事物。结合使用的方法有两种：一是计算分子、分母的绝对差额；二是计算每增长 1% 的绝对值。

### 3. 多种相对指标综合运用

一种相对指标只能说明一个方面的问题，在分析研究复杂现象时，应该将多种相对指标结合起来运用，这样才能把从不同侧面反映的情况结合起来观察分析，从而能较全面地说明客观事物的情况及其发展规律。

在研究企业的经济效益时,不仅要看总产值、产品产量、销售收入、利税总额等总量指标,而且要结合企业的投入,观察产值利税率、资金利润率等相对指标,客观反映企业的经济效益。同时,还需要将这些指标与企业的计划任务相比较,检查企业计划的执行情况;利用动态相对指标,将当期指标数值与企业过去的同类指标数值进行纵向对比,可以总结经验和成绩,寻找事物发展变化的规律;通过计算各个比较相对指标,能够实现与其他同类企业的横向对比,发现自己的差距和不足,及时制订计划和措施进行补救。

统计数据分布的特征,可以从三个方面进行测度和描述:一是分布的集中趋势,反映各数据向其中心值靠拢或聚集的程度,如算术平均数;二是分布的离中趋势,反映各数据远离其中心值的程度,如标准差;三是分布的偏度和峰度,反映数据分布的形状。这三个方面分别反映了数据分布特征的不同侧面,其中第一、第二方面是主要的。

# 任务三  集中趋势描述

## 一、平均指标的概念和作用

1. 平均指标的概念

对现象集中趋势的描述,常用平均指标。平均指标有静态平均数和动态平均数两种。本章只研究静态平均指标。平均指标(静态平均数)是用来反映同质总体各单位某一数量标志在一定时间、地点和条件下所达到的一般水平的综合指标。例如,平均工资、平均价格等都是平均指标。平均指标的特点是把同质总体内各单位在某一数量标志上的差异抽象化了,用一个数值来代表总体各单位某种数量标志值的一般水平。

2. 平均指标的作用

平均指标在社会经济管理和科学研究的许多领域都有广泛应用,其主要作用可概括如下:

(1) 反映现象的集中趋势

客观现象总体中各单位数量标志的变化是有差异的,变量值从小到大形成一定的分布。通常,标志值很小或很大的单位都比较少,平均数周围的单位数则占较大比重,因而平均数反映了标志值变动的集中趋势。例如,从平均工资就可以看出某单位职工的平均收入。

(2) 比较现象的时空差异

由于平均指标消除了总体单位的影响,反映现象的一般水平,因此有利于比较现象在不同地区、不同时间上的发展变化情况和差异。例如,用工人劳动生产率指标可以比较、评价不同企业或同一企业在不同时期的生产发展情况。

(3) 分析现象的依存关系

在对现象总体进行分组分类的基础上,应用平均指标可以观察现象之间存在的相互联系、相互制约的关系。例如,对不同规模的贸易企业按流转额分组,再计算各组企业的平均商品流通费用率，就可以分析商品流转额的增减和流通费用率升降的依存关系。

（4）提供估计推断基础

由于平均指标代表了总体各单位某种数量标志的一般水平，因此可以利用它推算总体的标志总量以及相关的其他指标。例如，在抽样调查中，利用样本指标推断总体指标等。

**例 4-12** 同一地区的中学之间存在着激烈的竞争，高考成绩是竞争的一个非常重要的指标。为了吸引更多的学生和家长，尤其是优质生源学生和家长的关注，如何显示高考成绩，突出自己的优势也确实让新闻撰稿人煞费苦心。下面是某新闻稿充分利用各种相对指标和总量指标，来表现在高考中取得的优异成绩。

"热烈祝贺我校 2022 年高考再创辉煌……重点本科上线 322 人，比去年增加 60 人，重点上线率达 20.5%。超额完成指标 176 人，完成率达 220.5%。实际录取 373 人，录取率达 23.7%。本科上线 1 324 人，比去年增加 31 人，上线率达 84.27%。超额完成指标 205 人，完成率达 118.32%。实际录取 1 375 人，录取率达 87.3%。专科上线 1 564 人，上线率达 99.55%，全市第一。超额完成指标 130 人，完成率达 109.1%"

## 二、平均指标的计算

取得集中趋势代表值的方法通常有两种：一是从总体各单位变量值中抽象出具有一般水平的量，这个量不是各个单位的具体变量值，但又要反映总体各单位的一般水平，这种平均数称为数值平均数。数值平均数有算术平均数、调和平均数、几何平均数等形式。二是先将总体各单位的变量值按一定顺序排列，然后取某一位置的变量值来反映总体各单位的一般水平，把这个特殊位置上的数值看作是平均数，称作位置平均数。位置平均数有众数、中位数、四分位数等形式。

1. 算术平均数

算术平均数是总体各单位某一数量标志值之和（总体标志总量）与总体单位数之比，反映总体各单位某种标志值的一般水平。其基本计算公式为：

$$\text{算术平均数} = \frac{\text{总体标志总量}}{\text{总体单位总数}} \tag{4-13}$$

在式(4-13)中，要求各变量值必须是同质的，分子与分母必须属于同一总体，即公式的分子是分母中各单位数的标志值总和，分母是分子的承担者。这也是平均指标和强度相对指标的区别所在。

平均指标和强度相对指标的区别：

平均指标的分子与分母必须属于同一总体，分子和分母在经济内容上有着从属关系，分子数值是各分母单位特征的总和，两者在总体范围上是一致的，即分子与分母是一一对应关系。而强度相对指标虽然也是两个有联系的总量指标之比，但是它并不存在各标志值与各单位的对应问题，分子与分母不是一一对应的关系。例如，职工平均工资是平均指标，而人均国民生产总值是强度相对指标，它们有着完全不同的意义。

根据计算资料的不同，算术平均数分为简单算术平均数和加权算术平均数。

(1) 简单算术平均数

当掌握的资料是总体各单位的标志值时,可先将各单位的标志值相加得出标志总量,然后再除以总体单位数,用这种方法计算的平均指标称为简单算术平均数。其计算公式为:

$$\bar{x} = \frac{x_1 + x_2 + \cdots + x_n}{n} = \frac{\sum_{i=1}^{n} x_i}{n} \tag{4-14}$$

式中:$\bar{x}$——算术平均数;

$x_i$——各单位标志值;

$n$——总体单位数;

$\sum$——总和符号。

**例 4-13** 目前,在校大学生课余时间打游戏的情况比较普遍。以下调查了某大学 10 名在校大学生,某天花费在手机或电脑游戏上的时间(单位:h)分别如下,求他们当天的平均游戏时间。

1　　3　　2　　5　　8　　6　　4　　4　　8　　6

解:此为未分组数据,利用简单算术平均数公式计算可得:

$$\bar{x} = \frac{x_1 + x_2 + \cdots + x_n}{N} = \frac{1+3+2+5+8+6+4+4+8+6}{10} = 4.7(\text{h})$$

平均看来,这群大学生每天平均花费 4.7 h 在游戏上。

(2) 加权算术平均数

当掌握的资料是编制成变量数列的资料时,计算平均指标应采用加权算术平均数。其计算公式为:

$$\bar{x} = \frac{x_1 f_1 + x_2 f_2 + \cdots + x_n f_n}{f_1 + f_2 + \cdots + f_n} = \frac{\sum_{i=1}^{n} x_i f_i}{\sum_{i=1}^{n} f_i} \tag{4-15}$$

式中:$f$——各组次数,其他符号同前。

计算加权算术平均数时有两种情况:一是依据单项式 $f_i$ 数列计算;二是依据组距式数列计算。

**例 4-14** 某车间有 50 名工人,日生产某种零件如表 4-5、表 4-6 所示,试求平均每个工人日生产零件数。

解:平均每个工人日生产零件数:

$$\bar{x} = \frac{\sum_{i=1}^{n} x_i f_i}{\sum_{i=1}^{n} f_i} = \frac{15 \times 5 + 16 \times 15 + 17 \times 18 + 18 \times 10 + 19 \times 2}{5 + 15 + 18 + 10 + 2} \approx 17(\text{件})$$

表 4-5　日生产零件加权算术平均数计算表 1

| 按每人日生产量分组/件 | 各组人数/人 | 生产零件数/件 |
| --- | --- | --- |
| 15 | 5 | 75 |
| 16 | 15 | 240 |
| 17 | 18 | 306 |
| 18 | 10 | 180 |
| 19 | 2 | 38 |
| 合计 | 50 | 839 |

表 4-6　日生产零件加权算术平均数计算表 2

| 按每人日生产量分组/件 | 各组人数/人 | 生产零件数/件 |
| --- | --- | --- |
| 15 | 14 | 210 |
| 16 | 30 | 480 |
| 17 | 3 | 51 |
| 18 | 2 | 36 |
| 19 | 1 | 19 |
| 合计 | 50 | 796 |

$$\bar{x}=\frac{\sum_{i=1}^{n}x_if_i}{\sum_{i=1}^{n}f_i}=\frac{15\times14+16\times30+17\times3+18\times2+19\times1}{14+30+3+2+1}\approx16(件)$$

通过计算可以看出,加权算术平均数的大小不仅受各组标志值大小的影响,而且受各组次数多少的影响。次数多的标志值对平均数的影响大些,次数少的标志值对平均数的影响也小些。次数最多组的标志值接近平均数,如上例表 4-5 中平均日产量约为 17 件,它最接近于权数最大组(18 人)的标志值(17 件),而表 4-6 中平均日产量约为 16 件,它最接近于权数最大组(30 人)的标志值(16 件),由此可见,各组标志值出现的次数多少对平均数起着权衡轻重的作用,所以把次数 $f$ 称为权数。

各标志值出现的次数起着权衡轻重的作用,只有当各个标志值的次数不相等时,次数作为权数才起作用,如果各组次数完全相同(即 $f_1=f_2=\cdots=f_n$),那么次数作为权数就不起作用了,这时加权算术平均数就等于简单算术平均数。即

$$\bar{x}=\frac{\sum_{i=1}^{n}x_if_i}{\sum_{i=1}^{n}f_i}=\frac{f\sum_{i=1}^{n}x_i}{nf}=\frac{\sum_{i=1}^{n}x_i}{n} \tag{4-16}$$

可见,简单算术平均数实际上是权数相等的加权算术平均数,是加权算术平均数的特例。

权数除用次数(频数)表示外,还可以用比重(频率)表示。因此,便有另一种加权算术平均数的形式,其计算公式如下:

$$\bar{x} = x_1 \frac{f_1}{\sum\limits_{i=1}^{n} f_i} + x_2 \frac{f_2}{\sum\limits_{i=1}^{n} f_i} + \cdots + x_n \frac{f_n}{\sum\limits_{i=1}^{n} f_i} = \sum_{i=1}^{n} x_i \cdot \frac{f_i}{\sum\limits_{i=1}^{n} f_i} \qquad (4-17)$$

**例 4-15** 以表 4-7 所示资料为例，采用权重系数公式计算加权算术平均数。求平均每个工人日生产零件数。

表 4-7 日产零件数及其平均数计算表

| 按每人日产零件分组/件 | 工人人数 绝对数 $f_i$ | 比重 $f_i / \sum\limits_{i=1}^{n} f_i$ | $x_i \dfrac{f_i}{\sum\limits_{i=1}^{n} f_i}$ |
|---|---|---|---|
| 15 | 5 | 0.10 | 1.50 |
| 16 | 15 | 0.30 | 4.80 |
| 17 | 18 | 0.36 | 6.12 |
| 18 | 10 | 0.20 | 3.60 |
| 19 | 2 | 0.04 | 0.76 |
| 合计 | 50 | 1.00 | 16.78 |

$$\bar{x} = \sum_{i=1}^{n} x_i \cdot \frac{f_i}{\sum\limits_{i=1}^{n} f_i} = 15 \times 0.10 + 16 \times 0.30 + 17 \times 0.36 + 18 \times 0.20 + 19 \times 0.04$$
$$\approx 17(件)$$

计算结果和前面计算的加权算术平均数完全相同。这说明权数的权衡轻重作用，说到底是体现在各组单位数占总体单位数的比重的大小上。哪一组的单位数所占的比重大，哪一组标志值对平均数的影响就大。所以，用比重权数计算的加权算术平均数更明确地显示了权数的实质。

以上是根据单项式数列资料计算的算术平均数。如果我们掌握的资料是组距式数列，那么只要先计算出各组的组中值，以组中值为各组标志值，代入加权算术平均数公式即得算术平均数。

**例 4-16** 抽样调查某地 2 000 户 3 口之家的居民户，得其生活费用支出资料如表 4-8 所示，试计算这 2 000 户居民月平均生活费支出。

表 4-8 2 000 户居民生活支出及平均数计算表

| 月生活费支出/元 | 组中值/元 | 户数/户 | 各组生活费支出/元 |
|---|---|---|---|
| 800 以下 | 700 | 180 | 126 000 |
| 800~1 000 | 900 | 350 | 315 000 |
| 1 000~1 200 | 1 100 | 900 | 990 000 |
| 1 200~1 400 | 1 300 | 520 | 676 000 |
| 1 400 以上 | 1 500 | 50 | 75 000 |
| 合计 | — | 2 000 | 2 182 000 |

解：这 2 000 户居民月平均生活费支出为：

$$\bar{x} = \frac{\sum_{i=1}^{n} x_i f_i}{\sum_{i=1}^{n} f_i} = \frac{700 \times 180 + 900 \times 350 + 1\,100 \times 900 + 1\,300 \times 520 + 1\,500 \times 50}{180 + 350 + 900 + 520 + 50}$$

$$= \frac{2\,182\,000}{2\,000} = 1\,091(\text{元})$$

依据组距式数列计算算术平均数的这种方法具有一定的假设性,即假定各组内部的标志值分布是均匀的。在此前提下,组距越小,计算得到的平均数越接近于实际的平均数,即近似程度取决于组距大小。

计算加权算术平均数会遇到权数的选择问题。对于分配数列,一般来说,次数就是权数,但对于用相对数或平均数计算加权算术平均数,则往往不一样。

**例 4-17** 某公司下属 15 个商店某月商品销售额计划完成程度如表 4-9,试计算各个门店的平均计划完成程度。

表 4-9 商品销售额计划完成程度检查表

| 按计划完成程度分组 | 组中值 $x$ | 商店数/个 | 计划销售额 $f$/万元 | 实际销售额 $xf$/万元 |
|---|---|---|---|---|
| 90 以下 | 85 | 1 | 100 | 85 |
| 90~100 | 95 | 2 | 150 | 142.5 |
| 100~110 | 105 | 5 | 200 | 210 |
| 110~120 | 115 | 4 | 250 | 287.5 |
| 120 以上 | 125 | 3 | 300 | 375 |
| 合计 | — | 15 | 1 000 | 1 100 |

$$\bar{x} = \frac{\sum_{i=1}^{n} x_i f_i}{\sum_{i=1}^{n} f_i} = \frac{1\,100}{1\,000} = 110\%$$

如用商店数作权数,则:

$$\bar{x} = \frac{\sum_{i=1}^{n} x_i f_i}{\sum_{i=1}^{n} f_i} = \frac{0.85 \times 1 + 0.95 \times 2 + 1.05 \times 5 + 1.15 \times 4 + 1.25 \times 3}{1 + 2 + 5 + 4 + 3} = 109\%$$

本例是计算平均完成销售计划程度,将计划销售额作为权数还是将商店数作为权数,两者的计算结果是不同的,这是值得慎重考虑的问题。将商店数作为权数是不合理的,因为各商店的销售额大小不同;而将计划销售额作为权数,才符合计划完成程度相对指标的性质,分母是计划销售额,分子是实际销售额。

**2. 调和平均数**

调和平均数是总体各单位标志值倒数的算术平均数的倒数,又称倒数平均数。根据所用资料是否分组,调和平均数也可分为简单调和平均数与加权调和平均数两种。

(1)简单调和平均数

当我们直接掌握了总体各单位标志值 $x_1,x_2,\cdots,x_n$ 时,其调和平均数为:

$$\bar{x}_H = \frac{1}{\frac{\frac{1}{x_1}+\frac{1}{x_2}+\cdots+\frac{1}{x_n}}{n}} = \frac{n}{\frac{1}{x_1}+\frac{1}{x_2}+\cdots+\frac{1}{x_n}} = \frac{n}{\sum_{i=1}^{n}\frac{1}{x_i}} \tag{4-18}$$

式中:$\bar{x}_H$——调和平均数;

$n$——标志总量。

**例 4-18** 某种蔬菜价格早上为 2.0 元/斤、中午为 1.0 元/斤、晚上为 0.5 元/斤。现有两种购买方式:(1)早、中、晚各买 1 元;(2)早、中、晚各买 2 元、3 元、4 元。分别求这两种购买方式的平均价格。

解:在该题中,先求早、中、晚购买的斤数:

早上:1/2.0=0.5(斤),中午:1/1.0=1(斤),晚上:1/0.5=2(斤)。

然后求平均价格:

$$\bar{x}_H = \frac{n}{\sum_{i=1}^{n}\frac{1}{x_i}} = \frac{1+1+1}{\frac{1}{2.0}+\frac{1}{1.0}+\frac{1}{0.5}} = \frac{3}{3.5} \approx 0.86(元/斤)$$

(2)加权调和平均数

在例 4-18 中,先求早、中、晚购买的斤数:

早上:2/2.0=1(斤),中午:3/1.0=3(斤),晚上:4/0.5=8(斤)。

$$\bar{x}_H = \frac{\sum_{i=1}^{n}m_i}{\sum_{i=1}^{n}\frac{m_i}{x_i}} = \frac{2+3+4}{\frac{2}{2.0}+\frac{3}{1.0}+\frac{4}{0.5}} = \frac{9}{12} = 0.75(元/斤)$$

简单调和平均数是在各变量值对平均数起同等作用的条件下应用的。如果权数不等,如例 4-18(2)中早、中、晚不是各买 1 元,而是各买不同的金额,那么每种价格所起的作用就不同了,这时就应计算加权调和平均数,其计算公式为:

$$\bar{x}_H = \frac{1}{\frac{\frac{1}{x_1}\times m_1+\frac{1}{x_2}\times m_2+\cdots+\frac{1}{x_n}\times m_n}{m_1+m_2+\cdots+m_n}} = \frac{m_1+m_2+\cdots+m_n}{\frac{m_1}{x_1}+\frac{m_2}{x_2}+\cdots+\frac{m_n}{x_n}} = \frac{\sum_{i=1}^{n}m_i}{\sum_{i=1}^{n}\frac{m_i}{x_i}}$$

(4-19)

需要说明的是,调和平均数是各个算术平均数倒数的算术平均数的倒数,是在资料受到限制的条件下算术平均数的一种变形。从本质上说,算术平均数和调和平均数是一种类型的平均数，即：$\bar{x} = \dfrac{\sum\limits_{i=1}^{n} x_i f_i}{\sum\limits_{i=1}^{n} f_i} = \dfrac{\sum\limits_{i=1}^{n} m_i}{\sum\limits_{i=1}^{n} \dfrac{m_i}{x_i}} = \bar{x}_H$。

那么，如何判断在什么情况下可以采用算术平均数或调和平均数呢？关键在于以算术平均数的基本公式为依据$\left(\text{算术平均数} = \dfrac{\text{总体标志总量}}{\text{总体单位总数}}\right)$进行判断。当我们"直接掌握"的是分母资料时，用算术平均数公式计算；当我们"直接掌握"的是分子资料时，用调和平均数公式计算。总之，根据所掌握的资料条件来决定。在已知每种价格 $x$、销售量 $f$ 时，用加权算术平均数求平均价格；在已知每种价格 $x$、销售额 $m$ 时，用加权调和平均数求平均价格（见表 4-10）。

表 4-10　加权调和平均数计算表

| 变量 $x$ | 次数 $m$ | $\dfrac{1}{x} \times m$ |
|---|---|---|
| $x_1$ | $m_1$ | $\dfrac{1}{x_1} \times m_1$ |
| $x_2$ | $m_2$ | $\dfrac{1}{x_2} \times m_2$ |
| $\vdots$ | $\vdots$ | $\vdots$ |
| $x_n$ | $m_n$ | $\dfrac{1}{x_n} \times m_n$ |
| 合计 | $\sum\limits_{i=1}^{n} m_i$ | $\sum\limits_{i=1}^{n} \dfrac{m_i}{x_i}$ |

以上所述，是本质意义上的调和平均数计算过程和方法。如果使用相同的计算资料，它的计算结果与算术平均数比较接近。但是，由于其计算过程烦琐，在实践中很少被直接运用，一般是作为算术平均数的变形来使用。即根据变量数列各组标志总量和各组单位数求总体平均数，或根据各组计划完成程度和各组实际完成数来求总体计划完成程度时，常用加权调和平均数的形式。不过，应当注意的是，其形态虽像调和平均数，但其实质仍是算术平均数。

**例 4-19**　某农产品收购部门，某月购进三批同种产品，每批产品的价格及收购金额如表 4-11 所示，求三批产品的平均价格。

表 4-11　某农产品收购部门收购情况表

| 批次 | 价格 $x$/(元/kg) | 收购金额 $m$/元 | 收购量 $\dfrac{m}{x}$/kg |
|---|---|---|---|
| 第一批 | 50 | 11 000 | 220 |
| 第二批 | 55 | 27 500 | 500 |
| 第三批 | 60 | 18 000 | 300 |
| 合计 | — | 56 500 | 1 020 |

解:平均每千克的价格($\bar{x}_H$)为:

$$\bar{x}_H = \frac{\sum_{i=1}^{n} m_i}{\sum_{i=1}^{n} \frac{m_i}{x_i}} = \frac{56\,500}{1\,020} \approx 55.39(元)$$

式中:$m_i$——收购金额,即为权数;

$x_i$——变量值。

分子是收购总金额,即总体标志总量;分母为收购量之和,即总体单位总数。所以,调和平均数仍然是以总体标志总量除以总体单位总数计算的。它在经济内容和计算结果上与算术平均数一致,只是由于计算时依据的资料不同,因此在计算公式和计算过程方面有别于算术平均数,如设 $m_i = x_i f_i$,则 $f_i = \frac{m_i}{x_i}$,代入加权算术平均数公式,得

$$加权算术平均数\ \bar{x} = \frac{\sum_{i=1}^{n} x_i f_i}{\sum_{i=1}^{n} f_i} = \frac{\sum_{i=1}^{n} m_i}{\sum_{i=1}^{n} \frac{m_i}{x_i}} = \bar{x}_H(加权调和平均数)$$

可见,加权调和平均数实际上是加权算术平均数的变形。在实际工作中,经常会遇到只有各组标志值总量和各个组变量值,缺少总体单位总数资料的情况,这时就需要利用加权调和平均数公式计算。

3. 几何平均数

几何平均数是 $n$ 个总体单位标志值连乘的积的 $n$ 次方根。它主要用于计算标志值连乘的积等于总比率或总速度的现象的平均比率或平均速度,其一般计算公式为:

$$\bar{x}_G = \sqrt[n]{x_1 \cdot x_2 \cdot \cdots \cdot x_n} = \sqrt[n]{\prod_{i=1}^{n} x_i} \tag{4-20}$$

式中:$\bar{x}_G$——几何平均数;

$x_i$——各项标志值;

$n$——标志总量;

$\prod$——连乘符号。

根据计算资料不同,几何平均数也有简单几何平均数和加权几何平均数两种。

(1) 简单几何平均数

当我们所掌握的资料是总体各单位的标志值时,直接将 $n$ 个总体单位标志值连乘的积开 $n$ 次方,即得简单几何平均数。

**例 4-20** 某机械厂生产机器,设有毛坯、粗加工、精加工、装配 4 个连续作业的车间。某批产品其毛坯车间制品合格率为 97%,粗加工车间制品合格率为 93%,精加工车间制品合格率为 91%,装配车间制品合格率为 87%,求各车间制品平均合格率。

解：由于各车间制品的合格率总和并不等于全厂产品的总合格率，后续车间的合格率是在前一车间制品全部合格基础上计算的。全厂产品总合格率等于各车间制品合格率连乘的积，所以应采用几何平均数计算各车间制品平均合格率。

$$\bar{x}_G = \sqrt[n]{\prod_{i=1}^{n} x_i} = \sqrt[4]{97\% \times 93\% \times 91\% \times 87\%} \approx 91.93\%$$

（2）加权几何平均数

当用于计算几何平均数的各变量值次数不同时，我们将这些不同次方的变量值连乘起来，再开次数之和次方，即得加权几何平均数。

$$\bar{x}_G = \sqrt[f_1+f_2+\cdots+f_n]{x_1^{f_1} \cdot x_2^{f_2} \cdot \cdots \cdot x_n^{f_n}} = \sqrt[\sum_{i=1}^{n} f_i]{\prod_{i=1}^{n} x_i^{f_i}} \quad (4-21)$$

**例 4-21** 某银行对企业的一笔 10 年期的投资年利率是：第 1 至 3 年是 7%，第 4 至 6 年是 8%，第 7 至 9 年是 9%，第 10 年是 10%。问 10 年的年平均利率是多少？

解：在计算年平均利率时，根据研究对象性质必须先将各年利率加 100% 换算成各年本利率，然后按加权几何平均数计算年本平均利率，再减 100% 得年平均利率，现列计算表如表 4-12 所示：

表 4-12　某银行对企业 10 年期投资本利率表

| 本利率 $x$/% | 年数 $f$ |
|---|---|
| 107 | 3 |
| 108 | 3 |
| 109 | 3 |
| 110 | 1 |
| 合计 | 10 |

解：10 年的年本平均利率为：

$$\bar{x}_G = \sqrt[\sum_{i=1}^{n} f_i]{\prod_{i=1}^{n} x_i^{f_i}} = \sqrt[3+3+3+1]{107\%^3 \times 108\%^3 \times 109\%^3 \times 110\%} \approx 108.2\%$$

10 年的年平均利率为：$\bar{x}_G - 1 = 108.2\% - 100\% = 8.2\%$。

也就是说，10 年的年本平均利率为 108.2%，年平均利率为 8.2%。

## 三、位置平均数

前面几种平均数在计算时要考虑每个原数据值，即每个原数据的大小都会对算术平均数、调和平均数和几何平均数产生影响。但如果原始数据中有个别极大值或极小值，就会使三种平均数出现不正常的偏大或偏小的情况，为避免个别极端值对平均数造成不合理的影响，统计分析中还经常用到位置平均数。位置平均数是表现在位置上的集中趋势，包括中位数（$Me$）和众数（$Mo$）。

1. 中位数

（1）中位数的概念

将被研究总体的各单位的标志值按大小顺序排列，处于中间位置的那个标志值就是中位数，用符号 $Me$ 表示。中位数的概念表明，数列中有一半单位的标志值小于中位数，另一半单位的标志值大于中位数。它是位置平均数，不受数列中极端变量值的影响。在总体标志值差异很大的情况下，中位数具有较强的代表性。在许多场合，可用中位数来表示现象的一般水平。例如，人口年龄中位数，可表示人口总体年龄的一般水平；集贸市场上某种商品价格的中位数，可代表该种商品的价格水平。

（2）中位数的特点和作用

① 中位数是一种位置平均数，它的大小取决于数列中间位置的那个标志值，不受其他标志值的影响，所以用它代表整个总体各单位标志值的平均水平，有其不足之处。但是如果数列两端出现极端值时，用中位数来表示该现象的一般水平，更具有代表性。例如，在社会成员收入悬殊的国家，用其收入的中位数比平均数更能代表多数成员收入的一般水平。

② 各单位标志值与中位数离差的绝对值之和最小，即

$$\sum_{i=1}^{n}|x_i-Me|=\text{Min} \text{ 或 } \sum_{i=1}^{n}|x_i-Me|f_i=\text{Min}$$

利用中位数的这一性质，可以解决一些实际问题。例如，铺设通信线路时，可用中位数来确定总控制室的位置，使其到各分点的距离之和最短，从而节省原材料及费用。

（3）中位数的计算

确定中位数的方法根据使用资料的不同，主要有以下三种情况。

① 根据未分组资料确定中位数

根据未分组资料确定中位数，首先把各单位的标志值按大小顺序排列；其次根据 $\frac{n+1}{2}$（$n$ 代表变量值的项数）确定中点位置；最后确定中位数，当变量值的项数为奇数时，中点位置所对应的变量值即为中位数；当变量值的项数为偶数时，中点位置的前、后两个变量值的简单算术平均数即为中位数。其计算公式为：

$$Me=\begin{cases}|x_{\frac{n}{2}}+x_{\frac{n}{2}+1}|/2, n\text{ 为偶数}\\ x_{\frac{n+1}{2}}, n\text{ 为奇数}\end{cases} \tag{4-22}$$

式中：$x_{\frac{n}{2}}$——经过大小排序后，排序为第 $\frac{n}{2}$ 的变量值，其余类似。

**例 4-22** 杰森教授去年一直在为一个数据咨询公司服务。在此过程中，该公司雇用了几个资深顾问，工资为 800～1 050 美元/周；几个初级顾问，工资为 400～450 美元/周；几个文职人员，工资为 300 美元/周。具体工资如下（单位：美元/周）：

300 300 300 940 300 300 400 300 400 450 450 800 940 1 050

解：由于该资料为未分组数据资料，因此排序取其处于中间位置的标志值即可。

| 300 | 300 | 300 | 300 | 300 | 300 | 400 | 400 | 450 | 450 | 800 | 940 | 940 | 1 050 |

考虑到总共有 14 个数据,中点位置的前、后两个变量的算术平均数即为中位数,则从小到大排列第七、八位的数据均为 400,因此中位数为 400。

② 根据单项数列确定中位数

根据单项式分组资料确定中位数,首先计算各组的向上(或向下)累计次数;其次确定中位数,即累计次数达到 $\dfrac{\sum\limits_{i=1}^{n}f_i}{2}$ ($\sum\limits_{i=1}^{n}f_i$ 为总次数) 的那一组即为中位数所在组,则该组的标志值即为所求中位数。

**例 4-23** 某工厂工人按生产零件数分组资料见表 4-13,求中位数。

表 4-13 工人按生产零件数分组表

| 按生产零件数分组/(件/日) | 工人数/人 | 人数累计 | |
|---|---|---|---|
| | | 向上累计 | 向下累计 |
| 20 | 10 | 10 | 100 |
| 21 | 20 | 30 | 90 |
| 22 | 30 | 60 | 70 |
| 23 | 20 | 80 | 40 |
| 24 | 15 | 95 | 20 |
| 25 | 5 | 100 | 5 |
| 合计 | 100 | — | — |

因为 100÷2=50,所以累计总人数在生产零件数为 22 件/日这一组中,因而其中位数为 22 件。

③ 根据组距数列确定中位数

根据组距数列确定中位数,首先找出中位数所在组,即累计次数达到 $\dfrac{\sum\limits_{i=1}^{n}f_i}{2}$ 的那一组即为中位数所在组;其次再利用近似公式计算中位数的值。其计算公式如下:

下限公式:

$$Me = L + \dfrac{\dfrac{\sum\limits_{i=1}^{n}f_i}{2} - S_{m-1}}{f_m} \times d \qquad (4\text{-}23)$$

上限公式:

$$Me = U - \dfrac{\dfrac{\sum\limits_{i=1}^{n}f_i}{2} - S_{m+1}}{f_m} \times d \qquad (4\text{-}24)$$

式中:$L$、$U$——分别表示中位数所在组的下限、上限;

$f_m$——中位数所在组的次数;

$S_{m-1}$——中位数所在组以前各组的累计次数;

$S_{m+1}$——中位数所在组以后各组的累计次数;

$\sum_{i=1}^{n} f_i$——总次数;

$d$——中位数所在组的组距。

在实际运用中,上、下限公式计算结果是一样的,无论选用哪一个均可。

**例 4-24** 某贫困县农民家庭户按人均纯收入额分组资料如表 4-14 所示,求中位数。

表 4-14 某贫困县农民家庭户按人均纯收入额分组表

| 农户按人均年纯收入额分组/元 | 农户数/户 | 累计次数 | |
|---|---|---|---|
| | | 向上累计 | 向下累计 |
| 1 000 以下 | 44 | 44 | 1 000 |
| 1 000~2 000 | 79 | 123 | 956 |
| 2 000~3 000 | 236 | 359 | 877 |
| 3 000~4 000 | 260 | 619 | 641 |
| 4 000~5 000 | 223 | 842 | 381 |
| 5 000 以上 | 158 | 1 000 | 158 |
| 合计 | 1 000 | — | — |

解:第一步,确定中位数所在组(即确定中点位置)。按组距分组的数列中,处于中间位置的指标值显然是在总次数一半的位置上,它前后的次数应该一样,其方法为总次数除以 2。本例为 500(1 000÷2),说明中位数在本数列中前后各有 500 户的那个位置上,即向上累计次数为 619 户的 3 000~4 000 元这一组内,这组即为中位数所在组。

第二步,计算中位数的近似值。此计算是从中位数所在组的各个数值是均匀分配的假定出发,依中位数在该组内所在的位次,按比例计算出它的近似值。中位数在该组内的位次为 141(500-359),它与全组农民家庭户的比为 0.542 31(141÷260),按该组组距数值 1 000(4 000-3 000) 加以推算,则为 542.31(1 000×0.542 31)元。于是将中位数所在组的下限数值加上这个数值,得 3 542.31(3 000+542.31)元,即为中位数。

上述计算过程也可用公式直接表达为:

$$Me = L + \frac{\sum_{i=1}^{n} f_i}{2} - S_{m-1}}{f_m} \times d = 3\,000 + \frac{\frac{1\,000}{2} - 359}{260} \times 1\,000 \approx 3\,542.31(元)$$

将表 4-14 中的数值代入上限公式,也可求得 3 542.31 元(计算从略)。利用两个公式进行计算,可以对结果是否正确进行检验。

2. 众数

(1) 众数的概念

众数是总体中各单位出现次数最多的那个标志值,也就是该总体各单位中最普通、最常出现的标志值。用众数也可以表明社会经济现象的一般水平。

在实际工作中,众数是应用较广泛的。例如,要说明消费者需要的服装、鞋帽等的普遍尺码,反映集市贸易市场某种蔬菜的价格等,都可以通过市场调查、分析,了解哪一尺码的成交量最大,哪一种蔬菜价格的成交量最多,人们的这种一般需求,即为众数。

(2) 众数的特点和作用

① 众数作为总体中出现次数最多的数值,能直观地说明总体各单位该标志值的集中趋势,故能说明该现象数量方面的一般水平。

② 只有当总体单位数量比较多,且标志值的分布具有明显的集中趋势时,众数的确定才有意义。如果标志值的分布呈均匀分布,那么该数列无众数。

③ 当某种社会经济现象不可能或没必要全面登记出各单位标志值及各标志值出现的次数来计算算术平均数时,可用最普遍出现的标志值,即众数来代替其一般水平。

(3) 众数的确定

① 根据分类数据确定众数。在分类数据中,众数就是出现次数最多的那个标志值。

**例 4-25** 某大学商学院有经济学、会计学、工商管理、市场营销和金融学等 5 个专业。其中,经济学专业有 5 000 名学生,会计学专业有 8 000 名学生,工商管理专业有 2 200 名学生,市场营销专业有 1 500 名学生,金融学专业有 3 000 名学生。试计算该大学商学院专业类别的众数。

解:在案例中,很明显可以看出会计学专业有 8 000 名学生,是 5 个专业中次数最多的,所以会计学专业为该案例中的众数。

② 根据顺序数据确定众数。在顺序数据中,众数同样是出现次数最多的那个标志值。

**例 4-26** 某小区的物业管理部门想了解该小区居民对他们的服务质量的满意度,便从该小区随机抽取了 250 户家庭作为一个样本。其调查问卷上的一个问题是:"您对我们公司的服务态度满意吗?"设置的回答类别依次如下:非常满意;满意;一般;不满意;非常不满意。调查的结果如表 4-15 所示,试求回答类别的众数。

表 4-15 某小区居民对其物业管理服务质量调查汇总表

| 回答类型 | 户数/户 | 百分比/% | 向上累计 | | 向下累计 | |
|---|---|---|---|---|---|---|
| | | | 户数/户 | 百分比/% | 户数/户 | 百分比/% |
| 非常满意 | 42 | 16.8 | 42 | 16.8 | 250 | 100 |
| 满意 | 58 | 23.2 | 100 | 40 | 208 | 83.2 |
| 一般 | 110 | 44 | 210 | 84 | 150 | 60 |
| 不满意 | 25 | 10 | 235 | 94 | 40 | 16 |
| 非常不满意 | 15 | 6 | 250 | 100 | 15 | 6 |
| 合计 | 250 | 100 | — | — | — | — |

解:通过调查结果我们可以发现,这是顺序型数据确定众数,该小区有 110 名住户(发生次数最多)认为该小区的物业管理服务质量一般,一般即为众数,所以小区物业管理部门通

过调查反馈,应该进一步提高自己的服务质量。

③ 根据原始数值型数据确定众数。在原始数值型数据中,众数同样是出现次数最多的那个标志值。

**例 4-27** 一家电器商场的 10 名销售人员在 12 月份销售的电器数量如下(单位:台):32,27,24,30,30,32,32,34,30,35。

试问:电器销售量的众数是多少?

解:通过原始数据我们可以发现,12 月份电器销售量 32 和 30 都有 3 名销售员,所以 32 和 30 均为众数。通过这道题目,我们可以发现众数不具有唯一性,可能出现多众数,当然如果所有标志值发生次数都相同的话,也会出现无众数的情况。

④ 根据组距数列确定众数。在组距数列条件下确定众数比较复杂,应先确定次数最多一组为众数所在组,然后由公式计算众数的近似值。其计算公式如下:

下限公式: 
$$Mo = L + \frac{\Delta_1}{\Delta_1 + \Delta_2} \times d$$

上限公式: 
$$Mo = U - \frac{\Delta_2}{\Delta_1 + \Delta_2} \times d \tag{4-25}$$

式中:$Mo$——众数;

$L$——众数组下限;

$U$——众数组上限;

$\Delta_1$——众数组次数与其前一组次数之差;

$\Delta_2$——众数组次数与其后一组次数之差;

$d$——众数组组距。

**例 4-28** 根据例 4-24 的资料,计算该县农民家庭户人均纯收入额的众数。

解:表 4-14 表明,人均年纯收入额 3 000～4 000 元组户数最多,故该组为众数组。其中,$L = 3\,000, U = 4\,000, d = 1\,000, \Delta_1 = 260 - 236 = 24, \Delta_2 = 260 - 223 = 37$。

按下限公式计算:

$$Mo = 3\,000 + \frac{24}{24 + 37} \times 1\,000 \approx 3\,393.44(元)$$

按上限公式计算:

$$Mo = 4\,000 - \frac{37}{24 + 37} \times 1\,000 \approx 3\,393.44(元)$$

即农民家庭户人均纯收入众数为 3 393.44 元。

从以上结果可以看出,按下限公式或上限公式计算的结果是一致的。实际工作中选用其中一种方法计算即可。

众数是由标志值出现的次数多少确定的,不受极端值的影响。但计算众数有一定条件,即如果遇到所有标志值的频数都一样的分配数列,则不存在众数。在单位数不多或无明显集中趋势的资料中,众数的确定是没有意义的。在某些场合,不是一个标志值,而是两个标志值具有最大的频数,那就是有两个众数,属于双众数分配数列。

### 四、众数、中位数和算术平均数的比较

1. 众数、中位数和算术平均数的关系

算术平均数、众数和中位数之间的关系与次数分布数列有关。在次数分布完全对称时,算术平均数、众数和中位数都是同一数值,见图 4-1(a);在次数分布非对称时,算术平均数、众数和中位数不再是同一数值了,而是具有相对固定的关系。在尾巴拖在右边的正偏态(或右偏态)分布中,众数最小,中位数适中,算术平均数最大,见图 4-1(b);在尾巴拖在左边的负偏态(或左偏态)分布中,众数最大,中位数适中,算术平均数最小,见图 4-1(c)。

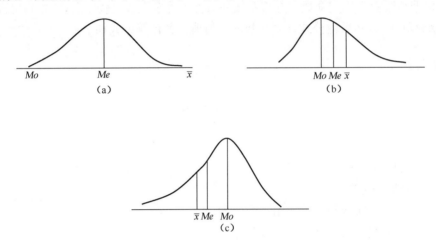

图 4-1  $\bar{x}$、$Mo$、$Me$ 之间的关系与次数分布数列有关的 3 种情况

在统计实务中,可以利用算术平均数、中位数和众数的数量关系判断次数分布的特征。此外,还可利用三者的关系进行相互之间的估算。根据经验,在分布偏斜程度不大的情况下,不论右偏或左偏,三者均存在一定的比例关系,即众数与中位数的距离约为算术平均数与中位数距离的 2 倍,用公式表示为:$|Me - Mo| = 2 \times |\bar{x} - Me|$。

2. 众数、中位数和算术平均数的应用

众数、中位数和算术平均数各自具有不同的特点,掌握它们之间的关系和各自的特点,有助于我们在实际应用中选择合理的测度值来描述数据的集中趋势。

众数是一种位置代表值,易理解,不受极端值的影响。任何类型的数据资料都可以计算,但主要适合于作为定类数据的集中趋势测度值;即使资料有开口组仍然能够使用众数。众数不适于进一步代数运算;有的资料众数根本不存在;当资料中包括多个众数时,很难对它进行比较和说明,应用不如算术平均数广泛。

中位数也是一种位置代表值,不受极端值的影响。除了数值型数据外,定序数据也可以计算,主要适合于作为定序数据的集中趋势测度值,而且开口组资料也不影响计算。中位数不适于进一步代数运算,应用不如算术平均数广泛。

算术平均数的含义通俗易懂,直观清晰,全部数据都要参加运算,因此它是一个可靠的

具有代表性的量;任何一组数据都有一个平均数,而且只有一个平均数;用统计方法推断几个样本是否取自同一总体时,必须使用算术平均数;其具有优良的数学性质,适合于代数方法的演算。算术平均数是实际中应用最广泛的集中趋势测度值,主要适合于作为定距和定比数据的集中趋势测度值;最容易受极端值的影响;对于偏态分布的数据,算术平均数的代表性较差;资料有开口组时,按相邻组组距计算假定性很大,代表性降低。

3. 计算和运用平均指标应注意的问题

为了保证平均指标的科学性,充分发挥平均指标的作用,计算和应用平均指标时必须注意以下问题:

(1) 必须注意所研究现象的同质性

同质性就是现象总体的各个单位在被平均的标志值上具有同质性。各单位之间的差别,仅仅表现在数量上,被平均的只是量的差别。如果各单位在类型上是异质的,特别是从社会关系来说存在着根本差别,这样的平均数不仅不能说明事物的本质和规律性,而且反而会歪曲事实,掩盖真相,抹杀现象之间的本质差别,它只能是"虚构"的平均数。在计算和应用平均指标分析现象时,最常见的错误是违背同质性原则,即把不同质的事物当作同质总体求平均数。

(2) 必须注意用组平均数补充说明总平均数

平均数是在抽去局部特征和差异以后计算出来的,它给人以总体、综合的数量概念。如果要进一步分析问题,仅仅至此是不够的,还必须计算总体内部各种类型或各部分的平均数,以配合总平均数做进一步的说明。

(3) 必须注意用分配数列补充说明总平均数

由于平均数把总体各单位的差异给掩盖了,无法反映总体各单位的分布状况,因此可根据分析研究的需要编制分配数列,以补充说明平均数,以便多视角地观察问题。

# 任务四 离散趋势描述

如前所述,平均指标是统计总体中各单位某一数量标志值的一般水平,反映了总体各单位变量值分布的集中趋势,利用平均指标可以对同类现象在不同空间或时间条件下的数量表现进行对比,以反映现象的发展趋势或规律。但是,平均指标掩盖了总体各单位客观上存在的差异,要全面、正确地认识和反映总体特征,除了计算平均指标外,还必须计算反映差异情况或离中趋势的指标。

## 一、标志变异指标的概念和作用

1. 标志变异指标的概念

标志变异指标是描述总体各单位标志值差别大小程度的指标,又称标志变动度、离散程度或离中程度。如果说平均指标是说明总体分布的集中趋势的话,那么标志变异指标则是说明总体分布的离散趋势。

**例 4-29** 某车间两个生产小组工人日产量数据(单位:件)如下:

甲组:20,40,60,70,80,100,120

乙组:67,68,69,70,71,72,73

尽管两组平均日产量都是 70,但从图 4-2 可以看出甲组离散程度大,乙组离散程度小。

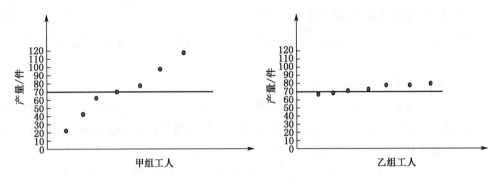

图 4-2 甲、乙两组工人日产量的散点图

2. 标志变异指标的作用

(1) 标志变异指标可以衡量平均数代表性的大小。平均指标作为某一数量标志值的代表值,其代表性的大小与总体内各个标志值的分散程度有密切关系。平均指标的代表性与标志变异指标的关系是,总体的标志变异指标愈强,平均指标的代表性愈弱;反之,总体的标志变异指标愈弱,平均指标的代表性愈强。

(2) 标志变异指标可用来研究现象的稳定性和均衡性。标志变异指标可以表明生产过程中的节奏性或其他经济活动过程的均衡性,说明经济管理工作的质量。

(3) 标志变异指标是确定抽样数目和计算抽样误差的必要依据。

## 二、标志变异指标的计算

反映标志变异程度的指标主要有全距、四分位差、平均差、标准差、变异系数等,下面我们将逐一介绍这些指标的计算方法。

1. 全距

全距又称极差,它是总体各单位标志值中最大值与最小值之差。其计算公式为:

$$R = x_{\max} - x_{\min} \tag{4-26}$$

式中:$R$——全距;

$x_{\max}$——总体中最大的标志值;

$x_{\min}$——总体中最小的标志值。

全距可以说明总体中标志值变动的范围,全距越大,说明总体中标志值变动的范围越大,从而说明总体各单位标志值差异越大;反之,则越小。

**例 4-30** 表 4-16 是某两个高中生在一系列高考模拟中的成绩,求两位学生成绩的极差。

表 4-16　某中学 $A$、$B$ 两毕业生一系列高考模拟的成绩

单位:分

| $A$ | 530 | 540 | 550 | 560 | 570 | 580 | 590 |
|---|---|---|---|---|---|---|---|
| $B$ | 545 | 550 | 555 | 560 | 565 | 570 | 575 |

解:可以看出,其平均分都为 560 分。其中,$A$ 的成绩相对于 $B$ 来说较不稳定,变化幅度比较大,因为 $A$ 成绩的极差为:$590-530=60$,$B$ 成绩的极差为:$575-545=30$。

若根据组距数列计算全距,则可用数列中最高一组的上限减去最低一组的下限求得全距的近似值。

全距最大的特点是计算简便、易懂,容易被人们接受和理解,因而在日常生活中应用非常广泛。但是,全距是根据总体中最大标志值与最小标志值两个数值计算而来的,缺乏普遍性,只是说明标志值波动的范围,很不精确。为全面说明总体的变异程度,还应当进一步计算其他变异指标。

2. 四分位差

四分位数是将一组数据由小到大(或由大到小)排序后,用 3 个点将全部数据分为 4 等份,与这 3 个点位置上相对应的数值称为四分位数,分别为 $Q_1$(第一四分位数)、$Q_2$(第二四分位数,即中位数)、$Q_3$(第三四分位数)。其中,$Q_3$ 到 $Q_1$ 之间的距离的差又称为四分位差,记为 $Q$,其计算公式为:

$$Q = Q_3 - Q_1$$

一般而言,四分位差越小,说明中间部分的数据越集中;四分位差越大,则意味着中间部分的数据越分散。

四分位差反映了中间 50% 数据的离散程度,其数值越小,说明中间的数据越集中;其数值越大,说明中间的数据越分散。四分位差不受极值的影响。此外,由于中位数处于数据的中间位置,因此,四分位差的大小在一定程度上也说明了中位数对于一组数据的代表性。四分位差主要用于测度顺序数据的离散程度。对于数值型数据也可以计算四分位差,但不适合分类数据。

**例 4-31**　表 4-17 是 2021 年世界排行前 100 强企业的利润数据,求它们利润的四分位差。

表 4-17　2021 年世界排行前 100 强企业利润额　　单位:百万美元

| 26 592 | 26 179 | 38 086.2 | 6 642.8 | 8 421.4 | 5 526 | 994.7 | 11 850.6 | 3 369.6 | −3 726 |
|---|---|---|---|---|---|---|---|---|---|
| 16 999 | 1 004 | 6 188 | 6 311 | 1 338 | 111.6 | 16 604 | 1 496.5 | 1 223 | 4 106 |
| 44 880 | 6 776.8 | 7 832.9 | 4 188.2 | −12 650 | 5 782 | 196.7 | −8 316.1 | −9 082.8 | 7 735.1 |
| 8 221.1 | 20 585.7 | 13 641 | 7 264 | 1 920.5 | 2 111.3 | 22 996.9 | 1 312.9 | 3 481.6 | 518.2 |
| 18 195.9 | 2 849.1 | 11 034 | 17 220 | 4 421.3 | 21 284 | 6 270.1 | 16 001.1 | −2 261.4 | 3 900 |

续表 4-17

| 11 582 | 4 124 | 511.5 | 197.7 | 11 004 | 1 067 | 6 188 | 471.36 | 2 985.7 | 10 982 |
| 12 317.9 | 10 008.6 | 2 083 | 1 991.9 | 4 123.8 | 931.3 | 1 709 | 4 261.5 | 3.9 | 5 048 |
| 11 586.6 | 14 824 | 5 665 | 2 678 | 875 | 2 833.7 | 6 549 | 18 897 | 817.7 | 719 |
| 27 909.1 | 41 733 | 37 806.5 | 11 846.7 | 115.7 | 1 584.6 | 11 319 | 7 541 | 10 756 | 10 981.8 |
| 13 743.2 | 5 335.9 | 3 204.8 | 3 876.9 | 30 618.2 | 14 027 | 22 099.5 | 1 291.5 | 469 | 815.1 |

解：根据上述资料，先对数据从小到大进行排序，排序后第一四分位数位于 25 的位置，即第 $(100+1)/4 = 25.25$ 位。其中排序第 25 位的利润为 1 312.9 百万美元，排序第 26 位的利润为 1 338 百万美元，根据插值方法，可得排序第 25.25 位的利润为：$Q_1 = 1\,312.9 + (1\,338 - 1\,312.9) \times 0.25 = 1\,319.175$（百万美元）。同理可得第三四分位数的利润为：$Q_3 = 11\,586.6 + (11\,846.7 - 11\,586.6) \times 0.75 = 11\,781.675$（百万美元）。

则四分位差为：$Q_3 - Q_1 = 11\,781.675 - 1\,319.175 = 10\,462.5$（百万美元）

3. 平均差

平均差是各标志值与其算术平均数离差绝对值的算术平均数，用 $A.D$ 表示。

平均差越大，说明各标志值的差异越大，标志值分布越分散；平均差越小，说明各标志值的差异越小，标志值分布越集中。根据掌握的资料不同，平均差有简单平均法和加权平均法两种计算方法。

(1) 未分组数据资料

如果掌握的是未分组的资料，那么应采用简单平均法。其计算公式为：

$$A.D = \frac{\sum_{i=1}^{n} |x_i - \bar{x}|}{n} \tag{4-27}$$

式中：$A.D$——平均差；
$\quad x_i$——各标志值；
$\quad \bar{x}$——均值；
$\quad n$——单位总数。

**例 4-32** 根据表 4-16 资料，求 $A$、$B$ 两位学生成绩的平均差。

解：根据平均差公式可知

学生 $A$ 的平均差为：

$$A.D = \frac{\sum_{i=1}^{n} |x_i - \bar{x}|}{n} = \frac{|530 - 560| + \cdots + |590 - 560|}{7} \approx 17.14$$

学生 $B$ 的平均差为：

$$A.D = \frac{\sum_{i=1}^{n} |x_i - \bar{x}|}{n} = \frac{|545 - 560| + \cdots + |575 - 560|}{7} \approx 8.57$$

根据平均差大小的比较可以看出,学生 B 的成绩更稳定,且其均值更具有代表性。

(2) 分组数据资料

如果掌握的资料是分组数列时,那么应采用加权平均法。其计算公式为:

$$A.D = \frac{\sum_{i=1}^{n} |x_i - \bar{x}| f_i}{\sum_{i=1}^{n} f_i} \quad (4-28)$$

**例 4-33** 已知某车间工人日产量分组资料见表 4-18,试求该车间工人日产量的平均差。

表 4-18 某车间工人日产量平均差计算表

| 日产量/kg | 工人数 $f$/人 | 组中值 $x$/kg | $xf$ | $x - \bar{x}$ | $\|x - \bar{x}\|$ | $\|x - \bar{x}\| f$ |
| --- | --- | --- | --- | --- | --- | --- |
| 20~30 | 10 | 25 | 250 | -17 | 17 | 170 |
| 30~40 | 70 | 35 | 2 450 | -7 | 7 | 490 |
| 40~50 | 90 | 45 | 4 050 | +3 | 3 | 270 |
| 50~60 | 30 | 55 | 1 650 | +13 | 13 | 390 |
| 合计 | 200 | — | 8 400 | — | 40 | 1 320 |

$$A.D = \frac{\sum_{i=1}^{n} |x_i - \bar{x}| f_i}{\sum_{i=1}^{n} f_i} = \frac{1\,320}{200} = 6.6 (\text{kg})$$

计算结果表明,该车间 200 个工人日产量的平均差为 6.6 kg。

平均差的意义明确,同全距相比,计算的依据是总体所有标志值,具有普遍性,能够准确反映总体变异的状况。但是,由于平均差是用总体各单位标志值同总体算术平均数的离差的绝对值来计算的,很难进行更深入的数学计算,因而在实际应用上受到很大限制。

4. 标准差

标准差又称均方差,是总体各单位标志值与其算术平均数的离差平方和的算术平均数的平方根,通常记为 $\sigma$,标准差的平方 $\sigma^2$ 称为方差。标准差是测定标志变异程度最主要的指标。

根据掌握的资料不同,标准差有简单平均法和加权平均法两种计算方法。

(1) 未分组数据资料

如果掌握的是未分组的原始资料,那么在计算标准差时,采用简单平均法。其计算公式为:

$$\sigma = \sqrt{\frac{\sum_{i=1}^{n}(x_i - \bar{x})^2}{n}} \quad (4-29)$$

**例 4-34** 根据表 4-16 资料,求 $A$、$B$ 两位学生成绩的方差和标准差。

解:考虑到数据是未分组数据,则利用简单平均法计算方差和标准差,具体如下:
学生 A 成绩的方差为:

$$\sigma^2 = \frac{\sum_{i=1}^{n}(x_i - \overline{x})^2}{n} = \frac{(530-560)^2 + \cdots + (590-560)^2}{7} = 400$$

对应的标准差为:$\sigma = \sqrt{\dfrac{\sum_{i=1}^{n}(x_i - \overline{x})^2}{n}} = \sqrt{400} = 20$

学生 B 成绩的方差为:

$$\sigma^2 = \frac{\sum_{i=1}^{n}(x_i - \overline{x})^2}{n} = \frac{(545-560)^2 + \cdots + (575-560)^2}{7} = 100$$

对应的标准差为:$\sigma = \sqrt{\dfrac{\sum_{i=1}^{n}(x_i - \overline{x})^2}{n}} = \sqrt{100} = 10$

可以看出,学生 B 成绩的标准差与方差都比 A 小,说明学生 B 成绩更稳定。

(2) 分组数据资料

如果掌握的是分组资料,在计算标准差时,采用加权平均法。其计算公式为:

$$\sigma = \sqrt{\frac{\sum_{i=1}^{n}(x_i - \overline{x})^2 f_i}{\sum_{i=1}^{n} f_i}} \tag{4-30}$$

**例 4-35** 用加权平均法求例 4-33 资料中的工人日产量的标准差,计算过程如表 4-19 所示。

表 4-19 某车间工人日产量标准差计算表

| 日产量/kg | 工人数 $f$/人 | 组中值 $x$/kg | $x - \overline{x}$ | $(x - \overline{x})^2$ | $(x - \overline{x})^2 f$ |
| --- | --- | --- | --- | --- | --- |
| 20~30 | 10 | 25 | −17 | 289 | 2 890 |
| 30~40 | 70 | 35 | −7 | 49 | 3 430 |
| 40~50 | 90 | 45 | +3 | 9 | 810 |
| 50~60 | 30 | 55 | +13 | 169 | 5 070 |
| 合计 | 200 | — | — | — | 12 200 |

$$\sigma = \sqrt{\frac{\sum_{i=1}^{n}(x_i - \overline{x})^2 f_i}{\sum_{i=1}^{n} f_i}} = \sqrt{\frac{12\ 200}{200}} \approx 7.8 (\text{kg})$$

计算结果表明,该车间 200 个工人日产量的标准差为 7.8 kg。

介绍完常规资料的标准差的计算后,我们现在来看一下交替标志标准差的计算方法。

交替标志又称非标志。总体中的所有单位,如按某一标志分组,其中一部分具有某种特征,而另一部分不具有该种特征,它们在总体中会交替出现则称此标志为交替标志。例如,将全部产品分为合格品与非合格品两组;将全部人口分为男性和女性两组等。

交替标志不是数量标志,而是品质标志,它的表现只有两种:"是"与"非",或"有"与"无",要测定其平均数和标准差,需将标志表现性质上的差异转化为数量表现的差异。通常以 1 表示总体中具有某种性质的单位的标志值;以 0 表示总体中不具有该种性质的单位的标志值。例如,将"合格品"用标志值 1 表示,则"不合格品"的标志值为 0;将"男"的标志值定为 1,则"女"的标志值就为 0。通过这种转化,即可计算交替标志的平均数和标准差。

设总体单位数为 $N$,具有某种特征的单位数为 $N_1$,不具有该种特征的单位数为 $N_0$,若再假设具有某种特征的单位数占总体单位数的比重为 $p\left(p=\dfrac{N_1}{N}\right)$,不具有该种特征的单位数占总体单位数的比重为 $q\left(q=\dfrac{N_0}{N}\right)$,则有:

$$N = N_1 + N_0, p + q = \frac{N_1}{N} + \frac{N_0}{N} = 1$$

$$p = 1 - q \text{ 或 } q = 1 - p$$

交替标志平均数和标准差的计算如下(见表 4-20):

表 4-20 交替标志平均数和标准差的计算表

| 交替标志值 $x$ | 总体单位数比重 $f$ | $xf$ | $x-\bar{x}$ | $(x-\bar{x})^2$ | $(x-\bar{x})^2 f$ |
|---|---|---|---|---|---|
| 1 | $p$ | $p$ | $1-p$ | $(1-p)^2$ | $(1-p)^2 p$ |
| 0 | $q$ | 0 | $0-p$ | $(0-p)^2$ | $(0-p)^2 q$ |
| 合计 | 1 | $p$ | — | — | $(1-p)^2 p + (0-p)^2 q$ |

交替标志的算术平均数为:

$$\bar{x} = \frac{\sum_{i=1}^{n} x_i f_i}{\sum_{i=1}^{n} f_i} = \frac{1 \times p + 0 \times q}{p+q} = \frac{p}{1} = p \tag{4-31}$$

交替标志的标准差为:

$$\sigma = \sqrt{\frac{\sum_{i=1}^{n}(x_i - \bar{x})^2 f_i}{\sum_{i=1}^{n} f_i}} = \sqrt{\frac{(1-p)^2 p + (0-p)^2 q}{p+q}}$$

$$= \sqrt{\frac{q^2 p + p^2 q}{1}} = \sqrt{pq(q+p)} = \sqrt{pq} = \sqrt{p(1-p)} \tag{4-32}$$

由上面的计算可见，交替标志的平均数就是具有某种特征的单位数所占的比重（也叫成数）。交替标志的标准差就是具有某种特征的单位数所占的比重和不具有该种特征的单位数所占比重乘积的平方根。这两个特征值，在抽样分析中将会用到。

**例 4-36** 某机械铸造车间生产 10 000 t 铸件，不合格品 200 t，试求该批铸件的平均合格率及其标准差。

解：平均合格率：$p = \dfrac{10\,000 - 200}{10\,000} = 0.98 = 98\%$

标准差：$\sigma = \sqrt{p(1-p)} = \sqrt{0.98 \times (1-0.98)} = 14\%$

### 5. 变异系数

全距、平均差和标准差都有与平均指标相同的计量单位，都是反映总体各单位标志值变异程度的绝对指标，其数值的大小，不仅取决于标志值的变异程度，而且要受到总体单位标志值本身水平高低的影响。因此，为了对比分析不同水平的变量数列之间标志变异程度，就不宜直接采用全距、平均差和标准差，而必须消除平均水平高低的影响，才能真正反映出不同水平的变量数列的离散程度。变异系数就是现象总体的变异指标与其算术平均数之比，它反映总体各单位标志值之间平均相差的相对程度。统计分析中常用的变异系数有以下几种：

全距与总体平均数对比所得到的比值称为全距系数，计算公式为：

$$V_R = \dfrac{R}{\bar{x}} \times 100\% \tag{4-33}$$

平均差与总体平均数对比所得到的比值称为平均差系数，计算公式为：

$$V_{A.D} = \dfrac{A.D}{\bar{x}} \times 100\% \tag{4-34}$$

标准差与总体平均数对比所得到的比值称为标准差系数，计算公式为：

$$V_\sigma = \dfrac{\sigma}{\bar{x}} \times 100\% \tag{4-35}$$

**例 4-37** 某学校男子体操队 5 名队员的体重分别为 55 kg、54 kg、52 kg、52 kg、51 kg；女子体操队 6 名队员的体重分别为 46 kg、45 kg、44 kg、44 kg、43 kg、42 kg。试比较哪个队的队员体重更均匀。

解：$\sigma_{男} = \sqrt{\dfrac{\sum\limits_{i=1}^{n}(x_i - \bar{x})^2}{n}} = \sqrt{\dfrac{10.8}{5}} \approx 1.47(\text{kg})$

$\sigma_{女} = \sqrt{\dfrac{\sum\limits_{i=1}^{n}(x_i - \bar{x})^2}{n}} = \sqrt{\dfrac{10}{6}} \approx 1.29(\text{kg})$

$V_{男} = \dfrac{\sigma_{男}}{\bar{x}_{男}} \times 100\% = \dfrac{1.47}{52.8} \approx 2.78\%$

$$V_{女} = \frac{\sigma_{女}}{\bar{x}_{女}} \times 100\% = \frac{1.29}{44} \approx 2.93\%$$

从标准差看,男队体重的标准差比女队的大,但男队的体重平均水平比女队高,所以不能直接根据标准差来判断哪个队队员的体重更均匀,必须以标准差系数来判断。根据标准差系数的计算结果表明,男队的标准差系数比女队的标准差系数更小,正确的结论应当是男队队员的体重比较均匀。

# 任务五 分布的偏度和峰度

## 一、分布的偏度

偏度(skewness)是数据分布偏斜方向和程度的度量,是非对称程度的数字特征。具体有两种计算方法:

1. 算术平均数与众数比较法

由前文可知,在对称分布条件下,$\bar{x} = Me = Mo$;在偏态分布条件下,三者存在数量(位置)差异。其中,$Me$ 居于中间,$\bar{x}$ 与 $Mo$ 分别在两边,因此,偏态可用 $\bar{x}$ 与 $Mo$ 的绝对差异(距离)来表示,即 $|\bar{x} - Mo|$。

它们的绝对差异越大,表明偏斜程度越大;反之亦然。当 $\bar{x} > Me$ 时,说明偏斜的方向为右(正)偏;当 $\bar{x} < Me$ 时,说明偏斜的方向为左(负)偏。

由于偏态是以绝对数表示的,具有原数列的计量单位,因此不能直接比较不同数列的偏态程度。为了使不同数列偏态程度可比,引进偏斜度($sk$)就是偏态的绝对数用其标准差除之,也称偏态系数(偏度)。其计算公式为:

$$sk = \frac{|\bar{x} - M_o|}{\sigma}$$

可以看出,偏度为负就意味着在概率密度函数左侧的尾部比右侧的长,绝大多数的值(包括中位数在内)位于平均值的右侧。偏度为正就意味着在概率密度函数右侧的尾部比左侧的长,绝大多数的值(包括中位数在内)位于平均值的左侧。偏度为零就表示数值相对均匀地分布在平均值的两侧,但不一定意味着其为对称分布。

2. 矩方法

矩方法是另一种研究偏斜程度的方法,先了解矩的概念。

(1) 原点矩与中心矩

矩(moment),表示数列中各变量值 $x_i$ 对特定($c$)的 $k(k = 1,2,3,4\cdots)$ 次方的算术平均数,称为变量 $x$ 关于 $c$ 的 $k$ 阶矩,其计算公式为:

$$M_k = \frac{1}{n} \sum_{i=1}^{n} (x_i - c)^k$$

当 $c = \bar{x}$ 时，$M_k = \frac{1}{n}\sum_{i=1}^{n}(x_i - \bar{x})^k$ 称为 $k$ 阶中心矩。

当 $c = 0$ 时，$M_k = \frac{1}{n}\sum_{i=1}^{n}x_i^k$，称为 $k$ 阶原点矩。

（2）偏度的表示

绝对偏态量：
$$M_3 = \frac{1}{n}\sum_{i=1}^{n}(x_i - \bar{x})^3$$

用加权的方式表示为：
$$M_3 = \frac{\sum_{i=1}^{n}(x_i - \bar{x})^3 f_i}{\sum_{i=1}^{n}f_i}$$

相对偏态量：
$$sk = \frac{M_3}{\sqrt{M_2^3}} = \frac{M_3}{\sigma^3} = \frac{\frac{1}{n}\sum_{i=1}^{n}(x_i - \bar{x})^3}{\left(\sqrt{\frac{1}{n}\sum_{i=1}^{n}(x_i - \bar{x})^2}\right)^3}$$

## 二、分布的峰度

峰度(kurtosis)，是指次数分布曲线顶峰的尖平程度，是次数分布的又一重要特征。统计上，以正态分布曲线为标准，观察比较某次数分布曲线尖峰或平滑程度的大小。

根据变量值的集中与分散程度，峰度一般可表现为三种形态：尖顶峰度、平顶峰度和标准峰度。当变量值的次数在众数周围分布比较集中，使次数分布曲线较正态分布曲线更为平缓时，称为平顶峰度。可见，尖顶峰度或平顶峰度都是相对正态分布曲线的标准峰度而言的。

峰度的测定，一般是采用统矩的方法，即以四阶中心矩 $M_4$ 为测定依据，将 $M_4$ 除以其标准差的四次方 $\sigma^4$，以消除单位量纲的影响，便于不同次数分布曲线的峰度比较，从而得到以无名数表示的相对数，即为峰度的测定值($k$)。其计算公式为：

绝对峰度：
$$M_4 = \frac{1}{n}\sum_{i=1}^{n}(x_i - \bar{x})^4$$

用加权的方式表示为：
$$M_4 = \frac{\sum_{i=1}^{n}(x_i - \bar{x})^4 f_i}{\sum_{i=1}^{n}f_i}$$

相对峰度：
$$k = \frac{M_4}{\sqrt{M_2^4}} = \frac{M_4}{\sigma^4} = \frac{\frac{1}{n}\sum_{i=1}^{n}(x_i - \bar{x})^4}{\left(\sqrt{\frac{1}{n}\sum_{i=1}^{n}(x_i - \bar{x})^2}\right)^4}$$

具体有以下几种情况：

当 $k = 3$ 时，为正态分布曲线，以此为标准就可比较分析各种次数分布曲线的峰度。

当 $k>3$ 时,表示分布曲线呈尖顶峰度,为尖顶曲线,说明变量值密集地分布在众数周围,$k$ 值越大,则分布曲线的顶端越尖峭。

当 $k<3$ 时,表示分布曲线呈平顶峰度,为平顶曲线,说明变量值的次数分布比较均匀地分布在众数的两侧,$k$ 值越小,则分布曲线的顶峰越平缓。

当 $k<1.8$ 时,次数分布曲线趋向"U"形分布。

实际分析中,通常将偏度和峰度结合起来运用,以判断变量是否接近于正态分布,如Jarque-Bera 正态分布检验。

# 实训一　Excel 在统计描述中的应用

运用计算机技术,不仅能使人们从大量繁杂的手工处理数据的工作中解脱出来,而且可以大大提高对统计数据的利用率。下面我们介绍一些利用 Excel 对常用指标数值的计算。

## 一、利用 Excel 计算平均指标

1. 求解所有参数的算术平均值

引用前文中的案例:在校大学生课余时间打游戏的情况比较普遍。以下调查了某大学10 名在校大学生某天花费在手机或电脑游戏上的时间(单位:h)分别如下,求他们当天的平均游戏时间。

　　　　　　　1　　3　　2　　5　　8　　6　　4　　4　　8　　6

操作步骤:

将数据导入 Excel,在需要输出算术平均值的位置(这里我们选择"A8")中输入函数"=average( )",并用左键选择需要计算的平均数的区域,具体如图 4-3 所示。

按回车后得到均值结果为 4.142 857(见图 4-4)。

图 4-3　算术平均数计算公式图

图 4-4　算术平均数计算结果图

## 2. 计算次数分布表格中的算术平均值

引用前文中的案例：抽样调查某地 2 000 户 3 口之家的居民户，得其生活费用支出资料如表 4-7 所示，试计算这 2 000 户居民月平均生活费支出。

操作步骤：

将数据导入 Excel（见图 4-5），在需要输出的方格中输入函数"＝sumproduct(　)"，并选择两列数组区域，具体如图 4-5 所示。

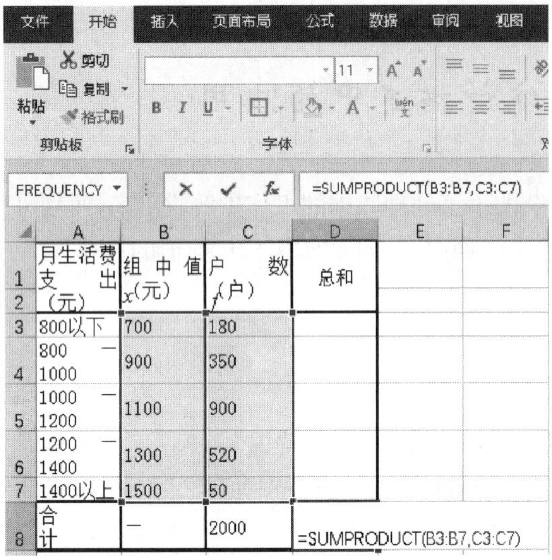

图 4-5　加权平均权计算公式图 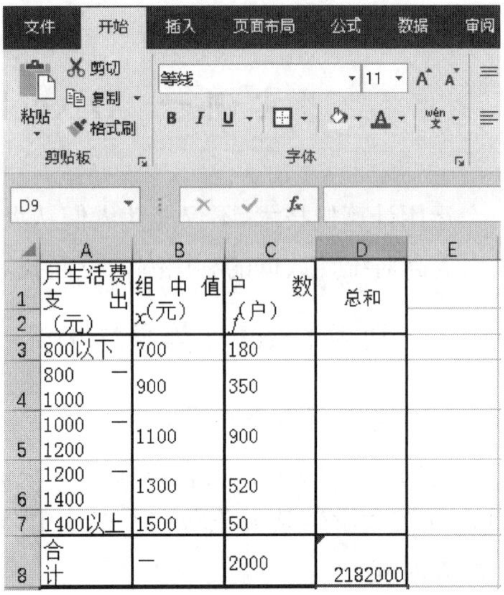　　　　图 4-6　加权算术平均数计算结果图

按回车键后得到结果 2 182 000（见图 4-6），则根据此结果计算出加权算术平均数为 2 182 000/2 000＝1 091(元)。

特别注意：首先，SUMPRODUCT 函数的参数中，数组的大小必须相等，否则将返回♯NUM！错误。其次，SUMPRODUCT 函数将数组中不是数字的数组元素作为 0 对待；最后，以上全部在英文状态下输入，特别是标点符号，如用中文，则提示出错。

## 3. 计算几何平均值

引用前文案例，某机械厂生产机器，设有毛坯、粗加工、精加工、装配 4 个连续作业的车间。某批产品其毛坯车间制品合格率为 97％，粗加工车间制品合格率为 93％，精加工车间制品合格率为 91％，装配车间制品合格率为 87％，求各车间制品平均合格率。

操作步骤：

将数据导入 Excel，在需要输出的方格中输入函数"＝geomean(　)"，并选择数组区域，具体如图 4-7 所示。

按回车键后得到结果为几何平均数 0.919 293（见图 4-8）。

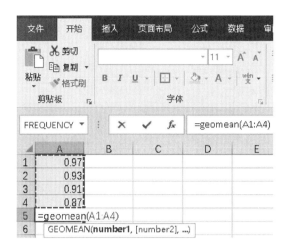

图 4-7　几何平均数计算公式图

图 4-8　几何平均数计算结果图

## 二、利用 Excel 计算位置平均数

### 1. 计算众数

引用前文案例:杰森教授去年一直在为一个数据咨询公司服务。在此过程中,该公司雇用了几个资深顾问,工资为 800～1 050 美元/周;几个初级顾问,工资为 400～450 美元/周;几个文职人员,工资为 300 美元/周。具体工资如下:

300　300　300　940　300　300　400　300　400　450　450　800　940　1 050

操作步骤:

将数据导入 Excel,在需要输出的方格中输入函数"＝mode( )",并选择数组区域,具体如图 4-9 所示。

按回车键后得到结果为众数 300(见图 4-10)。

### 2. 计算中位数(沿用上文案例)

操作步骤:

将数据导入 Excel,在需要输出的方格中输入函数"＝Median( )",并选择数组区域,具体如图 4-11 所示。

按回车键后得到结果为中位数 400(见图 4-12)。

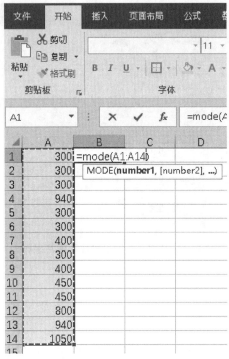

图 4-9 众数计算公式图

图 4-10 众数计算结果图

图 4-11 中位数计算公式图

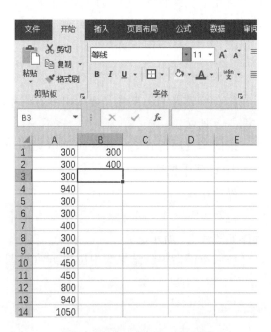

图 4-12 中位数计算结果图

### 三、利用 Excel 计算标志变异指标

由于数据导入方法和操作方法与算术平均值和位置平均数的计算相似，故只将软件引用函数列出：

1. 极差引用函数

$\max(A_i:A_j) - \min(A_i:A_j)$

2. 四分位差引用函数

$\text{quartile}(A_i:A_j,3) - \text{quartile}(A_i:A_j,1)$

3. 平均差引用函数

(1) 未分组数据资料："average(abs($A_i$ − average($A_i:A_j$)))"

(2) 分组数据资料："sumproduct(abs($A_i:A_j$ − average($A_i:A_j$))/count($A_i:A_j$))"

4. 方差与标准差引用函数

(1) 未分组数据资料：

方差："var.p($A_i:A_j$)"

标准差："stdev.p($A_i:A_j$)"

(2) 分组数据资料：

方差："var.s($A_i:A_j$)"

标准差："stdev.s($A_i:A_j$)"

### 四、利用 Excel 计算常用描述统计量

某房地产公司某楼盘共 36 个销售员，下面是每个销售员的销售额数据，根据以下数据，利用 Excel 计算常用描述统计量。

| | | | | | | | | | | | | |
|---|---|---|---|---|---|---|---|---|---|---|---|---|
| 60 | 60 | 62 | 65 | 65 | 66 | 67 | 70 | 71 | 72 | 73 | 74 | 75 | 76 |
| 76 | 76 | 76 | 77 | 78 | 78 | 79 | 79 | 80 | 82 | 83 | 84 | 84 | 86 |
| 87 | 88 | 89 | 89 | 90 | 91 | 92 | 92 | | | | | | |

操作步骤：

1. 先将 36 个原始数据输入 Excel 工作表中的 A1:A36 单元格。
2. 选择数据菜单中的"数据分析"选项。
3. 在"数据分析"对话框中选择"描述统计"，如图 4-13 所示。
4. 选择"确定"后，当出现对话框时，在"输入区域"方框内输入 A1:A36，在"输出区域"方框内输入 C1，选择汇总统计，结果如图 4-14 所示。
5. 选择"确定"后即得到描述统计量输出表，如图 4-15 所示。

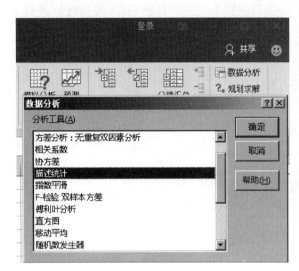
图 4-13 数据分析对话框

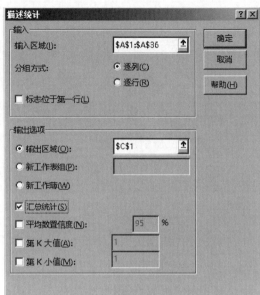
图 4-14 描述统计对话框

图 4-15 描述统计量输出结果图

## 实训二 Python 在统计描述中的应用

首先使用 NumPy 生成了一个随机样本数据，然后计算了这些数据的基本统计量，包括均值、中位数、众数、极差、方差、标准差、偏度和峰度，代码示例如下：

```
importnumpy as np
fromscipy import stats

# 生成随机样本数据
np.random.seed(1)    # 设置随机种子，以保证结果可复现
sample_data = np.random.normal(loc=0, scale=1, size=100)    # 生成均值为0，标准差为1的正态分布样本数据

# 计算基本统计量
mean = np.mean(sample_data)    # 计算均值
median = np.median(sample_data)    # 计算中位数
mode = stats.mode(sample_data)[0][0]    # 计算众数，使用 stats 模块的 mode 函数
range_val = np.ptp(sample_data)    # 计算极差（最大值与最小值之差）
variance = np.var(sample_data)    # 计算方差
std_dev = np.std(sample_data)    # 计算标准差
skewness = stats.skew(sample_data)    # 计算偏度，使用 stats 模块的 skew 函数
kurtosis = stats.kurtosis(sample_data)    # 计算峰度，使用 stats 模块的 kurtosis 函数

# 打印结果
print("样本数据:", sample_data)
print("均值:", mean)
print("中位数:", median)
print("众数:", mode)
print("极差:", range_val)
print("方差:", variance)
print("标准差:", std_dev)
print("偏度:", skewness)
print("峰度:", kurtosis)
```

输出结果为：

```
样本数据: [ 1.62434536 -0.61175641 -0.52817175 -1.07296862  0.86540763 -2.3015387
  1.74481176 -0.7612069   0.3190391  -0.24937038  1.46210794 -2.06014071
 -0.3224172  -0.38405435  1.13376944 -1.09989127 -0.17242821 -0.87785842
  0.04221375  0.58281521 -1.10061918  1.14472371  0.90159072  0.50249434
  0.90085595 -0.68372786 -0.12289023 -0.93576943 -0.26788808  0.53035547
 -0.69166075 -0.39675353 -0.6871727  -0.84520564 -0.67124613 -0.0126646
 -1.11731035  0.2344157   1.65980218  0.74204416 -0.19183555 -0.88762896
 -0.74715829  1.6924546   0.05080775 -0.63699565  0.19091548  2.10025514
  0.12015895  0.61720311  0.30017032 -0.35224985 -1.1425182  -0.34934272
 -0.20889423  0.58662319  0.83898341  0.93110208  0.28558733  0.88514116
 -0.75439794  1.25286816  0.51292982 -0.29809284  0.48851815 -0.07557171
  1.13162939  1.51981682  2.18557541 -1.39649634 -1.44411381 -0.50446586
  0.16003707  0.87616892  0.31563495 -2.02220122 -0.30620401  0.82797464
  0.23009474  0.76201118 -0.22232814 -0.20075807  0.18656139  0.41005165
  0.19829972  0.11900865 -0.67066229  0.37756379  0.12182127  1.12948391
  1.19891788  0.18515642 -0.37528495 -0.63873041  0.42349435  0.07734007
 -0.34385368  0.04359686 -0.62000084  0.69803203]
均值:   0.060582852075698704
中位数:  0.0640739115622942
众数:  -2.3015386968802827
极差:   4.487114103413444
方差:   0.7835015228846668
标准差:  0.885156213831585
偏度:  -0.004481651435926126
峰度:  -0.001082910281270166
```

图 4-16  NumPy 生成了一个随机样本数据图

图 4-16 为 NumPy 生成了一个随机样本数据的基本样本描述统计量(当然在实际应用中只需要将待分析数据进行替换就可以获得对应数据的样本描述统计量),在此基础上,我们可以通过使用 matplotlib 库绘制这些数据的直方图和概率密度图,代码示例如下:

```
importnumpy as np
importmatplotlib. pyplot as plt

# 生成随机样本数据
np. random. seed(1)
sample_data = np. random. normal(loc=0, scale=1, size=100)

# 绘制直方图
plt. hist(sample_data, bins=10, density=True, alpha=0.7,
color='steelblue', edgecolor='black')
plt. xlabel('Value')
plt. ylabel('Frequency')
plt. title('Histogram of Sample Data')
plt. grid(True)
plt. show()

# 绘制概率密度图
```

```
plt.figure()
x = np.linspace(-4, 4, 100)
density = stats.norm.pdf(x, np.mean(sample_data), np.std(sample_data))
plt.plot(x, density, color='steelblue', label='PDF')
plt.fill_between(x, density, color='steelblue', alpha=0.3)
plt.xlabel('Value')
plt.ylabel('Density')
plt.title('Probability Density Function of Sample Data')
plt.legend()
plt.grid(True)
plt.show()
```

这段代码在计算样本数据的基本统计量之后,使用 matplotlib 库绘制了样本数据的直方图和概率密度图。直方图通过 plt.hist 函数实现,指定了数据的分组数、归一化参数以及颜色等属性。概率密度图通过在一定范围内生成一系列 $x$ 值,然后使用样本数据的均值和标准差计算概率密度函数,最后使用 plt.plot 函数绘制曲线,并使用 plt.fill_between 函数填充曲线下的区域。具体生成的统计图如图 4-17 和图 4-18 所示。

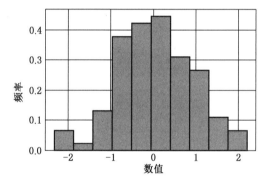

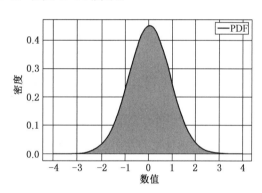

图 4-17 样本数据直方图　　图 4-18 样本数据的概率密度函数图

应用 Python 进行统计描述,因为代码是开源的,所以可以根据编者需要,对统计描述中所需要的具体统计参数进行调整,再利用函数进行封装。

## ▶▶▶ 小　结

本章我们学习了统计描述的基本概念和常用指标,包括总体规模描述、相对指标、集中趋势描述、离散趋势描述及分布的偏度和峰度。

总体规模描述主要关注总量指标,我们学会了总量指标的概念、种类和计量单位,通过对总量指标的描述和分析,可以对总体规模有一个整体的把握。

相对指标是相对于总量指标进行比较和描述的指标,我们学习了相对指标的表现形式和计算方法,如计划完成程度相对指标、结构相对指标、比例相对指标、比较相对指标、强度相对指标和动态相对指标等。

集中趋势用于描述数据的集中程度,我们学习了平均指标(算术平均数)、众数和中位数,并比较了它们的特点和适用场景。

离散趋势用于描述数据的分散程度,我们学习了全距、四分位差、平均差和标准差等指标,以及变异系数用于比较不同数据集的离散程度。

最后,我们学习了分布的偏度和峰度,用于描述数据分布的偏斜和峰态。

通过本章的学习,我们掌握了统计描述的基本概念和常用指标,能够运用这些指标来描述和分析数据集的特征和趋势。在实际应用中,我们可以借助 Excel 和 Python 等工具进行统计描述的计算和展示,从而提高工作效率和数据可视化的能力。

## 单元练习

### 一、填空题

1. 反映社会经济现象总体规模和总水平的统计指标为( ),其表现形式为( )。
2. 在计算比较相对数时,可以是绝对数的对比,也可以是( )或( )的对比。
3. 强度相对指标的数值大小,如果与现象的发展程度或密度成正比例,则称之为( );反之,则称为( )。
4. 平均数说明数列变量值的( )趋势,而标志变异指标说明数列变量值的( )趋势。
5. 中位数,是将我们所研究总体各单位标志值按( )排列,处于( )的那个标志值。
6. 在对称钟形分布里,算术平均数与( )和( )相重合。
7. 标志变异指标,是说明总体各单位标志值( )的统计指标,又称( )。
8. 标准差系数的计算公式是( ),其数值与平均差系数的数值相比要( )。

### 二、单项选择题

1. 总量指标按其反映现象的时间状况不同可分为( )。
   A. 时期指标和时点指标  B. 数量指标和质量指标
   C. 总体单位总量和总体标志总量  D. 价值指标和实物指标
2. 学生数以人作为计量单位,这种计量形式称为( )。
   A. 自然单位  B. 标准实物单位  C. 度量衡单位  D. 劳动单位
3. 计划规定成本降低5%,实际提高了2%,则计划完成程度相对数等于( )。
   A. 107%  B. 107.4%  C. 93.1%  D. 110%
4. 反映现象之间依存性比例关系的综合指标称为( )。
   A. 结构相对数  B. 比较相对数  C. 强度相对数  D. 比例相对数
5. 比例相对数可以归入( )。

A. 动态相对数　　B. 强度相对数　　C. 结构相对数　　D. 比较相对数

6. 下列属于结构相对指标的是(　　)。

A. 产值资金占用率　　　　　　B. 产值计划完成程度

C. 百元流动资金实现的利税额　　D. 增加值占总产出的比重(合格率)

7. 中位数(　　)。

A. 是一种代表值　　　　　　B. 不是一种代表值

C. 是最常见的数值　　　　　D. 是一种变化趋势

8. 各变量与算术平均数离差之和(　　)。

A. 为最小　　　　　　　　　B. 为零

C. 等于各变量值平均数之和　　D. 等于各变量值之和的平均数

9. 最受极端值影响的标志变异指标是(　　)。

A. 全距　　B. 标准差　　C. 平均差　　D. 标准差系数

10. 平均差的主要缺点是(　　)。

A. 易受极端值影响　　　　　B. 计算复杂

C. 不便于代数运算　　　　　D. 没有考虑全部标志值的差异

### 三、多项选择题

1. 统计中无名数是一种抽象化的数值,可以用相对数形式表示的有(　　)。

A. 系数　　B. 千分数　　C. 倍数　　D. 成数

E. 百分数

2. 强度相对数运用广泛,它可以反映(　　)。

A. 经济实力　　B. 密度　　C. 经济效益　　D. 普遍程度

E. 利用程度

3. 在相对指标中,子项和母项可以互换的指标有(　　)。

A. 结构相对数　　B. 比较相对数　　C. 比例相对数　　D. 强度相对数

E. 计划完成程度相对数

4. 一个国家一定时期的商品零售额属于(　　)。

A. 数量指标　　B. 质量指标　　C. 时点指标　　D. 时期指标

E. 综合指标

5. "生猪存栏数"属于(　　)。

A. 总量指标　　B. 时期指标　　C. 相对指标　　D. 时点指标

E. 综合指标

6. 实物计量单位包括(　　)。

A. 货币单位　　B. 劳动单位　　C. 自然单位　　D. 度量衡单位

E. 标准实物单位

7. 标志变异指标可以反映(　　)。

A. 平均数代表性的大小　　　　B. 总体各单位标志值的离中趋势

C. 总体各单位标志值的集中趋势　　D. 社会生产的规模和水平

E. 社会生产过程的均衡性

8. 如果所计算的标志变异指标接近于零,则说明(　　　)。

A. 总体各单位标志值差异小　　B. 总体各单位标志值差异大

C. 平均数代表性弱　　D. 平均数代表性强

E. 标志值很分散

9. 简单算术平均数之所以简单是因为(　　　)。

A. 所计算的资料未分组　　B. 所计算的资料已分组

C. 各变量值的次数不同　　D. 各变量值的次数都是1

E. 各变量值的次数相同

10. 中位数(　　　)。

A. 是属数列中间位置的数　　B. 是根据各个变量值计算的

C. 不受极端变量值的影响　　D. 不受极端变量值位置的影响

E. 数值最大

### 四、简答题

1. 时期指标与时点指标有何异同?
2. 实物指标与价值指标各有什么特点?
3. 强度相对指标与比较相对指标有什么区别?
4. 强度相对指标与平均指标有什么区别?
5. 简要回答简单算术平均数、加权算术平均数及简单调和平均数和加权调和平均数在计算上的异同点。
6. 什么是众数?如何确定?
7. 简要说明平均指标与变异指标在说明同质总体特征方面的联系和区别。
8. 用全距测定变量数列的变异程度有哪些优缺点?
9. 简要回答标准差与平均差的异同点。
10. 什么是标准差系数?为什么要计算标准差系数?

### 五、计算题

1. 某企业的工人人数及工资资料如下表所示:

| 工人类别 | 2020 年 | | 2021 年 | |
| --- | --- | --- | --- | --- |
| | 月工资额/元 | 工人人数/人 | 月工资额/元 | 工人人数/人 |
| 技术工 | 18 000 | 150 | 20 000 | 200 |
| 辅助工 | 10 000 | 100 | 10 500 | 300 |
| 合计 | 28 000 | 250 | 30 500 | 500 |

要求:(1)计算工人人数结构相对指标;(2)分析各工种工人的月工资额报告期比基期均有所提高,但全厂工人的月工资额却下降了,其原因是什么?

2. 某企业所属三个分厂 2017 年下半年的利润额资料如下:

| | 第三季度的利润/万元 | 第四季度 | | | | 计划完成百分比/% | 第四季度占第三季度的百分比/% |
|---|---|---|---|---|---|---|---|
| | | 计划 | | 实际 | | | |
| | | 利润/万元 | 比重 | 利润/万元 | 比重 | | |
| 甲 | (1) | (2) | (3) | (4) | (5) | (6) | (7) |
| A厂 | 1 082 | 1 234 | | 1 358 | | | |
| B厂 | 1 418 | 1 724 | | | | 95 | |
| C厂 | 1 724 | | | 1 140 | | 105 | |
| 合计 | 4 224 | | | | | | |

要求：(1)计算空格指标数值，并指出(1)~(7)栏是何种统计指标。(2)如果未完成计划的分厂能完成计划，则该企业的利润将增加多少？超额完成计划多少？(3)若B、C两个分厂都能达到A厂完成计划的程度，则该企业将增加多少利润？超额完成计划多少？

3. 某企业生产某种产品的劳动时间消耗、单位钢材消耗和单位成本资料如下：

| | 单位 | 本年实际 | 部颁定额 | 国内先进水平 | 本厂历史最好水平 | 厂定额 |
|---|---|---|---|---|---|---|
| 工时消耗 | 工时/件 | 70.00 | 50.00 | 45.00 | 48.75 | 55.00 |
| 钢材消耗 | kg/件 | 9.05 | 8.95 | 8.00 | 8.50 | 8.85 |
| 成本 | 元/件 | 180.00 | 160.00 | 150.00 | 155.00 | 158.00 |

为了评价管理现状，要求计算比较指标，并列表分析。

4. 某厂400名职工工资资料如下：

| 按月工资分组/元 | 职工人数/人 |
|---|---|
| 9 000~11 000 | 60 |
| 11 000~13 000 | 100 |
| 13 000~15 000 | 140 |
| 15 000~17 000 | 60 |
| 17 000~19 000 | 40 |
| 合计 | 400 |

试根据上述资料计算该厂职工平均工资和标准差。

5. 某地甲、乙两个农贸市场三种主要蔬菜价格及销售额资料如下：

| 品种 | 单价/(元/kg) | 甲市场销售额/万元 | 乙市场销售额/万元 |
| --- | --- | --- | --- |
| A | 3.0 | 750.0 | 375 |
| B | 3.2 | 400.0 | 800 |
| C | 3.6 | 450.0 | 450 |

试计算比较该地区哪个农贸市场蔬菜平均价格高？并说明原因。

6. 某地区抽样调查职工家庭收入资料如下：

| 按平均每人月收入分组/元 | 职工户数/户 |
| --- | --- |
| 1 000～2 000 | 6 |
| 2 000～3 000 | 10 |
| 3 000～4 000 | 20 |
| 4 000～5 000 | 30 |
| 5 000～6 000 | 40 |
| 6 000～7 000 | 240 |
| 7 000～8 000 | 60 |
| 8 000～9 000 | 20 |
| 合计 | 426 |

试根据上述资料计算职工家庭平均每人月收入，并确定中位数和众数。简要说明其分布特征。

7. 某地科学试验站对 A、B 两个品种的水稻分别在 4 块地进行试验，其产量如下表：

| A 品种 | | | B 品种 | | |
| --- | --- | --- | --- | --- | --- |
| 序号 | 田地面积/hm² | 产量/kg | 序号 | 田地面积/hm² | 产量/kg |
| 1 | 0.08 | 600 | 1 | 0.07 | 497 |
| 2 | 0.05 | 405 | 2 | 0.09 | 675 |
| 3 | 0.10 | 725 | 3 | 0.05 | 375 |
| 4 | 0.09 | 720 | 4 | 0.10 | 700 |

试根据上表资料分别计算两个品种的平均单位面积产量，并确定哪一个品种具有较好的稳定性。

8. 请用 Python 的函数，将合计数、最小值、下四分位数、均值、中位数、上四分位数、最大值、极差、方差、标准差、峰度、偏度进行封装，并将这些描述统计量的横坐标进行重命名，同时绘制密度曲线图。

## 拓展材料

统计是科学的眼睛,科学是统计的脚步。

——钱学森

### 赋能未来出行:中国 AI 技术在智慧交通统计分析中的突破

智慧交通是人工智能在统计描述中的重要应用之一。通过 AI(人工智能)技术,可以对交通数据进行全面的统计描述和分析,从而优化交通管理,改善交通状况,提升交通效率和安全性。

一个典型的智慧交通案例是城市交通流量预测。通过 AI 算法对历史交通数据进行分析,可以获取交通流量的统计描述,包括平均车流量、高峰期间的车流峰值、交通拥堵的时段等信息。这些统计描述能够帮助交通管理部门了解交通流量的变化趋势和分布情况,为制定交通调控策略提供依据。

另外,AI 在交通事故预测和预防方面也发挥着重要作用。通过对历史交通事故数据进行统计描述和分析,包括事故发生的地点、时间、事故类型等信息,可以揭示事故的潜在规律和影响因素。基于这些统计描述,AI 可以构建预测模型,预测不同地点和时间的交通事故概率,并给出预警信息。这种统计描述有助于交通管理部门采取有针对性的措施,提高道路安全性。

在智慧交通中,AI 还可以应用于交通信号优化、智能导航系统、停车管理等领域。通过对交通数据的统计描述和分析,包括车辆流量、拥堵情况、停车需求等信息,AI 可以帮助优化交通信号灯的时序、提供最佳路线导航、实现智能停车管理,从而提高交通效率和减少拥堵。

综上所述,AI 在智慧交通中的应用突出了统计描述在交通数据分析和交通管理中的重要性。通过对交通数据进行统计描述,可以提供有关交通流量、事故概率、停车需求等方面的信息,为交通管理决策和规划提供科学依据,改善城市交通运行质量。

# 项目五 统计指数

## 学习目标

### 一、知识目标

- 理解统计指数的概念,包括其定义和作用。
- 熟悉统计指数的分类,包括综合指数和平均数指数。
- 掌握综合指数的编制原则、方法和特点。
- 理解加权算术平均数指数、加权调和平均数指数和固定权数加权算术平均数指数的概念与计算方法。
- 了解综合指数与平均数指数之间的关系。
- 理解指数体系和因素分析的概念及其在统计指数中的应用。
- 了解常用的经济指数,包括物价指数、工业品产量指数、居民消费价格指数、农产品收购价格指数、股票价格指数和货币购买力指数。

### 二、能力目标

- 能够分析和解释统计指数的含义和作用。
- 能够应用综合指数的编制原则和方法,进行综合指数的计算和分析。
- 能够应用加权算术平均数指数、加权调和平均数指数和固定权数加权算术平均数指数的计算方法。
- 能够比较和解释不同指数之间的差异和关系。
- 能够构建指数体系并进行因素分析,揭示影响统计指数的关键因素。

### 三、素质目标

- 结合二十大报告精神,坚持系统观念,培养学生在实验设计与分析中一丝不苟的科学精神。
- 培养综合分析和综合评价的能力,能够综合考虑多个指标并制定综合指数,提供全面的信息和决策支持。
- 提高数据处理和计算的技能,能够熟练运用统计方法和计算工具进行指数计算和数据分析。

• 培养批判性思维、提升问题解决能力，能够评估指数的可靠性和适用性，并能提出改进和优化的建议。

• 培养团队合作和沟通能力，能够与他人合作共同分析和解释统计指数，形成有效的团队合作和沟通机制。

**四、思维导图**

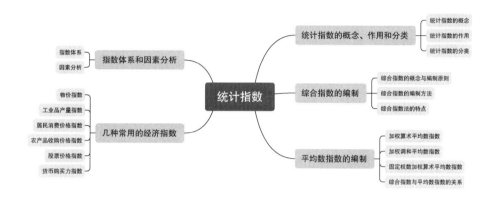

# 任务一　统计指数的概念、作用和分类

## 一、统计指数的概念

统计指数是在研究社会经济现象数量关系，分析社会经济现象在不同时间、空间、条件下的数量变动情况，测定有关因素影响的方向、程度的过程中产生的。在18世纪后半叶，当时将反映不同时期商品价格涨跌情况的相对数称为价格指数。其后，指数的应用范围不断扩大，其含义和内容也随之发生了变化。从内容来看，指数由单纯反映一种现象的相对变动，到反映多种现象的综合变动；从对比的场合来看，指数由单纯的不同时间的对比分析，到不同空间的对比分析等。

统计指数有广义和狭义之分。从广义上来说，凡是说明同类现象数量变动情况的相对数都称为统计指数。它包括简单现象数量变动的相对数和复杂现象数量变动的相对数。简单现象数量指的是有共同的计量单位，其标志值可以直接加总计算的数量。如某一产品的价格、产量、成本等。复杂现象数量指的是没有共同的计量单位，其标志值不能直接加总计算的数量。如某一企业所有不同产品的价格、产量、成本等。因此，前面讲过的动态相对数、比较相对数、计划完成程度相对数都可以称为统计指数。但是我们通常所说的统计指数是狭义概念的指数，它是反映不能直接加总计算的多种事物或现象数量综合变动情况的相对数。本章主要讨论狭义指数的理论、编制方法及其在统计分析中的运用。

统计指数是一种特殊的相对数，它具有以下性质：

（1）综合性。指数是反映一组变量在不同场合下的综合变动水平。在一组变量内，各变量的变化方向可能一致，也可能不一致，即使是同一变化方向的也有变化快慢之分。总指数就是将这一组变量进行有机结合，反映其总体的综合变动情况。

（2）相对性。指数是反映一组变量在不同场合下对比形成的相对数，它可用于一组变量在不同时间上的动态对比，也可用于反映一组变量在不同空间上的静态比较。

（3）平均性。指数是反映一组变量相对变动的代表性水平。这种平均性是以综合性为基础、与相对性相结合的，依据各变量的变动及其影响进行加权平均，用以揭示现象相对变动的一般水平。

## 二、统计指数的作用

### 1. 统计指数能综合反映复杂现象总变动方向及变动幅度

统计指数是用百分数来表示的相对数，这个百分数大于或小于100%，反映社会经济现象数量上升或下降的变动方向；比100%大多少或小多少，则反映经济现象升或降的程度是多少。例如，要衡量一个地区的物价水平，就是个很复杂的问题，商品的价格，有的上涨，有的下降，上涨或下降的幅度又各不相同，而且不同类的商品又不能直接加总；再如，股票价格的变动也是如此。但通过编制商品价格、股票价格指数就可以反映其总变动的方向和程度。表示方式有两种：用分子与分母的百分数表示相对变动情况，用分子与分母的差额表示绝对变动量。

### 2. 统计指数能分析和测定复杂现象总体中各因素对总量变动的影响方向和影响程度

在许多情况下，现象的总量指标是若干因素的乘积，利用指数体系理论可以测定复杂社会经济现象总变动中，各构成因素的变动对现象总变动的影响情况，并对经济现象变化做综合评价。任何一个复杂社会经济现象的总体一般总是由多种因素构成的，如产品总成本＝产品产量×单位产品成本，又如影响利润变化的各种因素有产品产量、产品销售量、产品成本、产品销售价格等。运用指数法编制商品零售价格指数和零售量指数，可以分析它们的变动对商品零售额变动的影响。编制产品产量指数、产品销售量指数、产品成本指数和产品销售价格指数等并分别对它们进行测定，根据各因素变动影响，可综合评价利润总额变动的情况。

### 3. 运用统计指数可以分析复杂现象平均水平的变动中各个因素的变动以及它们的变动对总平均水平变动的影响程度

例如，城镇就业人口平均工资水平的变动，既受各行业职工工资水平变动的影响，也受各行业职工构成变动的影响。借助于统计指数方法，就能对全体就业人口的工资水平变动进行分析，同时分析各行业职工平均工资变动及其对全体就业人口平均工资变动的影响，分析各行业职工所占比重的变动及其对总体就业人口平均工资的影响。

### 4. 运用统计指数可以分析复杂经济现象总体的长期变化趋势

借助连续编制的动态指数形成的指数数列，可以反映现象在长时间的变化趋势。如果把两个相互联系的指数数列（如居民价格消费指数）加以对比，还可以进一步认识复杂现象总体之间数量上的变动关系。

**5. 运用统计指数可以对多指标复杂社会经济现象进行综合测评**

如对综合国力、社会发展水平的综合评价研究等。

### 三、统计指数的分类

**1. 按研究范围的不同，统计指数可分为个体指数、类（组）指数和总指数**

个体指数是表明复杂经济总体中个别要素变动情况的相对数。例如，某种商品销售量指数、个别商品的价格指数、单个产品的成本指数。个体指数通常记作 $K$，例如：

$$个体产品产量指数 K_q = \frac{q_1}{q_0}$$

$$个体产品成本指数 K_z = \frac{z_1}{z_0}$$

$$个体物价指数 K_p = \frac{p_1}{p_0}$$

式中：$q$——产量；

$z$——单位产品成本；

$p$——商品或产品的单价；

下标 1——报告期；

下标 0——基期。

总指数是表明复杂经济总体中多种要素综合变动情况的相对数。例如，工业产品指数、商品零售价格指数、社会商品零售量指数、居民消费价格指数等都是总指数。

在个体指数与总指数之间还有组指数或类指数，就是把总指数反映的多种事物进行分类，按类进行统计的指数。例如，商品零售物价指数中的百货类零售价格指数、工业产品产量指数中的橡胶制品类产量指数等，它表明复杂总体中某一类（组）现象的数量变动的相对数。

**2. 按指数性质的不同，统计指数可分为数量指标指数和质量指标指数**

数量指标指数是用来反映社会经济现象的数量或规模变动方向程度的指数。例如，产品产量指数、商品销售量指数等。

质量指标指数是用来反映社会经济现象质量、内涵变动情况的指数。例如，成本指数、物价指数、劳动生产率指数等。

**3. 按照采用基期的不同，统计指数可分为定基指数和环比指数**

定基指数是反映社会经济现象的报告期数量与某一固定时期的数量进行对比的相对数。

环比指数是反映社会经济现象的报告期数量与其前一期的数量进行对比的相对数。

**4. 按编制方法的不同，统计指数可分为综合指数、平均数指数和平均指标指数**

综合指数是通过同度量因素，将两个时期不能同度量的现象指标过渡到能够同度量的指标,然后再计算出的指数。它是总指数编制的基本形式。

平均数指数是从个体指数出发通过对个体指数加权平均计算而编制的指数。

平均指标指数是通过两个有联系的加权算术平均指标对比而计算出来的指数。

5. 按反映时间状况的不同,统计指数可分为动态指数和静态指数

动态指数是说明现象在不同时间上发展变化情况的统计指数。如股票价格指数、社会商品零售价格指数、农副产品产量指数等。根据所选择基期的不同,动态指数又分为环比指数和定基指数。环比指数是指以报告期的前期为基期计算的统计指数。定基指数是指以某一固定时期为基期计算的统计指数。

静态指数是反映社会经济现象在同一时期不同空间对比情况的指数。如计划完成情况指数、地区经济综合评价指数等。

# 任务二 综合指数的编制

统计研究的对象主要是总体现象。因此,从研究对象的范围来看,主要是指总指数的编制。总指数的编制方法有两种形式:综合指数、平均数指数。本节介绍综合指数。

## 一、综合指数的概念与编制原则

1. 综合指数的概念

综合指数是计算总指数的基本形式,它是将两个同类不能同度量的复杂现象数量转化为可同度量的数量,然后再进行对比所计算的说明复杂现象数量变动的相对数。综合指数是很多事物由于计量单位不同,其数据不能直接加总,为了反映它们的总变动情况,就要把不能直接相加的总体过渡到能相加的总体。综合指数就是把不能直接相加的复杂现象,变成两个能够相加的总量指标,然后再进行对比而求得的总指数。

2. 综合指数的编制原则

综合指数的编制是先综合后对比。先综合就是将不同度量不能直接加总,没有共同度量单位的各种不同事物的数量,过渡到能够度量、有共同度量单位、可以直接加总计算的过程。后对比就是将综合后的两个同类现象数量的总量进行比较计算的过程。这两个同类现象总量都是可以分解为两个或两个以上因素的量。这些众多因素又都可归纳为两类因素:一类是指数化因素,这是指数所要研究的对象,突出表现其变动情况的一个因素;另一类是同度量因素,这是指计算综合指数时,为了解决不能直接加总而引入使用的一个中介因素。同度量因素的作用有同度量(媒介)作用和权数作用。

如何设计综合指数的形式,关键是在经济联系中寻找同度量因素,然后再把它固定不变,以反映所要研究总体的某种因素的变化情况。归纳起来要解决以下两个问题:一、将什么因素作为同度量因素是合理的?二、把同度量因素固定在哪个时期是恰当的?

(1) 确定同度量因素

同度量因素的作用是把不能直接相加总的指标过渡为可以相加总的因素。究竟用什么因素作为同度量因素是合理的？

例如，有下列三种商品（见表 5-1），假如要编制商品销售量综合指数，因为：

① 三种商品销售量的计量单位不同，甲的是"件"，乙的是"kg"，丙的是"m"，不同单位的商品不能直接相加；

② 三种商品的价格是不同的，有的高，有的低，现在把它们的销售量简单相加，无异于把它们的价格同等看待，如此计算得出的销售量综合指数，显然与事实不符，因而是不科学的。

用同度量因素（价格）把它过渡为销售额就可以相加了。例如，某企业基期和报告期商品销售量和销售价格资料如表 5-1 所示。

表 5-1　某企业商品销售量和销售价格资料

| 商品名称 | 计量单位 | 销售量 | | 销售价格/元 | |
| --- | --- | --- | --- | --- | --- |
| | | 基期 $q_0$ | 报告期 $q_1$ | 基期 $p_0$ | 报告期 $p_1$ |
| 甲 | 件 | 48 | 60 | 20 | 20 |
| 乙 | kg | 50 | 60 | 10 | 8 |
| 丙 | m | 20 | 18 | 30 | 36 |

假如要编制商品价格综合指数，因为：

① 三种商品的价格表面上看起来相同，都是"元"，但实际上不一样，甲的是"元/件"，乙的是"元/kg"，丙的是"元/m"；

② 三种商品的销售量是不同的，有的多，有的少，现在把它们的价格简单相加，无异于把它们的销售量同等看待，如此计算得出的价格综合指数，显然与事实不符，因而是不科学的；

③ 商品的计量单位是人为规定的，如果把甲的计量单位改为"百件"，乙的改为"t"，丙的改为"尺"，用简单总和法得出的价格综合指数前后不同，这样，价格综合指数便没有确定的数值了，这显然不符合事实，因而也是不科学的。

用同度量因素（销售量）把单价过渡为销售额就可以相加了。由于商品销售额＝商品销售量×商品销售单价，因此可以得出：

编制商品销售量综合指数（数量指标综合指数）时，以商品价格（质量指标）为同度量因素；编制商品价格综合指数（质量指标综合指数）时，以商品销售量（数量指标）为同度量因素。即：

商品销售量综合指数： $$\overline{K}_q = \frac{\sum_{i=1}^{n} q_{1i} p_i}{\sum_{i=1}^{n} q_{0i} p_i} \quad (5-1)$$

商品价格综合指数：$\quad \overline{K}_p = \dfrac{\sum\limits_{i=1}^{n} p_{1i} q_i}{\sum\limits_{i=1}^{n} p_{0i} q_i}$ （5-2）

（2）固定同度量因素

1864年，德国经济学家埃蒂恩·拉斯贝尔（Etienne Laspeyres）认为，无论是编制商品销售量综合指数（数量指标综合指数），还是编制商品价格综合指数（质量指标综合指数），都应当将同度量因素固定在基期。

但到了1874年，德国另一位经济学家哈曼·派许（Herman Paasche）认为，无论是编制商品销售量综合指数（数量指标综合指数），还是编制商品价格综合指数（质量指标综合指数）时，都应当将同度量因素固定在报告期。

拉斯贝尔　　　　　派许<br>
（1864年）　　　（1874年）<br>
（固定在基期）　（固定在报告期）

销售量（数量指标）综合指数：$\quad \overline{K}_q = \dfrac{\sum\limits_{i=1}^{n} q_{1i} p_{0i}}{\sum\limits_{i=1}^{n} q_{0i} p_{0i}} \qquad \overline{K}_q = \dfrac{\sum\limits_{i=1}^{n} q_{1i} p_{1i}}{\sum\limits_{i=1}^{n} q_{0i} p_{1i}}$

价格（质量指标）综合指数：$\quad \overline{K}_p = \dfrac{\sum\limits_{i=1}^{n} p_{1i} q_{0i}}{\sum\limits_{i=1}^{n} p_{0i} q_{0i}} \qquad \overline{K}_p = \dfrac{\sum\limits_{i=1}^{n} p_{1i} q_{1i}}{\sum\limits_{i=1}^{n} p_{0i} q_{1i}}$

同度量因素究竟是固定在基期还是报告期呢？按照货币起源来解释，所谓物价，一般是先有物，后有价，即价（$p$）不能在物（$q$）之前出现，最多是同时出现，即：$q_0 p_0$，$q_1 p_1$ 是勉强可以说得通的，也是有意义的；至于 $q_1 p_0$，由于 $q_1$ 出现了，$q_0$ 一定出现，因此 $p_0$ 的出现可以说得通，即 $q_1 p_0$ 是有意义的。而 $q_0 p_1$，由于 $q_0$ 出现了，$q_1$ 不一定出现，因此 $p_1$ 的出现是说不通的，即 $q_0 p_1$ 是没有意义的。

综上所述，我们可以得出结论：在编制销售量（数量指标）综合指数时，同度量因素固定在基期，采用拉斯贝尔计算公式；在编制销售价格（质量指标）综合指数时，同度量因素固定在报告期，采用派许计算公式。即：

销售量（数量指标）综合指数：$\quad \overline{K}_q = \dfrac{\sum\limits_{i=1}^{n} q_{1i} p_{0i}}{\sum\limits_{i=1}^{n} q_{0i} p_{0i}}$ （5-3）

价格（质量指标）综合指数：$\quad \overline{K}_p = \dfrac{\sum\limits_{i=1}^{n} p_{1i} q_{1i}}{\sum\limits_{i=1}^{n} p_{0i} q_{1i}}$ （5-4）

综合指数有两种,即数量指标综合指数和质量指标综合指数。两种综合指数在计算形式上基本道理是一样的,但是在处理方法上既有联系也有区别。

## 二、综合指数的编制方法

### 1. 数量指标综合指数的编制

当编制综合指数的指数化因素是数量指标时,这就是数量指标综合指数(简称数量指数)。常见的有商品销售量指数、工业产品产量指数、农副产品产量指数等。

**例 5-1** 某企业主要产品产量如表 5-2 所示,编制该企业的产量综合指数。

表 5-2 某企业主要产品产量

| 产品名称 | 单位 | 产量 | |
|---|---|---|---|
| | | 基期 $q_0$ | 报告期 $q_1$ |
| 甲 | kg | 20 | 22 |
| 乙 | m | 50 | 48 |
| 丙 | 件(套) | 80 | 88 |
| 合计 | — | — | — |

解:不同产品的使用价值和计量单位都不同,不能直接相加对比,那么该企业的产量综合指数到底是上升了还是下降了,幅度大小如何? 这时引入一个同度量因素——价格,把各种产品产量通过价格都转化为产值,这时就可以相加和对比了。将各种商品的价格固定在同一时间,借助于产值的变化可以反映产量的变化。处理后数据见表 5-3。

表 5-3 某企业主要产品产量与产值

| 产品名称 | 单位 | 产量 | | 价格/万元 | | 产值/万元 | | | |
|---|---|---|---|---|---|---|---|---|---|
| | | $q_0$ | $q_1$ | $p_0$ | $p_1$ | $q_0 p_0$ | $q_1 p_0$ | $q_0 p_1$ | $q_1 p_1$ |
| 甲 | kg | 20 | 22 | 40 | 45 | 800 | 880 | 900 | 990 |
| 乙 | m | 50 | 48 | 30 | 25 | 1 500 | 1 440 | 1 250 | 1 200 |
| 丙 | 件(套) | 80 | 88 | 20 | 30 | 1 600 | 1 760 | 2 400 | 2 640 |
| 合计 | — | — | — | — | — | 3 900 | 4 080 | 4 550 | 4 830 |

1. 把同度量因素 $p$ 固定在基期(拉氏指数)

$$\frac{\sum_{i=1}^{n} q_{1i} p_{0i}}{\sum_{i=1}^{n} q_{0i} p_{0i}} = \frac{22 \times 40 + 48 \times 30 + 88 \times 20}{20 \times 40 + 50 \times 30 + 80 \times 20} = \frac{4\ 080}{3\ 900} \approx 104.62\%$$

$$\sum_{i=1}^{n} q_{1i} p_{0i} - \sum_{i=1}^{n} q_{0i} p_{0i} = 4\ 080 - 3\ 900 = 180(\text{万元})$$

计算结果表明:(1) 三种商品的销售量平均增加了 4.62%;

(2) 因销售量增加而使销售总额增加的绝对额为 180 万元。

2. 把同度量因素 $p$ 固定在报告期(派氏指数)

$$\frac{\sum_{i=1}^{n} q_{1i}p_{1i}}{\sum_{i=1}^{n} q_{0i}p_{1i}} = \frac{4\,830}{4\,550} \approx 106.2\%$$

$$\sum_{i=1}^{n} q_{1i}p_{1i} - \sum_{i=1}^{n} q_{0i}p_{1i} = 4\,830 - 4\,550 = 280(万元)$$

计算结果表明:(1) 三种商品的销售量平均增加了 6.2%;

(2) 因销售量增加而使销售总额增加的绝对额为 280 万元。

这种差距是由于价格的变动引起的。经学术界人士研究并规定:用综合指数法编制数量指标总指数时,应采用拉氏指数公式,即以相关基期的质量指标为同度量因素。

2. 质量指标综合指数的编制

当编制综合指数的指数化因素是质量指标时,这就是质量指标综合指数(简称质量指数)。常见的有商品价格指数、股票价格指数、工资水平指数等。

**例 5-2** 某商店的三种商品销售量及价格如表 5-4 所示,编制该商店的综合价格指数。

表 5-4 三种商品的综合价格指数计算表

| 商品名称 | 计量单位 | 销售量 | | 价格/万元 | | 销售额/万元 | | | |
|---|---|---|---|---|---|---|---|---|---|
| | | $q_0$ | $q_1$ | $p_0$ | $p_1$ | $q_0 p_0$ | $q_0 p_1$ | $q_1 p_0$ | $q_1 p_1$ |
| 甲 | m | 800 | 880 | 42 | 41 | 33 600 | 32 800 | 36 960 | 36 080 |
| 乙 | 双 | 900 | 1 000 | 18 | 20 | 16 200 | 18 000 | 18 000 | 20 000 |
| 丙 | 台 | 500 | 450 | 100 | 120 | 50 000 | 60 000 | 45 000 | 54 000 |
| 合计 | — | — | — | — | — | 99 800 | 110 800 | 99 960 | 110 080 |

**解**:不同商品的价格是不能直接相加和比较的,必须引入销售量作为同度量因素,转化为销售额,就可以相加和比较了。

(1) 把同度量因素 $q$ 固定在基期(拉氏指数)

$$\frac{\sum_{i=1}^{n} q_{0i}p_{1i}}{\sum_{i=1}^{n} q_{0i}p_{0i}} = \frac{110\,800}{99\,800} \approx 111\%$$

$$\sum_{i=1}^{n} q_{0i}p_{1i} - \sum_{i=1}^{n} q_{0i}p_{0i} = 110\,800 - 99\,800 = 11\,000(万元)$$

计算结果表明:① 三种商品的价格平均增加了 11%;

② 因价格增加而使销售总额增加的绝对额为 11 000 万元。

(2) 把同度量因素 $q$ 固定在报告期(派氏指数)

$$\frac{\sum_{i=1}^{n} q_{1i} p_{1i}}{\sum_{i=1}^{n} q_{1i} p_{0i}} = \frac{110\ 080}{99\ 960} \approx 110\%$$

$$\sum_{i=1}^{n} q_{1i} p_{1i} - \sum_{i=1}^{n} q_{1i} p_{0i} = 110\ 080 - 99\ 960 = 10\ 120(万元)$$

计算结果表明：① 三种商品的价格平均增加了10%；
② 因价格增加而使销售总额增加的绝对额为 10 120 万元。

这种差距是由于销售量的变动引起的。经学术界人士研究并规定：用综合指数法编制质量指标总指数时，应采用派氏指数公式，即以相关报告期的数量指标为同度量因素。

### 三、综合指数法的特点

1. 借助于同度量因素进行综合对比

在分析复杂社会经济现象总体的综合变动时，不同度量单位的事物不能直接相加，但有时又需要把它们作为一个总体来研究，必须把它们加总起来，这是运用综合指数法首先要解决的问题。众所周知，人们从事社会生产活动，创造了各种各样的产品，这些不同的产品具有不同的使用价值、不同的外形和不同的计量单位，是不能同度量的事物。作为使用价值不同的产品或商品是不能同度量的，但所有的产品或商品都是人们从事社会劳动的成果，都是人们劳动的结晶，都具有一定的价值，而价值对于任何产品或商品来说都是相同的，是能同度量的，价格是价值的货币表现。因此，在编制指数时，就可用不同的产品或商品的量乘它们相应的价格，借助价格这一媒介因素，使不能同度量的使用价值量转化为能同度量的价值量，这样就可以对两个时期的价值量进行综合对比了。

2. 同度量因素的时期要固定

运用综合指数法编制总指数时，人们只关心一个因素的变动程度。如工业产品产量总指数，只反映各种工业产品产量的总变动；零售价格总指数，只反映多种商品零售价格的总变动。这就要求编制指数时，把新加入的媒介因素作为同度量因素加以固定，来测定人们所关心的因素的变动。

3. 用综合指数法编制总指数，使用的是全面资料，没有代表性误差

例如，用综合指数法编制产品产量指数，要求使用报告期和基期的全部产品产量资料，即利用全面统计资料。全面统计资料只存在登记性误差，而不存在代表性误差。

## 任务三 平均数指数的编制

平均数指数是从指数化因素的个体指数出发，对个体指数进行加权平均计算总指数的

一种方法。它是计算总指数的另一种重要形式。平均数指数是在不具备复杂经济现象数量的全部原始资料,而只能提供某一指标的个体指数和报告期或基期的总值时编制的指数。平均数指数可进一步分为加权算术平均数指数、加权调和平均数指数和固定权数加权算术平均数指数。

### 一、加权算术平均数指数

加权算术平均数指数,是以个体指数为变量值,以一定时期的总值指标为权数,对个体指数加权算术平均以计算总指数的一种方法。加权算术平均数指数多用于数量指标指数的编制,权数多为基期总值指标。

**例 5-3** 某公司三种商品销售情况如表 5-5 所示,计算三种商品的销售量总指数。

表 5-5 某公司三种商品销售情况及销售量总指数计算表

| 商品名称 | 计量单位 | 销售量 | | | 基期销售额 $q_0 p_0$/万元 | $k_q q_0 p_0$/万元 |
|---|---|---|---|---|---|---|
| | | 基期 $q_0$ | 报告期 $q_1$ | 个体指数 $k_q = q_1/q_0$ | | |
| 甲 | 台 | 160 | 200 | 1.25 | 32 | 40 |
| 乙 | 件 | 200 | 180 | 0.90 | 160 | 144 |
| 丙 | t | 500 | 600 | 1.20 | 100 | 120 |
| 合计 | — | — | — | — | 292 | 304 |

解:编制销售量总指数,一般采用拉氏物量指数公式 $\overline{K}_q = \dfrac{\sum\limits_{i=1}^{n} q_{1i} p_{0i}}{\sum\limits_{i=1}^{n} q_{0i} p_{0i}}$,但公式中的分母已知,而分子未知,无法直接运用该公式计算销售量总指数,需将该公式变形使用。

设 $k_q$ 为三种商品的销售量个体指数,即:

$$k_q = \frac{q_1}{q_0}, q_1 = k_q q_0$$

则有:

$$\overline{K}_q = \frac{\sum\limits_{i=1}^{n} q_{1i} p_{0i}}{\sum\limits_{i=1}^{n} q_{0i} p_{0i}} = \frac{\sum\limits_{i=1}^{n} k_{qi} q_{0i} p_{0i}}{\sum\limits_{i=1}^{n} q_{0i} p_{0i}}$$

公式 $\overline{K}_q = \dfrac{\sum\limits_{i=1}^{n} q_{1i} p_{0i}}{\sum\limits_{i=1}^{n} q_{0i} p_{0i}}$ 与项目四所述的加权算术平均数的形式相似,个体指数 $k_q$ 是变量值,$q_0 p_0$ 是权数,所以用该公式计算总指数的方法称为加权算术平均法。由此可知,在权数为 $q_0 p_0$ 的情况下,加权算术平均数指数是拉氏综合指数的变形。

根据表 5-5 的资料，三种商品的销售量总指数为：

$$\overline{K}_q = \frac{\sum_{i=1}^{n} k_{qi} q_{0i} p_{0i}}{\sum_{i=1}^{n} q_{0i} p_{0i}} = \frac{304}{292} \approx 104.11\%$$

$$\sum_{i=1}^{n} k_{qi} q_{0i} p_{0i} - \sum_{i=1}^{n} q_{0i} p_{0i} = 304 - 292 = 12(万元)$$

计算结果与前面的拉氏综合指数结果完全一致，经济内容也完全一致，只是采用的公式及资料不同。

从上述例题中可知，当已知商品个体指数及特定权数为基期总值指标 $q_0 p_0$ 时，可用综合指数的变形形式加权算术平均数指数计算总指数，其结果的实际意义与综合指数相同。加权算术平均数实际上是综合指数的变形，两者虽然形式不同，但是结果和经济内容是一致的。在以 $q_0 p_0$ 为权数的情况下，两者之间可以相互转化，加权算术平均数指数用于编制数量指标指数。

## 二、加权调和平均数指数

加权调和平均数指数，是以个体指数为变量值，以一定时期的总值为权数，对个体指数加权调和平均以计算总指数的一种方法。加权调和平均数指数多用于质量指标指数的编制，权数多为计算期总值指标。

**例 5-4** 某公司三种商品销售情况如表 5-6 所示，根据表中资料计算三种商品的价格总指数。

表 5-6 某公司三种商品销售情况及价格总指数计算表

| 商品名称 | 计量单位 | 价格 $p$/万元 | | | 报告期销售额 $p_1 q_1$/万元 | $\dfrac{p_1 q_1}{k_p}$/万元 |
|---|---|---|---|---|---|---|
| | | 基期 $p_0$ | 报告期 $p_1$ | 个体指数 $k_p = p_1/p_0$ | | |
| 甲 | 台 | 0.20 | 0.25 | 1.25 | 50 | 40 |
| 乙 | 件 | 0.80 | 0.80 | 1.00 | 144 | 144 |
| 丙 | t | 0.20 | 0.16 | 0.80 | 96 | 120 |
| 合计 | — | — | — | — | 290 | 304 |

解：编制价格总指数，一般采用派氏物价指数公式 $\overline{K}_p = \dfrac{\sum_{i=1}^{n} p_{1i} q_{1i}}{\sum_{i=1}^{n} p_{0i} q_{1i}}$，但公式中的分子已知，而分母未知，无法直接运用该公式计算价格总指数，需将该公式变形使用。

设 $k_p$ 为三种商品的价格个体指数，即：

$$k_p = \frac{p_1}{p_0}, \quad p_0 = \frac{p_1}{k_p}$$

则有：
$$\overline{K}_p = \frac{\sum_{i=1}^{n} p_{1i}q_{1i}}{\sum_{i=1}^{n} p_{0i}q_{1i}} = \frac{\sum_{i=1}^{n} p_{1i}q_{1i}}{\sum_{i=1}^{n} \frac{p_{1i}q_{1i}}{k_{pi}}}$$

公式 $\overline{K}_p = \dfrac{\sum_{i=1}^{n} p_{1i}q_{1i}}{\sum_{i=1}^{n} \dfrac{p_{1i}q_{1i}}{k_{pi}}}$ 与项目四所述的加权调和平均数的形式相似，个体指数 $k_p$ 是变量值，$p_1 q_1$ 是权数，所以用该公式计算总指数的方法称为加权调和平均法。由此可知，在权数为 $p_1 q_1$ 的情况下，加权调和平均数指数是派氏综合指数的变形。

根据表 5-6 的资料，三种商品的价格总指数为：

$$\overline{K}_p = \frac{\sum_{i=1}^{n} p_{1i}q_{1i}}{\sum_{i=1}^{n} \frac{p_{1i}q_{1i}}{k_{pi}}} = \frac{290}{304} \approx 95.39\%$$

$$\sum_{i=1}^{n} p_{1i}q_{1i} - \sum_{i=1}^{n} \frac{p_{1i}q_{1i}}{k_{pi}} = 290 - 304 = -14（万元）$$

计算结果与前面的派氏综合指数结果完全一样，经济内容也完全一致，只是采用的公式及资料不同。

从上述例题中可知，当已知商品个体指数及特定权数为报告期总值指标 $p_1 q_1$ 时，可用综合指数的变形形式加权调和平均数指数计算总指数，其结果的实际意义与综合指数相同。加权调和平均数实际上也是综合指数的变形，两者虽然形式不同，但是结果和经济内容是一致的。在以 $q_1 p_1$ 为权数的情况下，两者之间可以相互转化，加权调和平均数指数用于编制质量指标指数。

在客观经济领域中，许多重要经济指数的编制工作，广泛应用平均数指数。这些平均数指数的编制往往使用重点产品或代表产品的个体指数，权数则根据实际资料做进一步推算确定。

## 三、固定权数加权算术平均数指数

固定权数加权算术平均数指数是以指数化因素的个体指数为基础，使用固定权数对个体指数或类指数进行加权平均计算的一种总指数。所谓固定权数是指加权平均法计算中的权数用比重的形式固定下来，一段时间内不做变动，固定使用的权数。

从理论上讲，固定权数加权平均数指数也应有固定权数加权算术平均数指数和固定权数加权调和平均数指数之分，但在实际应用中极少采用固定权数加权调和平均数指数，故在这里仅介绍固定权数加权算术平均数指数。其计算公式为：

$$\overline{K} = \frac{\sum_{i=1}^{n} k_i \omega_i}{\sum_{i=1}^{n} \omega_i} \tag{5-5}$$

式中：$k$——个体（类）指数；

$\omega$——固定权数。

在我国统计实际业务中，各种物价指数常用固定权数加权算术平均数指数编制。现以我国零售物价指数为例，说明固定权数加权算术平均数指数的应用。

我国商品零售物价指数是在商品分类的基础上编制的。其一般做法是：首先，将全部零售商品分成若干个大类，在每个大类下分若干中类，中类下又分为若干个小类，再在各小类下选出若干代表规格品。其次，根据统计调查（居民家庭抽样调查）或统计报表资料结合社会商品零售额统计资料，计算各类商品零售额在社会商品零售总额中所占比重 $\omega \left( \omega = \dfrac{p_{0i}q_{0i}}{\sum_{i=1}^{n} p_{0i}q_{0i}} \right)$，将其作为权数并固定下来，若干年不变。再次，根据调查取得选出的代表规格产品价格资料，计算不同层次的价格个体（类）指数。最后，用固定权数加权算术平均数指数计算全部商品零售物价总指数。

**例 5-5** 已知某地区某年各类零售商品的价格个体指数及固定权数资料如表 5-7 所示，试编制该地区商品零售物价总指数。

表 5-7 某地区某年商品零售物价总指数计算表

| 商品类型 | 个体指数 $k_p$/% | 固定权数 $\omega$/% | $k_p\omega$ |
|---|---|---|---|
| 一、食品类 | 104.56 | 51 | 5 332.56 |
| 二、衣着类 | 100.42 | 23 | 2 309.66 |
| 三、日用品类 | 99.11 | 15 | 1 486.65 |
| 四、文化用品类 | 99.02 | 4 | 396.08 |
| 五、医药类 | 106.70 | 3 | 320.1 |
| 六、燃料类 | 125.48 | 4 | 501.92 |
| 合计 | — | 100 | 10 346.97 |

解：该地区商品零售物价总指数：$\overline{K}_p = \dfrac{\sum_{i=1}^{n} k_{pi}\omega_i}{\sum_{i=1}^{n} \omega_i} = \dfrac{10\ 346.97}{100} \approx 103.47\%$。

### 四、综合指数与平均数指数的关系

**1. 综合指数与平均数指数的区别**

（1）出发点不同。综合指数是从总量的因素分解出发，先确定同度量因素，把不同度量的总体过渡成为同度量的总体，然后固定同度量因素不变，以测定另一个因素的变动情况。

而平均数指数则是从个体指数出发,对个体指数进行不同加权平均,避开了总体内各要素的量不能直接加总对比的问题。综合指数的关键问题是同度量因素及时期选择问题,而平均数指数的主要问题是权数的选择及加权公式的确定问题。

(2) 对资料的要求及经济内容不同。综合指数要求一一对应的全面原始资料,其结果的经济意义十分明显,既可说明现象变动的方向和程度,也可说明现象变动所产生的实际效果。平均数指数可使用代表性资料、抽查资料等非全面资料,权数可用现成资料或比重权数资料等计算总指数,灵活简便,但其结果一般只能说明现象变动的方向和程度,而不能说明现象变动所产生的实际效果。

2. 综合指数与平均数指数的联系

(1) 在理论上有变形(依存)关系。从纯数学理论出发,平均数指数恒等于综合指数,二者都是从综合指数变形而来的。在实际应用中采用何种公式主要依据编制指数的目的和占有的原始资料而定。

总指数的常用计算公式如表 5-8 所示。

表 5-8　总指数的常用计算公式

| 总指数 | 加权综合法 | 加权平均法 | |
| --- | --- | --- | --- |
| | | 算术平均法 | 调和平均法 |
| 数量指标指数 | $\overline{K}_q = \sum_{i=1}^{n} q_{1i}p_{0i} / \sum_{i=1}^{n} q_{0i}p_{0i}$ | $\overline{K}_q = \sum_{i=1}^{n} k_{qi}p_{0i}q_{0i} / \sum_{i=1}^{n} p_{0i}q_{0i}$ | |
| | $\overline{K}_q = \sum_{i=1}^{n} q_{1i}p_{1i} / \sum_{i=1}^{n} q_{0i}p_{1i}$ | | $\overline{K}_q = \sum_{i=1}^{n} p_{1i}q_{1i} / \sum_{i=1}^{n} (p_{1i}q_{1i}/k_q)$ |
| 质量指标指数 | $\overline{K}_p = \sum_{i=1}^{n} p_{1i}q_{0i} / \sum_{i=1}^{n} p_{0i}q_{0i}$ | $\overline{K}_p = \sum_{i=1}^{n} k_{pi}p_{0i}q_{0i} / \sum_{i=1}^{n} p_{0i}q_{0i}$ | |
| | $\overline{K}_p = \sum_{i=1}^{n} p_{1i}q_{1i} / \sum_{i=1}^{n} p_{0i}q_{1i}$ | | $\overline{K}_p = \sum_{i=1}^{n} p_{1i}q_{1i} / \sum_{i=1}^{n} (p_{1i}q_{1i}/k_p)$ |

(2) 在资料口径完全一致时,二者的计算结果及经济内容完全相同。

# 任务四　指数体系和因素分析

## 一、指数体系

### 1. 指数体系的概念

社会经济现象之间的相互联系、相互影响的关系是客观存在的。构成指数体系的指数必须满足两个条件:

第一,各因素指数的乘积等于总变动指数;

第二,各因素指数分子与分母差额的总和等于总量指数实际发生的总差额。有些社会经济现象之间的联系可以用经济方程表现出来,如:

商品销售额＝商品销售量×商品销售价格；

产品产值＝产品出厂价格×产品产量。

上述的这种关系，按指数形式表现时，同样也存在这种对等关系。即：

商品销售额指数＝商品销售量指数×商品销售价格指数；

产品产值指数＝产品出厂价格指数×产品产量指数。

这种数量对等关系也表现在绝对数之间。即：

商品销售额实际增减额＝销售量变动的影响额＋价格变动的影响额；

产品产值实际增减额＝出厂价格变动的影响额＋产量变动的影响额。

在统计分析中，将三个或三个以上具有内在联系即经济上有联系，数量上保持一定对等关系的统计指数所构成的整体称为指数体系。指数体系一般保持两个对等关系：一是各影响因素指数的连乘积等于总变动指数；二是各因素对总额变动影响差额的总和等于实际发生的总差额。

上述指数体系，按编制综合指数的一般原理，以符号用公式可写成：

$$\frac{\sum_{i=1}^{n} p_{1i}q_{1i}}{\sum_{i=1}^{n} p_{0i}q_{0i}} = \frac{\sum_{i=1}^{n} p_{1i}q_{1i}}{\sum_{i=1}^{n} p_{0i}q_{1i}} \times \frac{\sum_{i=1}^{n} p_{0i}q_{1i}}{\sum_{i=1}^{n} p_{0i}q_{0i}}$$

$$\sum_{i=1}^{n} p_{1i}q_{1i} - \sum_{i=1}^{n} p_{0i}q_{0i} = (\sum_{i=1}^{n} p_{1i}q_{1i} - \sum_{i=1}^{n} p_{0i}q_{1i}) + (\sum_{i=1}^{n} p_{0i}q_{1i} - \sum_{i=1}^{n} p_{0i}q_{0i})$$

2. 指数体系的作用

统计指数体系具有科学的依据、客观的联系、简便的等式，在统计工作和经济活动中起着重要的作用，具体是：

（1）推算指数体系中的某一未知指数。指数体系表现为一个数量对等关系式，根据已经掌握的若干个指数，可以依据其组成的体系等式，推算出体系中的某一个未知指数。

（2）便于展开因素分析。指数体系是经济量分解成几个因素所组成的等式，从等式可以看出受哪些因素影响，还可以依据指数体系进一步计算、测定各因素影响的方向和程度。

（3）用综合指数法编制总指数时，指数体系也是确定同度量因素时期的根据之一。因为指数体系是进行因素分析的根据，要求各指数之间在数量上保持一定的联系。因此，编制产品产量指数时，如果将基期价格作为同度量因素，那么编制产品价格指数时就必须将报告期的产品产量作为同度量因素；如果编制产品产量指数将报告期价格作为同度量因素，那么编制产品价格指数时就必须将基期的产品产量作为同度量因素。

## 二、因素分析

1. 因素分析法的概念和分类

因素分析法就是利用指数体系分析现象总变动中各因素变动的影响方向和影响程度

的一种统计分析方法。例如,用指数体系来分析价格、销售量的变动对销售额的影响;分析工资水平、工人结构、工人总数的变动对工资总额的影响等。

(1) 两因素分析和多因素分析

因素分析法按分析对象包含的因素多少可分为两因素分析和多因素分析。两因素分析是指研究对象仅包含两个因素的变动分析,它是因素分析的基本方法。如销售额受销售价格和销售量的影响分析。多因素分析是指研究对象包含有两个以上因素变动的分析。如原材料消耗额受产量、原材料单耗、原材料价格的影响。

(2) 总量指标因素分析和平均指标因素分析

因素分析法按分析的指标种类不同可分为总量指标因素分析和平均指标因素分析。总量指标因素分析是指对总量指标变动中各影响因素的影响方向和影响程度的分析。如对产值变动中产量、出厂价格变动影响的分析。平均指标因素分析就是对平均指标变动中各影响因素的影响方向和影响程度的分析。如对同一单位不同时期职工平均工资受各类职工工资水平和职工人数构成因素影响的分析。

2. 总量指标的因素分析

(1) 总量指标的两因素分析

总量指标的因素分析有两因素分析和多因素分析之分。两因素分析最关键的是确定同度量因素的时期,一般应遵循的原则是:一个因素指数的同度量因素固定在报告期,则另一个因素指数的同度量因素固定在基期,即两个指数的同度量因素不能同时固定在报告期或同时固定在基期。现以实例说明总量指标两因素分析的方法。

例 5-6　某企业三种产品的资料如表 5-9 所示,要求据此分析产品产量、单位成本的变动对总成本的影响。

表 5-9　某企业总成本因素分析资料及计算表

| 产品名称 | 计量单位 | 产量 $q$ | | 单位成本 $z$/元 | | 总成本 $zq$/元 | | |
|---|---|---|---|---|---|---|---|---|
| | | 基期 $q_0$ | 报告期 $q_1$ | 基期 $z_0$ | 报告期 $z_1$ | $q_0 z_0$ | $q_1 z_1$ | $q_1 z_0$ |
| 甲 | 台 | 200 | 250 | 20 | 22 | 4 000 | 5 500 | 5 000 |
| 乙 | 件 | 500 | 600 | 10 | 8 | 5 000 | 4 800 | 6 000 |
| 丙 | t | 100 | 120 | 40 | 50 | 4 000 | 6 000 | 4 800 |
| 合计 | — | — | — | — | — | 13 000 | 16 300 | 15 800 |

解:根据总成本指数=产量指数×单位成本指数建立指数体系:

相对数体系:
$$\frac{\sum_{i=1}^{n} q_{1i} z_{1i}}{\sum_{i=1}^{n} q_{0i} z_{0i}} = \frac{\sum_{i=1}^{n} q_{1i} z_{0i}}{\sum_{i=1}^{n} q_{0i} z_{0i}} \times \frac{\sum_{i=1}^{n} q_{1i} z_{1i}}{\sum_{i=1}^{n} q_{1i} z_{0i}}$$

绝对数体系:
$$\sum_{i=1}^{n} q_{1i} z_{1i} - \sum_{i=1}^{n} q_{0i} z_{0i} = \left( \sum_{i=1}^{n} q_{1i} z_{0i} - \sum_{i=1}^{n} q_{0i} z_{0i} \right) + \left( \sum_{i=1}^{n} q_{1i} z_{1i} - \sum_{i=1}^{n} q_{1i} z_{0i} \right)$$

具体分析如下:

三种产品总成本变动为：

$$总成本指数 = \frac{\sum_{i=1}^{n} q_{1i}z_{1i}}{\sum_{i=1}^{n} q_{0i}z_{0i}} = \frac{16\,300}{13\,000} \approx 125.38\%$$

$$总成本变动额 = \sum_{i=1}^{n} q_{1i}z_{1i} - \sum_{i=1}^{n} q_{0i}z_{0i} = 16\,300 - 13\,000 = 3\,300(元)$$

计算结果表明三种产品的总成本报告期比基期增长 25.38%，在绝对数上增加 3 300 元。
各因素的影响情况：
三种产品产量变动及影响程度为：

$$产量总指数 = \frac{\sum_{i=1}^{n} q_{1i}z_{0i}}{\sum_{i=1}^{n} q_{0i}z_{0i}} = \frac{15\,800}{13\,000} \approx 121.54\%$$

$$产量变动对总成本的影响额 = \sum_{i=1}^{n} q_{1i}z_{0i} - \sum_{i=1}^{n} q_{0i}z_{0i} = 15\,800 - 13\,000 = 2\,800(元)$$

计算结果表明三种产品的产量报告期比基期增长 21.54%，由此导致总成本增加 2 800 元。

三种产品出厂价格变动及影响程度为：

$$单位成本总指数 = \frac{\sum_{i=1}^{n} q_{1i}z_{1i}}{\sum_{i=1}^{n} q_{1i}z_{0i}} = \frac{16\,300}{15\,800} \approx 103.16\%$$

$$单位成本变动对总成本的影响额 = \sum_{i=1}^{n} q_{1i}z_{1i} - \sum_{i=1}^{n} q_{1i}z_{0i} = 16\,300 - 15\,800 = 500(元)$$

计算结果表明三种产品的单位成本报告期比基期增长 3.16%，由此导致总成本增加 500 元。

用指数体系反映：

在相对数上： $121.54\% \times 103.16\% = 125.38\%$

在绝对数上： $2\,800 + 500 = 3\,300(元)$

由此可见，三种产品的产量报告期比基期增长 21.54%，使总成本增加 2 800 元；三种产品的单位成本报告期比基期增长 3.16%，使总成本增加 500 元。两者共同作用的结果是：三种产品的总成本报告期比基期增长 25.38%，总成本增加 3 300 元。

（2）总量指标的多因素分析

对三个或三个以上因素的现象进行分析所采用的方法就叫做多因素分析法。

例如,以下指数体系,就是三个因素的变动分析。

工业净产值指数 = 职工人数指数 × 劳动生产率指数 × 净产值占总产值的比重指数

工业产品原材料支出总额指数 = 产量指数 × 单位产品原材料消耗量指数 × 单位原材料价格指数

产值指数 = 职工人数指数 × 工人占职工人数比重指数 × 工人劳动生产率指数

总量指标多因素分析过程中应注意的问题:

第一,在因素变动分析中,为了分析某一因素指数的变动影响,需要将其他两个或两个以上的因素同度量固定不变。被固定的因素应固定在哪个时期,必须依据综合指数的编制原则来选定。即在测定数量指标因素的变动影响时,应以基期质量指标作为固定因素;而在测定质量指标因素的变动影响时,应以报告期数量指标作为同度量因素。

第二,根据现象各因素相互之间的内在联系,正确地确定各因素的替换程序。一般可用下列原则来加以检验:

(1) 数量指标在前,质量指标在后的原则。如果相邻的两个指标同时都是数量指标或质量指标,则把相对看来属于数量指标的因素放在前面。

(2) 两个相邻指标相乘,必须具有实际经济意义。例如,对工业企业原材料支出总额的因素分析,就要按产量($q$)、单位产品原材料消耗量($m$)、原材料价格($p$)的顺序排列。只有这样排列,才能保持它们之间彼此适应和相互结合,具有实际经济意义。从下列分析中可以明显体现出来:

原材料支出总额 = 产量 × 单位产品原材料消耗量 × 原材料价格

上式用字母表示为:
$$\sum_{i=1}^{n} q_i m_i p_i = \sum_{i=1}^{n} q_i \times m_i \times p_i$$

综上所述,根据以上原则,将构成所要分析的总量指标的各个因素按顺序排列,数量指标在前,质量指标在后。分析第一个因素变动对总量指标影响的时候,将后面的各个因素固定在基期;分析第二个因素变动对总量指标影响的时候,则在第一个因素已经替换为报告期的基础上进行,即将分析过的因素固定在报告期,将后面的因素仍然固定在基期;以此类推,直到分析完为止。

例如:原材料支出总额 = 产量 × 单位产品原材料消耗量 × 原材料价格

产量相对于单位产品原材料消耗量和原材料价格来说,为数量指标;原材料价格相对于产量和单位产品原材料消耗量来说,则为质量指标;而单位产品原材料消耗量相对于产量来说是质量指标,相对于原材料价格来说,则为数量指标。因此对应指数体系为:

原材料支出总额指数 = 产量指数 × 单位产品原材料消耗量指数 × 原材料价格指数

$$\frac{\sum_{i=1}^{n} q_{1i} m_{1i} p_{1i}}{\sum_{i=1}^{n} q_{0i} m_{0i} p_{0i}} = \frac{\sum_{i=1}^{n} q_{1i} m_{0i} p_{0i}}{\sum_{i=1}^{n} q_{0i} m_{0i} p_{0i}} \times \frac{\sum_{i=1}^{n} q_{1i} m_{1i} p_{0i}}{\sum_{i=1}^{n} q_{1i} m_{0i} p_{0i}} \times \frac{\sum_{i=1}^{n} q_{1i} m_{1i} p_{1i}}{\sum_{i=1}^{n} q_{1i} m_{1i} p_{0i}}$$

变化的绝对差额为:

$$\sum_{i=1}^{n} q_{1i}m_{1i}p_{1i} - \sum_{i=1}^{n} q_{0i}m_{0i}p_{0i} = (\sum_{i=1}^{n} q_{1i}m_{0i}p_{0i} - \sum_{i=1}^{n} q_{0i}m_{0i}p_{0i}) +$$
$$(\sum_{i=1}^{n} q_{1i}m_{1i}p_{0i} - \sum_{i=1}^{n} q_{1i}m_{0i}p_{0i}) + (\sum_{i=1}^{n} q_{1i}m_{1i}p_{1i} - \sum_{i=1}^{n} q_{1i}m_{1i}p_{0i})$$

式中：$q_1$——报告期产量；

$q_0$——基期产量；

$m_1$——报告期单位产品原材料消耗量；

$m_0$——基期单位产品原材料消耗量；

$p_1$——报告期原材料价格；

$p_0$——基期原材料价格。

**例 5-7** 以表 5-10 为例：

表 5-10 原材料支出总额计算表

| 产品名称 | 产量/台 | | 原材料名称 | 每台消耗量/kg | | 原材料价格/元 | | 原材料支出总额/元 | | | |
|---|---|---|---|---|---|---|---|---|---|---|---|
| | 基期 $q_0$ | 报告期 $q_1$ | | 基期 $m_0$ | 报告期 $m_1$ | 基期 $p_0$ | 报告期 $p_1$ | $q_0 m_0 p_0$ | $q_1 m_0 p_0$ | $q_1 m_1 p_0$ | $q_1 m_1 p_1$ |
| 甲 | 90 | 100 | A | 40 | 36 | 40 | 48 | 144 000 | 160 000 | 144 000 | 172 800 |
| 乙 | 70 | 85 | B | 30 | 26 | 40 | 48 | 84 000 | 102 000 | 88 400 | 106 080 |
| 丙 | 60 | 70 | C | 15 | 14 | 32 | 37 | 28 800 | 33 600 | 31 360 | 36 260 |
| 合计 | — | — | — | — | — | — | — | 256 800 | 295 600 | 263 760 | 315 140 |

根据上表资料计算得：

$$\frac{\sum_{i=1}^{n} q_{1i}m_{1i}p_{1i}}{\sum_{i=1}^{n} q_{0i}m_{0i}p_{0i}} = \frac{315\ 140}{256\ 800} \approx 122.7\%$$

$$\sum_{i=1}^{n} q_{1i}m_{1i}p_{1i} - \sum_{i=1}^{n} q_{0i}m_{0i}p_{0i} = 315\ 140 - 256\ 800 = 58\ 340(元)$$

$$\frac{\sum_{i=1}^{n} q_{1i}m_{0i}p_{0i}}{\sum_{i=1}^{n} q_{0i}m_{0i}p_{0i}} = \frac{295\ 600}{256\ 800} \approx 115.1\%$$

$$\sum_{i=1}^{n} q_{1i}m_{0i}p_{0i} - \sum_{i=1}^{n} q_{0i}m_{0i}p_{0i} = 295\ 600 - 256\ 800 = 38\ 800(元)$$

$$\frac{\sum_{i=1}^{n} q_{1i}m_{1i}p_{0i}}{\sum_{i=1}^{n} q_{1i}m_{0i}p_{0i}} = \frac{263\ 760}{295\ 600} \approx 89.2\%$$

$$\sum_{i=1}^{n} q_{1i}m_{1i}p_{0i} - \sum_{i=1}^{n} q_{1i}m_{0i}p_{0i} = 263\,760 - 295\,600 = -31\,840(元)$$

$$\frac{\sum_{i=1}^{n} q_{1i}m_{1i}p_{1i}}{\sum_{i=1}^{n} q_{1i}m_{1i}p_{0i}} = \frac{315\,140}{263\,760} \approx 119.5\%$$

$$\sum_{i=1}^{n} q_{1i}m_{1i}p_{1i} - \sum_{i=1}^{n} q_{1i}m_{1i}p_{0i} = 315\,140 - 263\,760 = 51\,380(元)$$

则指数关系为：

$$122.7\% = 115.1\% \times 89.2\% \times 119.5\%$$

绝对额的变动为：

$$58\,340 = 38\,800 + (-31\,840) + 51\,380$$

从以上计算结果可以看出：原材料支出总额增长 22.7%，增加 58 340 元，是产量增长 15.1%，增加支出 38 800 元；单位产品原材料消耗量降低 10.8%，减少支出 31 840 元；原材料价格上涨 19.5%，增加支出 51 380 元三方面共同影响的结果。

3. 平均指标的因素分析

我们知道加权算术平均数 $\bar{x} = \dfrac{\sum_{i=1}^{n} x_i f_i}{\sum_{i=1}^{n} f_i} = \sum_{i=1}^{n} x_i \left( \dfrac{f_i}{\sum_{i=1}^{n} f_i} \right)$ 受两个因素的影响：一是各组水平 $x_i$；二是各组结构 $\dfrac{f_i}{\sum_{i=1}^{n} f_i}$。如果平均指标发生变化 $\left( \dfrac{\bar{x}_1}{\bar{x}_0} \right)$，显然是 $x_i$ 和 $\dfrac{f_i}{\sum_{i=1}^{n} f_i}$ 变动的结果。因此，我们可以采用类似前面总量指标两因素分析的方法对平均指标的变动进行因素分析，即利用指数体系从各组水平 $x_i$ 和各组结构 $\dfrac{f_i}{\sum_{i=1}^{n} f_i}$ 的变动对平均指标变动的影响情况进行分析。

平均指标的变动也就是平均指标指数，又称为可变构成指数，它反映平均指标的实际变动方向和程度。记为：

$$可变构成指数 = \frac{\sum_{i=1}^{n} x_{1i}f_{1i}}{\sum_{i=1}^{n} f_{1i}} \div \frac{\sum_{i=1}^{n} x_{0i}f_{0i}}{\sum_{i=1}^{n} f_{0i}}$$

分子与分母的差额：

$$\frac{\sum_{i=1}^{n} x_{1i}f_{1i}}{\sum_{i=1}^{n} f_{1i}} - \frac{\sum_{i=1}^{n} x_{0i}f_{0i}}{\sum_{i=1}^{n} f_{0i}}$$

表示平均指标增加或减少的数额。

为了分析各组水平 $x_i$ 和各组结构 $\dfrac{f_i}{\sum_{i=1}^{n} f_i}$ 两因素的变动对平均指标变动的影响情况,每次分别固定一个因素,考虑另一个因素的变化。

首先分析各组水平 $x_i$ 的变动对平均指标变动的影响,这时将各组结构 $\dfrac{f_i}{\sum_{i=1}^{n} f_i}$ 固定在报告期,由此得到的指数称为固定构成指数,它反映了各组水平 $x_i$ 的变动方向和程度。记为:

$$\text{固定构成指数} = \frac{\sum_{i=1}^{n} x_{1i}f_{1i}}{\sum_{i=1}^{n} f_{1i}} \div \frac{\sum_{i=1}^{n} x_{0i}f_{1i}}{\sum_{i=1}^{n} f_{1i}}$$

分子与分母的差额:

$$\frac{\sum_{i=1}^{n} x_{1i}f_{1i}}{\sum_{i=1}^{n} f_{1i}} - \frac{\sum_{i=1}^{n} x_{0i}f_{1i}}{\sum_{i=1}^{n} f_{1i}}$$

表示由于各组水平变动而使平均指标变化的数额。

其次分析各组结构 $\dfrac{f_i}{\sum_{i=1}^{n} f_i}$ 的变动对平均指标变动的影响,这时将各组水平固定在基期,由此得到的指数称为结构影响指数。记为:

$$\text{结构影响指数} = \frac{\sum_{i=1}^{n} x_{0i}f_{1i}}{\sum_{i=1}^{n} f_{1i}} \div \frac{\sum_{i=1}^{n} x_{0i}f_{0i}}{\sum_{i=1}^{n} f_{0i}}$$

分子与分母的差额:

$$\frac{\sum_{i=1}^{n} x_{0i}f_{1i}}{\sum_{i=1}^{n} f_{1i}} - \frac{\sum_{i=1}^{n} x_{0i}f_{0i}}{\sum_{i=1}^{n} f_{0i}}$$

表示由于各组结构变动而使平均指标变化的数额。

上述三个指数在相对数上构成下列等式:

$$可变构成指数 = 固定构成指数 \times 结构影响指数$$

即：

$$\frac{\sum_{i=1}^{n} x_{1i}f_{1i}}{\sum_{i=1}^{n} f_{1i}} \Big/ \frac{\sum_{i=1}^{n} x_{0i}f_{0i}}{\sum_{i=1}^{n} f_{0i}} = \frac{\sum_{i=1}^{n} x_{1i}f_{1i}}{\sum_{i=1}^{n} f_{1i}} \Big/ \frac{\sum_{i=1}^{n} x_{0i}f_{1i}}{\sum_{i=1}^{n} f_{1i}} \times \frac{\sum_{i=1}^{n} x_{0i}f_{1i}}{\sum_{i=1}^{n} f_{1i}} \Big/ \frac{\sum_{i=1}^{n} x_{0i}f_{0i}}{\sum_{i=1}^{n} f_{0i}}$$

绝对量上存在如下等式：

$$\frac{\sum_{i=1}^{n} x_{1i}f_{1i}}{\sum_{i=1}^{n} f_{1i}} - \frac{\sum_{i=1}^{n} x_{0i}f_{0i}}{\sum_{i=1}^{n} f_{0i}} = \left(\frac{\sum_{i=1}^{n} x_{1i}f_{1i}}{\sum_{i=1}^{n} f_{1i}} - \frac{\sum_{i=1}^{n} x_{0i}f_{1i}}{\sum_{i=1}^{n} f_{1i}}\right) + \left(\frac{\sum_{i=1}^{n} x_{0i}f_{1i}}{\sum_{i=1}^{n} f_{1i}} - \frac{\sum_{i=1}^{n} x_{0i}f_{0i}}{\sum_{i=1}^{n} f_{0i}}\right)$$

**特别提示**：可变构成指数、固定构成指数与结构影响指数组成一个指数体系，我们称之为平均指标指数体系。

**例 5-8** 某企业职工的工资资料如表 5-11 所示。要求：分析职工工资水平和工人结构的变动对总平均工资的影响。

表 5-11 平均工资因素分析表

| 职工类别 | 月平均工资/元 | | 职工人数/人 | | 工资总额/元 | | |
|---|---|---|---|---|---|---|---|
| | 基期 $x_0$ | 报告期 $x_1$ | 基期 $f_0$ | 报告期 $f_1$ | $x_0 f_0$ | $x_0 f_1$ | $x_1 f_1$ |
| 学徒 | 4 500 | 5 000 | 60 | 180 | 270 000 | 810 000 | 900 000 |
| 熟练工人 | 5 000 | 6 000 | 180 | 270 | 900 000 | 1 350 000 | 1 620 000 |
| 管理人员 | 10 000 | 11 000 | 240 | 150 | 2 400 000 | 1 500 000 | 1 650 000 |
| 合计 | — | — | 480 | 600 | 3 570 000 | 3 660 000 | 4 170 000 |

**解**：(1) 总平均工资的变动如下：

$$可变构成指数 = \frac{\sum_{i=1}^{n} x_{1i}f_{1i}}{\sum_{i=1}^{n} f_{1i}} \Big/ \frac{\sum_{i=1}^{n} x_{0i}f_{0i}}{\sum_{i=1}^{n} f_{0i}} = \frac{\dfrac{4\,170\,000}{600}}{\dfrac{3\,570\,000}{480}} = \frac{6\,950}{7\,437.5} \approx 93.45\%$$

$$\frac{\sum_{i=1}^{n} x_{1i}f_{1i}}{\sum_{i=1}^{n} f_{1i}} - \frac{\sum_{i=1}^{n} x_{0i}f_{0i}}{\sum_{i=1}^{n} f_{0i}} = 6\,950 - 7\,437.5 = -487.5(元)$$

计算结果表明该企业全体职工的月平均工资报告期比基期下降 6.55%，总平均工资减少 487.5 元。

(2) 总平均工资受各因素影响的情况如下：

$$固定构成指数 = \frac{\dfrac{\sum_{i=1}^{n} x_{1i}f_{1i}}{\sum_{i=1}^{n} f_{1i}}}{\dfrac{\sum_{i=1}^{n} x_{0i}f_{1i}}{\sum_{i=1}^{n} f_{1i}}} = \frac{\dfrac{4\,170\,000}{600}}{\dfrac{3\,660\,000}{600}} = \frac{6\,950}{6\,100} \approx 113.93\%$$

$$\frac{\sum_{i=1}^{n} x_{1i}f_{1i}}{\sum_{i=1}^{n} f_{1i}} - \frac{\sum_{i=1}^{n} x_{0i}f_{1i}}{\sum_{i=1}^{n} f_{1i}} = 6\,950 - 6\,100 = 850(元)$$

计算结果表明由于各组工资上涨 13.93%，而使总平均工资增加 850 元。

$$结构影响指数 = \frac{\dfrac{\sum_{i=1}^{n} x_{0i}f_{1i}}{\sum_{i=1}^{n} f_{1i}}}{\dfrac{\sum_{i=1}^{n} x_{0i}f_{0i}}{\sum_{i=1}^{n} f_{1i}}} = \frac{\dfrac{3\,660\,000}{600}}{\dfrac{3\,570\,000}{480}} = \frac{6\,100}{7\,437.5} \approx 82.02\%$$

$$\frac{\sum_{i=1}^{n} x_{0i}f_{1i}}{\sum_{i=1}^{n} f_{1i}} - \frac{\sum_{i=1}^{n} x_{0i}f_{0i}}{\sum_{i=1}^{n} f_{0i}} = 6\,100 - 7\,437.5 = -1\,337.5(元)$$

计算结果表明由于职工人数结构变动工资下降 17.98%，而使总平均工资减少 1 337.5 元。

(3) 用指数体系反映：

在相对数上：93.45% = 113.93% × 82.02%；

在绝对数上：−487.5 = 850 + (−1 337.5)。

综上所述，由于各组工资水平上涨 13.93%，总平均工资增加 850 元；由于职工人数结构变动工资下降 17.98%，总平均工资减少 1 337.5 元。两因素共同影响使总平均工资下降 6.55%，总平均工资减少 487.5 元。

## 任务五  几种常用的经济指数

我国统计实践中，常用的经济指数主要有商品零售价格指数、居民消费价格指数、农产品收购价格指数、农业生产指数、工业生产指数、工农业商品综合比价指数、工业品出厂价格指数、固定资产投资价格指数、生产价格指数、股票价格指数、货币购买力和进出口商品价格指数与贸易条件指数等。其中与人民生活关系最为密切的是商品零售价格指数和居民消费价格指数。

### 一、物价指数

按加权算术平均指数计算零售物价指数的步骤是首先计算每种商品的个体价格指数，再将每个个体价格指数乘相应的权数，而后计算平均指数。在计算零售物价指数时，作为权数的价值指标就是商品销售额。现在我们仍以 $K_p = p_1/p_0$ 表示个体价格指数，以 $V$ 表示商品销售额，则按加权算术平均法计算的零售物价指数可用下式表示：

$$\overline{K}_{p(p)} = \frac{\sum_{i=1}^{n} K_{pi} V_i}{\sum_{i=1}^{n} V_i}$$

当 $V = p_0 q_0$ 时，

$$\overline{K}_p = \frac{\sum_{i=1}^{n} K_{pi} p_{0i} q_{0i}}{\sum_{i=1}^{n} p_{0i} q_{0i}}$$

当 $V = p_0 q_1$ 时，

$$\overline{K}_p = \frac{\sum_{i=1}^{n} K_{pi} p_{0i} q_{1i}}{\sum_{i=1}^{n} p_{0i} q_{1i}}$$

以上两式都是按加权算术平均法计算零售物价指数的公式，但采用的权数不同，第一式中的 $p_0 q_0$ 是基期实际商品销售额，第二式中的 $p_0 q_1$ 是按基期价格计算的报告期销售额。将两个公式再做适当变换：

$$\overline{K}_p = \frac{\sum_{i=1}^{n} K_{pi} p_{0i} q_{0i}}{\sum_{i=1}^{n} p_{0i} q_{0i}} = \frac{\sum_{i=1}^{n} (p_{1i}/p_{0i}) p_{0i} q_{0i}}{\sum_{i=1}^{n} p_{0i} q_{0i}} = \frac{\sum_{i=1}^{n} p_{1i} q_{0i}}{\sum_{i=1}^{n} p_{0i} q_{0i}} = \overline{K}_{p(l)}$$

即以 $V = p_0 q_0$ 为权数计算的加权算术平均零售物价指数等于按综合指数计算的拉氏零售物价指数。

当 $V = p_0 q_1$ 时,有

$$\overline{K}_p = \frac{\sum_{i=1}^{n} K_{pi} p_{0i} q_{1i}}{\sum_{i=1}^{n} p_{0i} q_{1i}} = \frac{\sum_{i=1}^{n} (p_{1i}/p_{0i}) p_{0i} q_{1i}}{\sum_{i=1}^{n} p_{0i} q_{1i}} = \frac{\sum_{i=1}^{n} p_{1i} q_{1i}}{\sum_{i=1}^{n} p_{0i} q_{1i}} = \overline{K}_{p(p)}$$

即以 $V = p_0 q_1$ 为权数计算的加权算术平均零售物价指数等于按综合指数计算的派氏零售物价指数。

以上结果表明加权算术平均指数与综合指数之间存在着内在的联系,这种联系在其他的经济指数中也同样存在。但必须是按照指定时期的价格及数量计算的情况下,这种联系才能被保持下来。

下面根据表 5-12 资料分别计算加权算术平均零售物价指数,具体见表 5-13。

表 5-12 某市基期和报告期主要食品及工业消费品的价格及销售量

| 商品 | 计量单位 | 基期 | | 报告期 | | 个体价格指数 $K_p = p_1/p_0$ | 按不同时期价格计算的销售额/元 | | | |
|---|---|---|---|---|---|---|---|---|---|---|
| | | 价格 $p_0$ /元 | 销售量 $q_0$ | 价格 $p_1$ /元 | 销售量 $q_1$ | | $p_0 q_0$ | $p_0 q_1$ | $p_1 q_0$ | $p_1 q_1$ |
| — | — | (1) | (2) | (3) | (4) | (5) | (6) | (7) | (8) | (9) |
| 稻米 | $10^2$ kg | 70.6 | 7 120 | 280.0 | 7 540 | 3.966 | 502 672 | 532 324 | 1 993 600 | 2 111 200 |
| 豆油 | $10^2$ kg | 420.5 | 920 | 795.0 | 975 | 1.891 | 386 860 | 409 987.5 | 731 400 | 775 125 |
| 大白菜 | $10^2$ kg | 15.0 | 15 600 | 40.0 | 18 720 | 2.667 | 234 000 | 280 800 | 624 000 | 748 800 |
| 黄瓜 | $10^2$ kg | 121.2 | 5 900 | 220.6 | 6 120 | 1.820 | 715 080 | 741 744 | 1 301 540 | 1 350 072 |
| 菠菜 | $10^2$ kg | 60.8 | 6 400 | 189.8 | 6 650 | 3.122 | 389 120 | 404 320 | 1 214 720 | 1 262 170 |
| 豆腐 | $10^2$ kg | 68.4 | 2 500 | 122.4 | 2 840 | 1.789 | 171 000 | 194 256 | 306 000 | 347 616 |
| 猪肉 | $10^2$ kg | 518.2 | 1 200 | 1 426.0 | 1 215 | 2.752 | 621 840 | 629 613 | 1 711 200 | 1 732 590 |
| 苹果 | $10^2$ kg | 250.8 | 3 400 | 360.5 | 3 245 | 1.437 | 852 720 | 813 846 | 1 225 700 | 1 169 822.5 |
| 棉布 | $10^2$ m | 309.6 | 4 070 | 620.0 | 3 650 | 2.003 | 1 260 072 | 1 130 040 | 2 523 400 | 2 263 000 |
| 香皂 | 块 | 2.605 | 107 500 | 4.202 | 107 000 | 1.613 | 280 037.5 | 278 735 | 451 715 | 449 614 |

续表 5-12

| 商品 | 计量单位 | 基期 | | 报告期 | | 个体价格指数 $K_p = p_1/p_0$ | 按不同时期价格计算的销售额/元 | | | |
|---|---|---|---|---|---|---|---|---|---|---|
| | | 价格 $p_0$ /元 | 销售量 $q_0$ | 价格 $p_1$ /元 | 销售量 $q_1$ | | $p_0 q_0$ | $p_0 q_1$ | $p_1 q_0$ | $p_1 q_1$ |
| 电灯泡 | 个 | 0.745 | 84 000 | 1.3 | 76 000 | 1.745 | 62 580 | 56 620 | 109 200 | 98 800 |
| 自行车 | 辆 | 323.5 | 67 500 | 428 | 58 000 | 1.323 | 21 836 250 | 18 763 000 | 28 890 000 | 24 824 000 |
| 合计 | — | — | — | — | — | — | 27 312 231.5 | 24 235 285.5 | 41 082 475 | 37 132 809 |

表 5-13 零售物价指数(加权算术平均法)计算表

| 商品 | 计量单位 | 个体价格指数 $K_p = p_1/p_0$ | 商品销售额/元 | | | |
|---|---|---|---|---|---|---|
| | | | $p_0 q_0$ | $p_0 q_1$ | $K_p p_0 q_0$ | $K_p p_0 q_1$ |
| — | — | (1) | (2) | (3) | (4) | (5) |
| 稻米 | $10^2$ kg | 3.966 | 502 672.0 | 532 324.0 | 1 993 597.152 | 2 111 197.0 |
| 豆油 | $10^2$ kg | 1.891 | 386 860.0 | 409 987.5 | 731 552.3 | 775 286.4 |
| 大白菜 | $10^2$ kg | 2.667 | 234 000.0 | 280 800.0 | 624 078.0 | 748 893.6 |
| 黄瓜 | $10^2$ kg | 1.820 | 715 080.0 | 741 744.0 | 1 301 445.6 | 1 349 974.1 |
| 菠菜 | $10^2$ kg | 3.122 | 389 120.0 | 404 320.0 | 1 214 832.6 | 1 262 287.0 |
| 豆腐 | $10^2$ kg | 1.789 | 171 000.0 | 194 256.0 | 305 919.0 | 347 524.0 |
| 猪肉 | $10^2$ kg | 2.752 | 621 840.0 | 629 613.0 | 1 711 303.7 | 1 732 695.0 |
| 苹果 | $10^2$ kg | 1.437 | 852 720.0 | 813 846.0 | 1 225 358.6 | 1 169 496.7 |
| 棉布 | $10^2$ m | 2.003 | 1 260 072.0 | 1 130 040.0 | 2 523 924.2 | 2 263 470.1 |
| 香皂 | 块 | 1.613 | 280 037.5 | 278 735.0 | 451 700.5 | 449 599.6 |
| 电灯泡 | 个 | 1.745 | 62 580.0 | 56 620.0 | 109 202.1 | 98 801.9 |
| 自行车 | 辆 | 1.323 | 21 836 250.0 | 18 763 000.0 | 28 889 358.8 | 24 823 449.0 |
| 合计 | — | — | 27 312 231.5 | 24 235 285.5 | 41 082 272.6 | 37 132 674.4 |

表 5-13 中第(1)(2)(3)列为已知资料,计算时设计(4)(5)两列。将第(2)(4)两列底下横行总和数字代入公式得

$$\overline{K}_p = \frac{\sum_{i=1}^{n} K_{pi} p_{0i} q_{0i}}{\sum_{i=1}^{n} p_{0i} q_{0i}} = \frac{41\ 082\ 272.6}{27\ 312\ 231.5} \approx 150.4\%$$

将第(3)(5)两列底下横行总和数字代入公式得

$$\overline{K}_p = \frac{\sum_{i=1}^{n} K_{pi} p_{0i} q_{1i}}{\sum_{i=1}^{n} p_{0i} q_{1i}} = \frac{37\ 132\ 674.4}{24\ 235\ 285.5} \approx 153.2\%$$

以上计算结果表明：以 $V = p_0 q_0$ 为权数计算的加权算术平均零售物价指数与按拉氏公式计算的结果完全一致；以 $V = p_0 q_1$ 为权数计算的加权算术平均零售物价指数与按派氏公式计算的结果完全一致。但加权算术平均指数与综合指数却是两种不同类型的指数，因为它们的计算原理、方法与所用资料都完全不同。此外，也可以用 $p_{1i} q_{0i}$、$p_{1i} q_{1i}$ 为权数计算零售物价指数，读者可自行设计，在此从略。

在中国统计实践中，商品零售价格指数采用固定权数加权算术平均指数，其计算方法与居民消费价格指数相同，本节后面将予以介绍。

### 二、工业品产量指数

工业品产量指数是数量指标指数，这类指数既可以用综合指数计算，也可以用加权算术平均法计算，按加权算术平均法计算工业品产量指数公式如下：

$$\overline{K}_q = \frac{\sum_{i=1}^{n} K_{qi} V_i}{\sum_{i=1}^{n} V_i}$$

当 $V = p_0 q_0$ 时，有：

$$\overline{K}_q = \frac{\sum_{i=1}^{n} K_{qi} p_{0i} q_{0i}}{\sum_{i=1}^{n} p_{0i} q_{0i}}$$

式中：$K_q = q_1/q_0$ ——个体数量指数；

$p_0 q_0$ ——基期实际产品价值。

可以证明，按此式计算的工业品产量指数与按拉氏公式计算的工业品产量指数完全一致，即

$$\overline{K}_q = \frac{\sum_{i=1}^{n} K_{qi} p_{0i} q_{0i}}{\sum_{i=1}^{n} p_{0i} q_{0i}} = \frac{\sum_{i=1}^{n} (q_{1i}/q_{0i}) p_{0i} q_{0i}}{\sum_{i=1}^{n} p_{0i} q_{0i}} = \frac{\sum_{i=1}^{n} p_{0i} q_{1i}}{\sum_{i=1}^{n} p_{0i} q_{0i}} = \overline{K}_{q(1)}$$

根据表 5-14 的资料按加权算术平均法求产量指数，具体见表 5-15。

表 5-14  某地区四种主要商品销售量情况表

| 商品类别 | 计量单位 | 销售量 基期 $q_0$ | 销售量 报告期 $q_1$ | 个体销售量指数 $K_q = q_1/q_0$ | 单位商品基期价格/元 $p_0$ | 基期销售额/万元 $p_0 q_0$ | 按基期价格核算的报告期销售额/万元 $p_0 q_1$ |
|---|---|---|---|---|---|---|---|
| — | — | (1) | (2) | (3) | (4) | (5) | (6) |
| 甲 | t | 1 000 | 1 100 | 1.10 | 200 | 20 | 22 |
| 乙 | t | 2 500 | 2 800 | 1.12 | 500 | 125 | 140 |
| 丙 | 台 | 3 600 | 4 000 | 1.11 | 300 | 108 | 120 |
| 丁 | 件 | 400 | 420 | 1.05 | 1 200 | 48 | 50.4 |
| 合计 | — | — | — | — | — | 301 | 332.4 |

表 5-15  工业品产量指数(加权算术平均法)计算表

| 工业产品 | 计量单位 | 个体产量指数 $K_q = q_1/q_0$ | 基期产品价值 $p_0 q_0$/万元 | $K_q p_0 q_0$ |
|---|---|---|---|---|
| — | — | (1) | (2) | (3) |
| 甲 | t | 1.10 | 20 | 22 |
| 乙 | t | 1.12 | 125 | 140 |
| 丙 | 台 | 1.11 | 108 | 120 |
| 丁 | 件 | 1.05 | 48 | 50.4 |
| 合计 | — | — | 301 | 332.4 |

将表 5-15 中第(2)(3)两列合计数代入公式得：

$$\overline{K}_q = \frac{\sum_{i=1}^{n} K_{qi} p_{0i} q_{0i}}{\sum_{i=1}^{n} p_{0i} q_{0i}} = \frac{332.4}{301} \approx 110.4\%$$

按加权算术平均指数与按拉式公式计算的结果完全一致，但计算方法与应用资料不同。由于基期实际产值在工作中更容易取得，计算方法也很简便，因此加权算术平均指数有较大的使用价值。

### 三、居民消费价格指数

居民消费价格指数(Consumer Price Index,简称 CPI)，是度量消费商品及服务项目价格水平随着时间变动的相对数，反映居民购买的商品及服务项目价格水平的变动趋势和变动程度。其按年度计算的变动率通常被用来反映通货膨胀或紧缩的程度；CPI 及其分类指数还是计算国内生产总值以及资产、负债、消费、收入等实际价值的重要参考依据。

CPI 的编制方法是在众多计量对象中选择代表规格品，采集其价格数据，计算这些代表规格品的平均价格和个体价格指数,然后运用几何平均计算出基本分类价格指数,再运用加权平均方法逐级计算小类、中类和大类价格指数,直至总价格指数。按照国家统计局针对CPI指标的诠释,其计算过程如下:

首先,国家统计局和地方统计部门分级确定用于计算CPI的商品和服务项目以及调查网点。国家统计局根据全国城乡居民家庭消费支出的抽样调查资料统一确定商品和服务项目的类别,设置包括:食品烟酒、衣着、居住、生活用品及服务、交通通信、教育文化娱乐、医疗保健、其他用品及服务八大类268个基本分类,基本涵盖了城乡居民的全部消费内容。全国抽选约500个市县,确定采集价格的调查网点,包括食杂店、百货店、超市、便利店、专业市场、专卖店、购物中心、农贸市场、服务消费单位等共6.3万个。

其次,按照"定人、定点、定时"的方式,统计部门派调查员到调查网点现场采集价格。目前,分布在全国31个省(区、市)500个调查市县的价格调查员共4 000人左右。价格采集频率因商品而异,对于CPI中的粮食、猪牛羊肉、蔬菜等与居民生活密切相关、价格变动相对比较频繁的食品,每5天调查一次价格;对于服装鞋帽、耐用消费品、交通通信工具等大部分工业产品,每月调查2～3次价格;对水、电等政府定价项目,每月调查核实一次价格。

最后,根据审核后的原始价格资料,计算单个商品或服务项目以及268个基本分类的价格指数。然后根据各类别相应的权数,再计算类别价格指数以及CPI。

我国CPI中的权数,主要是根据全国城乡居民家庭各类商品和服务的消费支出详细比重确定的。CPI汇总计算方法采用拉氏公式,编制月环比、月同比以及定基价格指数。

CPI等于100,表明报告期与基期相比综合物价没有变化;CPI大于100,说明报告期与基期相比综合物价上升,价格指数越高,反映物价上涨得越多;CPI小于100,说明报告期与基期相比综合物价下降。

### 四、农产品收购价格指数

农产品收购价格指数,是反映国家农产品收购价格变动趋势和程度的相对数,它既是研究农产品收购价格变化对农民收入、国家财政支出等的影响,又是计算工农业产品综合比价指数的依据。由于农产品收购季节性强,时间比较集中,产品品种比较少,因此,在年末能够较快地取得各类农产品实际收购金额和各代表规格品价格的资料,从而可以用报告期农产品实际收购金额作为权数,对各类代表规格品价格个体指数采用加权调和平均法计算农产品收购价格指数,其公式为:

$$\overline{K}_p = \frac{\sum_{i=1}^{n} p_{1i}q_{1i}}{\sum_{i=1}^{n} \frac{p_{1i}q_{1i}}{k_{pi}}}$$

式中:$k_p$——各类代表规格品的收购指数;

$p_1q_1$——相应各类代表规格品的报告期收购金额。

### 五、股票价格指数

股票价格变动是股票市场(或称证券市场)最重要的经济现象之一,它既可以为投资者带来利益,也可以使投资者遭受损失。股票价格指数是用来表示多种股票价格一般变化趋势的相对数。

股票价格指数一般由证券交易所、金融服务机构、咨询研究机构或者新闻单位编制和发布。其编制的步骤如下:

(1) 根据上市公司的行业分布、经济实力、资信等级等因素,选择适当数量的有代表性的股票,作为编制指数的样本股票。样本股票可以随时更换或做数量上的增减,以保持良好的代表性。

(2) 按期到股票市场上采集样本股票,简称采样。

(3) 采用科学的方法和先进的手段计算出指数值。

(4) 通过新闻媒体向社会公众公开发布。

为保持股票价格指数的连续性,使各个时期计算出来的股票价格指数相互可比,有时还需要对指数做相应的调整。

编制股票价格指数的主要方法是加权综合法。即以样本股票的发行量或交易量为同度量因素(或称权数)计算股票价格指数。其计算公式按同度量因素所属时期不同可分为以下两种:

$$基期加权综合股票价格指数 = \frac{\sum_{i=1}^{n} p_{1i}q_{0i}}{\sum_{i=1}^{n} p_{0i}q_{0i}}$$

$$报告期加权综合股票价格指数 = \frac{\sum_{i=1}^{n} p_{1i}q_{1i}}{\sum_{i=1}^{n} p_{0i}q_{1i}}$$

式中:$p_0$、$p_1$——分别为基期、报告期的股价;

$q_0$、$q_1$——分别为基期、报告期的发行量或交易量。

其中,以发行量加权的综合股票价格指数,称为市价总额指数;以交易量加权的综合股票价格指数,称为成交总额指数。

## 六、货币购买力指数

所谓货币购买力,是指单位货币所能购买的商品和服务的数量。货币购买力的变化,直接反映币值的变化。根据货币流通的规律,如果货币发行量过多,货币就会贬值,货币购买力就会下降。对人民生活来说,货币购买力的变化,直接影响生活水平的变化。影响人民生活水平的不只是货币收入的多少,还有货币购买力的大小。因此,反映货币购买力的变化,对分析货币流通量是否正常,对研究人民生活水平的变动都有重要的意义。

货币购买力的大小同商品和服务价格变化成反比例。统计根据这种关系,通过编制居民消费价格指数来反映货币购买力的变化。其公式为:

$$货币购买力指数 = \frac{1}{居民消费价格指数}$$

由于物价的变动影响货币购买力,因此,不同时期等量的货币收入,其实际收入就存在着差异。所以,在观察居民收入水平变化时,必须考虑到物价变动或货币购买力的变化。它们之间存在如下的关系:

$$实际收入指数 = 货币收入指数 \times 货币购买力指数$$

对于职工而言,则有:

$$实际工资指数 = 货币工资指数 \times 货币购买力指数$$

此外,还有工业产品出厂价格指数、外贸商品价格指数、贸易条件指数等。限于篇幅,在此不逐一介绍。

## ▶▶▶ 小 结

本章主要介绍了统计指数的相关概念、种类和编制方法,并探讨了指数体系和因素分析。同时,还列举了一些常用的经济指数作为示例。

首先,我们了解了统计指数的概念、作用和分类。统计指数是用来衡量和描述某种现象、变化或趋势的指标,具有反映总体变化、比较不同现象和观察趋势的功能。

其次,我们学习了综合指数的编制方法。综合指数是将多个相关指标进行综合计算得出的指标,可以用来综合评价和比较不同现象或对象的变化趋势。

接着,我们介绍了平均数指数的编制方法,包括加权算术平均数指数、加权调和平均数指数和固定权数加权算术平均数指数。这些方法在不同场景下可以灵活运用,用于计算平均数指数。

再次,我们讨论了指数体系和因素分析的概念。指数体系是由多个相关指数构成的一套指标体系,用于全面反映某个领域的变化情况。因素分析则是通过对指数的分解和分析,揭示指数变化背后的影响因素和机制。

最后,我们列举了一些常用的经济指数作为案例,包括物价指数、工业品产量指数、居民消费价格指数、农产品收购价格指数、股票价格指数和货币购买力指数等,这些指数在经济领域具有重要的参考价值。

通过本章的学习,我们对统计指数有了更深入的理解,掌握了综合指数和平均数指数的编制方法,了解了指数体系和因素分析的概念,同时熟悉了一些常用的经济指数。这些知识将有助于我们在实际工作中对数据进行综合评价和分析,为决策提供科学依据。

## 单元练习

**一、填空题**

1. 某百货公司 2021 年与 2020 年相比,各种商品零售总额上涨了 25%,零售量上涨了 10%,则零售价格增长了(　　　)。
2. 编制数量指标指数时,通常要以(　　　)为同度量因素;而编制质量指标指数时,通常要以(　　　)为同度量因素。
3. 统计指数按其反映的内容不同可分为(　　　)和(　　　)。
4. 只有当加权算术平均数指数的权数为(　　　)时,才与拉氏指数等价。
5. 只有当加权调和平均数指数的权数为(　　　)时,才与派氏指数等价。
6. 物价上涨后,同样多的人民币只能购买原有商品的 80%,则物价上涨了(　　　)。
7. 可变构成指数既受(　　　)变动的影响,也受(　　　)的影响。
8. 在指数体系中,凡是用某因素的报告期指标为同度量因素所计算的指数,都包含了(　　　)。
9. 在综合指数体系中,为使总量指数等于因素指数的乘积,两个因素指数中通常一个为(　　　)指数,另一个为(　　　)指数。
10. 综合指数的特点表现为(　　　)、(　　　)和(　　　)。

**二、单项选择题**

1. 当平均工资指数下降 1.72%,各组工资水平指数提高 9.62% 时,工人结构指数(　　　)。
   A. 增长 11.54%　　B. 增长 18.11%　　C. 下降 11.34%　　D. 下降 10.34%
2. 同度量因素的使用时期必须是(　　　)。
   A. 报告期　　B. 基期　　C. 同一时期　　D. 计划期
3. 在使用基期价格为同度量因素计算商品销售量时,(　　　)。
   A. 消除了价格变动的影响
   B. 包含了价格变动的影响
   C. 包含了价格与销售量共同变动的影响
   D. 消除了价格与销售量共同变动的影响
4. 某百货公司 2021 年与 2020 年相比商品零售价格平均下降 6%,商品零售量平均增长 6%,则商品零售额(　　　)。
   A. 保持不变
   B. 平均下降 0.36%
   C. 平均下降 0%
   D. 平均下降 0.996 4%
5. 报告期销售总量为权数的加权平均数指数在计算形式上采取(　　　)。
   A. 算术平均数形式
   B. 调和平均数形式
   C. 综合指数形式
   D. 几何平均形式
6. 下列指数中,(　　　)为拉氏物量指数。

A. $\dfrac{\sum_{i=1}^{n} p_{0i}q_{1i}}{\sum_{i=1}^{n} p_{0i}q_{0i}}$   B. $\dfrac{\sum_{i=1}^{n} p_{1i}q_{1i}}{\sum_{i=1}^{n} p_{1i}q_{0i}}$   C. $\dfrac{\sum_{i=1}^{n} p_{1i}q_{0i}}{\sum_{i=1}^{n} p_{0i}q_{0i}}$   D. $\dfrac{\sum_{i=1}^{n} p_{1i}q_{1i}}{\sum_{i=1}^{n} p_{0i}q_{1i}}$

7. 下列指数中（　　）为派氏价格指数。

A. $\dfrac{\sum_{i=1}^{n} p_{0i}q_{1i}}{\sum_{i=1}^{n} p_{0i}q_{0i}}$   B. $\dfrac{\sum_{i=1}^{n} p_{1i}q_{1i}}{\sum_{i=1}^{n} p_{1i}q_{0i}}$   C. $\dfrac{\sum_{i=1}^{n} p_{1i}q_{0i}}{\sum_{i=1}^{n} p_{0i}q_{0i}}$   D. $\dfrac{\sum_{i=1}^{n} p_{1i}q_{1i}}{\sum_{i=1}^{n} p_{0i}q_{1i}}$

8. 某地区2001年增加值比2000年增加值提高8%，这是（　　）。
   A. 狭义指数    B. 广义指数    C. 总指数    D. 综合指数

9. 只有以（　　）做动态比较才能分解出固定构成指数和结构影响指数。
   A. 简单算术平均数           B. 加权几何平均数
   C. 加权调和平均数           D. 加权算术平均数

10. 若某企业报告期生产费用为1 000万元，比上期增长18%，扣除产量因素，单位产品成本比基期下降了5%，则产量比基期上涨了（　　）。
    A. 24.2%    B. 23%    C. 13%    D. 9%

### 三、多项选择题

1. 在由两个因素构成的加权综合指数体系中，为使总量指数等于各因素指数的乘积，两个因素指数（　　）。
   A. 必须都是数量指数            B. 必须都是质量指数
   C. 数量指数和质量指数各一个    D. 权数必须是同一时期
   E. 权数必须是不同时期

2. 在指数体系中，总指数与各因素指数之间的关系是（　　）。
   A. 总指数等于各因素指数之和
   B. 总指数等于各因素指数之商
   C. 总指数等于各因素指数之积
   D. 总量的变动差额等于各因素变动差额之和
   E. 总量的变动差额等于各因素变动差额之积

3. 某商业企业2001年与2000年相比，各种商品价格总指数为110%，这说明（　　）。
   A. 商品零售价格平均上涨了10%    B. 商品零售额平均上涨了10%
   C. 商品零售量平均上涨了10%      D. 由于价格提高使商品销售额上涨了10%
   E. 由于价格提高使商品销售额下降了10%

4. 将报告期商品销售量作为权数计算的商品价格综合指数（　　）。
   A. 消除了销售量变动对指数的影响
   B. 包含了销售量变动对指数的影响
   C. 单纯反映了商品价格的综合变动程度

D. 同时反映了商品价格和销售量结构的变动
E. 反映了商品价格变动对销售额的影响

5. 根据广义指数的定义,下面( )属于指数。
A. 发展速度
B. 计划完成相对数
C. 强度相对数
D. 比较相对数
E. 某产品成本相对数

6. 加权调和平均数指数是一种( )。
A. 平均指数
B. 平均指标指数
C. 综合指数
D. 个体指数的平均数
E. 总指数

7. 某企业 2021 年与 2020 年相比,各种产品的单位成本总指数为 114％,这一相对数属于( )。
A. 综合指数
B. 个体指数
C. 数量指标指数
D. 价值总量指数
E. 质量指标指数

8. 根据五种产品基期和报告期的生产费用、单位产品成本的个体指数资料编制的五种产品成本指数属于( )。
A. 综合指数
B. 加权平均数指数
C. 总指数
D. 加权调和平均数指数
E. 加权算术平均数指数

9. 如果用某企业职工人数和劳动生产率的分组资料来进行分析,则该企业总平均劳动生产率主要受( )。
A. 企业各类职工人数构成变动的影响
B. 企业全部职工人数变动的影响
C. 企业各类职工劳动生产率变动的影响
D. 企业劳动生产率变动的影响
E. 企业平均劳动生产率的影响

10. 属于数量指标指数的公式有( )。

A. $\dfrac{\sum_{i=1}^{n} p_{0i}q_{1i}}{\sum_{i=1}^{n} p_{0i}q_{0i}}$
B. $\dfrac{\sum_{i=1}^{n} \dfrac{q_{1i}}{q_{0i}} p_{0i}q_{0i}}{\sum_{i=1}^{n} p_{0i}q_{0i}}$
C. $\dfrac{\sum_{i=1}^{n} p_{1i}q_{1i}}{\sum_{i=1}^{n} p_{1i}q_{0i}}$
D. $\dfrac{\sum_{i=1}^{n} p_{1i}q_{1i}}{\sum_{i=1}^{n} \dfrac{p_{1i}q_{1i}}{q_{0i}}}$
E. $\dfrac{\sum_{i=1}^{n} p_{1i}q_{1i}}{\sum_{i=1}^{n} p_{0i}q_{1i}}$

## 四、判断题

1. 某种商品价格上涨 5％,销售量下降 5％,则商品销售额保持不变。 （ ）
2. 加权指数中的同度量因素只是起到一种媒介作用。 （ ）

3. 全部产品总成本是一种总指数,而单位产品成本是一种质量指数。（   ）
4. 可变构成指数就是反映总体内部结构变动程度的指数。（   ）
5. 综合指数形式上是两个总量的对比,实质上是反映总量指标的某一构成要素的综合平均变动程度。（   ）
6. 加权平均数指数就是综合指数的变形。（   ）
7. 以报告期变量值为权数计算的综合指数包含了权数变动对指数的影响。（   ）
8. 连锁替代法中,各因素的排列,一般可按先数量指标后质量指标因素依次展开。
（   ）
9. 我国零售商品价格指数是采用固定权数加权调和平均数方法进行测算的。（   ）
10. 广义的指数就是指各种相对数。（   ）

## 五、简答题

1. 指数通常可以划分为哪几类?
2. 综合指数的特点及编制原则是什么?在编制过程中怎样确定同度量因素和指数化指标?
3. 加权平均数指数与综合指数有何不同?
4. 怎样编制加权平均数指数?

## 六、计算题

1. 某百货公司 2016 年商品销售额为 5 600 万元,2017 年比 2016 年增加 500 万元,零售价格指数上涨 3.6%。试计算该百货公司零售额变动中由于零售价格和零售量变动的影响程度和影响绝对额。

2. 某企业生产三种产品有关数据如下表所示：

**某企业生产三种产品有关数据**

| 产品名称 | 总生产成本/万元 | | 2016 年比 2017 年单位成本增减/% |
|---|---|---|---|
| | 2016 年 | 2017 年 | |
| 甲 | 1 500 | 1 600 | 20 |
| 乙 | 250 | 400 | 15 |
| 丙 | 400 | 700 | −5 |

试建立加权平均数指数体系,并进行因素分析。

3. 下面是某统计调查得到的数据,试利用可变构成指数体系进行因素分析。

**某统计调查资料**

| 类别 | 平均价格/(元/kg) | | 人均消费量/kg | |
|---|---|---|---|---|
| | 2015 年 | 2016 年 | 2015 年 | 2016 年 |
| 白菜 | 1.20 | 2.10 | 20 | 42 |
| 大路菜 | 0.24 | 0.40 | 104 | 92 |

4. 设某工业企业生产两种产品,其产量和原材料消耗的有关数据如下表所示。试建立指数体系,分析原材料消耗总额的变动及各因素的影响水平。

**某工业企业有关生产数据**

| 产品名称 | 产量/台 | | 每台原材料消耗量/kg | | 每千克原材料价格/元 | |
| --- | --- | --- | --- | --- | --- | --- |
| | 2016年 | 2017年 | 2016年 | 2017年 | 2016年 | 2017年 |
| 甲 | 24 | 26 | 12 | 12 | 54 | 59 |
| 乙 | 16 | 19 | 16 | 14 | 94 | 104 |

5. 根据下表三种股票价格和发行量资料测算股票价格指数。

**三种股票价格和发行量资料**

| 股票名称 | 价格/元 | | 发行量/万股 |
| --- | --- | --- | --- |
| | 基期价格 | 本日收盘价 | |
| A | 12 | 18 | 2 400 |
| B | 27 | 25 | 1 200 |
| C | 20 | 29 | 1 600 |

# 拓展材料

统计是一种科学的灵魂,一种能够发现事物真相的钥匙。

——约翰·卡尔·弗里德里希·高斯(Johann Carl Friedrich Gauss)

## 守护民生经济:中国CPI及通货膨胀控制的数据洞察

居民消费价格指数(Consumer Price Index,简称CPI)是衡量消费者物价水平变动的重要指标,用于衡量通货膨胀的程度。

2019年以后,世界经济遭受到了前所未有的重创,我国经济也面临着通货膨胀的挑战。政府和央行密切关注CPI的变化,以评估通胀水平,并采取适当的经济政策措施。

通过对中国CPI数据的分析,我们可以获得以下信息:

通货膨胀水平:CPI反映了中国物价的整体变动情况。比较不同时间点的CPI值可以确定通货膨胀水平。例如,2019年中国CPI比2018年上涨了2.9%,表明整体通货膨胀水平适度。

物价分项:CPI提供了各个物价分项的数据,如食品、住房、交通和教育等领域的数据。这些数据可以帮助政策制定者了解各个领域的物价变动情况。例如,在某年食品价格可能上涨,而住房价格可能保持稳定。这些数据对于制定针对性的经济政策和监管措施具有重要意义。

影响生活成本:CPI数据反映了消费者日常生活成本的变化。高通胀率可能导致物价上涨,从而影响人们的购买力和生活水平。政府和个人可以根据CPI数据来评估生活成本的变动,从而采取相应的应对措施。

总而言之,中国的居民消费价格指数(CPI)作为一种统计指数,在经济决策和日常生活中发挥着重要作用。政府和央行可以根据CPI数据来评估通胀水平、制定相应的政策以维护价格稳定和经济增长。CPI可以帮助个人和家庭了解他们的购买力是否增加或减少,从而做出理性的消费决策。

# 项目六 动态数列

## 学习目标

### 一、知识目标

- 理解时间数列的概念、作用和种类。
- 掌握时间数列的编制原则。
- 理解动态发展水平指标,包括发展水平、平均发展水平、增长量和平均增长量。
- 理解动态发展速度指标,包括发展速度、增长速度、平均发展速度和平均增长速度。
- 理解动态数列的趋势分析,包括影响因素、组合模型、长期趋势的测定和时间数列季节变动分析。

### 二、能力目标

- 能够编制时间数列,并根据编制原则进行合理的选择。
- 能够计算动态发展水平指标,包括发展水平、平均发展水平、增长量和平均增长量。
- 能够计算动态发展速度指标,包括发展速度、增长速度、平均发展速度和平均增长速度。
- 能够进行动态数列的趋势分析,识别影响因素,并运用组合模型进行分析和预测。

### 三、素质目标

- 结合二十大的报告精神,坚持胸怀天下,培养学生精益求精的工匠精神。
- 培养系统思维和综合分析问题的能力。
- 培养数据处理、计算和解释结果的能力。
- 培养对经济、市场和社会发展趋势的理解和把握能力。
- 培养准确性、逻辑性和科学性的工作态度和方法论。

## 四、思维导图

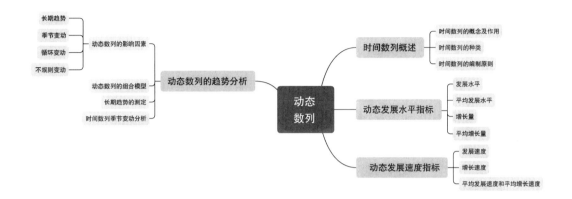

# 任务一 时间数列概述

## 一、时间数列的概念及作用

时间数列又称时间序列或者动态数列,是指反映客观现象的同一指标在不同时间上的数值,按时间先后顺序排列而成的数列。例如,将某国 2017—2022 年的若干国民经济指标按时间先后顺序排列,即可形成时间数列,如表 6-1 所示。

表 6-1 某国 2017—2022 年若干国民经济指标

| 年份 | 2017 | 2018 | 2019 | 2020 | 2021 | 2022 |
| --- | --- | --- | --- | --- | --- | --- |
| 国内生产总值/亿元 | 120 332.7 | 135 822.8 | 159 878.3 | 183 217.4 | 211 923.5 | 249 529.9 |
| 年末人口数/万人 | 128 453 | 129 227 | 129 988 | 130 756 | 131 448 | 132 129 |
| 第三产业所占比重/% | 41.5 | 41.2 | 40.4 | 40.1 | 40.0 | 40.1 |
| 职工平均工资/(元/人) | 12 422 | 14 040 | 16 024 | 18 364 | 21 001 | 24 932 |

一般来说,时间数列由两个基本要素构成:一是现象所属的时间,如表 6-1 中的 2017 年、2018 年等;二是现象在不同时间上所表现的指标数值,如表 6-1 中的各年的国内生产总值、年末人口数等。

时间数列在统计分析中具有重要的作用,主要表现为以下几点。

(1) 时间数列可以表明社会经济现象的发展变化趋势及规律性。例如,将一个企业相邻几年各季度的产品销售量编制成时间数列,通过比较不仅会发现产品销售量的变化趋势,还会发现产品销售量的季节变化规律。

(2)利用时间数列,可以计算各时间动态指标值,以便具体深入地揭示现象发展变化的数量特征。

(3)运用时间数列,可以预测现象的发展方向和发展速度,为经济决策或经营决策提供重要依据。

总之,通过编制和分析时间数列,可以研究过去、指导现在、预测未来。

## 二、时间数列的种类

时间数列按统计指标表现形式的不同,可分为绝对数时间数列、相对数时间数列和平均数时间数列三种。其中,绝对数时间数列是最基本的时间数列,而相对数时间数列和平均数时间数列是在其基础上派生出来的数列。

1. 绝对数时间数列

绝对数时间数列又称总量指标时间数列,是由一系列同类总量指标的数值按时间先后顺序排列而成的时间数列。它反映的是社会经济现象的总量在各个时期所达到的规模、水平及发展变化情况。绝对数时间数列按照其总量指标所反映的现象总量性质、时间状况的不同,又可分为时期数列和时点数列。

(1)时期数列。时期数列是由时期总量指标编制的时间数列,它反映了某种现象总体在一段时间内发展变化的总量。例如,表 6-1 中的国内生产总值时间数列,由于国内生产总值是时期指标,因此该时间数列为时期数列。时期数列中的各项指标所涉及的时间长度,称为时期,指标数值的大小与时期的长短有直接的关系。时期越长,数值越大;时期越短,数值越小。因此,时期数列具有可加性,相加的结果反映了现象在较长时间内发展变化的总量。

(2)时点数列。时点数列是由时点总量指标编制的时间数列,数列中的每项指标数值都反映了现象总体在某一时刻或时点上所达到的总量水平。例如,表 6-1 中的年末人口数时间数列就是时点数列。在时点数列中,两个相邻的时点之间的时间间隔称为时点间隔,它可以是相等的,也可以是不等的。时点数列中的指标数值与时点间隔的长短无直接的关系,指标数值是现象在一段时间内增减抵消后的结果。因此,时点数列不具有可加性。

归纳而言,时期数列和时点数列的区别如表 6-2 所示。

表 6-2 时期数列与时点数列的区别

| 区别 | 时期数列 | 时点数列 |
| --- | --- | --- |
| 反映现象的性质 | 反映某种现象总体在一段时间内的发展总量 | 反映某种现象总体在某一时点上所达到的总量水平 |
| 指标可加性 | 数列中各项指标可以相加,以反映总量的变化情况 | 数列中各项指标不可相加,相加后不具有实际经济意义 |
| 指标与时间的关系 | 指标数值的大小与时期的长短有直接的关系 | 指标数值的大小与时间间隔的长短无直接的关系 |
| 指标来源 | 指标采用连续登记的方式获得 | 指标采用间接登记的方式获得 |

2. 相对数时间数列

相对数时间数列又称相对指标动态数列,是由一系列同类相对指标数值按时间先后顺序排列而成的时间数列。它用来说明社会经济现象之间的数量对比关系,以及现象的结构、速度的发展变化过程。例如,表6-1中的第三产业所占比重时间数列就是相对数时间数列。各种不同的相对数时间数列,均从不同角度反映社会经济现象之间相互关系的发展过程及规律。在相对数时间数列中,各项指标数值是不能相加的。

3. 平均数时间数列

平均数时间数列,是由一系列同类平均指标数值按时间先后顺序排列而成的时间数列。它主要用来反映各个时期社会经济现象一般水平的平均发展过程和变化趋势。例如,表6-1中的职工平均工资时间数列就是平均数时间数列。在平均数时间数列中,各个指标值一般是不能相加的,但有时为了计算算术平均数,也可以相加。

### 三、时间数列的编制原则

编制时间数列的目的在于通过同一指标不同时间的数值对比,分析社会经济现象的发展变化过程及规律。因此,保证时间数列中各时间指标数值的可比性,是编制时间数列应遵循的基本原则。具体表现为以下几点。

(1) 时间长短一致。在时期数列中,由于时间长短直接影响其指标值的大小,因此必须保持各指标值所属时期长短一致。在时点数列中,虽然指标值的大小与时间间隔没有直接关系,但为了更好地分析其长期趋势、增强可比性,应尽可能保持时间间隔一致。

(2) 总体范围一致。时间数列中指标值的大小与总体范围有着密切的联系,若被研究现象所属空间范围发生变动,引起有关时间数列指标的变化,使其所属总体范围前后不一致,则所形成的时间指标不可比。所以,在同一时间数列中,各个指标所属的总体范围前后应保持一致。例如,若研究某个地区总人口数的变化情况,则必须保证该地区前后有着相同的管辖范围。一旦管辖范围发生了变化,则总人口数资料也应进行相应的调整。

(3) 经济内容一致。时间数列中的指标,有时会出现名称相同但其经济内容却不完全相同的情况,如果不注意,就会影响对问题的分析。所以,在编制时间数列时,需要根据经济内容的变换调整相应的指标值。不同性质的指标不能用于编制同一时间数列,例如,商品价格有购进价格和销售价格之分,如果将这两种价格混在一起编制时间数列,那么就会得出错误的分析结论。

(4) 计算方法一致。时间数列中各项指标的计算方法、计量单位和计价标准前后要一致,并在一定时期内保持不变。有时计算方法的不一致、价格指标中计算价格的不统一、实物量指标中计量单位的不统一等,就会导致某些指标在指标数值上不具有可比性。例如,要研究企业人均销售量的变动情况,产量用实物量还是用价值量,人数用全部职工人数还是销售人员数,前后都要保持统一。只有这样,对比的结果才有意义和使用价值。

## 任务二 动态发展水平指标

时间数列编制完成,只是意味着拥有了分析现象发展变化的基础资料。为了进一步对现象进行动态分析和研究,还需要计算一系列动态分析指标。一般而言,动态分析指标分为两类:一类是水平指标,包括发展水平、平均发展水平、增长量、平均增长量等;另一类是速度指标,包括发展速度、增长速度、平均发展速度、平均增长速度等。水平指标是速度指标的基础,速度指标是水平指标进一步加工的结果,是动态分析的继续与深入。本任务主要讨论水平指标。

### 一、发展水平

发展水平又称发展量,是指时间数列中每一项具体的指标数值。它可以表现为总量指标,如企业员工总数、利润总额等;也可以表现为相对指标或平均指标,如人口出生率、工人劳动生产率、单位产品原材料消耗量等。它反映社会经济现象在所属时间所达到的水平,是计算其他动态分析指标的基础。

根据发展水平在时间数列中所处的位置不同,可将其分为最初水平、最末水平和中间水平。如果将某一时间数列用符号 $a_0, a_1, a_2, \cdots, a_{n-1}, a_n$ 表示,那么第一项指标数值 $a_0$ 称为最初水平;最后一项指标数值 $a_n$ 称为最末水平;除最初水平与最末水平以外的所有各项发展水平,即时间数列中的 $a_1, a_2, \cdots, a_{n-1}$ 各项称为中间水平。根据发展水平的作用不同,又可将其分为基期水平和报告期水平。基期水平是作为对比的基础时期的水平,即时间数列中的 $a_0, a_1, a_2, \cdots, a_{n-1}$ 各项;报告期水平是作为分析研究时期的水平,即时间数列中的 $a_1, a_2, \cdots, a_{n-1}, a_n$ 各项。

需要注意的是,发展水平在文字说明上习惯用"增加到""增加了"或"降低到""降低了"来表述。例如,某企业 2021 年实现利润 200 万元,2022 年增加到 300 万元,增加了 100 万元。另外,最初水平、最末水平、基期水平和报告期水平等概念并不是一成不变的,而是随着研究目的的改变而变化。某场合下的基期水平可能是另一场合下的报告期水平,某一时间数列的最初水平可能是另一时间数列的最末水平。

### 二、平均发展水平

平均发展水平又称动态平均数或序时平均数,是指时间序列中各个不同时期的发展水平的平均数。它表明了现象在一段时间内发展水平达到的一般水平,是现象在不同时间、不同水平的平均值。

平均发展水平在动态分析中具有重要意义,它可以将时间长短不等的问题指标由不可比变为可比,并消除现象在短期内波动的影响,以便于观察现象的发展变化趋势和规律性。

由于时间数列可分为绝对数时间数列、相对数时间数列和平均数时间数列,因此平均发展水平的计算也分为三种情况。

### (一)由绝对数时间数列计算平均发展水平

绝对数时间数列分为时期数列和时点数列,由于两种数列的性质不同,因此在计算平均发展水平时,应用的方法也不同。

#### 1. 由时期数列计算平均发展水平

由于时期数列中各项指标数值可以加总,加总的结果反映了现象在较长时间内发展变化的总量,因此它的平均发展水平可以用简单算术平均法计算,即将数列中各项指标的数值直接加总除以时期数列的项数。具体公式如下:

$$\bar{a} = \frac{a_1 + a_2 + a_3 + \cdots + a_{n-1} + a_n}{n} = \frac{\sum_{i=1}^{n} a_i}{n} \tag{6-1}$$

式中:$\bar{a}$ 表示平均发展水平;$a_i$ 表示各期发展水平;$n$ 表示时期数列的项数。

**例 6-1** 某商场 2021 年各月商品销售额动态资料如表 6-3 所示,试求该商场各季度及全年的月平均销售额。

表 6-3 某商场 2021 年各月商品销售额

| 月份 | 1 | 2 | 3 | 4 | 5 | 6 | 7 | 8 | 9 | 10 | 11 | 12 |
|---|---|---|---|---|---|---|---|---|---|---|---|---|
| 销售额/万元 | 110 | 100 | 120 | 120 | 130 | 110 | 130 | 140 | 150 | 160 | 150 | 170 |

解:根据表 6-3 的资料,利用式(6-1)可得:

$$第一季度月平均销售额 = \frac{110+100+120}{3} = \frac{330}{3} = 110(万元)$$

$$第二季度月平均销售额 = \frac{120+130+110}{3} = \frac{360}{3} = 120(万元)$$

$$第三季度月平均销售额 = \frac{130+140+150}{3} = \frac{420}{3} = 140(万元)$$

$$第四季度月平均销售额 = \frac{160+150+170}{3} = \frac{480}{3} = 160(万元)$$

$$全年月平均销售额 = \frac{110+100+\cdots+170}{12} = \frac{1\,590}{12} = 132.5(万元)$$

#### 2. 由时点数列计算平均发展水平

时点数列有连续时点数列和间断时点数列两种,根据掌握的资料不同,计算平均发展水平的方法也不相同。

(1) 连续时点数列的平均发展水平。由连续时点数列计算平均发展水平,分为以下两种情况。

第一种,如果时点数列资料是逐日登记且逐日排列的,那么可采用简单算术平均法计算其平均发展水平。具体计算公式与式(6-1)相同。

**例 6-2** 某公司某周每天出勤的员工人数分别为：300 人，320 人，340 人，330 人，320 人，试计算该公司该周平均每天出勤的员工人数。

解：职工人数是时点指标，由于每天的资料都具备，因此可视为连续时点数列。所以，该公司该周平均每天出勤的员工人数为：

$$\bar{a} = \frac{300+320+340+330+320}{5} = \frac{1\,610}{5} = 322（人）$$

用上述方法计算的平均发展水平，其结果是非常精确的。但实际工作中往往不可能或没必要取得每日的时点资料，因此这种方法在实际运用中有很大的局限性。

第二种，如果时点数列的资料不是逐日提供的，而只是提供发生变动时的资料，那么可采用加权算术平均法计算其平均发展水平。具体计算公式如下：

$$\bar{a} = \frac{\sum_{i=1}^{n} a_i f_i}{\sum_{i=1}^{n} f_i} \tag{6-2}$$

式中：$\bar{a}$ 表式平均发展水平；$a_i$ 表示各时点指标数值；$f_i$ 表示各时点指标值的持续天数。

**例 6-3** 某工厂 6 月份职工人数变动情况如表 6-4 所示，试求该工厂 6 月份平均每天的职工人数。

表 6-4 某工厂 6 月份职工人数变动情况

| 日期 | 6月1日 | 6月9日 | 6月16日 |
|---|---|---|---|
| 职工人数/人 | 300 | 360 | 420 |

解：根据表 6-4 的资料，利用式(6-2)可求得该工厂 6 月份平均每天的职工人数为：

$$\bar{a} = \frac{300 \times 8 + 360 \times 7 + 420 \times 15}{8+7+15} = 374（人）$$

(2) 间断时点数列的平均发展水平。间断时点数列是指按月末、季末或年末登记取得资料的时点数列。它也分为两种情况：一是数列中的各项指标表现为逐期期末登记排列，称为间隔相等的间断时点数列；二是数列中的各项指标表现为非均衡的期末登记排列，称为间隔不等的间断时点数列。两种间断时点数列在计算平均发展水平时，各采用不同的方法。

第一，如果由间隔相等的间断时点数列计算平均发展水平，那么采用"首位截半法"，即首先假定所研究的现象在相邻两个时点之间的变动是均匀的，将相邻两个时点指标值相加后除以 2，求出两个时点之间的平均值；然后对求出的各平均值采用简单算术平均法计算其平均发展水平。具体计算公式如下：

$$\bar{a} = \frac{\frac{a_1+a_2}{2}+\frac{a_2+a_3}{2}+\cdots+\frac{a_{n-1}+a_n}{2}}{n-1} = \frac{\frac{a_1}{2}+a_2+\cdots+a_{n-1}+\frac{a_n}{2}}{n-1} \tag{6-3}$$

式中：$\bar{a}$ 表示平均发展水平；$a_1, a_2, \cdots, a_{n-1}, a_n$ 表示各时点指标数值；$n$ 表示时点数列的项数。

**例 6-4** 某公司 2020 年 6 月末至 9 月末甲产品盘存量资料如表 6-5 所示,试计算该公司甲产品第三季度月平均盘存量。

表 6-5 某公司甲产品盘存量资料

| 时间 | 6月末 | 7月末 | 8月末 | 9月末 |
| --- | --- | --- | --- | --- |
| 甲产品盘存量/件 | 700 | 900 | 1 000 | 900 |

解:根据表 6-5 的资料,利用式(6-3)可求得该公司甲产品第三季度月平均盘存量为:

$$\bar{a} = \frac{\frac{a_1}{2} + a_2 + \cdots + a_{n-1} + \frac{a_n}{2}}{n-1} = \frac{\frac{700}{2} + 900 + 1\,000 + \frac{900}{2}}{4-1} = 900 \text{(件)}$$

第二,如果由间隔不等的间断时点数列计算平均发展水平,那么应首先将相邻两个时点指标值相加后除以 2,得出一系列时点间的平均数;然后以时间间隔长度为权数,对求出的各平均值采用加权算术平均法计算其平均发展水平。具体计算公式如下:

$$\bar{a} = \frac{\frac{a_1+a_2}{2}f_1 + \frac{a_2+a_3}{2}f_2 + \cdots + \frac{a_{n-1}+a_n}{2}f_{n-1}}{f_1+f_2+\cdots+f_{n-1}} \quad (6-4)$$

式中:$\bar{a}$ 表示平均发展水平;$a_1, a_2, \cdots, a_{n-1}, a_n$ 表示各时点指标数值;$f_1, f_2, \cdots, f_{n-1}$ 表示两个相邻时点的时间间隔长度。需要注意的是,在利用这种方法计算平均发展水平的过程中,通常假定相邻两个时点指标值是均匀变动的。然而,现实中这种均匀变动是极其少见的,因此按此方法求出的结果只能是近似值。

**例 6-5** 某城市 2021 年外来人口资料如表 6-6 所示,试计算该城市 2021 年月平均外来人口数。

表 6-6 某城市 2021 年外来人口资料

| 时间 | 1月初 | 6月初 | 8月初 | 12月末 |
| --- | --- | --- | --- | --- |
| 外来人口数/万人 | 21.30 | 21.38 | 21.40 | 21.51 |

解:根据表 6-6 的资料,利用式(6-4)可求得该城市 2021 年月平均外来人口数为:

$$\bar{a} = \frac{\frac{21.30+21.38}{2} \times 5 + \frac{21.38+21.40}{2} \times 2 + \frac{21.40+21.51}{2} \times 5}{5+2+5} \approx 21.40 \text{(万人)}$$

### (二)由相对数时间数列计算平均发展水平

相对数时间数列是由两个相互联系的时间数列对比而求得的,并且分子、分母两个值的时间状况一般不相同,因此要先分别计算出分子、分母两个绝对数时间数列的平均发展水平,然后加以对比以求得相对数时间数列的平均发展水平。具体计算公式如下:

$$\bar{c} = \frac{\bar{a}}{\bar{b}} \quad (6-5)$$

式中：$\bar{c}$ 表示相对数时间数列的平均发展水平；$\bar{a}$ 表示分子上绝对数时间数列的平均发展水平；$\bar{b}$ 表示分母上绝对数时间数列的平均发展水平。

由于相对数时间数列可由两个时期数列、两个时点数列或一个时期数列一个时点数列对比形成，而时期数列与时点数列的平均发展水平计算方法又有所不同，因此相对数时间数列平均发展水平的计算有以下三种情形。

（1）分子、分母均为时期数列。当相对数时间数列的分子、分母均为时期数列时，又分为以下三种情况。

首先，分子、分母资料都齐全。此时，相对数时间数列平均发展水平的计算公式为：

$$\bar{c} = \frac{\bar{a}}{\bar{b}} = \frac{\frac{\sum_{i=1}^{n} a_i}{n}}{\frac{\sum_{i=1}^{n} b_i}{n}} = \frac{\sum_{i=1}^{n} a_i}{\sum_{i=1}^{n} b_i}$$

其次，缺少分子资料。此时需要采用加权算术平均法计算，具体公式如下：

$$\bar{c} = \frac{\bar{a}}{\bar{b}} = \frac{\frac{\sum_{i=1}^{n} a_i}{n}}{\frac{\sum_{i=1}^{n} b_i}{n}} = \frac{\frac{\sum_{i=1}^{n} b_i c_i}{n}}{\frac{\sum_{i=1}^{n} b_i}{n}} = \frac{\sum_{i=1}^{n} b_i c_i}{\sum_{i=1}^{n} b_i}$$

最后，缺少分母资料。此时需要采用加权调和平均法计算，具体公式如下：

$$\bar{c} = \frac{\bar{a}}{\bar{b}} = \frac{\frac{\sum_{i=1}^{n} a_i}{n}}{\frac{\sum_{i=1}^{n} b_i}{n}} = \frac{\frac{\sum_{i=1}^{n} a_i}{n}}{\frac{\sum_{i=1}^{n} \frac{a_i}{c_i}}{n}} = \frac{\sum_{i=1}^{n} a_i}{\sum_{i=1}^{n} \frac{a_i}{c_i}}$$

**例 6-6** 某工厂甲、乙、丙三个车间 2021 年的生产情况如表 6-7 所示，试计算该工厂 2021 年度平均计划完成程度。

表 6-7　某工厂 2021 年生产情况

| 车间 | 实际产量 $a$/件 | 计划产量 $b$/件 | 计划完成程度 $c$/% |
|---|---|---|---|
| 甲车间 | 1 000 | 1 000 | 100 |
| 乙车间 | 1 320 | 1 200 | 110 |
| 丙车间 | 1 800 | 1 500 | 120 |

解：首先，分子、分母资料都齐全时，平均计划完成程度为：

$$\overline{c} = \frac{\sum_{i=1}^{n} a_i}{\sum_{i=1}^{n} b_i} = \frac{1\,000 + 1\,320 + 1\,800}{1\,000 + 1\,200 + 1\,500} \approx 111.35\%$$

其次,如果缺少实际产量资料,那么平均计划完成程度为:

$$\overline{c} = \frac{\sum_{i=1}^{n} b_i c_i}{\sum_{i=1}^{n} b_i} = \frac{1\,000 \times 100\% + 1\,200 \times 110\% + 1\,500 \times 120\%}{1\,000 + 1\,200 + 1\,500} \approx 111.35\%$$

最后,如果缺少计划产量资料,那么平均计划完成程度为:

$$\overline{c} = \frac{\sum_{i=1}^{n} a_i}{\sum_{i=1}^{n} \frac{a_i}{c_i}} = \frac{1\,000 + 1\,320 + 1\,800}{\frac{1\,000}{100\%} + \frac{1\,320}{110\%} + \frac{1\,800}{120\%}} \approx 111.35\%$$

(2) 分子、分母均为时点数列。当相对数时间数列的分子、分母均为时点数列时,其平均发展水平的计算公式为:

$$\overline{c} = \frac{\overline{a}}{\overline{b}} = \frac{\frac{a_1}{2} + a_2 + \cdots + a_{n-1} + \frac{a_n}{2}}{\frac{b_1}{2} + b_2 + \cdots + b_{n-1} + \frac{b_n}{2}} \tag{6-6}$$

**例 6-7** 某企业 2021 年第三季度各月末生产工人、全体职工的资料如表 6-8 所示,试计算该企业 2021 年第三季度月末生产工人占全体职工的月平均比重。

表 6-8 某企业 2021 年第三季度各月末生产工人、全体职工资料

| 日期 | 6月末 | 7月末 | 8月末 | 9月末 |
| --- | --- | --- | --- | --- |
| 生产工人/人 | 800 | 810 | 820 | 815 |
| 全体职工/人 | 1 000 | 980 | 1 030 | 1 010 |
| 生产工人占全体职工的比重/% | 80.00 | 82.65 | 79.61 | 80.69 |

解:根据表 6-8 的资料,利用式(6-6)可求得该企业 2021 年第三季度月末生产工人占全体职工的月平均比重为:

$$\overline{c} = \frac{\overline{a}}{\overline{b}} = \frac{\frac{a_1}{2} + a_2 + \cdots + a_{n-1} + \frac{a_n}{2}}{\frac{b_1}{2} + b_2 + \cdots + b_{n-1} + \frac{b_n}{2}} = \frac{\frac{800}{2} + 810 + 820 + \frac{815}{2}}{\frac{1\,000}{2} + 980 + 1\,030 + \frac{1\,010}{2}} \approx 80.85\%$$

(3) 分子、分母一个为时期数列,一个为时点数列。当相对时间数列的分子、分母一个为时期数列,一个为时点数列时,其平均发展水平的计算公式如下:

$$\bar{c} = \frac{\bar{a}}{\bar{b}} = \frac{a_1 + a_2 + \cdots + a_{n-1} + a_n}{\frac{b_0}{2} + b_1 + \cdots + b_{n-1} + \frac{b_n}{2}} \text{(分子为时期数列,分母为时点数列)} \quad (6-7)$$

$$\bar{c} = \frac{\bar{a}}{\bar{b}} = \frac{\frac{a_0}{2} + a_1 + \cdots + a_{n-1} + \frac{a_n}{2}}{b_1 + b_2 + \cdots + b_{n-1} + b_n} \text{(分子为时点数列,分母为时期数列)} \quad (6-8)$$

**例 6-8** 某百货公司 2021 年第一季度各月商品销售额、月末销售额以及商品流转次数的资料如表 6-9 所示。试求该百货公司 2021 年第一季度月平均商品流转次数。

表 6-9 某百货公司 2021 年第一季度资料

| 月份 | 商品销售额/万元 | 月末销售额/万元 | 商品流转次数/次 |
| --- | --- | --- | --- |
| 上年 12 月 | — | 80 | — |
| 1 月 | 400 | 80 | 5 |
| 2 月 | 450 | 60 | 7.5 |
| 3 月 | 420 | 75 | 5.6 |

解：从表 6-9 中可以看出，月平均商品流转次数的分子项商品销售额为时期数列，分母项月末销售额为时点数列。因此，利用式(6-7)可求出该百货公司 2021 年第一季度月平均商品流转次数为：

$$\bar{c} = \frac{400 + 450 + 420}{\frac{80}{2} + 80 + 60 + \frac{75}{2}} \approx 5.8 \text{(次)}$$

**（三）由平均数时间数列计算平均发展水平**

由平均数时间数列计算平均发展水平，可分为以下两种情况。

(1) 由一般平均数组成的平均数时间数列计算平均发展水平。此时，平均数时间数列类似于前述的相对数时间数列，故采用如下公式计算：

$$\bar{c} = \frac{\bar{a}}{\bar{b}}$$

**例 6-9** 某工厂 2021 年第一季度工人数和工业总产值资料如表 6-10 所示。试求该工厂 2021 年第一季度的月平均劳动生产率。

表 6-10 某工厂 2021 年第一季度工人数与工业总产值资料

| 月份 | 1 月 | 2 月 | 3 月 | 4 月 |
| --- | --- | --- | --- | --- |
| 工业总产值 $a$/万元 | 260 | 290 | 310 | 300 |
| 月初工人数 $b$/人 | 1 850 | 2 000 | 2 050 | 2 100 |

解：第一季度月平均工业总产值为：

$$\bar{a} = \frac{260+290+310}{3} \approx 286.67 \text{(万元)}$$

第一季度月平均工人数为：

$$\bar{b} = \frac{\frac{1\,850}{2}+2\,000+2\,050+\frac{2\,100}{2}}{4-1} \approx 2\,008.33 \text{(人)}$$

所以，第一季度月平均劳动生产率为：

$$\bar{c} = \frac{\bar{a}}{\bar{b}} = \frac{286.67}{2\,008.33} \approx 0.142\,7 \text{(万元/人)}$$

（2）由序时平均数组成的平均数时间数列计算平均发展水平。对于由序时平均数组成的平均数时间数列，其平均发展水平的计算分为以下两种情况。

首先，若时间数列中各个时间间隔相等，则可直接采用简单算术平均法计算其平均发展水平。具体计算公式如下：

$$\bar{c} = \frac{\sum_{i=1}^{n}\bar{a}_i}{n} \tag{6-9}$$

**例 6-10** 某化肥厂 2021 年各季度月平均产量资料如表 6-11 所示。试求该化肥厂全年月平均产量。

表 6-11 某化肥厂 2021 年各季度月平均产量资料

| 季度 | 第一季度 | 第二季度 | 第三季度 | 第四季度 |
|---|---|---|---|---|
| 月平均产量/万 t | 200 | 280 | 320 | 260 |

解：根据表 6-11 的资料，利用式（6-9）可求得该化肥厂全年月平均产量为：

$$\bar{c} = \frac{\sum_{i=1}^{n}\bar{a}_i}{n} = \frac{200+280+320+260}{4} = 265 \text{(万 t)}$$

其次，若时间数列中各个时间间隔不等，则以间隔长度为权数，采用加权算术平均法计算其平均发展水平。具体计算公式如下：

$$\bar{c} = \frac{\sum_{i=1}^{n}\bar{a}_i f_i}{\sum_{i=1}^{n}f_i} \tag{6-10}$$

**例 6-11** 某市 2021 年旅游业月平均营业额资料如表 6-12 所示。试求该市旅游业全年月平均营业额。

表 6-12　某市 2021 年旅游业月平均营业额资料

| 月份 | 1月 | 2~3月 | 4~8月 | 9~11月 | 12月 |
| --- | --- | --- | --- | --- | --- |
| 月平均营业额/万元 | 90 | 100 | 140 | 150 | 80 |

解：根据表 6-12 的资料,利用式(6-10)可求得该市旅游业全年月平均营业额为：

$$\bar{c} = \frac{\sum\limits_{i=1}^{n} \bar{a}_i f_i}{\sum\limits_{i=1}^{n} f_i} = \frac{90 \times 1 + 100 \times 2 + 140 \times 5 + 150 \times 3 + 80 \times 1}{1 + 2 + 5 + 3 + 1} \approx 126.67 \text{（万元）}$$

### 三、增长量

增长量又称增减量,是指报告期水平与基期水平的差额,用以说明社会经济现象在一定时期内增减变化的绝对数量。其基本计算公式如下：

$$\text{增长量} = \text{报告期水平} - \text{基期水平}$$

增长量可为正值,也可为负值。如果计算结果是正值,那么表示增长的绝对量;如果计算结果是负值,那么表示减少或降低的绝对量。有些现象的增长量为正值时较好,如利润额的增长量等;而有些现象的增长量为负值时较好,如产品单位成本的增长量等。

在计算增长量时,由于研究的目的不同,因此选择的基期也不同。通常,增长量指标可分为逐期增长量和累计增长量。

#### 1. 逐期增长量

逐期增长量又称环比增长量,是指报告期水平与前期水平之差,用以表明报告期较前期增减变化的绝对量。其用符号表示为：

$$a_1 - a_0, a_2 - a_1, a_3 - a_2, \cdots, a_n - a_{n-1}$$

#### 2. 累计增长量

累计增长量又称定基增长量,是指报告期水平与某一固定基期水平（通常为最初水平）之差,用以表明报告期较某一固定基期增减变化的绝对量。其用符号表示为：

$$a_1 - a_0, a_2 - a_0, a_3 - a_0, \cdots, a_n - a_0$$

逐期增长量和累计增长量虽然是分别根据不同的基期计算的,但它们之间却存在着一定的联系。这种联系具体表现为：累计增长量等于相应的各个逐期增长量之和;逐期增长量等于相邻的两个累计增长量之差。其用符号表示为：

$$a_n - a_0 = (a_1 - a_0) + (a_2 - a_1) + \cdots + (a_n - a_{n-1})$$

$$a_n - a_{n-1} = (a_n - a_0) - (a_{n-1} - a_0)$$

### 四、平均增长量

平均增长量又称平均增减量,是指某一现象在一定时期内平均每期增减变化的数量,即逐期增长量的算术平均数,反映社会经济现象在一定时期内平均每期增长的数量。其计算方法是:用逐期增长量之和除以逐期增长量的个数。具体公式为:

平均增长量 = 逐期增长量之和 / 逐期增长量的个数 = 累计增长量 /(时间数列项数－1)

**例 6-12** 某企业 2016—2020 年商品销售总额的逐期增长量与累计增长量如表 6-13 所示。试求该企业 2016—2020 年平均每年的增长量。

表 6-13 某企业 2016—2020 年商品销售总额情况

| 年份 | 2016 | 2017 | 2018 | 2019 | 2020 |
|---|---|---|---|---|---|
| 销售额/万元 | 7 250.3 | 8 245.7 | 9 704.8 | 12 462.1 | 16 264.7 |
| 逐期增长量/万元 | — | 995.4 | 1 459.1 | 2 757.3 | 3 802.6 |
| 累计增长量/万元 | — | 995.4 | 2 454.5 | 5 211.8 | 9 014.4 |

解:根据表 6-13 的资料,可求得该企业 2016—2020 年平均每年的增长量为:

$$平均每年的增长量 = \frac{995.4 + 1\ 459.1 + 2\ 757.3 + 3\ 802.6}{4} = \frac{9\ 014.4}{4} = 2\ 253.6(万元)$$

## 任务三 动态发展速度指标

### 一、发展速度

所谓发展速度,是指时间数列中报告期水平与基期水平的比值,反映现象报告期水平较基期水平发展变化的相对程度。它是研究某种社会经济现象发展程度的动态分析指标,一般用百分数表示,当发展速度较大时,也可用倍数表示。其一般公式如下:

$$发展速度 = \frac{报告期水平}{基期水平} \times 100\%$$

当发展速度大于 100% 时,表示上升;当发展速度小于 100% 时,表示下降。

由于采用的基期不同,因此发展速度分为环比发展速度和定基发展速度。两者虽然具有不同的经济含义,但却存在着一定的数量关系。

1. 环比发展速度

环比发展速度是指各报告期水平与前一期水平之比,说明现象逐期发展的相对速度。其计算公式如下:

$$环比发展速度 = \frac{报告期水平}{前一期水平} \times 100\%$$

用符号表示为:

$$\frac{a_1}{a_0}, \frac{a_2}{a_1}, \frac{a_3}{a_2}, \cdots, \frac{a_n}{a_{n-1}}$$

2. 定基发展速度

定基发展速度是指各报告期水平与某一固定基期水平之比,说明现象从某一固定基期到计算期这一段较长时期之内的总发展速度。因此,它又称为总速度。其计算公式如下:

$$定基发展速度 = \frac{报告期水平}{固定基期水平} \times 100\%$$

用符号表示为:

$$\frac{a_1}{a_0}, \frac{a_2}{a_0}, \frac{a_3}{a_0}, \cdots, \frac{a_n}{a_0}$$

3. 环比发展速度与定基发展速度的关系

环比发展速度与定基发展速度之间存在着密切的联系,具体表现为以下两点。

(1) 定基发展速度等于相应的各个环比发展速度的连乘积。用符号表示为:

$$\frac{a_n}{a_0} = \frac{a_1}{a_0} \cdot \frac{a_2}{a_1} \cdot \frac{a_3}{a_2} \cdot \cdots \cdot \frac{a_n}{a_{n-1}}$$

(2) 相邻时期的定基发展速度之比等于相应的环比发展速度。用符号表示为:

$$\frac{a_n}{a_{n-1}} = \frac{\frac{a_n}{a_0}}{\frac{a_{n-1}}{a_0}}$$

利用环比发展速度和定基发展速度的相互关系,可以进行相关推算,此方法对于整理某些短缺的历史资料具有重要作用。例如,根据某地区 2017—2021 年国内生产总值资料,可计算出该地区各年的发展速度指标,具体如表 6-14 所示。

表 6-14　某地区 2017—2021 年国内生产总值及其发展速度

| 年份 | 2017 | 2018 | 2019 | 2020 | 2021 |
| --- | --- | --- | --- | --- | --- |
| 国内生产总值/万元 | 102 398 | 116 694 | 136 515 | 182 321 | 209 407 |
| 环比发展速度/% | — | 113.96 | 116.99 | 133.55 | 114.86 |
| 定基发展速度/% | — | 113.96 | 133.32 | 178.05 | 204.50 |

根据表 6-14 的资料容易验证,该地区 2021 年的定基发展速度等于 2021 年的环比发展速度与其以前各时期的环比发展速度的连乘积,2021 年的环比发展速度等于 2021 年的定基发展速度与 2020 年的定基发展速度之商,即:

$$204.5\% \approx 113.96\% \times 116.99\% \times 133.55\% \times 114.86\%$$

$$114.86\% \approx 204.50\% \div 178.05\%$$

## 二、增长速度

增长速度又称增减速度,是指时间数列中报告期增长量与基期水平之比,用以反映现象报告期水平较基期水平纯增减的相对程度。它一般用百分数或系数表示,其计算公式为:

$$增长速度 = \frac{增长量}{基期水平} \times 100\% = \frac{报告期水平-基期水平}{基期水平} \times 100\% = 发展速度-1$$

增长速度与发展速度之间既有联系又有区别。发展速度说明报告期水平已发展到基期水平的若干倍或百分之几,增长速度只说明增长了百分之几或减少了百分之几。当发展速度大于1时,增长速度为正值,表示现象增长的程度;当发展速度小于1时,增长速度为负值,表示现象降低的程度。

根据采用的基期不同,增长速度可分为两种,即环比增长速度和定基增长速度。

(1) 环比增长速度。环比增长速度是指报告期逐期增长量与前一期水平之比,说明社会经济现象较前期的相对增减程度。其计算公式如下:

$$环比增长速度 = \frac{逐期增长量}{前一期水平} = 环比发展速度-1$$

(2) 定基增长速度。定基增长速度是指报告期累计增长量与某一固定基期水平之比,说明社会经济现象在较长时间内总的增减程度。其计算公式如下:

$$定基增长速度 = \frac{累计增长量}{固定基期水平} = 定基发展速度-1$$

需要指出的是,由于环比增长速度与定基增长速度都是发展速度的派生指标,它们只反映增长部分的相对程度,因此,各环比增长速度连乘积并不等于相应的定基增长速度。如果要根据环比增长速度推算定基增长速度,必须先将各环比增长速度分别加1变成各环比发展速度,再将各环比发展速度连乘得定基发展速度,最后将结果减1得到定基增长速度。例如,根据表6-15提供的资料,可计算出相应的增长速度指标,具体如表6-15所示。

表6-15 某地区2017—2021年国内生产总值及其增长速度

| 年份 | 2017 | 2018 | 2019 | 2020 | 2021 |
|---|---|---|---|---|---|
| 国内生产总值/万元 | 102 398 | 116 694 | 136 515 | 182 321 | 209 407 |
| 环比增长速度/% | — | 13.96 | 16.99 | 33.55 | 14.86 |
| 定基增长速度/% | — | 13.96 | 33.32 | 78.05 | 104.50 |

根据表6-15中的资料容易看出,环比增长速度与定基增长速度之间不存在直接的换算关系。

## 三、平均发展速度和平均增长速度

社会经济现象在不同时期的发展有快有慢,增减幅度不一,为了反映现象在较长一段时期内发展变化的一般程度,必须将其在这个时期内的变化差异加以抽象,计算平均速度指标。平均速度指标有平均发展速度和平均增长速度两种。

平均发展速度是各时间环比发展速度的算术平均数,它说明社会经济现象在较长一段时期内各期平均发展变化的程度。平均增长速度则说明社会经济现象在较长一段时期内逐期平均增减变化的程度,它不能由环比增长速度直接求出,而要依据平均发展速度与平均增长速度之间的关系进行推算。具体公式如下:

$$平均增长速度 = 平均发展速度 - 1$$

如果平均发展速度大于1,那么表明现象在某段时期内是平均逐期递增的,这时的平均增长速度可称为平均递增率;如果平均发展速度小于1,那么表明现象在某段时期内是平均逐期递减的,这时的平均增长速度可称为平均递减率。

平均速度指标的计算主要是指平均发展速度的计算,常用的方法有几何平均法和方程式法两种。

1. 几何平均法

由于社会经济现象发展的总速度不等于各年发展速度之和,而等于各年环比发展速度的连乘积,因此平均发展速度不能用算术平均法计算,而要用几何平均法计算。用几何平均法计算平均发展速度,就是对各环比发展速度求几何平均数。其一般计算公式如下:

$$\bar{x} = \sqrt[n]{x_1 \, x_2 \, x_3 \cdots x_n} = \sqrt[n]{\prod_{i=1}^{n} x_i} \qquad (6\text{-}11)$$

由于时间数列中定基发展速度等于各环比发展速度的连乘积,故上式可化为:

$$\bar{x} = \sqrt[n]{\frac{a_1}{a_0} \cdot \frac{a_2}{a_1} \cdot \frac{a_3}{a_2} \cdot \cdots \cdot \frac{a_n}{a_{n-1}}} = \sqrt[n]{\frac{a_n}{a_0}} \qquad (6\text{-}12)$$

一段时期的定基发展速度就是现象的总发展速度。如果用 $R$ 表示总发展速度,那么平均发展速度的公式又可以表示为:

$$\bar{x} = \sqrt[n]{R} \qquad (6\text{-}13)$$

上述三个计算平均发展速度的公式,虽然形式不同,但其实质内容与结果是完全一样的。究竟采用哪个公式,主要取决于所掌握的资料。若已知各期的环比发展速度资料,则采用式(6-11)计算;若已知最初水平和最末水平,则采用式(6-12)计算;若给出了一个较长时期的总发展速度指标,则采用式(6-13)计算。

例如,根据表 6-14 提供的资料,利用式(6-11)可计算出 2017—2021 年该地区国内生产总值的平均发展速度和平均增长速度分别为:

$$平均发展速度 = \sqrt[4]{113.96\% \times 116.99\% \times 133.55\% \times 114.86\%} \approx 119.58\%$$

$$平均增长速度 = 119.58\% - 1 = 19.58\%$$

### 2. 方程式法

方程式法又称累积法,是指以各期发展水平的总和与基期水平之比为基础,利用一元高次方程计算平均发展速度的方法。这种方法的出发点是:如果从最初水平出发,每期按照固定的发展速度发展,那么各期的计算水平总和应与各期的实际水平总和相等。

假定 $a_0$ 为最初水平,$\bar{x}$ 为平均发展速度,$a_1, a_2, a_3, \cdots, a_n$ 为各期的实际发展水平,总和为:

$$a_1 + a_2 + a_3 + \cdots + a_n = \sum_{i=1}^{n} a_i$$

由最初水平 $a_0$ 和平均发展速度 $\bar{x}$ 推算的各期发展水平理论值为:

$$a_1 = a_0 \bar{x}$$
$$a_2 = a_1 \bar{x} = a_0 \bar{x} \cdot \bar{x} = a_0 \bar{x}^2$$
$$a_3 = a_2 \bar{x} = a_0 \bar{x}^2 \cdot \bar{x} = a_0 \bar{x}^3$$
$$\vdots$$
$$a_n = a_{n-1} \bar{x} = a_0 \bar{x}^{n-1} \cdot \bar{x} = a_0 \bar{x}^n$$

根据方程式法的要求,各期的计算水平总和应等于各期的实际水平总和。用符号表示如下:

$$a_1 + a_2 + a_3 + \cdots + a_n = a_0 \bar{x} + a_0 \bar{x}^2 + a_0 \bar{x}^3 + \cdots + a_0 \bar{x}^n = \sum_{i=1}^{n} a_i$$

整理可得:

$$\bar{x} + \bar{x}^2 + \bar{x}^3 + \cdots + \bar{x}^n = \frac{\sum_{i=1}^{n} a_i}{a_0}$$

解出这个高次方程的有效根,就是所求的平均发展速度。但是要求解这个方程式比较复杂,因此,在实际统计工作中,一般根据事先编制好的《平均增长速度查对表》进行计算。当然,也可以借助于 Excel 进行计算。

## 任务四 动态数列的趋势分析

### 一、动态数列的影响因素

动态数列又称时间数列,影响时间数列变动的具体因素有很多,难以细分,从内容上看,有政治因素、经济因素、自然因素等。如果按其性质加以分类,可归纳为四种,即长期趋势、季节变动、循环变动和不规则变动。

1. 长期趋势

长期趋势是时间数列的基本形式，一般用 $T$ 表示，是指现象在较长时间内呈现出来的某种持续发展的趋势或状态。这种趋势可能是线性的，即不断增长或不断下降的直线形态；也可能是非线性的，即观察点呈现曲线形态。例如，随着科学技术的不断发展，劳动生产率的不断提高，我国的国内生产总值与人均收入呈逐渐增长的趋势。这里的长期并非时间意义上的绝对长短，而是针对时间数列各期间隔而言的。换句话说，如果时间数列以年为间隔，那么 2 年、3 年不属于长期，所表现出来的变化趋势不具有长期规律性；如果时间数列以月为间隔，一年有 12 个月，那么也可以从中看出一些长期趋势。

长期趋势经过若干年也可能改变方向，由上升趋势转为下降趋势，或由下降趋势转为上升趋势。例如，在产品寿命周期中，处于导入期和成长期的产品，其产量和利润均呈上升趋势，而成本则呈下降趋势；到了成熟期和衰退期，由于市场的饱和、新产品的出现，原有产品的产量和利润转为相对稳定和呈下降趋势，而成本则转为相对稳定或呈上升趋势。

2. 季节变动

季节变动一般用 $S$ 表示，是指自然因素、社会条件的影响，造成社会经济现象在一年内随着季节的更替而出现的周期性波动。例如，冰淇淋、电风扇、空调等产品在夏季是销售旺季，而在冬季是销售淡季，呈现周期性的变动。

引起季节变动的原因有自然因素，也有人为因素。前者是指由于自然界季节变化产生的周期性波动，如农作物的生产、电风扇、空调的销售等；后者是指由于制度、习惯、法规等产生的周期性变动，如我国烟花、爆竹的销售量在春节、元宵节等节日就会出现大幅上升等。

3. 循环变动

循环变动一般用 $C$ 表示，是指现象在较长时间内呈现的波浪式的起伏变动。与长期趋势不同的是，循环变动不是朝单一方向的持续变动，而是涨落相间的交替变动，如经济周期波动不断重复着繁荣、衰退、萧条、复苏的过程；与季节变动不同的是，循环变动的周期一般在一年以上并且没有固定周期长度。

4. 不规则变动

不规则变动一般用 $I$ 表示，是指现象受临时的、偶然的因素影响而出现的随机波动。这种波动在目前科学条件下还不能预测或控制。但由于这种因素具有偶然性，根据概率论原理，如果这类因素有很多且相互独立，那么有相互抵消的可能；而如果这些因素相互之间存在联系且受一两个重大因素的支配，那么难以相互抵消，极可能形成经济波动。例如，自然灾害、政策变动、战争等原因引起的变动，都可称为不规则变动。

二、动态数列的组合模型

时间数列中的各期发展水平，都受上述四类因素的共同影响和综合作用。为此提出两种组合模型：加法模型和乘法模型。设时间数列为 $Y$，则两种模型可表述如下。

（1）加法模型。假设四类因素是相互独立的，则时间数列各期发展水平的数值可视为四类因素相加的和。具体如下：

$$Y = T + S + C + I$$

（2）乘法模型。假设四类因素相互之间存在某种相互影响的关系，则时间数列各期发展水平的数值就是这四类因素的乘积。具体如下：

$$Y = T \cdot S \cdot C \cdot I$$

根据上述关系，为测定某类因素的影响，只需用其余因素的乘积去除动态数列数值即可。

实际上，因素之间总是存在这样或那样的交互影响，因此乘法模型更为常用。在下文中，将主要采用乘法模型对各类因素进行测定，对不规则变动暂不做分析。

### 三、长期趋势的测定

运用一定的数学方法测定长期趋势，对原数列进行加工整理，以排除季节变动、循环波动和不规则变动等因素的影响，显示出现象发展变化的长期趋势，为预测和决策等管理活动提供依据。

长期趋势分析的任务，就是要反映现象发展变化的长期趋势，掌握现象变化的规律，将长期趋势从时间数列中分离出来，以便更好地测定和分析其余因素的变动。测定长期趋势的方法有很多，常见的有时距扩大法、移动平均法、最小平方法。

**1. 时距扩大法**

时距扩大法是测定长期趋势最简便的一种方法。它是指将原来时距较短的时间数列，加工整理成时距较长的时间数列，以便消除现象因时距较短而受偶然因素影响所引起的不均匀波动。通过扩大时距，可以整理出能呈现事物变动总趋势的新的时间数列。

**例 6-13** 某钢铁企业 1999—2022 年的钢铁产量如表 6-16 所示，试用时距扩大法测定钢铁产量的长期变化趋势。

表 6-16 某钢铁企业 1999—2022 年的钢铁产量表

| 年份 | 产量/万 t | 年份 | 产量/万 t | 年份 | 产量/万 t | 年份 | 产量/万 t |
| --- | --- | --- | --- | --- | --- | --- | --- |
| 1999 | 124 | 2005 | 126 | 2011 | 135 | 2017 | 142 |
| 2000 | 125 | 2006 | 128 | 2012 | 132 | 2018 | 140 |
| 2001 | 126 | 2007 | 130 | 2013 | 133 | 2019 | 143 |
| 2002 | 123 | 2008 | 127 | 2014 | 134 | 2020 | 144 |
| 2003 | 122 | 2009 | 132 | 2015 | 138 | 2021 | 146 |
| 2004 | 124 | 2010 | 133 | 2016 | 136 | 2022 | 148 |

从表 6-16 中可以看出，在 24 年间，该钢铁企业的产量发展并不均匀，中间有几次小的波动。如果我们把时距扩大为 4 年，那么可整理成如表 6-17 所示的新的时间数列。

从表 6-17 中可以看出，时距扩大为 4 年，把个别年份的偶然因素影响给消除掉了，可以观察到24年来钢铁产量呈持续上升的总趋势。表中的"总产量"是时距扩大后四年的总产量,这种表达只适用于时期数列。若对各个总产量再计算序时平均数,如表中的"平均年产量",同样可以观察到事物发展的总趋势,而这种表达既适用于时期数列,又适用于时点数列。

表 6-17　整理后某钢铁企业 1999—2022 年的钢铁产量表

| 时　期 | 总产量/万 t | 平均年产量/万 t |
| --- | --- | --- |
| 1999—2002 | 498 | 124.50 |
| 2003—2006 | 500 | 125.00 |
| 2007—2010 | 522 | 130.50 |
| 2011—2014 | 534 | 133.50 |
| 2015—2018 | 556 | 139.00 |
| 2019—2022 | 581 | 145.25 |

2. 移动平均法

移动平均法是指对原有的时间数列,按照事先规定的时间间隔来扩大时距,采用逐项推移的方法,计算一系列的序时平均数,形成由序时平均数组成的新的时间数列。这种由移动平均法形成的时间数列,消除了短期的偶然因素的影响,从而使长期趋势更加明显。

**例 6-14**　以表 6-16 中的资料 2011—2022 年钢铁产量为例,将时距扩大为 5 年,采用移动平均法测定原数列的长期趋势(见表 6-18 中第 3 栏)。

表 6-18　某钢铁企业 2011—2022 年钢铁产量及其移动平均计算表

| 年份 | 钢铁产量 | 五年移动平均 | 四年移动平均 | 四年移动平均后的二次移动平均 |
| --- | --- | --- | --- | --- |
| 2011 | 135 | — | — | |
| 2012 | 132 | — | 133.50 | |
| 2013 | 133 | 134.4 | 134.25 | 133.88 |
| 2014 | 134 | 134.6 | 135.25 | 134.75 |
| 2015 | 138 | 136.6 | 137.50 | 136.38 |
| 2016 | 136 | 138.0 | 139.00 | 138.25 |
| 2017 | 142 | 139.8 | 140.25 | 139.63 |
| 2018 | 140 | 141.0 | 142.25 | 141.25 |
| 2019 | 143 | 143.0 | 143.25 | 142.75 |
| 2020 | 144 | 144.2 | 145.25 | 144.25 |
| 2021 | 146 | — | — | |
| 2022 | 148 | — | — | |

从表 6-18 中可以看出,该企业钢铁产量呈逐年增加的趋势。

应用移动平均法测定长期趋势时,应注意以下问题:

(1) 如果采用奇数项(3,5,7,9,…)移动平均,那么计算的移动平均数都能对准正中间时期的位置。如果采用偶数项(2,4,6,8,…)移动平均,那么计算的移动平均数位于两个时期的中间位置,然后再采用二次移动平均的方法,将移动平均数对准中间位置,这样才能得出对准原时间数列各时期的趋势值。所以,偶数项的移动平均法需要经过两次平均的过程。

(2) 经过移动平均的新派生数列的项数,比原时间数列的项数要少,可利用的信息也就少了,而且移动的项数越多,新数列的项数就越少,丧失的信息就越多。同时,如果移动的项数太多,那么不利于分析现象具体的发展趋势;如果移动的项数过少,那么又可能使新数列出现起伏波动的情况,难以呈现出现象发展的长期趋势。因此,要根据资料的特点来确定移动的项数。

(3) 对于存在季节变动或循环变动的时间数列,为消除季节变动或循环变动的影响,应采用与一个循环相应的时间长度来进行移动平均。如存在季节变动的时间数列一般采用12 个月移动平均或四季移动平均。

时距扩大法和移动平均法的主要作用是把长期趋势以外的变动消除掉,以呈现出现象变动的长期趋势,但一般不能直接根据移动平均后的派生数列进行动态预测。

3. 最小平方法

要对现象变动的长期趋势进行动态预测,就必须建立与长期趋势相适应的数学模型。长期趋势模型有直线趋势模型和曲线趋势模型两种,这里只介绍直线趋势模型。

最常用的拟合直线趋势模型的方法是最小平方法,又称最小二乘法。这种方法的数学依据是:$\sum_{i=1}^{n}(y_i - y_{ci})^2 =$ 最小值,即要求各个实际值与其相对应的趋势值的离差平方和为最小。根据数学分析中的极限原理,用偏微分方法可以得出求解参数所需的两个标准方程。

$$\begin{cases} \sum_{i=1}^{n} y_i = na + b \sum_{i=1}^{n} t_i, \\ \sum_{i=1}^{n} t_i y_i = a \sum_{i=1}^{n} t_i + b \sum_{i=1}^{n} t_i^2 \end{cases}$$

解此组方程可得:

$$b = \frac{n \sum_{i=1}^{n} t_i y_i - \sum_{i=1}^{n} t_i \sum_{i=1}^{n} y_i}{n \sum_{i=1}^{n} t_i^2 - \left( \sum_{i=1}^{n} t_i \right)^2}, a = \frac{\sum_{i=1}^{n} y_i}{n} - b \frac{\sum_{i=1}^{n} t_i}{n} = \bar{y} - b \bar{t}$$

**例 6-15** 某企业 2016—2022 年某产品的销售量如表 6-19 所示,试用最小平方法拟合直线趋势方程,并预测 2023 年的销售量。

表 6-19 某企业某产品的销售量统计表

| 年份 | 2016 | 2017 | 2018 | 2019 | 2020 | 2021 | 2022 |
|---|---|---|---|---|---|---|---|
| 销售量/万件 | 12.4 | 13.8 | 15.7 | 17.6 | 19.0 | 20.8 | 22.7 |

解:由表 6-19 可知:$n = 7$,$\sum_{i=1}^{n} t_i = 28$,$\sum_{i=1}^{n} t_i^2 = 140$,$\sum_{i=1}^{n} y_i = 122$,$\sum_{i=1}^{n} t_i y_i = 536.2$,

将它们代入方程组解得：

$$b = \frac{n\sum_{i=1}^{n}t_iy_i - \sum_{i=1}^{n}t_i\sum_{i=1}^{n}y_i}{n\sum_{i=1}^{n}t_i^2 - (\sum_{i=1}^{n}t_i)^2} = \frac{7 \times 536.2 - 28 \times 122}{7 \times 140 - 28^2} \approx 1.72$$

$$a = \frac{\sum_{i=1}^{n}y_i}{n} - b\frac{\sum_{i=1}^{n}t_i}{n} = \frac{122}{7} - 1.72 \times \frac{28}{7} \approx 10.55$$

于是得直线方程：$y_c = 10.55 + 1.72t$

将时间序号 $t$ 的值代入该方程得各年的趋势值 $y_c$，并列入表 6-20 的最后一栏。如要预测 2023 年的销售量，只需将 $t = 8$ 代入趋势方程即得：

$$y_c = 10.55 + 1.72 \times 8 = 24.31(万件)$$

表 6-20　最小平方法计算表

| 年份 | 序号 $t$ | 销售量 $y$ | $t^2$ | $ty$ | $y_c$ |
| --- | --- | --- | --- | --- | --- |
| 2016 | 1 | 12.4 | 1 | 12.4 | 12.27 |
| 2017 | 2 | 13.8 | 4 | 27.6 | 13.99 |
| 2018 | 3 | 15.7 | 9 | 47.1 | 15.71 |
| 2019 | 4 | 17.6 | 16 | 70.4 | 17.43 |
| 2020 | 5 | 19.0 | 25 | 95.0 | 19.15 |
| 2021 | 6 | 20.8 | 36 | 124.8 | 20.87 |
| 2022 | 7 | 22.7 | 49 | 158.9 | 22.59 |
| 合计 | 28 | 122.0 | 140 | 536.2 | 122.01 |

上例运用最小平方法时，对 $t$ 采用 1,2,3,… 进行排序，时间原点设在 2016 年，但这样计算比较烦琐。为了简化，可将时间原点设在数列的中间项。

(1) 当数列为奇数项时，可取 $t = \cdots, -4, -3, -2, -1, 0, 1, 2, 3, 4, \cdots$

(2) 当数列为偶数项时，可取 $t = \cdots, -7, -5, -3, -1, 1, 3, 5, 7, \cdots$

这样通过正值和负值相抵消，可使 $\sum_{i=1}^{n}t_i = 0$，从而使标准方程组简化为：

$$\begin{cases} \sum_{i=1}^{n}y_i = na, \\ \sum_{i=1}^{n}t_iy_i = b\sum_{i=1}^{n}t_i^2 \end{cases}$$

解得：

$$a = \frac{\sum_{i=1}^{n} y_i}{n}, b = \frac{\sum_{i=1}^{n} t_i y_i}{\sum_{i=1}^{n} t_i^2}$$

这样将大大简化计算工作量。

### 四、时间数列季节变动分析

对季节变动进行测定,有利于掌握事物的变动周期及其规律性,以便更好地安排生产,适应市场需求,满足人民的生活需要。

测定季节变动最常用的方法是按月(季)平均法。该方法通过计算季节比率来反映现象季节变动的周期性规律。季节比率可以按月计算,也可以按季计算。

按月(季)平均法测定季节变动,需要根据若干年(至少为三年)的分月(季)资料,计算出同月(季)平均数和所有月(季)的总平均数,然后将同月(季)的平均数与所有月(季)的总平均数相对比,求得季节比率。其计算公式为:

$$季节比率 = \frac{同月(季)平均数}{月(季)总平均数} \times 100\%$$

**例 6-16** 某公司各月羊毛衫销售额(单位:万元)如表 6-21 所示,求该公司羊毛衫销售额的季节比率。

表 6-21 某公司羊毛衫销售额季节比率计算表

| 月份 | 2018 (1) | 2019 (2) | 2020 (3) | 2021 (4) | 4年合计(5) | 同月平均(6) | 季节比率/%(7) |
|---|---|---|---|---|---|---|---|
| 1 | 160 | 300 | 480 | 560 | 1 500 | 375 | 164.0 |
| 2 | 120 | 180 | 300 | 280 | 880 | 220 | 96.2 |
| 3 | 40 | 80 | 120 | 160 | 400 | 100 | 43.7 |
| 4 | 20 | 50 | 80 | 60 | 210 | 52.5 | 23.0 |
| 5 | 12 | 20 | 40 | 24 | 96 | 24 | 10.5 |
| 6 | 8 | 16 | 22 | 18 | 64 | 16 | 7.0 |
| 7 | 16 | 24 | 64 | 74 | 178 | 44.5 | 19.5 |
| 8 | 24 | 40 | 80 | 96 | 240 | 60 | 26.2 |
| 9 | 40 | 70 | 140 | 166 | 416 | 104 | 45.5 |
| 10 | 100 | 170 | 300 | 280 | 850 | 212.5 | 93.0 |
| 11 | 420 | 680 | 820 | 940 | 2 860 | 715 | 312.7 |
| 12 | 500 | 700 | 960 | 1 120 | 3 280 | 820 | 358.7 |
| 合计 | 1 460 | 2 330 | 3 406 | 3 778 | 10 974 | 2 743.5 | 1 200.0 |
| 月平均 | 121.7 | 194.2 | 283.8 | 314.8 | 914.5 | 228.6 | 100.0 |

解:(1) 计算各年的销售额合计和月平均销售额。如:

2018 年的销售额合计 = 160+120+40+20+12+8+16+24+40+100+420+500
= 1 460(万元)

2018 年的月平均销售额 = 1 460/12 ≈ 121.67(万元)

其他年份以此类推,计算结果见表 6-21 最后两行。

(2) 计算所有年份同月的合计数和月平均数。

如:1 月的合计数 = 160 + 300 + 480 + 560 = 1 500(万元)

1 月的平均数 = 1 500/4 = 375(万元)

其他月份平均数以此类推,计算结果见表 6-21 的第 5 栏和第 6 栏的各月数值。

(3) 计算所有年份总合计数以及总的月平均数。

① 计算所有年份的总合计数。

这可以通过各月合计的总和得到,也可以通过各年合计的总和得到,即:总合计数 = 第 5 栏 12 个月的数值之和 = 10 974(万元)

或:总合计数 = 1 460 + 2 330 + 3 406 + 3 778 = 10 974(万元)

② 计算总的月平均数。

这可以通过以下两种方法来计算,其计算结果应相等。

$$总的月平均数 = \frac{各月平均数之和}{12} = \frac{2\,743.5}{12} = 228.625(万元)$$

$$总的月平均数 = \frac{总合计数}{总月数} = \frac{10\,974}{48} = 228.625(万元)$$

(4) 计算季节比率,即将同月的平均数与总的月平均数相对比。

如:1 月份季节比率 = 375/228.625 ≈ 164.02%

其他月份的季节比率计算以此类推,计算结果见表 6-21 第 7 栏。

12 个月的季节比率之和应为 1 200%,四个季度的季节比率之和应等于 400%,如果不等,即是计算过程中四舍五入造成的,应计算调整系数并加以调整。调整系数的计算公式为:

$$调整系数 = \frac{1\,200\%(或\,400\%)}{各月(季)实际季节比率之和}$$

调整后的季节比率 = 各月(季)实际季节比率 × 调整系数

季节比率大于或小于 100%,都说明存在季节变动。若大于 100% 的幅度比较大,则表示现象在该月(季)的发展处于高峰期或旺季;若小于 100% 的幅度比较大,则表示现象处于低谷期或淡季;若等于 100%,则说明不受季节变动因素的影响。

从表 6-21 中可以看出,羊毛衫的销售情况呈现出比较明显的季节波动。在一年当中,1 月、11 月、12 月是销售旺季,12 月达到最高点;5 月、6 月、7 月为销售淡季,销售状况疲软,6 月达到最低点。

按月(季)平均法计算季节比率,简便易行,但这种方法没有考虑长期趋势的影响,因为计算过程中将各年同月(季)的数值所起的作用同等看待了。实际上,在存在长期趋势的数列中,后期各月(季)的数值所起的作用要比前期同月(季)的作用大。因此,如果时间数列中存在明显的长期趋势影响,那么按月(季)平均法计算的季节比率是不准确的,应先剔除长期趋势的影响后,再计算季节比率。

## 小 结

时间数列是对社会经济现象进行分析的重要基础。本章阐述了时间数列的基本问题、时间数列指标和长期趋势、季节变动分析等理论和方法。

时间数列就是将反映某种现象在时间上发展变化情况的统计指标,按照时间先后顺序排列所形成的数列。它可以反映现象发展变化过程,用于计算动态分析指标,揭示现象发展变化的方向、速度和现象之间相互联系的程度及动态演变关系;分析现象发展变化趋势与规律,进行动态预测等。

按指标的表现形式,时间数列分为绝对数时间数列、相对数时间数列和平均数时间数列。

时间数列的编制要遵循总体范围、经济内容、计算方法、时间长度一致原则。

时间数列水平指标主要有发展水平、平均发展水平、增长量、平均增长量等;速度指标主要有发展速度、平均发展速度、增长速度、平均增长速度等。

长期趋势测定方法主要有时距扩大法、移动平均法和最小平方法。季节变动分析则可以运用季节比率配合调整系数进行测定。

## 单元练习

一、填空题

1. 把反映某现象的同一指标,在不同时间上的指标数值,按(　　　)顺序编排所形成的数列,称为动态数列。

2. 凡排列在总量指标动态数列中的每个指标数值,均反映现象(　　　),该数列称为时期数列。

3. 凡排列在总量指标动态数列中的每个指标数值,均反映现象(　　　),该数列称为时点数列。

4. 时期数列的时期,是指数列中每个指标数值反映现象(　　　)。

5. 时期数列或时点数列的间隔,是指(　　　)。

6. 算术平均数所平均的,是总体各单位某一标志值的差异,而序时平均数所平均的,是(　　　)的差异。

7. 同一动态数列两个相邻累计增长量之差,等于(　　　)。

8. 由一个时期数列各逐期增长量构成的动态数列,仍属时期数列;由(　　　)个时点数列各逐期增长量构成的动态数列,属(　　　)数列。

9. 使用年距增长量和年距增长速度分析问题,可排除(　　　)的影响。

10. 同一动态数列各期环比发展速度的连乘积,等于(　　　)。

二、单项选择题

1. 下面四个动态数列中,属时点数列的是(　　　)。

A. 历年招生人数动态数列

B. 历年增加的在校生人数动态数列

C. 历年在校生人数动态数列

D. 历年毕业生人数动态数列

2. 间隔不等间断时点数列序时平均数的计算，应使用公式（　　）。

A. $\bar{a} = \sum_{i=1}^{n} a_i / n$

B. $\bar{a} = \sum_{i=1}^{n} a_i t_i \Big/ \sum_{i=1}^{n} t_i$

C. $\bar{a} = \dfrac{a_1 + a_2}{2} + \sum_{i=2}^{n-1} \dfrac{a_i}{n} - 1$

D. $\bar{a} = \sum_{i=1}^{n-1} \dfrac{a_i + a_{i+1}}{2} \cdot \sum_{i=1}^{n-1} t_i \Big/ \sum_{i=1}^{n-1} t_i$

3. 趋势直线拟合中的半数平均法，其数学要求是（　　）。

A. $\sum_{i=1}^{n}(y_i - y_{ci})^2 < 1$

B. $\sum_{i=1}^{n}(y_i - y_{ci})^2 = 1$

C. $\sum_{i=1}^{n}(y_i - y_{ci})^2 =$ 最小值

D. $\sum_{i=1}^{n}(y_i - y_{ci}) = 0$

4. 某企业上年平均每季度的生产计划完成程度为102％，则该企业上年全年生产计划的完成程度为（　　）。

A. 204％　　　B. 306％　　　C. 408％　　　D. 102％

5. 根据两个不同的时点数列，正确使用公式 $\bar{a} = \sum_{i=1}^{n} a_i t_i \Big/ \sum_{i=1}^{n} t_i$ 和 $\bar{a} = \sum_{i=1}^{n-1} \dfrac{a_i + a_{i+1}}{2} \cdot \sum_{i=1}^{n-1} t_i \Big/ \sum_{i=1}^{n-1} t_i$，分别计算序时平均数，这两个序时平均数（　　）。

A. 都是准确值
B. 都是近似值
C. 前者是准确值，后者是近似值
D. 前者是近似值，后者是准确值

6. 各项指标数值直接相加的得数有独立存在意义的动态数列是（　　）。

A. 结构相对数动态数列
B. 序时平均数动态数列
C. 时期数列
D. 时点数列

7. 虽然有现象各期的环比增长速度，但是无法计算现象的（　　）。

A. 各期定基增长速度
B. 各期环比发展速度
C. 各期发展水平
D. 平均增长速度

8. 某地区粮食产量的环比增长速度2014年为3％，2015年为4％，则2014—2015年该地区粮食产量共增长了（　　）。

A. 1％　　　B. 7％　　　C. 7.12％　　　D. 12％

### 三、多项选择题

1. 一个动态数列的基本要素包括（　　）。

A. 变量
B. 次数
C. 现象所属的时间
D. 现象所属的地点
E. 反映现象的统计指标数值

2. 按统计指标表现的形式看,动态数列可分为(　　　　)。
   A. 总量指标动态数列　　　　　　B. 相对指标动态数列
   C. 平均指标动态数列　　　　　　D. 时期指标动态数列
   E. 时点指标数列

3. 为保证动态数列中指标各数值的可比性,在编制时,应注意(　　　　)。
   A. 总体范围应一致
   B. 指标的经济内容应相同
   C. 时期数列的时期长短应一致
   D. 为研究现象变化的规律性,时点数列的间隔相等更佳
   E. 指标的计算方法、计算价格和计量单位应一致

4. 相对数动态数列中的相对数,可以是(　　　　)。
   A. 计划完成相对数　　　　　　　B. 结构相对数
   C. 比较相对数　　　　　　　　　D. 强度相对数
   E. 动态相对数

5. 设 $C(a/b)$ 为相对数,相对数动态数列序时平均数的计算公式为(　　　　)。
   A. $\bar{c} = \sum_{i=1}^{n} c_i / n$　　　　B. $\bar{c} = \sum_{i=1}^{n} c_i b_i \Big/ \sum_{i=1}^{n} b_i$
   C. $\bar{c} = \sum_{i=1}^{n} a_i \Big/ \sum_{i=1}^{n} \left(\dfrac{a_i}{c_i}\right)$　　　D. $\bar{c} = \sum_{i=1}^{n} a_i \Big/ \sum_{i=1}^{n} b_i$
   E. $\bar{c} = \bar{a} / \bar{b}$

6. 下列平均指标,属于序时平均数的有(　　　　)。
   A. 平均发展水平　　　　　　　　B. 平均增长量
   C. 平均递减量　　　　　　　　　D. 平均发展速度
   E. 平均增长速度

7. 设 $a_0$ 和 $a_n$ 分别为现象的最初水平和最末水平, $R$ 为末期定基发展速度, $x_1, x_2, x_3, \cdots, x_n$ 为各期环比发展速度,平均发展速度的计算公式为(　　　　)。
   A. $\bar{x} = (x_1 + x_2 + \cdots + x_n)/n$
   B. $\bar{x} = \sqrt[n]{x_1 \cdot x_2 \cdot \cdots \cdot x_n}$
   C. $\bar{x}^n + \bar{x}^{n-1} + \cdots + \bar{x}^2 + \bar{x} - \sum_{i=1}^{n} a_i / a_0 = 0$
   D. $\bar{x} = \sqrt[n]{a_n / a_0}$
   E. $\bar{x} = \sqrt[n]{R}$

8. 计算和应用平均发展速度指标时,应注意(　　　　)。
   A. 要结合具体研究对象确定报告期
   B. 要结合具体研究目的确定基期
   C. 应计算分段平均发展速度以补充全期的平均发展速度
   D. 应分别计算增长年或下降年的平均发展速度以补充全期的平均发展速度

E. 利用水平法和累计法分别计算平均发展速度,并进行比较分析。

### 四、判断题

1. 所谓序时平均数就是将同一总体不同时期的平均数按时间顺序排列起来。（　）
2. 平均发展速度,是现象各期环比发展速度的平均数,其计算方法（水平法）是各期环比发展速度连乘积开 $n$ 次（时间个数或水平个数）方根。（　）
3. 平均增长速度是环比增长速度连乘积开 $n$ 次方根。（　）
4. 所谓半数平均法就是用时间(动态)数列的一半去测定数列的长期趋势。（　）
5. 季节变动,是指某些现象由于受自然因素和社会条件的影响,在一年之内比较有规律的变动。（　）
6. 凡在短期内,现象有周期性的规律变动,都不能称为季节变动。（　）

### 五、简答题

1. 动态数列有哪些作用?
2. 时期数列与时点数列有哪些区别?
3. 由静态平均数动态数列和动态平均数动态数列,计算其序时平均数的方法有何不同? 为什么?
4. 平均发展速度的水平法和累计法有何不同? 各适用于哪些现象?
5. 若现象的动态数列是月份资料,则季节比率之和应为多少? 若计算结果非此值,则应当如何调整各月季节比率?

### 六、计算题

1. 某自行车车库4月1日有自行车320辆,4月6日调出70辆,4月18日进货120辆,4月26日调出80辆,直至月末再未发生变动。问:该库4月份平均库存自行车多少辆?
2. 某商店2021年上半年各月销售计划及其计划完成程度如下表:

| 月份 | 1 | 2 | 3 | 4 | 5 | 6 |
|---|---|---|---|---|---|---|
| 计划销售额/万元 | 45.0 | 40.0 | 46.0 | 50.0 | 55.0 | 60.0 |
| 计划完成程度/% | 104.0 | 98.0 | 95.0 | 102.0 | 106.0 | 101.0 |

计算该商店2021年上半年平均每月销售计划的完成程度。

3. 某工厂2021年下半年各月末工人数及其比重资料如下表:

| 月份 | 5 | 6 | 7 | 8 | 9 | 10 | 11 | 12 |
|---|---|---|---|---|---|---|---|---|
| 月末工人数/人 | 550 | 550 | 580 | 560 | 565 | 600 | 590 | 590 |
| 工人占全部职工人数的比重/% | 80.0 | 80.0 | 86.0 | 81.0 | 80.0 | 90.0 | 87.0 | 85.0 |

计算该工厂2021年下半年工人占全部职工人数的平均比重。

4. 某商店有下表资料：

| 月份 | 3 | 4 | 5 | 6 |
|---|---|---|---|---|
| 商品销售额/万元 | 165.0 | 198.0 | 177.0 | 216.9 |
| 月末售货员人数/人 | 210 | 240 | 232 | 250 |

根据上表资料计算：(1) 第二季度该店平均每月的商品销售额；(2) 第二季度平均售货员人数；(3) 第二季度平均每个售货员的销售额；(4) 4、5、6 各月平均每个售货员的销售额；(5) 第二季度平均每月每个售货员的销售额。

5. 某水泥厂 2017—2022 年水泥产量如下表。计算出表中各动态分析指标各年的数值，并填入表内的相应格中。

| 年份 | | 2017 | 2018 | 2019 | 2020 | 2021 | 2022 |
|---|---|---|---|---|---|---|---|
| 水泥产量/万 t | | 580 | 685 | 819 | 900 | 1 010 | 1 160 |
| 增长量/万 t | 逐期 | — | | | | | |
| | 累计 | — | | | | | |
| 发展速度/% | 环比 | — | | | | | |
| | 定基 | 100 | | | | | |
| 增长速度/% | 环比 | — | | | | | |
| | 定基 | — | | | | | |
| 增长 1% 的绝对值/万 t | | — | | | | | |

6. 根据动态分析指标之间的关系，推算出下表空格的数值，并填入表中。

| 年份 | 产值/万元 | 与上年比较 | | | |
|---|---|---|---|---|---|
| | | 增长量/万元 | 发展速度/% | 增长速度/% | 增长 1% 的绝对值/万元 |
| 2017 | | — | — | — | — |
| 2018 | | | 105.0 | | 1.2 |
| 2019 | | 14.0 | | | |
| 2020 | | | | 15.0 | |
| 2021 | 170.0 | 9.0 | | | |

7. 根据动态分析指标之间的关系，推算出下表空格的数值，并填入表中。

| 年份 | | 2017 | 2018 | 2019 | 2020 | 2021 |
|---|---|---|---|---|---|---|
| 增长速度/% | 环比 | 20 | | 25 | | 24 |
| | 定基 | | 50 | | 125 | |

8. 根据第 5 题资料计算各逐期增长量,计算它们的平均增长量,并据之预测该水泥厂 2023 年和 2024 年的水泥产量。

9. 根据第 5 题动态数列资料,用水平法求 2017—2022 年水泥产量的平均发展速度和平均增长速度,并据之预测 2023 年和 2024 年该水泥厂的水泥产量。

10. 某现象 2018—2021 年各年的递减速度分别为 12%、10%、8% 和 2%,试用水平法求其平均下降速度。

11. 根据第 5 题原动态数列资料,试分别用半数平均法和最小平方法拟合趋势直线,并分别据以预测 2023 年的水泥产量。

12. 某地区甲产品 2019—2022 年各季度收购量统计资料如下:

单位:万 t

| 年份 | 第一季度 | 第二季度 | 第三季度 | 第四季度 |
| --- | --- | --- | --- | --- |
| 2019 | 13 | 5 | 8 | 18 |
| 2020 | 14 | 6 | 10 | 18 |
| 2021 | 16 | 8 | 12 | 22 |
| 2022 | 19 | 15 | 17 | 25 |

(1) 用移动平均法对该动态数列进行修匀(列表表示其趋势值);
(2) 用直接平均法计算其季节比率;
(3) 预计 2023 年该产品全年收购量为 96 万 t,按其季节比率,各季度的收购量应如何安排?

# 拓展材料

气候变化不会等待我们行动,但我们的行动将决定气候变化的未来。

——阿尔·戈尔(Al Gore)

## 数据映射气候未来:全球暖化趋势与中国碳减排的统计分析

20 世纪 80 年代,詹姆斯·汉森等科学家开始收集和分析全球气温数据,以了解气候变化的模式和趋势。他们使用动态数列分析方法,结合统计学和计算模型,对全球气温进行了深入研究。

通过收集世界各地气象站点的气温数据,科学家们建立了一个时间数列,包含了数十年来的全球气温观测结果。这个时间数列记录了地球表面气温的变化情况,包括年、季度和月度的数据。

科学家们应用相关分析和回归分析等方法探索全球气温的变化趋势。他们发现,在过去的几十年里,全球气温呈现出持续升高的趋势,尤其是自 20 世纪 80 年代以来,气温的升高速度明显加快。

此外，他们还研究了气候变化的季节性和区域性模式。他们发现，一些地区的季节变化比全球平均水平更为显著，如北极地区的冬季气温升高速度明显超过其他季节和地区。

通过建立数学模型和使用计算机模拟，科学家们能够预测未来全球气温的变化趋势。这些模型考虑了不同的影响因素，如温室气体排放和人类活动的影响，并预测了可能的气候变化后果，如海平面上升、极端天气事件增加等。

全球气温变化的时间数列分析为人们提供了关于气候变化的科学证据和预测。这些研究结果影响了政策制定者、环境保护组织以及公众对气候变化问题的认识和行动。

在分析全球气温变化的时间数列的基础上，值得特别提及的是中国在应对全球气候变化方面所做的努力。中国政府承诺实现碳达峰和碳中和目标，即到2030年前实现碳排放达到峰值，到2060年实现碳中和。为了实现这一目标，中国大力推进绿色能源项目，如风能和太阳能的大规模开发，同时在工业生产和城市规划中推行更加高效的能源使用和减排措施。这些措施不仅对中国自身的可持续发展产生重要影响，而且对全球气候变化的缓解做出了积极贡献。通过结合全球气温变化的时间数列分析和中国在应对气候变化方面的行动，我们可以更全面地理解全球气候变化的趋势和挑战，以及各国为保护地球环境所做的努力。

# 项目七 抽样推断

## 学习目标

### 一、知识目标

- 理解抽样推断的基本原理,包括概念、特点和作用。
- 熟悉抽样推断的几个基本概念,如重复抽样、抽样误差等。
- 理解抽样推断的理论基础,包括大数定律和中心极限定理。
- 掌握参数估计的精度计算方法,包括抽样平均误差的计算。
- 理解参数估计的误差范围和概率度的概念及计算方法。
- 熟悉总体参数的点估计和区间估计方法。
- 理解不同抽样组织方式的原理和应用,如简单随机抽样、分层抽样等。
- 理解样本容量的确定方法,包括平均数的必要样本容量和成数的必要样本容量。

### 二、能力目标

- 能够根据抽样推断的基本原理,设计适当的抽样方法进行数据采集。
- 能够计算抽样误差和参数估计的精度,评估统计结果的可靠性。
- 能够根据已有样本数据,进行参数的点估计和区间估计。
- 能够选择合适的抽样组织方式,提高样本的代表性。
- 能够根据需求和条件,合理确定样本容量,确保统计结果具有一定的准确性。

### 三、素质目标

- 结合二十大的报告精神,培养学生自信自立,提高对实际问题的解决能力。
- 培养逻辑思维和分析问题的能力,提高统计推断的准确性。
- 培养合作与沟通能力,通过实际应用中的团队合作,共同完成抽样调查任务。
- 培养数据处理和解读的能力,提高对统计结果的理解和应用能力。

## 四、思维导图

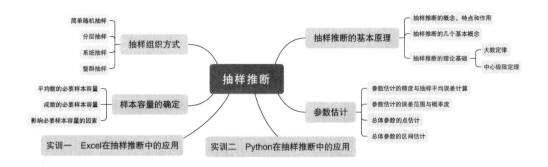

# 任务一 抽样推断的基本原理

## 一、抽样推断的概念、特点和作用

1. 抽样推断的概念

抽样推断是按照随机原则从总体中抽取部分单位进行调查,并依据所获得的数据资料对总体的某一数量特征做出具有一定可靠程度的估计与推断,从而达到对全部总体认识的一种统计方法,又称抽样方法或抽样估计。抽样推断是认识现象总体的一种重要方法,广泛应用于统计调查研究活动中,如市场商品需求量调查、城市居民家庭收支情况调查、城乡居民的电视收视率调查以及民意调查等。要检验某种工业产品的质量,我们只需要从中抽取一小部分产品进行检验,并用计算出来的合格率估计全部产品的合格率,或是根据合格率的变化判断生产线是否出现了异常。

2. 抽样推断的特点

(1) 抽样推断是由部分推算整体的一种方法

抽样调查是一种非全面调查,但调查的目的却不在于了解部分单位的情况,它只是作为进一步推断的手段,目的仍在于要认识总体的数量特征。

(2) 抽样是建立在随机抽样基础上的

抽样调查可以是概率抽样也可以是非概率抽样,但是作为抽样推断基础的必须是概率抽样。按随机原则抽取样本单位,是抽样推断的前提,概括起来有如下几个特点。

第一,遵循随机原则可以保证每个单位有同等选中或者不选中的机会,完全排除主观意识的作用,避免系统误差。

第二,遵循随机原则才可能事先掌握各种样本出现的可能性大小,提供样本指标数值的分布情况,计算样本指标的抽样平均误差,同时估计样本指标与总体指标的抽样误差不超过一定范围的概率保证程度,即对抽样误差进行控制。

第三,遵循随机原则,使任何一个样本变量都是随机变量,使任何一个样本指标也是随机变量,抽样推断才可能利用概率论原理来研究样本指标与总体指标的关系,确定优良估计的标准,为抽样设计寻求更有效的抽样组织形式。

(3) 抽样推断的误差可以事先计算并加以控制

用样本指标估计相应的总体指标虽然也存在一定的误差,但是它与其他统计估算不同,抽样误差范围可以事先通过有关资料加以计算,并且可以采取必要的组织措施来控制这个误差范围,以保证抽样推断的结果达到一定的可靠程度。

(4) 抽样推断运用的是概率估计的方法

利用样本指标来估计总体参数,运用的是数学上的不确定的概率估计法,而不是确定的数学分析法。因为样本数据的总体参数之间并不存在严格对应的自变量和因变量的关系,所以不能利用一定的函数关系来推算总体参数,而运用概率估计的方法,则可以达到满意的效果。

3. 抽样推断的作用

(1) 某些现象不可能进行全面调查,为了解其全面资料就必须采用抽样推断方法。如对那些有破坏性或消耗性的产品进行质量检验,像灯泡的使用寿命的检验、啤酒酒精含量的检验等,都是不可能进行全面调查的,而只能采用抽样推断的方法。另外,当总体无限或总体的范围过大时,很难进行全面调查。例如,湖泊里的鱼尾数、大气的污染情况等,都属于这种情况。

(2) 某些理论上可以进行全面调查的现象,采用抽样推断可以达到事半功倍的效果。如要了解全国城乡居民的家庭收入状况,从理论上讲可以挨门逐户进行全面调查,但是调查范围太大,调查单位太多,实际上难以办到,也没有必要。采用抽样推断既可以节省人力、物力、费用和时间,提高调查结果的时效性,又能达到和全面调查同样的目的和效果。

(3) 抽样推断可以对全面调查的结果进行评价和修正。由于全面调查涉及范围广,调查单位多,工作量大,参与人员多,因此发生登记性和计算性的误差就多。所以在全面调查后,还可以再抽取一部分单位重新调查一次,计算其差错比率,并以此为依据对全面调查的资料进行修正,这样就可以进一步提高全面调查资料的准确性。由于抽样推断中调查的范围小,因此可以多调查一些项目,或从事某项更深入的专题调查,以补充全面调查的不足。全国人口普查就有短表和长表之分,短表用于全面调查,长表用于抽样调查。

(4) 抽样推断可用于工业生产过程中的质量控制。在工业产品成批或大量连续生产过程中,采用抽样推断方法可以检验生产工艺过程是否正常,及时提供有关信息,便于采取相应措施,进行质量控制,保证生产质量稳定,防止损失。

(5) 利用抽样推断的原理,可以对某些总体的假设进行检验,判断假设的真伪,为决策提供依据。例如,某地上一年度居民家庭年收入为 35 000 元,本年度抽样调查结果显示居民家庭年收入为 33 000 元,这是否意味着该地居民家庭收入水平下降了呢? 我们还不能下这个结论,最好通过假设检验,检验这两年居民家庭收入是否存在显著性统计差异,才能判断该地本年度居民家庭收入水平是否低于上年度。

总之,抽样推断是一种科学实用的统计方法,在自然科学与社会科学领域都有着广泛的应用。

## 二、抽样推断的几个基本概念

1. 全及总体和样本总体

（1）全及总体

全及总体又称母体,它是指所要认识的,具有某种共同性质的许多单位的集合体。全及总体的单位数通常用字母 $N$ 表示。例如,研究某学校12 000名学生的学风情况,则该校12 000名学生即构成全及总体。全及总体按单位标志的性质不同,可分为变量总体和属性总体。变量总体按所包含的单位数和相应变量值的多少,可分为无限总体和有限总体；总体按变量的连续性不同,可分为连续总体和离散总体。

（2）样本

样本是指从全及总体中随机抽取出来的,代表全及总体的那部分单位的集合体。样本总体的单位数通常用字母 $n$ 表示。例如,从全校12 000名学生中随机抽取200人进行眼睛近视状况检查,这200人即构成一个样本总体。

全及总体是我们所要认识的对象主体,而样本总体则是我们所要观察的对象主体,样本来自总体,但又代表总体,两者属于既有区别又有联系的不同范畴。对于一次确定的抽样调查,全及总体是唯一确定的,而样本则是不确定的、随机的。一个全及总体可能抽出很多个样本总体,样本的个数和样本的容量有关,也和抽样的方法有关。

2. 全及指标和抽样指标

（1）全及指标

全及指标也称为总体指标或母体参数,它是根据全及总体各单位的标志值或标志特征计算的,是反映总体某种属性或特征的综合指标。由于全及总体是唯一确定的,根据全及总体计算的全及指标也是唯一确定的。对于总体中的数量标志,常用的全及指标有全及总体的平均数 $\bar{x}$、成数 $p$、方差 $s$ 和标准差 $\sigma$ 等。总体参数是一个未知的客观常数,是我们想知道的数值。如我们不知道整个国家的收入差异,不知道流水线上的产品合格率,但它们都是我们想要得到的数据,为得到这些数据我们可以采用全面调查,即对这个国家的每个人进行调查、对流水线上的每个产品进行检验。但如果某个产品质量检验有破坏性或消耗性,那么我们会采用抽样调配,根据抽取的样本中所获得的资料来推断总体参数。

（2）抽样指标

抽样指标也称为样本指标或样本统计量,它是根据样本总体各单位的标志值或标志属性计算的,是用以反映总体参数的综合指标。由于样本总体也可看成是一个次级总体,也属于"总体"的范畴,因此抽样指标与全及指标相对应也有下面几种：样本总体的平均数 $\bar{x}$、成数 $p$、方差 $s$ 和标准差 $\sigma$ 等。值得注意的是,对于一次确定的统计调查,全及总体是确定的、唯一的,所以全及指标也是唯一确定的；但从一个全及总体中可以抽取许多个不同的样本,其分布结构总会存在差异,据此计算的抽样指标也就有所不同,可以看出抽样指标是样本变量的函数,它本身也是随机变量。抽样的目的就是要用统计量来推算总体参数。

3. 重复抽样与不重复抽样

要从总体 $N$ 个单位中随机抽取一个容量为 $n$ 的样本,从抽样方法上看,可以有重复抽样和不重复抽样两种。

(1) 重复抽样

重复抽样又称为有放回抽样或者重置抽样。它是指每抽出一个样本单位后,把结果记录下来,随即将该单位放回总体中去,使它和其余的单位在下一次抽选中具有同等被抽中的机会。在重复抽样过程中,总体单位数始终保持不变,并且同一个单位有多次被抽中的可能性。

(2) 不重复抽样

不重复抽样又称为无放回抽样或不重置抽样。它是指每抽出一个样本单位后,把结果记录下来,该单位就不再放回总体中去参加以后的抽选。在不重复抽样过程中,总体单位数逐渐减少,并且每个单位至多只有一次被抽中的可能性。

在相同的总体和样本容量的情况下,抽样方法不同,可能抽取的样本数目也不同,重复抽样的样本数目总量大于不重复抽样的样本数目。不重复抽样的结果,其精度要比重复抽样高,因为它的样本的代表性更好。

4. 样本容量与样本可能数目

(1) 样本容量

样本容量是指样本总体的单位数,即一个样本总体中所包含的单位数,一般用 $n$ 表示。在总体一定的情况下,样本容量的大小直接影响着抽样推断的准确性。样本容量越大,其抽样指标的代表性误差就越小;反之,代表性误差就越大。所以,一个样本总体中应该包含多少单位数,必须根据统计调查的目的与任务,结合总体、标志值的变异程度,在抽样设计阶段加以综合考虑。一般来说,样本容量 $n$ 远小于总体单位数 $N$。在抽样中,$n \geqslant 30$ 的样本称为大样本,$n < 30$ 的样本称为小样本。社会经济统计的抽样调查,多属于大样本调查。

(2) 样本可能数目

样本可能数目是指对于全及总体,在一定的抽样方法和样本容量条件下,可能抽取的样本个数。从一个总体中可能抽取多少个样本,与样本容量和抽样方法等因素有关。在这里需要说明的是,在实际统计工作中一般只抽取一个样本或少数样本进行研究,而不可能获得所有样本。这里是为了阐述推断理论才介绍这一概念,因为一个总体有多少种抽样可能,样本指标就有多少种取值。

5. 抽样误差与抽样平均误差

(1) 抽样误差

抽样误差是指随机抽样的偶然因素使样本各单位的结构不足以代表总体的结构,而引起的抽样指标与全及指标之间的绝对离差。例如,某班级 100 名同学中,男、女生各有 50 名,现从中随机抽取 10 名同学作为样本。按理应抽取 5 名男同学、5 名女同学才能使样本的性别结构与总体性别结构相同。但由于随机的原因,这个抽样结果未必能得到与刚才所述完全相符的结果,因此就产生了抽样误差。这种误差是抽样推断方法本身所固有的,所以叫抽样误差,属于代表性误差。这类误差是无法避免的,但可以通过数学公式事先精确计算并加以控制。

抽样误差主要包括样本平均数与总体平均数的绝对离差$|\bar{x}-\overline{X}|$,样本成数与总体成数的绝对离差$|p-\pi|$。抽样误差的大小表明了抽样效果的好坏,抽样误差越小,表示样本的代表性越好;反之,代表性就越差。如果误差超过允许的限度,那么抽样调查也就失去了价值。抽样误差的大小取决于以下几个因素。

第一,样本容量$n$的多少。在其他条件不变的情况下,样本容量越大,抽样误差就越小;反之,抽样误差就越大。可以想象,当把样本容量$n$扩大到等于总体容量$N$时,抽样调查也就等于全面调查,抽样误差也就随之消失。

第二,总体被研究标志的变异程度。在其他条件不变的情况下,标志变异程度越大,抽样误差也越大;反之,抽样误差就越小。如果标志之间没有差异,每个单位的标志都一样,那么抽出任何一个单位都可以代表总体,这也就不存在抽样误差了。

第三,抽样方法的选择。抽样调查时,采用什么样的方法和组织形式直接影响到抽样误差的大小。在相同的情况下,不重复抽样比重复抽样的误差小,这是因为重复抽样可能使同一单位被多次抽中,因而产生的样本对总体的代表性就较差。

第四,抽样的组织形式。不同的抽样组织形式有不同的抽样误差,而且同一抽样组织形式的合理程度不同也会有不同的抽样结果。

(2) 抽样平均误差

抽样平均误差就是抽样平均数或成数的标准差,它反映抽样平均数或抽样成数与总体平均数或总体成数的平均误差程度。在抽样推断中,一个总体可以抽取很多个样本,每个样本都可以算出它的抽样平均数或抽样成数,样本的结构不同,这些数值也就各有不同,因而它们和总体平均数或总体成数之间就会有各种不同的误差。抽样平均误差就是各个抽样平均数或抽样成数与总体平均数或总体成数之间的平均误差。它是我们用样本指标来估计或推断总体指标时,计算误差范围的基础。

设用$U_{\bar{x}}$和$U_p$分别代表抽样平均数或抽样成数的平均差,$M$表示样本的可能数目,则抽样平均误差的理论公式为:

$$U_{\bar{x}} = \sqrt{\frac{\sum_{i=1}^{M}(\bar{x}-\mu)^2}{M}} \tag{7-1}$$

$$U_p = \sqrt{\frac{\sum_{i=1}^{M}(p-\pi)^2}{M}} \tag{7-2}$$

样本的可能数目$M$是指在固定样本容量的前提下,从总体中抽取不同样本总体的可能数目,这个数目与抽样方法有关。如从 A、B、C、D 中抽取 2 个组成一个样本,在重复抽样条件下,一共可以组成$4\times4=16$(个)样本(图 7-1);在不重复抽样条件下,一共可以组成$4\times3=12$(个)样本,显然这两种方法所得到的样本总数是不同的(图 7-2)。

| | | | | | | | |
|---|---|---|---|---|---|---|---|
| AA | AB | AC | AD | | AA | AB | AC | AD |
| BA | BB | BC | BD | | BA | BB | BC | BD |
| CA | CB | CC | CD | | CA | CB | CC | CD |
| DA | DB | DC | DD | | DA | DB | DC | DD |

图 7-1 重复抽样条件下的抽样结果　　图 7-2 不重复抽样条件下的抽样结果

抽样平均误差公式(7-1)和(7-2)只能用来解释平均误差的概念,在实际问题中要根据该公式计算平均误差是不可能的,因为总体的平均数或成数通常是不知道的,同时也很难给出全部样本的平均数或成数。

### 三、抽样推断的理论基础

抽样推断是用样本总体推断全及总体,用抽样指标反映总体指标的过程。所以研究抽样指标与总体指标之间的关系就显得尤为重要。抽样推断是以概率论的基本理论之一极限定理为基础的,极限定理就是采用极限的方法得出随机变量概率分布一系列定理的总称,其内容广泛,其中的大数定律和中心极限定理为抽样估计提供了主要的数学依据。

#### 1. 大数定律

大数定律是说明由大量相互独立的随机变量构成的总体,其中每个变量虽有各种不同的表现,但对这些大量的变量加以综合平均,就可以消除偶然因素引起的个别差异,从而使总体单位的某一标志的规律性及其共同特征能在一定的数量和质量上表现出来的定律。从全及总体 $N$ 个单位中,随机抽取 $n$ 个单位构成一个样本总体,然后计算抽样平均数 $\bar{x}$ 或者抽样成数 $p$。

$$\bar{x} = \frac{\sum_{i=1}^{n} x_i}{n}, p = \frac{n_1}{n_1 + n_2}(其中 n_1 + n_2 = n)$$

抽样估计的任务,就是用抽样平均数 $\bar{x}$ 来估计全及平均数 $\bar{X}$,用抽样成数 $p$ 来估计全及成数 $P$。例如,要估计某地区 20 000 亩(1 亩≈666.7 m²)小麦的平均亩产量,可以从中抽取 200 亩,进行实测求得平均亩产量,以此代表全地区小麦的平均亩产量。又如要估计某企业产品的合格率,可以按顺序每 20 个产品中抽取一个产品构成样本,并对这 5% 的产品逐个检验,计算出样本总体的合格率,以此代表整批产品的合格率。那么用抽样平均数或抽样成数来估计全及平均数或全及成数是否合理? 我们用大数定律回答这个问题,它说明了抽样平均数或抽样成数与全及平均数或全及成数之间的关系。

大数定律的理论研究成果众多,例如,随机变量总体存在着有限的平均数和成数,则对于充分大的抽样单位数 $n$,可用几乎趋近于 1 的概率,期望抽样平均数与总体平均数的绝对离差为任意小,即对于任意的正数 $\alpha$ 有契比雪夫定理: $\lim_{n \to \infty} P\{|\bar{x} - \bar{X}| < \alpha\} = 1$,或对于成数有贝努利定理: $\lim_{n \to \infty} P\{|p - P| < \alpha\} = 1$。这就从理论上揭示了抽样总体和全及总体之间的内在联系:即随着抽样单位数 $n$ 的增加,抽样平均数 $\bar{x}$ 有接近于总体平均数 $\bar{X}$ 的趋势,或

者说,抽样平均数$\bar{x}$在概率上收敛于总体平均数$\bar{X}$;抽样成数$p$有接近于总体成数$P$的趋势,或者说,抽样成数$p$在概率上收敛于总体成数$P$。

2. 中心极限定理

大数定律证明了抽样平均数接近于总体平均数和抽样成数趋近于总体成数的趋势,这为抽样推断提供了重要依据。但是,抽样平均数与总体平均数以及抽样成数与总体成数的离差究竟有多大?离差不超过一定范围的概率是多少?这个离差的分布如何?大数定律并没有给出多少信息,而中心极限定理正是研究和解决这些问题的一个非常重要的定理。

中心极限定理认为:在一定条件下,大量相互独立的随机现象的概率分布是以正态分布为极限的。因为正态分布在概率论中占有中心地位,所以把该定理称为中心极限定理。

# 任务二 参数估计

全及指标是根据全及总体各单位标志值计算的综合指标,它是唯一确定的量。因为全及指标是表明总体数量特征的参数,所以抽样估计又称为参数估计。抽样指标是根据抽样总体各单位标志值计算的综合指标。因为抽样总体是抽取部分单位构成的,抽取的单位不同,参加抽样指标计算的标志总量也就不同,所以抽样指标是一个随机变量。在数理统计中,把抽样指标称为统计量。总体参数的估计方法有两种:点估计与区间估计。

## 一、参数估计的精度与抽样平均误差计算

参数估计的精度通常是指抽样误差的大小。抽样误差越大,参数估计的精度就越低;抽样误差越小,参数估计的精度就越高。参数估计的精度必须通过计算抽样误差才能反映,但因为在抽样过程中总体参数总是一个未知的常数,所以样本估计值与总体参数的真实值之间究竟有多大的差距,实际上是无法得知的。同时,由于样本估计值是一个随机变量,它随着每次抽出样本的不同而不同,某一次抽样结果的误差,仅仅是反复抽样中一系列抽样结果可能出现的误差数值中的一个,直观上看显然不能用它来概括一系列可能抽样结果所产生的所有实际误差。所以,在抽样调查理论中,我们采用抽样平均误差,即将所有抽样估计值的标准差作为参数估计的抽样误差大小的尺度。

1. 抽样平均数的抽样平均误差

由于抽样平均数$\bar{x}$是一个随机变量,由抽样平均误差的定义可知,抽样平均数的抽样平均误差就是$\bar{x}$的标准差。设$\mu_{\bar{x}}$表示抽样平均数的抽样平均误差,$n$表示样本容量。如采取重复抽样,用数理统计知识可以证明抽样平均数的抽样平均误差公式为:

$$\mu_{\bar{x}} = \sqrt{\frac{\sigma^2}{n}} = \frac{\sigma}{\sqrt{n}} \tag{7-3}$$

式中:$\sigma$表示总体标准差。当总体标准差$\sigma$未知时,一般可用样本标准差$s$来代替。由公式

(7-3)可以看出,在重复抽样的情况下,抽样平均数的抽样平均误差仅为总体标准差的 $\frac{1}{\sqrt{n}}$,即抽样平均数的标准差比总体标准差小得多。例如,当样本的单位数为 100 时,抽样平均数的标准差仅为总体标准差的 $\frac{1}{10}$。如采用不重复抽样,用数理统计知识可以证明抽样平均数的抽样平均误差公式为:

$$\mu_{\bar{x}} = \sqrt{\frac{\sigma^2}{n}\left(\frac{N-n}{N-1}\right)} \tag{7-4}$$

式中:$N$ 表示总体单位数,当 $N$ 很大时,上面的公式可以近似地表示为:

$$\mu_{\bar{x}} = \sqrt{\frac{\sigma^2}{n}\left(1-\frac{n}{N}\right)} \tag{7-5}$$

同理,当总体标准差未知时,我们也可以用样本标准差来代替总体标准差。

上面不重复抽样误差的近似公式与重复抽样误差公式的区别是公式中多了一项 $\left(1-\frac{n}{N}\right)$。这是一个修正系数,也称为校正因子。由于修正系数 $\left(1-\frac{n}{N}\right)$ 是一个大于 0 而小于 1 的系数,因此在同样情况下,不重复抽样的平均误差也总是小于重复抽样的平均误差。如果总体的单位数很大而样本的单位数相对很小,那么 $\left(1-\frac{n}{N}\right)$ 接近于 1,这时修正系数的作用也就不大了。因此,在实际工作中,按不重复抽样方法进行抽样时,也往往使用重复抽样的公式计算抽样平均误差。

**例 7-1** 某厂生产一种新型灯泡共 2 000 只,随机抽出 400 只做耐用时间试验。测试结果为:平均使用寿命为 4 800 h,样本标准差为 300 h,求抽样推断的平均误差。

解:在重复抽样条件下:

$$\mu_{\bar{x}} = \frac{\sigma}{\sqrt{n}} = \frac{300}{\sqrt{400}} = 15(\text{h})$$

在不重复抽样条件下:

$$\mu_{\bar{x}} = \sqrt{\frac{\sigma^2}{n}\left(1-\frac{n}{N}\right)} = \sqrt{\frac{300^2}{400}\left(1-\frac{400}{2\ 000}\right)} \approx 13.42(\text{h})$$

**2. 抽样成数的抽样平均误差**

抽样成数的抽样平均误差表明各样本成数的绝对离差的平均水平。对于属性总体,我们可以把它转化为变量总体。例如在 $N$ 件产品中,有 $N_1$ 件合格品,$(N-N_1)$ 件不合格品,将合格品标志值记为 1,不合格品标志值记为 0,这时总体平均数为:

$$\mu_p = \frac{1 \times N_1 + 0 \times (N-N_1)}{N} = \frac{N_1}{N} = P$$

可见,总体成数可以表示为总体是(0,1)标志的平均数,同理样本的成数也就转化为样本的平均数。因而,成数的平均误差也就成了平均数的平均误差,只是这时总体的标准差是 $\sigma = \sqrt{p(1-p)}$,因此,当我们用 $p(1-p)$ 代替抽样平均数的抽样平均误差公式中的 $\sigma^2$ 时,即可得到相应的抽样成数的抽样平均误差计算公式。

在重复抽样条件下: $\mu_p = \sqrt{\dfrac{p(1-p)}{n}}$

在不重复抽样条件下: $\mu_p = \sqrt{\dfrac{p(1-p)}{n}\left(\dfrac{N-n}{N-1}\right)}$

当总体单位数很大时,$\mu_p$ 可近似地表示为: $\mu_p = \sqrt{\dfrac{p(1-p)}{n}\left(1-\dfrac{n}{N}\right)}$

式中:$p$ 为抽样成数。一般总体成数是未知的,通常用抽样成数来代替总体成数。

**例 7-2** 一批食品罐头共 60 000 罐,随机抽查 300 罐,发现有 6 罐不合格,求合格率的抽样平均误差。

解:可知抽样成数 $p = \dfrac{n-n_1}{n} = \dfrac{300-6}{300} = 0.98$

在重复抽样条件下:

$$\mu_p = \sqrt{\dfrac{p(1-p)}{n}} = \sqrt{\dfrac{0.98 \times 0.02}{300}} \approx 0.808\%$$

在不重复抽样条件下:

$$\mu_p = \sqrt{\dfrac{p(1-p)}{n}\left(1-\dfrac{n}{N}\right)} = \sqrt{\dfrac{0.98 \times 0.02}{300}\left(1-\dfrac{300}{60\,000}\right)} \approx 0.806\%$$

## 二、参数估计的误差范围与概率度

1. 抽样误差范围

抽样平均误差只是衡量误差可能范围的一种尺度,它并不等同于抽样指标与总体指标之间的真实误差。由于总体参数是一个确定的常数,而样本估计量会随抽取的样本不同而围绕总体参数上下随机取值,因此样本估计量与总体参数之间存在一个误差范围。

所谓误差范围,就是指变动的样本估计值与确定的总体参数之间离差的可能范围,它可用样本估计值与总体参数的最大绝对误差限 $\Delta$ 来表达。统计上称这一误差限 $\Delta$ 为抽样极限误差或抽样允许误差。设 $\Delta_{\bar{x}}$ 和 $\Delta_p$ 分别表示抽样平均数和抽样成数的抽样极限误差,则有:

$$\Delta_{\bar{x}} \geqslant |\bar{x} - \mu|, \Delta_p \geqslant |p - \pi|$$

可见,抽样极限误差的实际意义就是希望总体平均数落在抽样平均数的范围之内;总体成数落在抽样成数的范围之内。

2. 抽样误差的概率度

对于一个总体来说,当抽样方法以及样本的单位数确定后,抽样误差就是确定的值,而抽样极限误差则是根据不同情况和精确程度,由人们来确定其大小。因此,抽样极限误差常常以抽样平均误差为单位来衡量,并且把抽样极限误差除以抽样平均误差所得的数值叫做概率度。若用 $z$ 表示概率度,则有:

$$z = \frac{\Delta_{\bar{x}}}{\mu_{\bar{x}}}, z = \frac{\Delta_p}{\mu_p}$$

若事先确定概率度 $z$ 的大小,则可以得到抽样极限误差为:

$$\Delta_{\bar{x}} = z\mu_{\bar{x}}, \Delta_p = z\mu_p$$

由于抽样平均数是一个随机变量,由中心极限定理可知:当 $n$ 充分大($n \geqslant 30$)时,$\bar{x}$ 就服从正态分布,从而 $\frac{\bar{x}-\mu}{\mu_{\bar{x}}}$ 服从标准正态分布。这样我们就可以在确定的误差范围内,求出相应的概率大小,而抽样极限误差的大小又可确定相应概率度的大小,因此若先确定概率度为 $z$,则可求得相应的概率为:

$$P\{|\bar{x}-\mu| \leqslant z\mu_{\bar{x}}\} = P\left\{\frac{|\bar{x}-\mu|}{\mu_{\bar{x}}} \leqslant z\right\} = \frac{1}{\sqrt{2\pi}} \int_0^z e^{-\frac{z^2}{2}} dz$$

上式就是抽样平均数落在 $(\mu-z\mu_{\bar{x}}, \mu+z\mu_{\bar{x}})$ 之间的概率。若总体平均数 $\mu$ 未知,则上式也可以看作是抽样平均数落在 $(\bar{x}-z\mu_{\bar{x}}, \bar{x}+z\mu_{\bar{x}})$ 之间的概率。

上述的积分值要查标准正态分布表,在查表时要注意:使用 $\frac{1}{\sqrt{2\pi}} \int_0^x e^{-\frac{x^2}{2}} dx$ 给出的值,正态概率分布如图 7-3 所示。

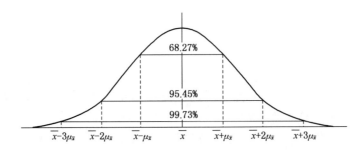

图 7-3 正态概率分布图

由图 7-3 可看出:

当 $z=1$ 时,$F(z) = P\{|x-X| \leqslant \mu_{\bar{x}}\} = 68.27\%$;

当 $z=2$ 时,$F(z) = P\{|x-X| \leqslant 2\mu_{\bar{x}}\} = 95.45\%$;

当 $z=3$ 时,$F(z) = P\{|x-X| \leqslant 3\mu_{\bar{x}}\} = 99.73\%$。

从前面的式子可以明显地看到这样的关系:确定的抽样极限误差越大,概率度 $z$ 也就越大,相应的概率也越大,即抽样平均数(或抽样成数)落在指定范围的可能性也越大;反之,相应的概率就减小。为方便计算,常将不同的 $z$ 值和相应的概率编制成专门的概率表,供实际工作时查用。现将常用的概率度 $z$ 与相应概率 $F(z)$ 的几个数值对应列表如下,如表 7-1 所示。

表 7-1 常用的概率度与概率对照表

| 概率度 $z$ | 概率 $F(z)$ | 概率度 $z$ | 概率 $F(z)$ |
| --- | --- | --- | --- |
| 1.00 | 0.682 7 | 1.96 | 0.950 0 |
| 1.28 | 0.800 0 | 2.00 | 0.954 5 |
| 1.50 | 0.866 4 | 2.50 | 0.987 6 |
| 1.64 | 0.900 0 | 2.58 | 0.990 1 |
| 1.80 | 0.928 1 | 3.00 | 0.997 3 |
| 1.90 | 0.942 6 | 4.00 | 0.999 9 |

**例 7-3** 某农场对小麦产量进行抽样调查,小麦播种总面积为 1 万亩,采用不重复简单随机抽样,从中抽取了 100 亩作为样本进行实割实测,测得样本平均亩产量为 400 kg,方差为 144 $kg^2$。问:以 95.45% 的可靠性推断该农场小麦平均亩产量可能在多少千克之间?

解:已知 $N=10\ 000, n=100, \bar{x}=400, \sigma^2=144, 1-\alpha=0.954\ 5$,

其抽样平均误差为:$\mu_{\bar{x}} = \sqrt{\dfrac{\sigma^2}{n}\left(1-\dfrac{n}{N}\right)} = \sqrt{\dfrac{144}{100}\left(1-\dfrac{100}{10\ 000}\right)} \approx 1.19 (\text{kg})$

抽样极限误差为: $2 \times 1.19 = 2.38 (\text{kg})$

计算总体平均数的置信区间:

上限为:$400 + 2.38 = 402.38 (\text{kg})$

下限为:$400 - 2.38 = 397.62 (\text{kg})$

即:以 95.45% 的可靠性估计该农场小麦平均亩产量在 397.62~402.38 kg 之间。

**例 7-4** 为调查农民生活状况,在某地区 5 000 户农民中,按不重复简单随机抽样法,抽取 400 户进行调查,得知这 400 户中拥有彩色电视机的农户为 87 户。问:以 95% 的把握程度估计该地区全部农户中拥有彩色电视机的农户在多大比例之间?

解:已知 $N=5\ 000, n=400, n_1=87, 1-\alpha=0.95, p=\dfrac{87}{400}=0.217\ 5$,

其抽样平均误差为:

$$\mu_p = \sqrt{\dfrac{p(1-p)}{n}\left(1-\dfrac{n}{N}\right)} = \sqrt{\dfrac{0.217\ 5 \times 0.782\ 5}{400}\left(1-\dfrac{400}{5\ 000}\right)} \approx 0.019\ 8$$

用抽样指标来估计总体指标有三项要素:估计值、估计的误差范围及概率保证程度。估计值是根据实际样本资料确定的,允许误差范围反映抽样推断的精确度,而概率保证程度反映抽样推断的可靠性。在一次抽样推断中,这三项要素缺一不可,它们是紧密联系的。

抽样极限误差为:$1.96 \times 0.019\ 8 \approx 0.038\ 8$

计算总体平均数的置信区间:

上限为:$21.75\% + 3.88\% = 25.63\%$

下限为：21.75% − 3.88% = 17.87%

即：以95%的把握程度估计该地区全部农户中拥有彩色电视机的农户在17.87~25.63%之间。

### 三、总体参数的点估计

1. 点估计的概念

点估计是以抽样指标作为总体指标的估计值，也叫定值估计。它是一种最简单且易行、直观的方法，应用较为广泛。例如，在某校学生体重的调查中，获知抽取的400名学生的平均体重为58 kg，则我们说该校8 000名学生的平均体重也是58 kg。这种推断就是对总体平均数做了点估计。

抽样误差的存在是必然的，点估计不考虑误差范围，因此也就说明不了估计的准确性和可靠性，但区间估计可以弥补这一不足。

2. 点估计量的优良标准

用样本统计量去推断总体参数，并非只能用一个样本估计量，而可能有多个统计量可供选择，我们总希望选定的统计量能够推断得好一点，那么"好一点"的标准是什么？一般来说有三个基本的标准，满足了这三个标准就可以认为该估计量是优良的。

**无偏性**

虽然每次样本统计量和总体参数之间都可能存在误差，但是在多次反复的估计中，各个统计量的平均数应该等于所估计的参数本身，也就是说，统计量的估计，平均来说是没有偏误的，这样的统计量叫做无偏统计量。如将抽样平均数作为总体平均数的估计量，或将抽样成数作为总体成数的估计量，因为抽样平均数的平均数等于总体平均数，即 $E(\bar{x}) = \bar{X}$，抽样成数的平均数等于总体成数，即 $E(p) = P$，其中 $E$ 表示数学期望即算术平均数，所以抽样平均数（成数）是总体平均数（成数）的无偏估计。

**一致性**

当估计量随样本容量 $n$ 的扩大而越来越接近于总体参数的真值时，称统计估计量是被估计参数的一致性估计量。我们知道 $\mu_{\bar{x}}$ 和 $\mu_p$ 与样本单位数 $n$ 的平方根成反比，样本平均数越多，则平均误差便越小，当样本单位数 $n$ 接近于总体单位数 $N$ 时，平均误差也就接近于零，即统计量和总体参数趋于一致。当然，对于一个一致性统计量，增大样本容量 $n$ 会使估计量的一致性增强，但同时也会使调查所需的人力、物力、财力相应增加。

**有效性**

有效性是指无偏性估计量中方差最小的估计量，也是最为有效的估计量。我们可以联系前面学过的平均指标和变异指标的相关内容来理解这个问题。平均指标可以代表某数列的一般水平，但代表性如何，还需考虑离散程度，离散程度越小，平均数的代表性就越好。所以，同为无偏性估计量，其估计值与总体真值之间离差是不相同的。在同样的样本容量下，离差越小，方差也越小，该估计量越能有效地代表总体参数的真实值。如样本平均数与中位数都是总体均值的无偏估计量，但在同样的样本容量下，样本平均数是更为有效的估计量。

以上从三个不同的侧面说明了优良估计的三个标准,只有同时满足这三个标准的估计量,才是一个理想的估计量。如用抽样平均数和抽样成数来估计总体平均数和总体成数必须满足以上优良估计的三个标准。

### 四、总体参数的区间估计

总体参数的区间估计就是依照一定的概率保证程度,用样本估计值估计总体参数取值范围的方法。

设总体参数为 $\theta$,$\theta_L$、$\theta_U$ 是由样本确定的两个统计量,对于给定的 $\alpha(0<\alpha<1)$,有:$p\{\theta_L \leqslant \theta \leqslant \theta_U\} = 1-\alpha$,则称 $(\theta_L, \theta_U)$ 为参数 $\theta$ 的置信度为 $1-\alpha$ 的置信区间。该区间的两个端点 $\theta_L$、$\theta_U$ 分别称为置信下限和置信上限。置信区间的直观意义是:若作为多次同样的抽样,将得到多个置信区间,其中有的区间包含了总体参数的真值,有的区间没有包含总体参数的真值。$1-\alpha$ 为置信度,称为置信水平或置信概率,置信度表达了参数区间估计的可靠性。置信区间越小,说明估计的精确性越高;置信度越大,估计可靠性就越大。一般来说,在样本容量一定的前提下,精确度与置信度往往是相互矛盾的:若置信度增加,则区间必然增大,降低了精确度;若精确度提高,则区间缩小,置信度必然减小。要同时提高估计的置信度和精确度,就要增加样本容量。

**例 7-5** 某餐馆在 7 个星期内抽查了 49 位顾客的消费额(单位:元),结果如下,求在置信度为 90% 的保证下,顾客平均消费额的估计区间。

24 28 26 30 42 18 30 25 26 34 44 20 35 24 26 34 48
18 28 46 19 30 36 42 24 32 45 36 21 47 26 28 31 42
45 36 24 28 27 32 36 47 53 22 24 32 46 26 15

解:首先,通过计算可得到

$$\bar{x} = \frac{\sum_{i=1}^{n} x_i}{n} = 32, s = \sqrt{\frac{\sum_{i=1}^{n}(x_i - \bar{x})^2}{n-1}} = 9.45, s_{\bar{x}} = \frac{s}{\sqrt{n}} = \frac{9.45}{\sqrt{49}} = 1.35$$

点估计:该餐馆顾客平均消费额为 32 元。

然后,根据给定的置信度 $F(z) = 90\%$,查概率表得 $z = 1.64$。

计算 $\Delta = z s_{\bar{x}} = 1.64 \times 1.35 \approx 2.2$(元)。

据此估计,总体平均消费额下限 $= \bar{x} - \Delta = 32 - 2.2 = 29.8$(元)

总体平均消费额上限 $= \bar{x} + \Delta = 32 + 2.2 = 34.2$(元)

区间估计:在置信度为 90% 的保证下,该餐馆顾客平均消费额在 29.8~34.2 元之间。

**例 7-6** 沿用例 7-4 的题干,问题改为:若要求抽样允许误差不超过 0.02,其他条件不变,问:应抽取多少户作为样本?

解:根据例 7-4 的计算,抽样成数和抽样平均误差均已计算得出,利用抽样平均误差,可计算抽样极限误差:

$$\Delta_p = z\mu_p = 1.96 \times 0.0198 \approx 0.0388$$

然后计算总体的置信区间：

置信区间上限为：$p + \Delta_p = 25.63\%$

置信区间下限为：$p - \Delta_p = 17.87\%$

即：以95%的把握程度估计该地区农户中拥有彩色电视机的农户在17.87%～25.63%之间。

当$\Delta_p \leqslant 0.02$，其他条件不变时：

$$n = \frac{z^2 Np(1-p)}{\mu_p^2 N + z^2 p(1-p)} = \frac{1.96^2 \times 5\,000 \times 0.2175 \times 0.7825}{5\,000 \times 0.02^2 + 1.96^2 \times 0.2175 \times 0.7825} \approx 1\,232(户)$$

## 任务三 抽样组织方式

### 一、简单随机抽样

简单随机抽样又叫纯随机抽样，是最简单、最普遍的抽样组织方式。它是按照随机性原则直接从总体的全部单位中，抽取若干个单位作为样本单位，保证总体中每个单位在抽取中都有同等被抽中的机会。简单随机抽样在理论上是最符合随机抽样原则的。随机抽取样本单位的具体做法有如下两种：

1. 抽签法

根据抽样框，每个单位都编有$1 \sim N$的唯一编号。我们可以做$N$个完全一样的分别标有$1 \sim N$的标签，充分拌匀后逐个地抽出$n$个标签，然后根据抽样框找到相应的抽样单位进行现场调查，从而得到一个简单随机样本。

2. 随机数字表法

随机数表是由0～9这十个数码随机排列组成的多位数字表。在使用前，首先将总体的全部单位编号，并根据编号的位数确定使用表中数字的列数；然后，从任意一行、任意一列、任意方向开始数，遇到编号范围内的数字就作为样本单位，超过编号范围内的数字就跳过去，直到抽够样本单位数目为止。

### 二、分层抽样

分层抽样又叫类型抽样，它是先将总体各单位按某一有关标志分成若干个类型组，然后按照一定比例再从各类型组中随机抽取样本单位。

由于各个类型组的单位数一般是不相等的，从各个类型组中抽取多少个样本单位有两种不同的确定方法：一种是按各组标志值变动的大小来确定，没有统一的抽样比例；另一种是按比例抽样，即保持每组样本单位数与样本容量之比等于各组总体单位数与全及总体单位数之比。例如,设总体由 $N$ 个单位组成,把总体分成 $k$ 组,使 $N = N_1 + N_2 + \cdots + N_k$,若样本的总容量为 $n$,则从第 $i$ 组抽取的样本单位数 $n_i$ 应满足:

$$\frac{n_i}{n} = \frac{N_i}{N}$$

所以各组抽取的样本单位数应为:

$$n_i = \frac{N_i}{N} \cdot n$$

并且有:

$$\sum_{i=1}^{k} n_i = \sum_{i=1}^{k} \frac{nN_i}{N} = \frac{n}{N} \sum_{i=1}^{k} N_i = n$$

即各组抽取的样本单位数之和等于样本总容量。

在该条件下,可以给出抽样平均数(或抽样成数)和抽样误差的计算公式。

设从第 $i$ 组抽取的样本是: $x_{i1}, x_{i2}, \cdots, x_{in}$,于是,第 $i$ 组的抽样平均数是:

$$\overline{x_i} = \frac{1}{n} \sum_{i=1}^{n_i} x_{ij}$$

样本总体的平均数为:

$$\overline{x} = \frac{1}{n} \sum_{i=1}^{k} n_i \overline{x_i}$$

同理,样本总体方差的平均数为:

$$\overline{s^2} = \frac{1}{n} \sum_{i=1}^{k} n_i s_i^2$$

重复抽样误差公式为:

$$\mu_{\overline{x}} = \sqrt{\frac{s^2}{n}}$$

不重复抽样误差公式为:

$$\mu_{\overline{x}} = \sqrt{\frac{s^2}{n}\left(1 - \frac{n}{N}\right)}$$

**例 7-7**  某地有 10 000 名劳动力,其中从事农业劳动的有 7 000 人,从事工业劳动的有 3 000 人,现按两类人数的比例抽取 100 人,各相关指标如表 7-2 所示,请以 95% 的置信水平推断该地人均收入的区间。

表 7-2  各组平均收入与标准差

| 类型 | 全部人数/人 | 抽样人数/人 | 抽样平均数/元 | 样本标准差/元 |
|---|---|---|---|---|
| 从事农业劳动 | 7 000 | 70 | 750 | 25 |
| 从事工业劳动 | 3 000 | 30 | 1 000 | 30 |

**解**:由于该例题中抽样总体仅占全及总体的 1%,故可采用重复抽样公式来计算。具体计算如下:

$$\bar{x} = \frac{1}{n}\sum_{i=1}^{k} n_i \bar{x}_i = \frac{1}{100} \times (70 \times 750 + 30 \times 1\,000) = 825$$

$$\overline{s^2} = \frac{1}{n}\sum_{i=1}^{k} n_i s_i^2 = \frac{1}{100} \times (70 \times 25^2 + 30 \times 30^2) = 707.5$$

$$\mu_{\bar{x}} = \sqrt{\frac{s^2}{n}} = \sqrt{\frac{707.5}{100}} \approx 2.66$$

$$\because F(z) = 95\%, \therefore z = 1.96, \Delta_{\bar{x}} = z\mu_{\bar{x}} = 1.96 \times 2.66 \approx 5.21$$

$$\bar{x} - \Delta_{\bar{x}} \leqslant \mu \leqslant \bar{x} + \Delta_{\bar{x}}$$

$$825 - 5.21 \leqslant \mu \leqslant 825 + 5.21$$

$$819.79 \leqslant \mu \leqslant 830.21$$

在95%的置信水平下，该地人均收入在819.79～830.21元之间。

### 三、系统抽样

系统抽样又叫等距抽样或机械抽样。它是先把总体所有单位按某一标志排队，并根据总体单位数与样本单位数的比例计算出抽样距离（间距），随机确定一个起始点作为第一个样本单位，以后每隔相等的距离（间距）抽取样本单位。

对总体单位排队时所采用的标志，可以是与调查项目有关的，也可以是与调查项目无关的，前者称为有关标志排队法，后者称为无关标志排队法。例如，对某校学生学习情况进行调查，如按身高排队就是无关标志排队；如按考试分数排队就是有关标志排队。按无关标志排队的机械抽样，其抽样平均误差与简单随机抽样的平均误差十分接近，一般都采用简单随机抽样的平均抽样误差公式代替计算。采用有关标志排队时，其抽样平均误差一般要小于简单随机抽样的平均误差。

### 四、整群抽样

整群抽样是将总体所有单位划分为若干个群（组），然后以群（组）为单位从中随机抽取部分群（组），对抽中的群（组）内所有单位进行全面调查的抽样组织形式。例如，调查某县小学教育情况，我们可以从该县中随机抽取若干个小学，然后对抽中的小学进行全面调查。整群抽样与前面三种抽样组织方式相比，抽样单位扩大了，即抽取的基本单位不再是总体单位而是群（组）。

我们把整群抽样和简单随机抽样相比较，把群看作总体单位，则整群抽样就成了简单随机抽样，故整群抽样的误差公式可以通过简单随机抽样的误差公式推导出。把一个总体分成$R$个群，然后在$R$个群中随机抽取$r$个群，设群间方差为$\sigma^2$，由于整群抽样都是采用不重复抽样的方法，因此抽样平均误差公式为：

$$\mu_{\bar{p}} = \sqrt{\frac{\sigma^2}{r}\left(1 - \frac{r}{R}\right)}$$

**例 7-8** 某连续生产企业为掌握某月某种产品的一等品率,确定抽出 5% 的产品,即全月连续生产的 720 h 中,每隔 20 h 抽取 1 h 的全部产品进行调查。调查结果为:一等品率为 80%,群间方差为 7%。请以 95.45% 的置信度对一等品率进行区间推断。

**解**:根据题目提供的信息:$R=720, r=720 \times 5\%=36, \sigma^2=7\%, p=80\%$

$$\mu_p = \sqrt{\frac{\sigma^2}{r}\left(1-\frac{r}{R}\right)} = \sqrt{\frac{0.07}{36}\left(1-\frac{36}{720}\right)} \approx 4.3\%$$

$$\because F(z)=95.45\%, \therefore z=2, \quad \Delta_p = z\mu_p = 2 \times 4.3\% = 8.6\%$$

$$p - \Delta_p \leqslant \pi \leqslant p + \Delta_p$$

$$71.4\% \leqslant \pi \leqslant 88.6\%$$

即有 95.45% 的把握推断,一等品率的置信区间在 71.4%~88.6% 之间。

整群抽样的最大优点是实施方便,从而节省了大量调查费用。但整群抽样的单位比较集中,影响了抽样单位在全及总体中分布的均匀性,因而抽样误差比简单随机抽样要大一些。在实践中,整群抽样一般要比其他方法多抽一些单位,以便降低抽样误差。

## 任务四 样本容量的确定

样本容量过多,必然会增加人力、财力、物力的支出,造成不必要的浪费,而样本容量过少,又会导致抽样误差增大,达不到抽样所要求的准确程度。在实际抽样调查中,确定一个合适的样本容量是一个重要的问题。因此,必要样本容量就是在保证误差不超过规定范围的条件下尽可能节省人力、财力、物力的支出。

### 一、平均数的必要样本容量

1. 重复抽样

由 $\Delta_{\bar{x}} = z\mu_{\bar{x}} = z\sqrt{\dfrac{\sigma^2}{n}}$ 可得:

$$n = \frac{z^2 \sigma^2}{\Delta_{\bar{x}}^2} \tag{7-6}$$

从上式可以看出,若确定了抽样极限误差、总体标准差以及概率度,则就能确定必要样本容量。

2. 不重复抽样

由 $\Delta_{\bar{x}} = z\mu_{\bar{x}} = z\sqrt{\dfrac{\sigma^2}{n}\left(1-\dfrac{n}{N}\right)}$ 可得:

$$n = \frac{N z^2 \sigma^2}{N \Delta_{\bar{x}}^2 + z^2 \sigma^2} \tag{7-7}$$

**例 7-9** 某批发站欲估算零售商贩的平均每次进货额,根据历史资料进货额的标准差为 1 000 元,假定到批发站进货的零售商贩有 2 000 人。若要求置信水平为 99.73%,抽样极限误差不超过 250 元,则应该抽取多大的样本?

解:这里没有说明采用的抽样方法,故我们可以按上述两个公式分别计算其必要样本容量。

$$\because F(z) = 99.73\%, \therefore z = 3$$

重复抽样条件下的必要样本容量:

$$n = \frac{z^2 \sigma^2}{\Delta_{\bar{x}}^2} = \frac{3^2 \times 1\,000^2}{250^2} = 144$$

不重复抽样条件下的必要样本容量:

$$n = \frac{Nz^2\sigma^2}{N\Delta_{\bar{x}}^2 + z^2\sigma^2} = \frac{2\,000 \times 3^2 \times 1\,000^2}{2\,000 \times 250^2 + 3^2 \times 1\,000^2} \approx 134.33 \approx 135$$

## 二、成数的必要样本容量

1. 重复抽样

由 $\Delta_p = z\mu_p = z\sqrt{\dfrac{p(1-p)}{n}}$ 可得:

$$n = \frac{z^2 p(1-p)}{\Delta_p^2} \tag{7-8}$$

2. 不重复抽样

由 $\Delta_p = z\mu_p = z\sqrt{\dfrac{p(1-p)}{n}\left(1-\dfrac{n}{N}\right)}$ 可得:

$$n = \frac{Nz^2 p(1-p)}{N\Delta_p^2 + z^2 p(1-p)} \tag{7-9}$$

**例 7-10** 某社区想通过抽样调查了解居民参加体育活动的比例,如果把误差范围设定为 5%,问:如果以 95% 的置信度进行参数估计,那么需要多大的样本?

解:$\because F(z) = 95\%, \therefore z = 1.96$

根据公式(7-8)得:

$$n = \frac{z^2 p(1-p)}{\Delta_p^2} = \frac{1.96^2 \times 0.5 \times 0.5}{5\%^2} = 384.16 \approx 385$$

## 三、影响必要样本容量的因素

为了确定必要样本容量,我们必须分析影响必要样本容量的因素。影响必要样本容量的因素主要有以下几点。

1. 总体各单位标志变异程度,即总体方差的大小。总体标志变异程度越大,要求样本容量越大;反之则相反。
2. 抽样极限误差的大小。抽样极限误差越大,要求样本容量越小;反之则相反。
3. 抽样方法。在其他条件相同时,重复抽样比不重复抽样要求样本容量要大些。
4. 抽样方式。如采用类型抽样的样本容量要小于采用简单随机抽样的样本容量。
5. 抽样推断的概率保证程度的大小。概率越大,要求样本容量越大;反之则相反。

以上影响必要样本容量的诸因素,可以从样本容量计算公式的推导结果上加以验证。

## 实训一  Excel 在抽样推断中的应用

### 一、用 Excel 进行总体均值的区间估计

Excel 提供了一个求标准正态分布的区间点函数(NORM.S.INV),利用它可以计算统计量 $z$ 值。(语法 NORM.S.INV-Probability)

其中,参数 Probability 为正态分布的概率,介于 0~1 之间,函数 NORM.S.INV-Probability 返回当概率为 $P$ 时的标准正态分布函数值。

**例 7-11**  随机抽取某校学生 100 人,调查他们的体重。已知总体服从正态分布,得到他们的平均体重为 58 kg,标准差为 10 kg。试求该班学生平均体重的 95% 的置信区间。

解:已知总体服从正态分布,$n=100$,样本均值 $\bar{x}=58$,标准差 $\sigma=10$,$\alpha=0.05$。

(1) 建立工作表,将数据录入工作表,如图 7-4 所示。

| | A | B |
|---|---|---|
| 1 | 样本容量 | 100 |
| 2 | 样本均值 | 58 |
| 3 | 总体标准差 | 10 |
| 4 | 置信度 | 95% |

图 7-4  录入数据

(2) 选择单元格 A5,在编辑栏中输入"$z$ 值"。选择单元格 B5,单击公式选项卡中的"插入函数"按钮,在插入函数对话框中选择统计函数"NORM.S.INV",打开 NORM.S.INV 函数对话框,如图 7-5 所示。

(3) 在函数对话框"Probability"中输入参数值 0.025,单击"确定"按钮。在单元格 B5 中返回 $z$ 值为 -1.959 96,选择单元格 C5,输入公式"=ABS(B5)",回车,返回结果 1.959 964。

(4) 选择单元格 A6,在编辑栏中输入"置信下限";选择单元格 A7,在编辑栏中输入"置信上限"。

(5) 选择单元格 B6,输入公式"=B2-C5*B3/SQRT(B1)";选择单元格 B7,输入公式"=B2+C5*B3/SQRT(B1)"。返回结果如图 7-7 所示。

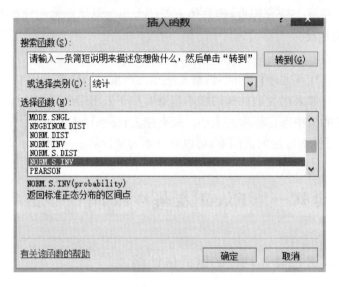

图 7-5  NORM.S.INV 函数对话框

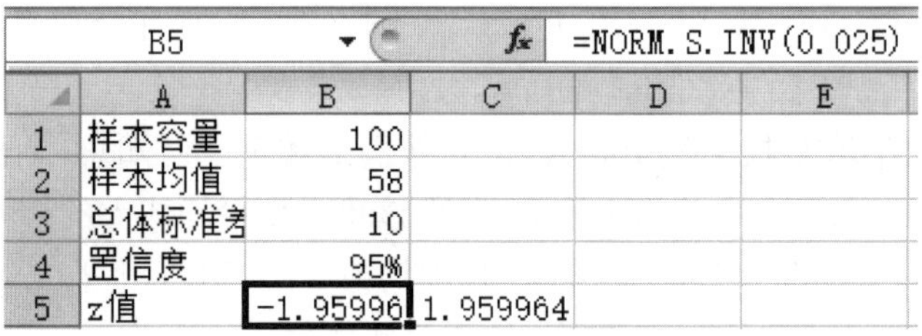

图 7-6  z 值的计算

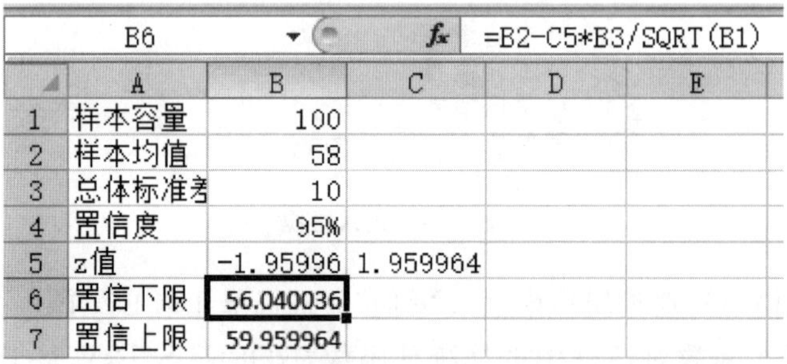

图 7-7  总体均值置信区间的计算结果

因此,当置信水平为 95% 时,该班学生平均体重的置信区间的下限和上限分别为 56.04 和 59.96。

## 二、用 Excel 进行总体比例的区间估计

**例 7-12**  从某厂生产的一批婴幼儿配方奶粉中,抽取 100 袋作为样本进行三聚氰胺检

测，检测结果为 95 袋合格，以 95%的置信度估计这批奶粉的合格率。

解：(1) 建立"样本比例估计"工作表，如图 7-8 所示。

| | A | B | C |
|---|---|---|---|
| 1 | 样本容量 | | |
| 2 | 样本比例 | | |
| 3 | 标准误差 | | |
| 4 | 置信度 | | |
| 5 | z值 | | |
| 6 | 极限误差 | | |
| 7 | 置信下限 | | |
| 8 | 置信上限 | | |

**图 7-8　"样本比例估计"工作表**

(2) 在单元格 B1 中输入样本容量 100。

(3) 在单元格 B2 中输入"=95/100"，回车后，显示 95%，为样本合格率。

(4) 在单元格 B3 中输入公式"=SQRT(B2 * (1−B2)/B1)"，回车后，显示 0.021 794，作为样本标准误差。

(5) 在单元 B4 中输入置信度 95%。

(6) 在单元格 B5 中输入公式"=NORM.S.INV(B4+(1−B4)/2)"，回车后，显示 1.959 964，为计算的 $z$ 值。

(7) 在单元格 B6 中输入"=B5 * B3"，回车后，显示 0.042 716，为抽样极限误差。

(8) 在单元格 B7 中输入"=B2−B6"，回车后，显示 90.73%，为置信区间的下限。

(9) 在单元格 B8 中输入"=B2+B6"，回车后，显示 99.27%，为置信区间的下限。

输出结果如图 7-9 所示。

B5　fx　=NORM.S.INV(B4+(1-B4)/2)

| | A | B | C | D | E | F |
|---|---|---|---|---|---|---|
| 1 | 样本容量 | 100 | | | | |
| 2 | 样本比例 | 0.95 | | | | |
| 3 | 标准误差 | 0.021794 | | | | |
| 4 | 置信度 | 95% | | | | |
| 5 | z值 | 1.959964 | | | | |
| 6 | 极限误差 | 0.042716 | | | | |
| 7 | 置信下限 | 0.907284 | | | | |
| 8 | 置信上限 | 0.992716 | | | | |

**图 7-9　样本比例区间估计的计算结果**

因此，以 95%的置信度估计这批奶粉的合格率在 90.73%～99.27%之间。

## 三、用 Excel 计算必要抽样容量

**例 7-13**　某区进行居民基本消费情况调查，已知居民平均月基本消费的标准差为 50 元，要求把握置信度为 95%，抽样极限误差为 10 元，计算应抽取的居民样本户数。

解：(1) 建立"样本容量推断"工作表，如图 7-10 所示。

| | A | B | C |
|---|---|---|---|
| 1 | 抽样极限误差 | | |
| 2 | 置信度 | | |
| 3 | z值 | | |
| 4 | 标准差 | | |
| 5 | 样本容量 | | |
| 6 | 取整样本容量 | | |

**图 7-10　“样本容量推断”工作表**

(2) 在单元格 B1 和 B2 中分别输入抽样极限误差 10 和置信度 95%。

(3) 选中单元格 B3,在编辑栏中输入样本容量计算公式“=NORM. S. INV(B2)”,回车后,单元格 B3 中显示与置信度相应的 $z$ 值 1.644 854。

(4) 在单元格 B4 中输入标准差 50。

(5) 选中单元格 B6,在编辑栏中输入样本容量计算公式“=(B3^2 * B4^2)/B1^2”,回车后,单元格 B5 中显示 67.638 59。

(6) 选中单元格 B6,在编辑栏中输入样本容量取整公式“=CEILING(B5,1)”,回车后,单元格 B6 中显示 68。

计算结果如图 7-11 所示。

B5　fx　=(B3^2*B4^2)/B1^2

| | A | B | C | D |
|---|---|---|---|---|
| 1 | 抽样极限误差 | 10 | | |
| 2 | 置信度 | 95% | | |
| 3 | z值 | 1.644854 | | |
| 4 | 标准差 | 50 | | |
| 5 | 样本容量 | 67.63859 | | |
| 6 | 取整样本容量 | 68 | | |
| 7 | | | | |

**图 7-11　必要抽样容量计算结果**

因此,当置信度为 95%,抽样极限误差为 10 元时,应抽取的居民样本户数至少为 68 户。

# 实训二　Python 在抽样推断中的应用

案例:电商平台用户满意度调查

背景:某电商平台想要了解其用户的满意度水平,以改进服务质量和提高用户体验。为此,他们决定进行抽样调查,并使用 Python 进行抽样推断和数据分析。

代码操作示例:

```
import pandas as pd
```

```
importnumpy as np
fromscipy import stats
```

# 数据导入与预处理
```
data = pd.read_csv('user_satisfaction.csv')   # 导入样本数据
data.dropna(inplace=True)   # 删除缺失值
data['Satisfaction'] = data['Satisfaction'].astype(int)   # 将满意度评分转换为整数类型
```

# 描述统计分析
```
mean_satisfaction = data['Satisfaction'].mean()   # 计算满意度的平均值
std_satisfaction = data['Satisfaction'].std()   # 计算满意度的标准差
max_satisfaction = data['Satisfaction'].max()   # 计算满意度的最大值
min_satisfaction = data['Satisfaction'].min()   # 计算满意度的最小值
print("满意度的平均值:",mean_satisfaction)
print("满意度的标准差:",std_satisfaction)
print("满意度的最大值:",max_satisfaction)
print("满意度的最小值:",min_satisfaction)
```

# 参数估计
```
sample_mean = data['Satisfaction'].sample(n=100).mean()   # 从样本中随机抽取100个用户的满意度评分,并计算均值
confidence_interval = stats.norm.interval(0.95,loc=mean_satisfaction,scale=std_satisfaction / np.sqrt(len(data)))   # 计算满意度的置信区间
print("抽样均值的点估计:",sample_mean)
print("满意度的置信区间:",confidence_interval)
```

# 假设检验
```
group1 = data[data['Gender'] == 'Male']['Satisfaction']   # 男性用户满意度评分
group2 = data[data['Gender'] == 'Female']['Satisfaction']   # 女性用户满意度评分
t_statistic, p_value = stats.ttest_ind(group1, group2)   # 进行独立样本t检验
print("男性用户和女性用户满意度的差异是否显著:",p_value < 0.05)
```

以上代码示例包括了数据导入与预处理、描述统计分析、参数估计和假设检验等关键步骤。

使用Pandas库导入数据,并使用DataFrame进行数据清洗和预处理,确保了数据的准

确性和完整性。

使用 NumPy 库和 SciPy 库中的函数进行描述统计分析,计算满意度的平均值、标准差、最大值和最小值等指标。

在参数估计部分,通过随机抽取样本计算满意度的点估计,并使用正态分布的置信区间计算满意度的估计范围。

最后,使用 SciPy 库中的 ttest_ind 函数进行独立样本 $t$ 检验,判断不同性别用户满意度的差异是否显著。

请注意,上述代码仅为示例,实际应用中需要根据具体数据和需求进行适当的修改和调整。

## ▶▶▶ 小　结

本章学习中,我们深入学习了抽样调查中的抽样推断原理及相关概念、参数估计、抽样组织方式和样本容量确定方法,并探讨了抽样推断的理论基础。

在抽样推断的基本原理中,我们了解到抽样推断是基于从总体中获取样本数据来进行统计推断的方法。我们可以通过对样本数据的分析和推断得出关于总体的结论,且结论具有一定的可靠性和普遍性。

在参数估计方面,我们学习了参数估计的精度和抽样平均误差的计算方法,以及总体参数的点估计和区间估计方法。通过对样本数据的统计分析,我们可以利用点估计和区间估计方法估计总体参数,并根据估计的结果推断总体的特征。

在抽样组织方式方面,我们学习了简单随机抽样、分层抽样、系统抽样和整群抽样等常用的抽样方法。不同的抽样方法适用于不同的研究目的和样本特征,合理选择抽样方法可以提高样本的代表性和可靠性。

在样本容量确定方面,我们了解了平均数的必要样本容量和成数的必要样本容量的计算方法,并探讨了影响必要样本容量的因素。确定合适的样本容量是保证统计推断结果准确性和可靠性的重要前提,合理选择样本容量可以平衡研究成本和精度要求。

在实际应用方面,我们进行了 Excel 和 Python 的实训,学习了其在抽样推断中的应用。通过实际操作,我们可以灵活运用统计软件工具进行抽样推断的数据分析和结果呈现,提高工作效率和数据处理的准确性。

通过本章的学习,我们不仅掌握了抽样调查的基本原理和方法,还培养了数据分析和统计推断的能力。在实际应用中,我们能够合理设计抽样方案、进行参数估计和推断、评估抽样误差和结果的可靠性,为决策提供科学的依据。同时,我们也提升了对数据处理和统计软件工具的使用能力,为进一步开展数据分析和研究工作打下了坚实基础。

## 单元练习

### 一、填空题

1. 随机抽样中所采用的随机抽样方法有（　　　　）和（　　　　）。
2. 说明全及总体数量特征的指标叫做（　　　　），它具有（　　　　）和（　　　　）。
3. 抽样平均数的抽样平均误差，在重复抽样时的计算公式是（　　　　），在不重复抽样时的计算公式是（　　　　）。
4. 对于简单随机重复抽样，若其他条件不变，误差范围缩小到原来的一半，则抽样单位数必须增加到（　　　　）；若扩大到原来的2倍，则抽样单位数应为原来的（　　　　）。
5. 分层抽样时，其抽样平均误差由（　　　　）所决定。

### 二、单项选择题

1. 随机抽样必须遵守的基本原则是（　　）。
   A. 准确性原则　　　　　　　　B. 随机性原则
   C. 代表性原则　　　　　　　　D. 可靠性原则
2. 抽样总体中的单位也可称为（　　）。
   A. 样本　　　B. 子样　　　C. 样本单位　　　D. 总体单位
3. 抽样调查中（　　）。
   A. 既有登记性误差，又有代表性误差
   B. 只有登记性误差，没有代表性误差
   C. 没有登记性误差，只有代表性误差
   D. 没有误差
4. 抽样误差的大小（　　）。
   A. 既可避免，又可控制　　　　B. 不可控制，也不能避免
   C. 只能控制，不能避免　　　　D. 只能避免，不能控制
5. 在抽样平均误差一定的条件下，要提高推断的可靠性，必须（　　）。
   A. 扩大误差　　　　　　　　　B. 扩大极限误差
   C. 缩小误差　　　　　　　　　D. 缩小极限误差
6. 总体内部情况复杂，各单位之间差异程度大，且单位数又多时宜采用（　　）。
   A. 纯随机抽样　　　　　　　　B. 类型抽样
   C. 等距抽样　　　　　　　　　D. 整群抽样
7. 如果总体成数方差或大子样成数方差未知，计算必要抽样数目时，可以用总体方差最大值代替，此值为（　　）。
   A. 0.24　　　B. 0.25　　　C. 0.5　　　D. 1
8. 抽样调查的主要目的是（　　）。

A. 广泛运用数学方法讨论问题　　　　B. 计算和控制抽样误差
C. 修正全面调查资料　　　　　　　　D. 用样本指标推算总体指标

9. 反映样本指标与总体指标之间抽样误差可能范围的指标叫做(　　)。
A. 抽样平均误差　　　　　　　　　　B. 抽样极限误差
C. 可靠程度　　　　　　　　　　　　D. 概率度

10. 抽样误差产生于(　　)。
A. 故意性误差　　　　　　　　　　　B. 登记性误差
C. 系统性误差　　　　　　　　　　　D. 代表性误差

11. 用简单重复抽样方法,要使抽样平均误差减少50%,则样本容量应为原来的(　　)。
A. 1倍　　　　B. 2倍　　　　C. 3倍　　　　D. 4倍

12. 在其他条件不变的情况下,提高抽样估计可靠程度,其精确程度(　　)。
A. 不变　　　　B. 扩大(降低)　　　　C. 缩小(提高)　　　　D. 无法确定

13. 事先将全及总体各单位按某一标志排列,然后依固定顺序和间隔来抽选调查单位的抽样组织方式,称为(　　)。
A. 分层抽样　　　B. 纯随机抽样　　　C. 整群抽样　　　D. 等距抽样

14. 连续生产某产品的工厂,每隔1 h取5 min新产品进行检查,属于(　　)。
A. 纯随机抽样　　B. 类型抽样　　　C. 等距抽样　　　D. 整群抽样

15. 抽样平均误差(　　)。
A. 是样本指标与总体指标的实际误差范围
B. 是样本指标与总体指标的理论误差范围
C. 是所有可能样本的样本指标与总体指标之间的标准差
D. 是某个标本的样本指标与总体指标之间的标准差

## 三、多项选择题

1. 抽样抽查的特点有(　　)。
A. 只调查样本单位　　　　　　　　　B. 遵循随机原则
C. 抽样误差可以计算和控制　　　　　D. 由样本指标推断总体指标
E. 可替代全面调查

2. 抽样误差是(　　)。
A. 抽样估计值与总体未知参数之差　　B. 抽样估计值与总体未知特征值之差
C. 登记性误差　　　　　　　　　　　D. 系统性误差
E. 偶然性误差

3. 区间估计的基本要素是(　　)。
A. 概率度　　　B. 抽样平均误差　　C. 样本容量　　　D. 误差范围
E. 样本指标

4. 重复抽样的特点是(　　)。

A. 每次抽样都从 $N$ 个单位中抽选

B. 每次抽样都从数目不同的单位中抽选

C. 每次抽选时,各单位中选的机会都是 $1/N$

D. 同一个单位可能被重复抽选

E. 同一个单位不可能被重复抽选

5. 不重复抽样的平均误差(　　　)。

A. 大于重复抽样平均误差

B. 小于重复抽样平均误差

C. 当 $N>n$ 时,几乎等于重复抽样平均误差

D. 当 $(N-n)/(N-1)$ 趋于 1 时,可采用重复抽样平均误差公式计算

6. 影响抽样误差的因素有(　　　)。

A. 是有限总体还是无限总体　　　　B. 是重复抽样还是不重复抽样

C. 总体被研究标志的变异程度　　　D. 抽样单位数的多少

E. 抽样者的状态

7. 与典型调查相比,抽样调查的特点有(　　　)。

A. 理论基础是概率论大数法则　　　B. 按随机原则选取调查单位

C. 抽样误差可以计算和控制　　　　D. 排除主观因素的影响

E. 样本的代表性更强

8. 作为一个优良估计值,应当具备的性质是(　　　)。

A. 优良性　　　B. 无偏性　　　C. 一致性　　　D. 有效性

E. 准确性

## 四、简答题

1. 抽样调查中的随机原则是指什么?

2. 抽样推断时为什么必须遵循随机原则抽取样本?

3. 抽样调查有哪些主要作用?

4. 重复抽样与不重复抽样有什么不同?

5. 在实际中,抽样调查多采用不重复抽样方法抽取样本,但在计算抽样平均误差时也可以采用重复抽样条件下的公式,原因何在?

6. 点估计与区间估计有什么区别?

## 五、计算题

1. 一批商品(10 000 件)运抵仓库,随机抽取 100 件检验其质量,发现有 10 件不合格。试按重复抽样与不重复抽样分别计算合格率抽样平均误差。

2. 某厂生产彩色电视机,按不重复抽样方法从一批出厂产品中抽取 1% 的产品进行质量检验,整理得到如下资料:

| 正常工作时间/万 h | 电视机/台 |
|---|---|
| 0.6～0.8 | 15 |
| 0.8～1 | 30 |
| 1～1.2 | 50 |
| 1.2～1.4 | 40 |
| 1.4～1.6 | 9 |
| 合计 | 144 |

试计算抽样平均误差。

3. 对某县某种粮食作物做了一次类型比例(5％)抽样调查，整理得到如下资料：

| 按自然条件分组 | 抽样面积 $n/\text{hm}^2$ | 平均单产 $\overline{X}/\text{kg}$ | 单产标准差 $S/\text{kg}$ |
|---|---|---|---|
| 山地 | 120 | 140 | 64 |
| 丘陵 | 200 | 180 | 70 |
| 平原 | 80 | 200 | 42 |
| 合计 | 400 | — | — |

试计算抽样平均误差。

4. 一批货物(1 800 箱,24 件/箱)运抵仓库，随机抽取 2％进行检验，整理得到如下资料：

| 平均每件质量/g | 抽样数目/箱 |
|---|---|
| 500～540 | 3 |
| 540～580 | 5 |
| 580～620 | 6 |
| 620～660 | 10 |
| 660～700 | 7 |
| 700～740 | 5 |
| 合计 | 36 |

试计算抽样平均误差。

5. 利用第 1 题的资料，以 95.45％的概率保证程度对该批商品的合格率做出区间估计。

6. 根据第 2 题的资料，对该厂生产的这批彩色电视机的正常工作时间做出区间估计。如果规定彩色电视机的正常工作时间在 12 000 h 以上为一级品，试对该厂这批出厂产品的一级品率做出区间估计。[$F(z) = 95\%$]

7. 对某鱼塘的鱼进行抽样调查。从鱼塘的不同部位同时撒网捕到鱼 150 条，其中草鱼 123 条，草鱼平均每条重 2 kg，标准差为 0.75 千克。试按 99.73% 的概率保证程度：(1) 对该鱼塘草鱼平均每条质量做出区间估计；(2) 对该鱼塘草鱼所占比重做出区间估计。

8. 对某型号电子元件 10 000 只进行耐用性能检查。根据以往抽样测定，求得耐用时数的标准差为 600 h。试求在重复抽样条件下：(1) 概率保证程度为 68.27%，元件平均耐用时数的误差范围不超过 150 h，要抽取多少元件做检查？(2) 根据以往抽样检验，元件合格率为 95%，合格率的标准差为 21.8%，要求在 99.73% 的概率保证下，允许误差不超过 4%，试确定重复抽样所需抽取的元件数目。如果其他条件均保持不变，采用不重复抽样应抽取多少元件做检查？

9. 按第 8 题所给的资料和计算结果，若误差范围缩小到原来的 1/3，其他条件保持不变，采用重复抽样和不重复抽样的方法进行调查，分别需要抽取多少样本单位数？

10. 根据第 1 题的资料，若误差范围缩小到原来的 1/3，概率保证程度为 99.73%，其他条件保持不变，用重复抽样和不重复抽样的方法分别需要从总体中抽取多少件产品进行检验？

11. 根据第 2 题的资料，若误差范围缩小到原来的 1/2，其他条件保持不变，则估计彩色电视机的正常工作时间和一级品率的区间需要抽取多少台电视机进行检验？($F(z)=95.45\%$)

12. 在某工地抽查 144 名工人，测得每人平均挖土 4.95 m³，$\sigma^2=2.25$，试以 95.45% 的概率保证，推断全部工人的平均挖土量。

13. 某乡有农民 10 000 户，随机抽取 100 户，取得数据，经整理得到如下分配数列：

| 月收入/元 | 户数 |
|---|---|
| 3 000 以下 | 3 |
| 3 000~5 000 | 18 |
| 5 000~7 000 | 32 |
| 7 000~9 000 | 25 |
| 9 000~10 000 | 12 |
| 10 000 以上 | 10 |
| 合计 | 100 |

试以 95.45% 的可靠性估计该乡 10 000 户农民的平均月收入。

# 拓展材料

绿水青山就是金山银山。
——习近平

## 中国"两山"智慧：绿水青山就是金山银山

绿水青山：

在我国，绿水青山最具代表性的就是长江经济带的保护和治理。长江作为中国最长的河流，流经多个省份，拥有丰富的生态资源和重要的经济功能。然而，长期以来，长江流域面临着环境污染、生态退化和水资源短缺等问题。

为了实现绿水青山的目标，我国政府实施了一系列保护和治理措施。例如，加强水污染治理，推动产业结构调整，促进生态环境修复和保护，加强生态保护红线的划定，建设生态经济示范区等。这些努力旨在通过保护长江的生态环境，促进区域可持续发展，提高人民生活质量。

金山银山：

在经济发展方面，中国的金山银山案例之一是中国的珠江三角洲地区。珠江三角洲是中国最具活力和竞争力的经济区域之一，是中国改革开放和经济发展的重要引擎。

通过推动产业升级、技术创新和市场开放，珠江三角洲地区实现了经济的快速增长和质量的提升。该地区以制造业、金融服务、创新科技等为支柱产业，吸引了大量投资和人才，推动了就业增长和财富创造。同时，该地区还注重环境保护和生态建设，通过推动绿色发展和低碳经济，努力实现金山银山的双赢。

这两个典型案例体现了中国在绿水青山和金山银山方面的努力。通过平衡环境保护和经济发展，我国致力于实现可持续发展，提高人民生活质量，并为未来的经济增长和环境保护找到了一条可持续发展的道路。

# 项目八 假设检验

## 学习目标

### 一、知识目标

- 了解假设检验的基本问题,包括问题的提出、原假设与备择假设、单侧检验与双侧检验等内容。
- 理解小概率事件原理与两类错误的概念,包括显著性水平、检验 $P$ 值以及第一类错误和第二类错误。
- 理解置信区间与假设检验的联系与区别。

### 二、能力目标

- 掌握假设检验的基本步骤,包括提出假设、选择显著性水平、确定检验的拒绝域或临界点、确定样本的统计量和分布、计算检验统计量和做出决策。
- 熟悉常用参数的假设检验方法,包括总体均值的假设检验、两个总体平均之差的检验和总体比率的假设检验。
- 学会在 Excel 和 Python 中应用假设检验的方法,进行统计分析和假设检验。

### 三、素质目标

- 结合二十大的报告精神,培养严谨的科学态度和数据分析能力,能够准确理解和运用假设检验方法进行统计推断。
- 培养解决实际问题的能力,能够在实际数据分析中运用假设检验方法进行推断和决策。
- 提高数据处理和统计分析的技能,能够熟练运用 Excel 和 Python 等工具进行假设检验和数据分析。

## 四、思维导图

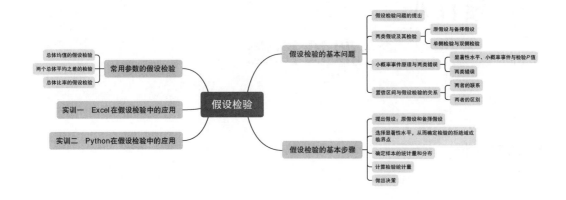

# 任务一　假设检验的基本问题

### 一、假设检验问题的提出

假设检验,简单地说就是对做出的假设进行检验,具体而言,假设检验是用样本统计量来检验假设的总体参数是否成立,主要用于判别一个总体是否属于原先已经明确的总体,或者与原先已经明确的总体是否有差异,借以决定采取适当决策的统计方法。这与参数估计的思想恰好相反。假设检验就是利用反证法和小概率事件进行分析。

例如,某地区比较贫穷落后,可能会导致孕妇在怀孕期间没有足够的营养维持胎儿所需,因此可能会对新生儿造成影响。若要分析是否会造成影响,则需要量化,选取新生儿发育常见的指标如体重和身高,进一步如以新生儿的体重为依据进行分析。正常情况下,新生儿的平均体重为 3.2 kg,若是营养不良对新生儿造成影响,则可能导致该地区新生儿平均体重下降,即小于 3.2 kg。若测得平均体重为 3.15 kg,相差的 0.05 kg,是由抽样过程中代表性的误差造成的,还是由根本性的营养不良造成的,需要利用抽样分布的理论进行检验。

### 二、两类假设及其检验

假设检验是已知总体的某种性质特征(如平均体重为 3.2 kg),在此基础上需要判断某样本是否来自该总体(该贫困地区新生儿体重是否为 3.2 kg)。假设检验理论中需要做出相应的假设,分别称为原假设和备择假设,具体如下。

#### 1. 原假设与备择假设

假设检验中通常把所要检验的假设称为原假设或零假设,记作 $H_0$。若要检验上述新生儿体重均值 $\mu = 3.2$ 这个假设是否正确,则可记为 $H_0: \mu = 3.2$。这种零假设主要基于以下两点考虑：

(1) 如果对一般地区和贫困地区的情况没有更多的了解，那么就没有理由相信这两个群体之间存在差异。也就是说，对变量间的关系没有任何了解，能做得最好的就是去猜测，认为某总体比另一总体好，但这种猜测可能存在错误，没有先验的(在事实之前)证明，那么只能假定两者相等。

(2) 提供比较的基准，基于此可分析样本与假定值存在差异的原因，是由偶然性因素引起的(这是零假设的观点)，还是由偶然性之外的因素(这可能是其他变量影响的结果)引起的。

可以看出，零假设是变量间无关系的陈述，备择假设是变量间有关系的明确陈述。如对于之前陈述的零假设，有一个对应的备择假设，用 $H_1$ 表示，记为 $H_1:\mu \neq 3.2$。一般而言，原假设与备择假设满足穷尽和互斥原则。肯定原假设，意味着放弃备择假设；否定原假设，则意味着接受备择假设。

2. 单侧检验与双侧检验

根据实际情况，可选择不同的原假设与备择假设，共有三种情况，不同的假设对应着不同的检验，具体如下：

(1) 双侧检验。其中原假设为 $H_0:\mu = 3.2$，对应的备择假设为 $H_1:\mu \neq 3.2$。

这种双侧检验，关心的是两者是否有差异，并不关心两者谁大谁小，实际结果可能大于假定值，也可能小于假定值。

(2) 单侧检验。可分为两种：右侧检验或左侧检验，这两种检验关心两者之间的大小。

① 右侧检验(或右尾检验)。其中原假设为 $H_0:\mu \leqslant 3.2$，对应备择假设为 $H_1:\mu > 3.2$。

右侧检验关心的是检验的样本是否大于假定值，因此称为右侧检验，具体可根据备择假设进行判断。

② 左侧检验(或左尾检验)。其中原假设为 $H_0:\mu \geqslant 3.2$，对应备择假设为 $H_1:\mu < 3.2$。

左侧检验关心的是检验的样本是否小于假定值，因此称为左侧检验，具体可根据备择假设进行判断。

### 三、小概率事件原理与两类错误

1. 显著性水平、小概率事件与检验 $P$ 值

上述新生儿案例中，体重差异的 0.05 kg，到底是来自随机性的误差，还是由根本性的营养不良造成的，需要利用抽样分布理论，并就事件设定一个临界水平，利用统计量的值与之相比较进行判断。

临界水平有两种表示形式：临界值或显著性水平。显著性水平是指给定一个小概率，在此概率水平下，当原假设为正确时拒绝的概率。通常取 $\alpha = 1\%$(或 0.01)，$\alpha = 5\%$(或 0.05)和 $\alpha = 10\%$(或 0.1)。这表明，当做出接受原假设的决定时，其正确的可能性(概率)为

99%、95%、90%。临界值是根据抽样分布显著性水平对应数值计算得出的值。如在正态分布且5%显著性水平下，双侧检验的临界值为±1.96，10%显著性水平对应的临界值为±2.58。

如果原假设 $H_0:\mu = 3.2$ 发生的概率非常小，那么就可以认为这样的事件在某一抽样中不可能发生，因此可以否定原假设 $H_0:\mu = 3.2$，转而只能接受备择假设 $H_1:\mu \neq 3.2$。

这种拒绝正确事情的原理为小概率事件原理。小概率事件是指在某个假设下，检验统计量在分布图上的点，这些点定义一组要求否定原假设的值。这组值称为临界或否定区域。通常，它是很难发生的，但是，如果在一次抽样试验中它发生了，那么说明这件事违反了常理，进一步说明假设不成立。具体而言，小概率事件是指发生概率小于给定的显著性水平(1%、5%或10%)的事件。例如，在正态分布且5%的显著性水平下，双侧检验的临界值为±1.96，根据临界值可确定拒绝原假设的区域，称为拒绝域，具体为$(-\infty,-1.96) \cup (1.96,+\infty)$，得到的统计量值如位于此区域，则拒绝原假设；反之，则不拒绝原假设。在10%的显著性水平下，双侧检验的临界值为±2.58，此时对应的拒绝域为$(-\infty,-2.58) \cup (2.58,+\infty)$。

另外，可用显著性检验的$P$值进行分析。$P$值是当原假设为真时，根据样本统计量的值和抽样分布得到的概率。如果$P$值很小，那么说明原假设发生的概率很小，就有理由拒绝原假设，且$P$值越小，拒绝原假设的理由越充分，但是检验的结果究竟是显著的、中度显著还是高度显著的，需要根据$P$值的大小和实际问题来确定。如在正态分布下，有一个样本均值为2.86，在双侧检验下，得到的概率值为0.013。如在5%的显著性水平下，则拒绝原假设；如在1%的显著性水平下，则不拒绝原假设，为方便起见，称为接受原假设。不过应该强调指出，在假设检验中"接受原假设"的意思仅仅是没有充分统计证据拒绝它，即使样本统计量落在95%的面积内，实际上也并不能证明原假设 $H_0$ 就是正确的。因为只有知道了总体参数的真实值与假设值完全相同才能证明原假设正确，但我们无法知道总体参数的真实值。

2. 两类错误

假设检验是根据小概率事件原理来进行判断的，因此有可能判断失误。实际上在任何显著性水平下检验某个假设都是有可能的，但是必须注意不管选择什么样的显著性水平，都存在假设为真而被拒绝的可能性。另外，显著性水平越高，原假设为真时而被拒绝的概率也越高。对于同一组样本的均值$\bar{x}$的位置，在$\alpha = 0.10$的显著性水平下可能是接受零假设，而在$\alpha = 0.05$的显著性水平下可能是拒绝零假设。这就需要研究假设检验中的错误。

在假设检验中，如果原假设正确而被拒绝，称为第一类错误，也称为"弃真"错误，记作$\alpha$。相反，如果原假设错误而被接受，称为第二类错误，也称为"取伪"错误，记作$\beta$(表8-1)。这两种错误不能同时增大或减小，这就是说，在样本容量一定的情况下，要减小发生第一类错误的概率就不得不增加发生第二类错误的概率；反之亦然。实际上，为了减小发生第一类错误的概率$\alpha$就要增大接受区域，缩小拒绝区域。但此时由于接受区域的增大，不正确的原假设被接受的概率也随之增大，即$\beta$增大了。

表 8-1　两类错误之间的关系

|  | 接受 $H_0$ | 接受 $H_1$ |
| --- | --- | --- |
| $H_0$ 为真 | 正确 | 弃真,第一类错误概率 $\alpha$ |
| $H_0$ 为假 | 取伪,第二类错误概率 $\beta$ | 正确 |

由于两类错误之间的这种互补关系,因此在管理上决定检验第一类错误或第二类错误的显著性水平时就要具体考虑与这两类错误相关的费用和可能造成的损失。如需要同时减少这两类错误,只能依靠增加样本容量的方法来实现。

### 四、置信区间与假设检验的关系

置信区间与假设检验都利用样本的信息,根据抽样分布理论对总体做出推断,两者之间的联系和区别如下。

1. 两者的联系

（1）两者的推断结果都有一定的可信程度,同时具有相应的风险。

（2）对同一问题的参数进行推断,使用同一样本、同一统计量、同一分布,因而两者可以互相转换。也就是说区间估计问题可以转换成假设问题。

2. 两者的区别

（1）区间估计通常求得的是以样本估计值为中心的双侧置信区间,而假设检验以假设总体参数值为基准,不仅有双侧检验,还有单侧检验。

（2）区间估计立足于大概率,通常以较大的置信水平（$1-\alpha$）去保证总体参数的置信区间。而假设检验立足于小概率,通常是给定很小的显著性水平 $\alpha$ 去检验对总体参数的先验假设是否成立。

## 任务二　假设检验的基本步骤

进行假设检验时,具体采用的步骤如下。

### 一、提出假设：原假设和备择假设

提出原假设和备择假设。原假设和备择假设必须根据实际情况进行确定。在一般情况下总是将检验目的作为备择假设,这样就可以有充分的把握拒绝原假设。关于总体平均数 $\mu$ 的假设有以下三种情况。

若样本均值高于或者低于假设的总体均值很显著时都拒绝原假设,则称作双侧检验。具体为：$H_0: \mu = \mu_0, H_1: \mu \neq \mu_0$。

若只有在样本均值低于假设的总体均值很显著时才拒绝原假设,则称作左侧检验。具体为：$H_0: \mu \geq \mu_0, H_1: \mu < \mu_0$。

若只有在样本均值高于假设的总体均值很显著时才拒绝原假设,则称作右侧检验。具体为：$H_0: \mu \leqslant \mu_0, H_1: \mu > \mu_0$。

## 二、选择显著性水平，从而确定检验的拒绝域或临界点

一般我们都默认，通常情况下显著性水平取 0.1、0.05 或 0.01。

## 三、确定样本的统计量和分布

样本统计量又称检验统计量。不同的统计量具有不同的分布，用于检验不同的假设，要根据所检验的假设来正确地选择检验统计量。这与参数估计中统计量的抽样分布是一样的。

## 四、计算检验统计量

根据样本数据计算出检验统计量的值，如果统计量的值落在拒绝域（包括临界点）内，那么就说明原假设与样本所反映的情形有显著的差异，应该拒绝原假设。如果统计量的值落在接受域内，那么就说明原假设与样本所反映情形的差异并不显著，应该接受原假设。

不同的检验统计量有不同的计算公式，基本形式可表述为：

$$检验统计量 = \frac{样本统计量 - 被假设参数}{统计量的标准差}$$

## 五、做出决策

比较计算的检验统计量和理论分布值，决定是否接受原假设。采用双侧检验时，检验统计量落在接受域内，接受原假设；反之，则拒绝原假设（图 8-1～图 8-3）。采用单侧检验时，若检验统计量的绝对值大于理论临界值的绝对值，则拒绝原假设；反之，则接受原假设。

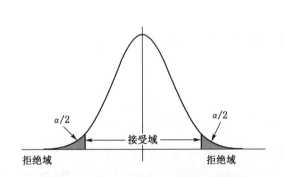

图 8-1　双侧检验对应的拒绝域与接受域

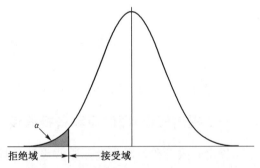

图 8-2　左侧检验对应的拒绝域与接受域

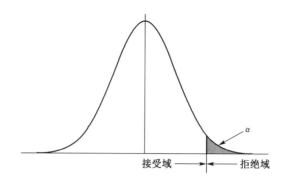

**图 8-3　右侧检验对应的拒绝域与接受域**

另外,也可以根据 $P$ 值进行判断。

$P$ 值是统计量的值根据抽样分布及其检验方式(单侧或是双侧)计算出来的对应概率(图 8-4)。如根据统计量计算出来的值为 2.21,根据双侧检验及其标准正态分布,可得其对应的概率值为 0.986 4,则 $P$ 值为 $2\times(1-0.986\,4)=0.027\,2$。由此可以根据 0.01、0.05 及 0.1 三个不同的标准来进行比较判断,更直观且不需要查表,这在软件 Excel、SAS、EViews 等中更常用。

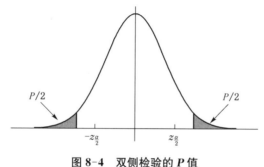

**图 8-4　双侧检验的 $P$ 值**

## 任务三　常用参数的假设检验

### 一、总体均值的假设检验

**1. 大样本总体均值的假设检验(小样本则为正态分布,且方差已知)**

总体为正态分布且方差已知,采用 $z$ 检验。若总体为正态分布,且总体方差已知,则可根据样本均值 $\bar{x}$、被假设的总体均值 $\mu_0$、总体标准差 $\sigma$ 和样本容量 $n$ 进行推断。以双侧检验为例。

原假设为 $H_0:\mu=\mu_0$,备择假设为 $H_1:\mu\neq\mu_0$。

在原假设成立的条件下,统计量的抽样分布服从正态分布,即:

$$z = \frac{\bar{x} - \mu_0}{\sigma/\sqrt{n}} \sim N(0,1)$$

选择显著性水平 $\alpha$，查正态分布 $z$ 的分布表，求得 $-z_{\alpha/2}$、$z_{\alpha/2}$ 两个临界值，然后判断检验统计量 $z$ 是否落在两个临界值构成的区域内，即可做出是否接受原假设的决策。当然也可以根据 $P$ 值进行判断。

同理，以单侧检验中的左侧检验为例。

原假设为 $H_0:\mu \geq \mu_0$，备择假设为 $H_1:\mu < \mu_0$。

在原假设成立的条件下，统计量的抽样分布也服从正态分布，即：

$$z = \frac{\bar{x} - \mu_0}{\sigma/\sqrt{n}} \sim N(0,1)$$

选择显著性水平 $\alpha$，查正态分布 $z$ 的分位表，求得临界值 $-z_\alpha$，然后判断检验统计量 $z$ 是否落在临界值构成的区域内。

**例 8-1**  某厂生产一种耐高温的零件，根据质量管理资料，在以往一段时间里，零件抗热的平均温度是 1 250 ℃，零件抗热温度的标准差是 150 ℃。在最近生产的一批零件中，随机测试了 100 个零件，其抗热的平均温度为 1 200 ℃。如果生产者能承担的风险为 0.05，那么最近生产的这批零件是否仍然符合产品质量要求？

解：根据题意分析可知，该厂检验的目的是希望这批零件的抗热温度高于 1 250 ℃，而低于 1 250 ℃ 的应予拒绝，因此这是一个左侧检验问题。

首先，提出假设：$H_0:\mu \geq 1\,250$，
$H_1:\mu < 1\,250$

其次，确定检验统计量：

$$z = \frac{\bar{x} - \mu_0}{\sigma/\sqrt{n}}$$

再次，根据给定的显著性水平 $\alpha = 0.05$，查表得临界值 $-z_{0.05} = -1.645$，因此拒绝域为 $(-\infty, -1.645)$。

最后，计算检验统计量的数值：

$$z = \frac{\bar{X} - \mu_0}{\sigma/\sqrt{n}} = \frac{1\,200 - 1\,250}{150/\sqrt{100}} \approx -3.33$$

因为 $-3.33 \in (-\infty, -1.645)$，落入拒绝域，所以拒绝原假设或接受备择假设，认为最近生产的这批零件的抗高温性能低于 1 250 ℃，不能认为符合产品质量要求。

**例 8-2**  某运动鞋制造商声称男运动鞋平均价格少于 80 美元，为了证实他的说法，有人随机挑选了 36 双男运动鞋，其价格分别如下（单位：美元）：

60　70　75　55　80　55　50　40　80　70　50　95　120　90　75
85　80　60　110　65　80　85　85　45　75　60　90　90　60　95
85　45　90　110　70　70

是否有足够的证据证明研究者的声明？$(\alpha = 0.1, \sigma = 19.2)$

解：根据以上资料，得到以下相关数据：$n = 36, \bar{x} = 75, \sigma = 19.2$ 且显著性水平 $\alpha = 0.1$。

提出零假设与备择假设：$H_0: \mu = 80, H_1: \mu < 80$。

因为均值的抽样分布为正态分布，所以得到如下统计量：

$$z = \frac{\bar{x} - \mu}{\sigma/\sqrt{n}} = \frac{75 - 80}{19.2/\sqrt{36}} \approx -1.56$$

根据显著性水平 $\alpha = 0.1$，可得左侧检验的临界值 $z_{0.1} = -1.28$，由于 $-1.56 < -1.28$，即统计量位于拒绝域内，因此拒绝原假设。

若利用显著性 $P$ 值，则当 $z = -1.56$ 时，其对应的概率 $P$ 值为 $0.0594$，即小于显著性水平 $0.1$，同样拒绝原假设。故没有足够的证据证明研究者的声明。

2. 小样本总体为正态分布，且总体方差未知

在小样本 $(n < 30)$ 情况下，由于总体方差未知，因此可用样本方差先估计总体方差，再计算检验统计量 $t$ 进行假设检验。

提出原假设和备择假设：$H_0: \mu = \mu_0, H_1: \mu \neq \mu_0$。

在原假设成立的条件下，统计量抽样的分布服从 $t$ 分布，即：

$$t = \frac{\bar{x} - \mu_0}{s/\sqrt{n}} \sim t(n-1)$$

选择显著性水平 $\alpha$，查 $t$ 分布的分布表，求得 $-t_{\alpha/2}$、$t_{\alpha/2}$ 两个临界值，然后判断检验统计量 $t$ 是否落在两个临界值构成的区域内，即可做出是否接受原假设的决策。当然也可以根据 $P$ 值进行判断。

**例 8-3** 某日用化工厂用一种设备生产香皂，其厚度要求为 $5$ cm，今欲了解设备的工作性能是否良好，随机抽取 $10$ 块香皂，测得平均厚度为 $5.3$ cm，标准差为 $0.3$ cm，试分别以 $0.01$、$0.05$ 的显著性水平检验设备的工作性能是否符合要求。

解：根据题意，香皂的厚度指标可以认为是服从正态分布的，但总体方差未知，且为小样本。这是一个总体均值的双侧检验问题。

提出假设：$H_0: \mu = 5$（符合要求），$H_1: \mu \neq 5$（不符合要求）

由题目的条件知，检验统计量为：

$$t = \frac{\bar{x} - \mu_0}{S_{n-1}/\sqrt{n}}$$

当 $\alpha = 0.01$ 和自由度 $n - 1 = 9$ 时，查表得 $t_{\alpha/2}(9) = 3.2498$，拒绝域为 $(-\infty, -3.2498) \cup (3.2498, +\infty)$，接受域为 $(-3.2498, 3.2498)$。

当 $\alpha = 0.05$ 和自由度 $n - 1 = 9$ 时，查表得 $t_{\alpha/2}(9) = 2.2622$，拒绝域为 $(-\infty, -2.2622) \cup (2.2622, +\infty)$，接受域为 $(-2.2622, 2.2622)$。

计算实际检验统计量的值：

$$t = \frac{\bar{x} - \mu_0}{s/\sqrt{n}} = \frac{5.3 - 5}{0.3/\sqrt{10}} \approx 3.16$$

当 $\alpha = 0.01$ 时,$3.16 \in (-3.2498, 3.2498)$,落入接受域,故接受原假设 $H_0$,认为在 $\alpha = 0.01$ 的显著性水平下,设备的工作性能尚能符合要求。当 $\alpha = 0.05$ 时,$3.16 \in (2.2622, +\infty)$,落入了拒绝域,因此要拒绝原假设 $H_0$,认为在 $\alpha = 0.05$ 的显著性水平下,设备的工作性能不符合要求。

同样的检验数据,检验的结论却不同,这似乎是矛盾的。其实不然,当在显著性水平 $\alpha = 0.01$ 时接受原假设,只能认为在规定的显著性水平下,尚不能否定原假设。接受 $H_0$,并不意味着有绝对的把握保证 $H_0$ 为真。我们从此例可以看到,在 95% 的置信水平下否定原假设,但是却不能在 99% 的置信水平下否定原假设。

## 二、两个总体平均数之差的检验

1. 大样本($n \geqslant 30$)情况下,或小样本正态分布且方差已知

在检验两个总体平均数之差时,无论总体是否服从正态分布,当样本为大样本时,来自两个总体的样本平均数之差趋近于正态分布,故可采用正态分布进行检验。

提出假设:原假设 $H_0: \mu_1 = \mu_2$,备择假设 $H_1: \mu_1 \neq \mu_2$。

在原假设成立的条件下,有如下统计量抽样分布:

$$z = \frac{(\bar{x_1} - \bar{x_2}) - (\mu_1 - \mu_2)}{\sqrt{\frac{\sigma_1^2}{n_1} + \frac{\sigma_2^2}{n_2}}}$$

选择显著性水平 $\alpha$,查正态分布 $z$ 的分布表,求得 $-z_{\alpha/2}$、$z_{\alpha/2}$ 两个临界值,然后判断检验统计量 $z$ 是否落在两个临界值构成的区域内,即可做出是否接受原假设的决策。当然也可以根据 $P$ 值进行判断。

若两个总体方差 $\sigma_1^2$、$\sigma_2^2$ 未知,则在大样本条件下,可用样本方差 $S_1^2$、$S_2^2$ 代替或估计总体方差。

**例 8-4** 某协会对大学教授的薪水进行研究,结论认为公立学校和私立学校教授薪水不存在差异。现有人随机抽取 35 名公立学校和 30 名私立学校的教授,其薪水数据具体如表 8-2 所示。

表 8-2 公立学校和私立学校教授薪水

| 公立学校教授薪水 | | | | | | | 私立学校教授薪水 | | | | | | |
|---|---|---|---|---|---|---|---|---|---|---|---|---|---|
| 87.3 | 75.9 | 108.8 | 83.9 | 56.6 | 99.2 | 54.9 | 49.9 | 105.7 | 116.1 | 40.3 | 123.1 | 79.3 | 72.5 |
| 73.1 | 90.6 | 89.3 | 84.9 | 84.4 | 129.3 | 98.8 | 57.1 | 50.7 | 69.9 | 40.1 | 71.7 | 73.9 | 92.5 |
| 148.1 | 132.4 | 75 | 98.2 | 106.3 | 131.5 | 41.4 | 99.9 | 95.1 | 57.9 | 97.5 | 44.9 | 31.5 | 49.5 |
| 115.6 | 60.6 | 64.6 | 59.9 | 105.4 | 74.6 | 82 | 55.9 | 66.9 | 56.9 | 75.9 | 103.9 | 60.3 | 80.1 |
| 87.2 | 45.1 | 116.6 | 106.7 | 66 | 99.6 | 53 | 89.7 | 86.7 | | | | | |

根据以上数据,分析该协会的声明是否正确。(显著性水平 $\alpha$ 取 0.05)

解：根据以上资料，得到如下相关数据：

$$\overline{x}_1 = 88.19, \overline{x}_2 = 73.2, \sigma_1^2 = 687, \sigma_2^2 = 574, n_1 = 35, n_2 = 30, z_{0.025} = 1.96$$

提出原假设与备择假设：$H_0: \mu_1 = \mu_2, H_1: \mu_1 \neq \mu_2$。

构造均值之差的抽样分布，则得到如下统计量：

$$z = \frac{(\overline{x}_1 - \overline{x}_2) - (\mu_1 - \mu_2)}{\sqrt{\frac{\sigma_1^2}{n_1} + \frac{\sigma_2^2}{n_2}}} = \frac{88.19 - 73.2 - 0}{\sqrt{\frac{687}{35} + \frac{574}{30}}} \approx \frac{15}{6.22} \approx 2.41$$

大于 0.05 显著性水平对应的临界值 1.96。

若利用 $P$ 值进行检验，则可知 $z = 2.41$ 的双侧检验对应的正态分布概率值为 $2 \times (1 - 0.992) = 0.016$，小于显著性水平 0.05。统计量位于拒绝域之内，因此拒绝原假设，即公立学校和私立学校的教授薪水存在显著性差异。

2. 小样本（$n < 30$），两个正态总体方差未知但相等

如果两个正态总体的方差相等而又未知，且是小样本，那么应采用 $t$ 分布检验两个总体平均数之差。

提出假设：原假设为 $H_0: \mu_1 = \mu_2$，备择假设为 $H_1: \mu_1 \neq \mu_2$。

在原假设成立的条件下，统计量的抽样分布服从 $t$ 分布，即：

$$t = \frac{(\overline{x}_1 - \overline{x}_2) - (\mu_1 - \mu_2)}{s_p \sqrt{\frac{1}{n_1} + \frac{1}{n_2}}} \sim t(n_1 + n_2 - 2)$$

其中，$s_p^2 = \frac{(n_1 - 1)s_1^2 + (n_2 - 1)s_2^2}{n_1 + n_2 - 2}$。

选择显著性水平 $\alpha$，查 $t$ 分布的分布表，求得 $-t_{\alpha/2}$、$t_{\alpha/2}$ 两个临界值，然后判断检验统计量 $t$ 是否落在两个临界值构成的区域内，即可做出是否接受原假设的决策。当然也可以根据 $P$ 值进行判断。

**例 8-5** 中国男性与女性看电视的时间有差异，一般而言，女性更偏好于看电视。CSM 媒体研究，随机抽取 10 位男性和 10 位女性平均每日看电视的时间（单位：min，数据来源于《中国电视收视率年鉴》），现根据以下数据说明以上论断是否正确（显著性水平 $\alpha$ 取 0.05）

男性：182　177　176　171　172　173　168　172　171　167
女性：183　180　181　175　177　179　176　179　180　172

解：根据以上资料，可得：$\overline{x}_1 = 172.9, \overline{x}_2 = 178.2, s_1^2 = 17.69, s_2^2 = 9.36$

$$s_p^2 = \frac{(n_1 - 1)s_1^2 + (n_2 - 1)s_2^2}{n_1 + n_2 - 2} \approx 13.53$$

先提出如下原假设 $H_0: \mu_1 = \mu_2$，备择假设 $H_1: \mu_1 \neq \mu_2$。

并构造均值之差的抽样分布，则得到统计量：

$$t = \frac{(\overline{x}_1 - \overline{x}_2) - (\mu_1 - \mu_2)}{s_p\sqrt{\frac{1}{n_1} + \frac{1}{n_2}}} = \frac{172.9 - 178.2 - 0}{\sqrt{13.53 \times \left(\frac{1}{10} + \frac{1}{10}\right)}} = \frac{-5.3}{1.6450} \approx -3.22$$

根据单侧检验,得到临界值 $t_{0.05}(18) = -1.73$,可知 $-3.22 < -1.73$。

根据统计量 $t = -3.22$,单侧 $t$ 分布对应的概率 $P$ 值为 $0.001$,小于显著性水平 $0.05$。即处于拒绝域之内,说明拒绝原假设。即可以认为男、女性看电视的时间存在显著性差异。

### 三、总体比率的假设检验

1. 单个总体比率的假设检验

对于单个总体比率的假设检验,当样本单位数 $n$ 大于 $30$,$np$ 和 $n(1-p)$ 都大于 $5$ 时,样本比率 $p$ 的抽样分布近似正态分布,故可采用正态分布进行检验。检验统计量为:

$$z = \frac{p - p_0}{\sqrt{\frac{p_0(1-p_0)}{n}}}$$

式中:$p_0$ 为假设的总体比率;$p$ 为样本比率。

提出假设:原假设为 $H_0: p = p_0$,备择假设为 $H_1: p \neq p_0$。

在原假设成立的条件下,有如下统计量抽样分布:

$$z = \frac{p - p_0}{\sqrt{\frac{p_0(1-p_0)}{n}}}$$

选择显著性水平 $\alpha$,查正态分布 $z$ 的分布表,求得 $-z_{\alpha/2}$、$z_{\alpha/2}$ 两个临界值,然后判断检验统计量 $z$ 是否落在两个临界值构成的区域内,即可做出是否接受原假设的决策。当然也可以根据 $P$ 值进行判断。

**例 8-6** 节食者声称,有 $60\%$ 的人通过节食来避免过度肥胖。某人为了验证节食者的论断是否正确,随机选取 $200$ 人,发现有 $128$ 人通过节食来避免肥胖,在 $0.05$ 的显著性水平下,是否有证据拒绝节食者的声明?

解:根据以上资料可知:$p = \frac{x}{n} = \frac{128}{200} = 0.64$,$p_0 = 0.6$,$1 - p_0 = 0.4$,$\alpha = 0.05$,在此条件下,双侧检验 $z_{0.025} = 1.96$。

提出如下原假设与备择假设:$H_0: p = 0.6$,$H_1: p \neq 0.6$。

构造正态抽样分布,可得:

$$z = \frac{p - p_0}{\sqrt{p_0(1-p_0)/n}} = \frac{0.64 - 0.6}{\sqrt{0.6 \times 0.4/200}} \approx 1.15$$

基于显著性水平 $0.05$ 的双侧分布,可得临界值为 $1.96$,可知 $1.15 < 1.96$。

若利用 $P$ 值进行检验,则当 $z = 1.15$ 时,双侧正态分布对应的概率 $P$ 值为 $2 \times (1 - 0.8749) = 0.2502$,大于显著性水平 $0.05$。这说明不拒绝原假设,即可认为节食者的声明是正确的。

2. 两个总体比率之差的假设检验

两个总体比率之差的检验与两个总体均值之差的检验一样,所不同的只是比较两个（0－1）分布的总体,即对两个总体中具有某种特征的个体进行比较。设这两个总体中具有某种特征的个体的比率分别为 $p_1$ 和 $p_2$,但 $p_1$ 和 $p_2$ 未知,可用子样比率 $\hat{p}_1$ 和 $\hat{p}_2$ 代替。两个子样比率之差 $\hat{p}_1 - \hat{p}_2$ 的抽样分布,为近似地服从以 $p_1 - p_2$ 为期望,以 $\frac{p_1(1-p_1)}{n_1} + \frac{p_2(1-p_2)}{n_2}$ 为方差的正态分布。当检验两个总体比率之差等于 0 或是不等于 0 时,检验统计量的公式略有变化。

(1) 当原假设为 $H_0: p_1 - p_2 = 0$,备择假设为 $H_1: p_1 - p_2 \neq 0$ 时,

检验统计量为：

$$z = \frac{(\hat{p}_1 - \hat{p}_2) - (p_1 - p_2)}{\sqrt{\hat{p}(1-\hat{p})\left(\frac{1}{n_1} + \frac{1}{n_2}\right)}}$$

式中：$\hat{p}_1 = \frac{x_1}{n_1}$,$\hat{p}_2 = \frac{x_2}{n_2}$,$\hat{p} = \frac{x_1 + x_2}{n_1 + n_2}$,两个子样比率均为大样本,且 $n_1 p_1$,$n_1(1-p_1)$,$n_2 p_2$,$n_2(1-p_2)$ 均大于 5。

**例 8-7** 某保险公司为了解抽烟人群中犯心脏病的比例是否显著高于不抽烟人群中犯心脏病的比例,做了一项调查。调查对象为 50 岁的男性,抽烟者每天至少要抽 1 包。结果 80 名抽烟者中有 20 名犯过心脏病,120 名不抽烟者中有 15 名犯过心脏病。试以 $\alpha = 0.05$ 的显著性水平推断抽烟人群与不抽烟人群中犯心脏病的比例是否有显著性差异。

**解**：由题意可知,这是一个右侧检验。令

$p_1$ 表示抽烟人群中犯心脏病的比例；

$p_2$ 表示不抽烟人群中犯心脏病的比例；

$\hat{p}_1 = \frac{x_1}{n_1} = \frac{20}{80} = 0.25$ 为抽烟人群中犯心脏病的子样比例；

$\hat{p}_2 = \frac{x_2}{n_2} = \frac{15}{120} = 0.125$ 为不抽烟人群中犯心脏病的子样比例；

首先,提出假设：

$$H_0: p_1 - p_2 \leqslant 0,$$
$$H_1: p_1 - p_2 > 0$$

然后,根据子样数据计算检验统计量的值：

$$\hat{p} = \frac{x_1 + x_2}{n_1 + n_2} = \frac{20 + 15}{80 + 120} = 0.175,$$

$$z = \frac{(\hat{p}_1 - \hat{p}_2) - (p_1 - p_2)}{\sqrt{\hat{p}(1-\hat{p})\left(\frac{1}{n_1} + \frac{1}{n_2}\right)}} = \frac{(0.25 - 0.125) - 0}{\sqrt{0.175 \times (1 - 0.175) \times \left(\frac{1}{80} + \frac{1}{120}\right)}} \approx 2.28$$

当 $\alpha=0.05$ 时,查正态分布表得 $z_{0.05}=1.645$,拒绝域为 $(1.645,+\infty)$。因为 $z=2.28\in(1.645,+\infty)$,所以拒绝 $H_0$,接受 $H_1$,认为抽烟的人群中犯心脏病的比例要高于不抽烟的人群,这表明抽烟与不抽烟的人群中犯心脏病的比例有显著性的差异。

(2) 当原假设为 $H_0:p_1-p_2=d_0$,备择假设为 $H_1:p_1-p_2\neq d_0$ 时,检验统计量为:

$$z=\frac{(p_1-p_2)-d_0}{\sqrt{\frac{p_1(1-p_1)}{n_1}+\frac{p_2(1-p_2)}{n_2}}}$$

式中:$d_0$ 为抽烟人群中犯心脏病的比例与不抽烟人群中犯心脏病比例的差异值。

**例 8-8** 某市教育和卫生部门组成联合调查组,对城区初中男生和女生中视力近视的人数比例做调查。在初中男生中随机抽查了 60 人,有 18 人近视;在初中女生中随机抽查了 40 人,有 14 人近视。当显著性水平为 $\alpha=0.05$ 时,是否可以认为该市城区初中男生视力近视的比例要低于女生视力近视的比例。

解:令 $p_1$ 表示初中男生视力近视的比例;$p_2$ 表示初中女生视力近视的比例。
$H_0:p_1-p_2\geqslant 0$,表示男生和女生视力近视的比例没有显著差异;
$H_1:p_1-p_2<0$,表示男生视力近视的比例低于女生的比例。
由题意知,$\hat{p}_1=\frac{18}{60}=0.3$,$\hat{p}_2=\frac{14}{40}=0.35$。

实际检验统计量的值为:

$$z=\frac{(\hat{p}_1-\hat{p}_2)-(p_1-p_2)}{\sqrt{\frac{\hat{p}_1(1-\hat{p}_1)}{n_1}+\frac{\hat{p}_2(1-\hat{p}_2)}{n_2}}}$$

$$=\frac{(0.3-0.35)-0}{\sqrt{\frac{0.3\times(1-0.3)}{60}+\frac{0.35\times(1-0.35)}{40}}}\approx-0.52$$

这是一个左侧检验,当 $\alpha=0.05$ 时,临界值为负,查表得 $z_{0.05}=-1.645$,拒绝域为 $(-\infty,-1.645)$,$z=-0.52>-1.645$,故接受 $H_0$,拒绝 $H_1$,即尚不能认为该市城区初中男生视力近视的人数比例要低于女生视力近视的比例。

## 实训一　Excel 在假设检验中的应用

假设有两组样本,我们想要比较它们的均值是否有显著差异。下面我们将使用 Excel 的 $t$ 检验函数来进行假设检验。

假设有两组学生,分别接受了不同的学习方法,现想要确定这两种学习方法是否对学生成绩有显著影响。

下面是一个用 Excel 进行假设检验的示例步骤：

准备数据：将两组样本数据分别输入 Excel 的两列中。

执行 $t$ 检验：在 Excel 中使用 T.TEST 函数执行 $t$ 检验。

在另一个空白单元格中，输入以下函数：=T.TEST(A2:A11,B2:B11,2,1)，其中，A2:A11 和 B2:B11 是两组样本的数据范围；第一个参数 2 表示双尾检验（如果只关心是否有显著差异而不关心方向，那么可以选择双尾检验）；第二个参数 1 表示配对样本。

解释结果：Excel 将返回 $t$ 值和 $P$ 值。

$t$ 值表示两组样本均值之间的差异。

$P$ 值表示在原假设成立的情况下，观察到当前或更极端差异的概率。

在上述案例中，我们使用 Excel 的 T.TEST 函数执行了一种双尾、配对样本的 $t$ 检验。通过解释结果，我们可以判断两组样本的均值是否有显著差异。

注意：Excel 提供了多种假设检验函数，如 T.TEST、T.DIST、T.INV 等，具体的选择取决于您的需求和数据的特点。确保正确选择适合您的假设检验的函数，并正确解释结果。

## 实训二  Python 在假设检验中的应用

假设检验用于判断一个样本统计量是否与假设的总体参数值一致。在下面这个案例中，我们将使用 $t$ 检验来比较两组学生的成绩，以确定它们是否具有显著差异。

假设有两组学生，一组接受了特殊的辅导课程，另一组没有接受任何辅导。我们想要确定辅导是否对学生成绩产生了显著影响。

下面是一个用 Python 进行假设检验的示例代码：

```python
import numpy as np
import scipy.stats as stats
# 两组学生的成绩数据
group1_scores = np.array([85, 90, 92, 88, 78, 95, 82, 80, 85, 90])
group2_scores = np.array([75, 82, 80, 88, 72, 78, 80, 85, 80, 82])
# 使用t检验进行假设检验
t_statistic, p_value = stats.ttest_ind(group1_scores, group2_scores)
# 打印结果
print("t 统计量:", t_statistic)
print("p 值:", p_value)
# 判断结果的显著性水平
alpha = 0.05
if p_value < alpha:
    print("拒绝原假设，两组成绩存在显著差异")
```

else：
        print("接受原假设,两组成绩没有显著差异")

在上述代码中,我们使用了 NumPy 库和 SciPy 库来进行假设检验。首先,我们定义了两组学生的成绩数据。其次,我们使用 ttest_ind 函数执行了一个独立样本的 $t$ 检验,比较了两组样本的均值是否有显著差异。最后,我们通过比较 $P$ 值与显著性水平,判断是否拒绝原假设。

注意：这只是一个简单的假设检验案例,实际的假设检验可能涉及更多的步骤和考虑因素。具体的假设检验方法和步骤取决于数据的特点和所需的统计推断。

## ▶▶▶ 小　结

本章主要介绍了假设检验的基本问题、基本步骤以及常用参数的假设检验方法,并探讨了 Excel 和 Python 在假设检验中的应用。

首先,我们了解了假设检验问题的提出,包括原假设和备择假设的概念,以及单侧检验和双侧检验的区别。我们还讨论了小概率事件原理与两类错误的关系,以及显著性水平、小概率事件和检验 $P$ 值之间的联系。

其次,我们学习了假设检验的基本步骤。这包括提出假设、选择显著性水平、确定检验的拒绝域或临界点、确定样本的统计量和分布、计算检验统计量,并根据检验结果做出决策。

再次,我们介绍了常用参数的假设检验方法。这包括总体均值的假设检验,其中涉及大样本和小样本两种情况,以及两个总体平均数之差的检验,其中同样涉及大样本和小样本两种情况。此外,我们还介绍了总体比率的假设检验,包括单个总体比率的假设检验和两个总体比率之差的检验。

最后,我们探讨了 Excel 和 Python 在假设检验中的应用。这些工具可以帮助我们进行数据的计算和分析,从而进行假设检验,并得出相应的结论。

通过本章的学习,我们对假设检验有了更深入的了解,掌握了假设检验的基本步骤和常用方法,同时了解了 Excel 和 Python 在假设检验中的应用。这些知识和工具将有助于我们在实际工作中进行统计分析和假设检验,从而得出具有科学性和可靠性的结论。

## 单元练习

一、填空题

1. 进行假设检验所遵循的（　　　）：概率论中关于小概率事件是在一次试验中（　　　）的事件。

2. 均值是最常用也是最重要的（　　　）,对于总体均值的假设检验是假设检验中的基础。

3. 假设检验的第一类错误是原假设正确但却被拒绝了的错误,又称为（　　　）错误。

发生第一类错误的概率是由假设检验的显著性水平给出的,事实上犯此类错误的概率就等于给定的(　　)。

## 二、单项选择题

1. 下列属于右侧检验的是(　　)。

   A. $H_0: \mu = \mu_0, H_1: \mu \neq \mu_0$

   B. $H_0: \mu \geqslant \mu_0, H_1: \mu < \mu_0$

   C. $H_0: \mu \leqslant \mu_0, H_1: \mu > \mu_0$

   D. $H_0: \mu = \mu_0, H_1: \mu \neq \mu_0$ 或 $\mu < \mu_0$ 或 $\mu > \mu_0$

2. 下列属于双侧检验的是(　　)。

   A. $H_0: \mu = \mu_0, H_1: \mu \neq \mu_0$

   B. $H_0: \mu \geqslant \mu_0, H_1: \mu < \mu_0$

   C. $H_0: \mu \leqslant \mu_0, H_1: \mu > \mu_0$

   D. $H_0: \mu = \mu_0, H_1: \mu \neq \mu_0$ 或 $\mu < \mu_0$ 或 $\mu > \mu_0$

3. 在单一均值假设检验中,若所抽取的样本是一个大样本,则假设检验的总体均值检验的统计量为(　　)。

   A. $z = \dfrac{\bar{x} - \mu_0}{\sigma/\sqrt{n}}$ (均值大样本)

   B. $t = \dfrac{\bar{x} - \mu_0}{s/\sqrt{n}}$ (均值小样本)

   C. $z = \dfrac{p - p_0}{\sqrt{\dfrac{p_0(1-p_0)}{n}}} \sim N(0,1)$ (成数)

   D. $\chi^2 = \dfrac{(n-1)s^2}{\sigma_0^2} \sim \chi^2(n-1)$ (方差)

4. 当原假设正确时做出拒绝原假设的决策,称为(　　)。

   A. 正确决策　　　　　　　　B. 第一类错误

   C. 第二类错误　　　　　　　D. 上述皆可能

5. 当原假设不正确时做出接受原假设的决策,称为(　　)。

   A. 正确决策　　　　　　　　B. 第一类错误

   C. 第二类错误　　　　　　　D. 上述皆可能

6. 在给定的显著性水平下,进行假设检验,确定拒绝域的依据是(　　)。

   A. 原假设为真的条件下检验统计量的概率分布

   B. 备择假设为真的条件下检验统计量的概率分布

   C. 观测变量的总体概率分布

   D. 观测变量的样本分布

7. 在假设检验中,如果原假设为真,那么检验统计量的值落入拒绝域是一个(　　)。

   A. 必然事件　　B. 不可能事件　　C. 小概率事件　　D. 大概率事件

### 三、多项选择题

1. 在单一均值假设检验中,可以使用的均值检验的统计量为(　　　　)。

   A. $z = \dfrac{\bar{x} - \mu_0}{\sigma/\sqrt{n}}$ (均值大样本)

   B. $t = \dfrac{\bar{x} - \mu_0}{s/\sqrt{n}}$ (均值小样本)

   C. $z = \dfrac{p - p_0}{\sqrt{\dfrac{p_0(1-p_0)}{n}}} \sim N(0,1)$ (成数)

   D. $\chi^2 = \dfrac{(n-1)s^2}{\sigma_0^2} \sim \chi^2(n-1)$ (方差)

2. 统计推断的结论可能存在(　　　　)。

   A. 推断误差　　　B. 不确定性　　　C. 逻辑错误　　　D. 不可行性

   E. 外延错误

3. 在假设检验中,对于给定的显著性水平,如果要计算发生第二类错误的概率,那么必须有(　　　　)。

   A. 原假设是精确假设　　　　　　　B. 备择假设是精确假设

   C. 原假设是非精确假设　　　　　　D. 备择假设是非精确假设

   E. 样本给定

4. 进行假设检验时,如果要增加检验的功效,那么可以采取的方式有(　　　　)。

   A. 增大显著性水平　　　　　　　　B. 减小显著性水平

   C. 增大样本容量　　　　　　　　　D. 减小样本容量

   E. 使用精确分布

### 四、名词解释

1. 统计假设。
2. 检验统计量。

### 五、简答题

1. 简述假设检验的步骤。
2. 简述单一均值双侧假设检验的步骤($z_\alpha$ 值已知)。

### 六、计算题

1. 某地农村上次人口普查的资料为平均家庭人口数为 4.5 人,平均每户月收入为 2 628 元。现从该地农村家庭中随机抽取了 400 户进行调查,得到平均家庭人口数为 4.4 人,标准差为 1.2 人;平均每户月收入为 2 691 元,标准差为 453 元。试问:在 0.01 的显著性水平下,该地农村现在的平均家庭人口数是否已不同于上次普查?该地农村户均月收入是否有了显著提高？

2. 某企业接收到供货单位发运来的一批零配件，合同规定该批零配件的合格率为 95%。该企业从这批零配件中随机抽取了 100 件进行检验，合格率为 90%。若在 0.05 的显著性水平下，则该企业是否应接收这批货物？

3. 为了研究城市居民家庭的构成和生活情况，现从某市抽取了由 36 户家庭组成的简单随机样本，调查得到样本资料如下：

| 家庭人口数/人 | 1 | 2 | 3 | 4 | 5 | 6 | 7 |
|---|---|---|---|---|---|---|---|
| 户数/户 | 1 | 5 | 14 | 10 | 4 | 1 | 1 |

试估计：(1) 该市平均每户家庭的人口数，并在 95% 的置信水平下计算该市平均每户人口数的置信区间；(2) 该市 4 口及 4 口以上家庭所占的比例，并在 95% 的置信水平下给出该市 4 口及 4 口以上家庭所占比例的置信区间。

4. 为了解大学生平均月生活费支出情况，某市在所有高校中随机抽取了 250 名大学生进行调查，调查得到样本资料如下：

| 平均月生活费支出/元 | 人数/人 |
|---|---|
| 600 以下 | 10 |
| 600～800 | 20 |
| 800～1 000 | 110 |
| 1 000～1 200 | 90 |
| 1 200～1 500 | 15 |
| 1 500 以上 | 5 |
| 合计 | 250 |

(1) 试在 95% 的置信水平下，对该市大学生平均月生活费支出额进行区间估计；

(2) 有人认为，在该市大学生中，平均月生活费支出额低于 200 元的人数不低于 15%，试在 5% 的显著水平下，判断此说法是否成立。

# 项目九 相关与回归分析

## 学习目标

### 一、知识目标

- 理解相关分析的概念和内容,包括相关关系的种类、相关分析的内容和任务、相关关系的判断与测定方法。
- 理解一元线性回归分析和多元线性回归分析的概念、特点和内容。
- 掌握相关关系的判断方法,包括定性分析、定量分析和相关图的应用。
- 熟悉相关系数的计算方法,包括简单相关系数的计算及相关系数的特点。
- 理解回归分析的类型、掌握建立回归方程、进行相关关系的检验和利用回归模型进行预测的方法。
- 了解 Excel 和 Python 在相关与回归分析中的应用。

### 二、能力目标

- 能够判断现象之间的相关关系,包括定性和定量分析,并能绘制相关图进行可视化分析。
- 能够计算相关系数并解释其意义,理解相关关系的密切程度。
- 能够进行一元线性回归分析和多元线性回归分析,包括建立回归方程、进行模型检验和利用模型进行预测。
- 能够运用 Excel 进行相关与回归分析,包括数据输入、计算相关系数、绘制相关图和拟合回归模型。
- 能够运用 Python 进行相关与回归分析,包括数据处理、计算相关系数、绘制相关图和进行回归分析。

### 三、素质目标

- 结合二十大的报告精神,培养数据分析和解决问题的能力,能够通过相关与回归分析揭示现象之间的关系和预测未来趋势。
- 培养批判性思维和科学态度,能够准确地理解相关与回归分析的结果并对其进行合理解释。

• 提高数据分析和统计软件应用的技能,能够熟练运用 Excel 和 Python 进行相关与回归分析,并能在实际问题中应用相关与回归分析进行决策。

## 四、思维导图

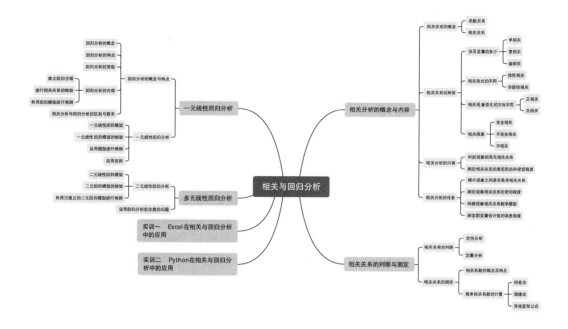

## 任务一  相关分析的概念与内容

相关与回归分析是现代统计学中非常重要的内容,是处理变量数据之间相关关系的统计方法。通过相关分析,可以判断两个或两个以上的变量之间是否存在相关关系、相关关系的方向及相关关系的密切程度;回归分析是对具有相关关系现象间数量变化的规律性进行测定,确立一个回归方程式,即经验公式,并对所建立的回归方程式的有效性进行分析、判断,以便进一步进行估计和预测。现在,相关与回归分析已经广泛应用于企业管理、商业决策、金融分析以及自然科学和社会科学等许多研究领域。

### 一、相关关系的概念

现实世界中的各种现象之间相互联系、相互制约、相互依存,某些现象发生变化时,另一现象也随之发生变化。如商品价格的变化会刺激或抑制商品销售量的变化,劳动力素质的高低会影响企业的效益,直接材料、直接人工的价格变化会对产品销售成本产生直接的影响,居民收入的高低会影响对企业产品的需求量等。研究这些现象之间的依存关系,找出它们之间的变化规律,对经搜集、整理过的统计进行数据分析,为客观、科学的统计提供依据。

现象间的依存关系大致可以分成两种类型：一类是函数关系，另一类是相关关系。

1. 函数关系

函数是指现象之间存在一种严格的确定性的依存关系，表现为某一现象发生变化另一现象也随之发生变化，而且有确定的值与之相对应。例如，我们都知道圆面积的公式为：$S=\pi r^2$，在此公式中，$S$代表圆面积，$\pi$为圆周率，$r$为圆的半径，我们不难发现，每一个圆半径对应一个圆面积，或者换句话说圆的面积与它的半径一一对应。

2. 相关关系

相关关系是指客观现象之间确实存在的，但数量上不是严格对应的依存关系。在这种关系中，对于某一现象的每一数值，可以有另一现象的若干数值与之相对应。例如，成本的高低与利润的多少有密切关系，但对于某一确定的成本，与其相对应的利润却是不确定的。这是因为影响利润的因素除了成本外，还有价格、供求平衡、消费嗜好等因素以及其他偶然因素。例如，父亲的身高和其女儿的身高之间就存在相关关系：父亲身高较高，往往其女儿的身高也较高，但两者并没有唯一确定的关系，这是因为影响女儿身高的因素除了父亲身高这个因素外，其还受母亲的身高、孩子成长的环境、饮食和其他随机因素的共同影响。

具有相关关系的某些现象可表现为因果关系，即某一或若干现象的变化是引起另一现象变化的原因，它是可以控制、给定的值，将其称为自变量；另一现象的变化是自变量变化的结果，它是不确定的值，将其称为因变量。如资金投入与产值之间，前者为自变量，后者为因变量。但具有相关关系的现象并不都表现为因果关系，如生产成本和生产量、商品的供求与价格等。这是因为相关关系比因果关系涵盖的范围更广泛。

相关关系和函数关系既有区别，又有联系。有些函数关系往往因为有观察或测量误差以及受各种随机因素的干扰，在实际中常常通过相关关系表现出来；而在研究相关关系时，对其数量间的规律性了解得越深刻，相关关系越有可能转化为函数关系或借助函数关系来表现。

## 二、相关关系的种类

现象之间的相关关系从不同的角度可以划分为不同的类型(图 9-1)。

1. 按相关关系涉及变量(或因素)的多少划分

单相关：又称一元相关，是指两个变量之间的相关关系，如广告费支出与产品销售量之间的相关关系。

复相关：又称多元相关，是指三个或三个以上变量之间的相关关系，如商品销售额与居民收入、商品价格之间的相关关系。

偏相关：在一个变量与两个或两个以上的变量相关的条件下，当假定其他变量不变时，其中两个变量的相关关系。例如，在假定商品价格不变的条件下，该商品的需求量与消费者收入水平的相关关系即为偏相关。

**2. 按相关形式的不同划分**

线性相关：又称直线相关，是指当一个变量变化时，另一个变量随之发生大致均等的变化，从图形上看，其观察点的分布近似地表现为一条直线。例如，人均消费水平与人均收入水平通常呈线性关系。

非线性相关：一个变量变化时，另一个变量也随之发生变化，但这种变化不是均等的，从图形上看，其观察点的分布近似地表现为一条曲线，如抛物线、指数曲线等，因此也称曲线相关。例如，工人加班加点在一定数量界限内，产量增加，但一旦超过一定限度，产量反而可能下降，这就是一种非线性关系。

**3. 按相关现象变化的方向不同划分**

正相关：当一个变量的值增加或减少时，另一个变量的值也随之增加或减少。如工人劳动生产率提高，产品产量也随之增加；居民的消费水平随个人可支配收入的增加而提高。

负相关：当一个变量的值增加或减少时，另一个变量的值反而减少或增加。如商品流转额越大，商品流通费用越低；利润随单位成本的降低而增加。

**4. 按相关程度划分**

完全相关：当一个变量的数量变化完全由另一个变量的数量变化所确定时，两者之间即为完全相关。例如，在价格不变的条件下，销售额与销售量之间的正比例函数关系即为完全相关，此时相关关系便成为函数关系，因此也可以说函数关系是相关关系的一个特例。

不相关：又称零相关，当变量之间彼此互不影响，其数量变化各自独立时，变量之间为不相关。例如，企业的销售收入与气温的高低一般情况下是不相关的。

不完全相关：如果两个变量的关系介于完全相关和不相关之间，那么称为不完全相关。由于完全相关和不相关的数量关系是确定的或相互独立的，因此统计学中相关分析的主要研究对象是不完全相关。

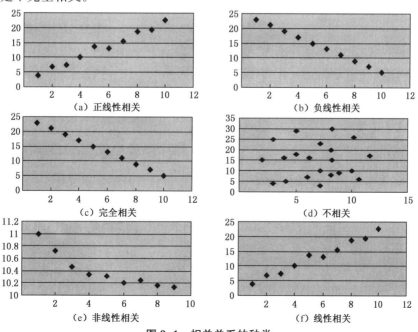

图 9-1 相关关系的种类

### 三、相关分析的内容

相关分析是对客观经济现象间存在的相关关系进行分析研究的一种统计方法。其目的在于对现象间所存在的依存关系以及所表现出的规律性进行数量上的推断和认识，以便做出预测和决策。相关分析的内容包括以下两个方面。

1. **判别现象间有无相关关系**

现象间有无相关关系，这是相关分析的出发点。只有现象间确实存在相关关系，才可能进行相关分析。所以进行相关分析时，首先要通过定性分析，借助相关表和相关图来判别现象间是否确实存在相关关系，否则就会产生认识上的偏差，得出错误的分析结论。

2. **测定相关关系的表现形态和密切程度**

相关关系是一种数量上不严格的相互依存关系。只有当变量间确实存在高度密切的相关关系时，才可能进行相关分析，对现象进行预测。因此，判定现象间存在相关关系后，需要进一步测定相关关系的表现形态和密切程度。统计上，一般是通过编制相关表、绘制相关图和计算相关系数来做出判断。

### 四、相关分析的任务

相关分析的目的，就是要在错综复杂的客观现象中，通过大量观察的统计资料，探讨现象之间相互依存关系的形式和相关的密切程度，并找出合适的表达形式，为推算未知和预测未来提供数据，具体任务包括以下几方面。

1. **揭示现象之间是否具有相关关系**

这要从两个方面加以判断：一方面要对现象之间的联系开展理论研究，按照经济理论、专业知识和实践经验，进行定性分析和判断；另一方面要基于大量的实际统计资料，通过编制相关表、绘制相关图等一系列统计分析方法，对被研究的现象变量之间是否真正存在相关关系做出统计判断。

2. **测定现象相关关系的密切程度**

相关关系是一种不严格的数量关系，统计分析的任务之一就是要确定这种数量关系的密切程度，通常是计算相关系数或相关指数以反映相关关系的密切程度。

3. **构建现象相关关系数学模型**

依据相关关系的密切程度，研究确定相关变量之间数量关系的表现形式，建立恰当的数学模型，以便对其进行回归分析。

4. **测定因变量估计值的误差程度**

根据已确定的变量之间相关的直线方程或曲线方程，在给定若干个自变量值时，可求出因变量相应的估计值。一般来说，估计值与实际值是有一定出入的，相关分析通过科学方法测定估计值与实际值的误差程度，从而确定相关与回归分析的可靠性大小。

## 任务二 相关关系的判断与测定

### 一、相关关系的判断

进行相关关系分析,首先要判断现象间是否存在相关关系,这是相关分析的出发点。判断现象间是否存在相关关系的方法一般包括对现象进行定性分析和定量分析等。

1. 定性分析

对现象进行定性分析,就是根据现象本身存在的规律性,运用理论知识、专业知识、实际经验进行判断和分析。例如,根据经济理论判断居民收入与社会商品购买力是否存在相关关系,根据生物遗传理论判断父辈的身高与子辈的身高是否存在相关关系等。定性分析是进行相关分析的基础,在此基础上,根据需要通过编制相关表和绘制相关图进行分析。

2. 定量分析

定量分析就是利用相关图或相关表,进一步判断经过定性分析确认具有相关关系的现象之间相关的方向、形式和密切程度。

(1) 相关表

相关表是一种反映变量之间相关关系的统计表。首先,将某一变量按其取值的大小排列,然后将与其相关的另一变量的对应值平行排列,便可得到简单的相关表。表 9-1 就是某公司 A 产品年广告费与年销售收入所形成的相关表。

表 9-1 某公司 A 产品年广告费与年销售收入相关表

| 年份编号 | 1 | 2 | 3 | 4 | 5 | 6 | 7 | 8 | 9 | 10 |
|---|---|---|---|---|---|---|---|---|---|---|
| 年广告费/万元 | 2 | 2 | 3 | 4 | 5 | 6 | 6 | 6 | 7 | 7 |
| 年销售收入/万元 | 50 | 51 | 52 | 53 | 53 | 54 | 55 | 56 | 56 | 57 |

表中资料表明,年销售收入随年广告费的增加而增加,两者之间存在着较明显的正依存关系。

根据对自变量是否分组,相关表可以分为简单相关表和分组相关表。表 9-1 即为简单相关表。分组相关表是将原始数据进行分组编制而成的相关表。分组相关表又分为单变量分组相关表和双变量分组相关表。单变量分组相关表是将两个变量中的一个变量进行分组,而另一个变量不分组,并对分组的变量计算各组的次数,而不分组的变量则计算平均数。表 9-1 中的统计资料可编制成如表 9-2 所示的单变量分组相关表。

表 9-2 某公司 A 产品年广告费与年销售收入单变量分组相关表

| 年广告费/万元 | 年数累计 | 年销售收入/万元 |
|---|---|---|
| 2 | 2 | 50.5 |
| 3 | 1 | 52 |
| 4 | 1 | 53 |
| 5 | 1 | 53 |
| 6 | 3 | 55 |
| 7 | 2 | 56.5 |

表 9-2 将年广告费进行分组,并计算相同年广告费出现的次数。年销售收入不分组,但要计算各组年销售收入的平均数。从表 9-2 中可以看出,随着年广告费的增加,年销售收入的平均数整体也增加,两者之间具有线性相关关系。

双变量分组相关表是对两个变量都加以分组形成的相关表。表 9-1 中的统计资料可编制成如表 9-3 所示的双变量分组相关表。

在编制双变量分组相关表时,对自变量和因变量的数值都进行分组。将自变量各组标志值放在各行,其排列顺序由大到小;将因变量各组标志值放在各列,其排列顺序由小到大。

表 9-3 某公司 A 产品年广告费与年销售收入双变量分组相关表

| 年广告费/万元 | 年销售收入/万元 | | | | | | | 合计 |
|---|---|---|---|---|---|---|---|---|
| | 50～51 | 51～52 | 52～53 | 53～54 | 54～55 | 55～56 | 56～57 | |
| 7 | | | | | | | 2 | 2 |
| 6 | | | | | 1 | 2 | | 3 |
| 5 | | | | 1 | | | | 1 |
| 4 | | | 1 | | | | | 1 |
| 3 | | 1 | | | | | | 1 |
| 2 | 2 | | | | | | | 2 |
| 合计 | 2 | 1 | 1 | 1 | 1 | 2 | 2 | 10 |

(2) 相关图

从相关表中往往很难看出现象之间的相关形式。因此,常将相关表上的数据描绘在平面直角坐标系中形成相关图。相关图也称相关散点图或散点图,是将具有相关关系的两个变量值描绘在坐标图上,用横轴表示自变量 $x$,纵轴表示因变量 $y$,按两变量的对应值标出坐标点的分布状况的统计图。相关图上的点称为相关点。相关图是粗略观察现象之间相关程度和相关形态的一种有效工具,同时为测定相关关系奠定了基础。

依据表 9-1 中的统计资料,绘制相关散点图 9-2。

图中的横轴表示年广告费 $x$,纵轴表示年销售收入 $y$,两变量值的坐标点显示两个变量的相关关系。从图中可以看出,$x$ 与 $y$ 之间的相关关系近似于一条直线,它们属于线性正相关。

在相关图中,若相关点呈现出一定的规律性,如大致为一条直线或一条曲线,则表明现象之间存在相关关系,且为直线相关或曲线相关。相关点越密集,表明相关关系越密切。若相关点分布没有规律,则表明现象之间没有相关关系或存在低度相关关系。

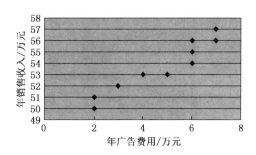

图 9-2　年广告费用与年销售收入相关散点图

从以上分析可以看出,用相关表和相关图均能粗略地观察出现象之间的相关关系。相关图与相关表相比较,两者都有能用来观察相关形态的作用,但相关图应以相关表提供的资料为依据。

### 二、相关关系的测定

用于测定现象间相关关系的统计分析指标有相关系数、相关指数等,下面介绍相关系数及其计算方法。

1. 相关系数的概念及特点

(1) 相关系数的概念

相关系数是指在直线相关的条件下,说明两个现象之间相关关系密切程度的统计分析指标,用 $r$ 表示。相关系数的取值范围和意义可概括为以下几点:

① $r$ 的取值范围为 $-1 \leqslant r \leqslant 1$。
② $r$ 的绝对值越接近于 1,表明相关关系越密切;越接近于 0,表明相关关系越不密切。
③ $r=1$ 或 $r=-1$,表明两现象完全相关。
④ $r=0$,表明两变量无直线相关关系。
⑤ $r>0$,现象呈正相关;$r<0$,现象呈负相关。

实践中,一般将现象的相关关系分为四个等级:$|r|<0.3$ 表示不相关;$0.3 \leqslant |r| < 0.5$ 表示低度相关;$0.5 \leqslant |r| < 0.8$ 表示显著相关;$|r| \geqslant 0.8$ 表示高度相关。

(2) 相关系数的特点

① 两变量为对等关系,可以不区分自变量和因变量,其相关系数只有一个值。
② 相关系数有正负号,反映正相关或负相关关系。
③ 若采用抽样调查取得资料,则两变量均应有相同的随机性,这也是对等关系的要求。对全面统计资料而言,不存在随机性的问题,均为确定性资料。

2. 简单相关系数的计算

(1) 积差法

公式:
$$r = \frac{\sum_{i=1}^{n}(x_i - \bar{x})(y_i - \bar{y})}{\sqrt{\sum_{i=1}^{n}(x_i - \bar{x})^2} \sqrt{\sum_{i=1}^{n}(y_i - \bar{y})^2}}$$

式中：$r$ 表示简单相关系数；$\bar{x}$ 表示自变量的平均数；$\bar{y}$ 表示因变量的平均数；$x_i$ 表示自变量各值；$y_i$ 表示因变量各值。该公式也可写成：

$$r = \frac{\sigma_{xy}^2}{\sigma_x \sigma_y}$$

式中：$r$ 表示简单相关系数；$\sigma_x = \sqrt{\frac{1}{n}\sum_{i=1}^{n}(x_i-\bar{x})^2}$ 表示自变量的标准差；$\sigma_y = \sqrt{\frac{1}{n}\sum_{i=1}^{n}(y_i-\bar{y})^2}$ 表示因变量的标准差；$\sigma_{xy}^2 = \frac{1}{n}\sum_{i=1}^{n}(x_i-\bar{x})(y_i-\bar{y})$ 表示自变量 $x$ 与因变量 $y$ 的协方差。

由此可知，相关系数是两个变量协方差与两个变量标准差乘积的比值。

**例 9-1**　利用表 9-1 中的统计资料计算简单相关系数。

解：先计算年广告费 $x$ 的平均数 $\bar{x}$ 和年销售收入 $y$ 的平均数 $\bar{y}$。

$$\bar{x} = \frac{48}{10} = 4.8(万元)$$

$$\bar{y} = \frac{537}{10} = 53.7(万元)$$

再将表 9-4 中的数据代入积差法公式得：

$$r = \frac{38.4}{\sqrt{33.6} \times \sqrt{48.1}} \approx \frac{38.4}{5.7966 \times 6.9354} = \frac{38.4}{40.2017} \approx 0.9552$$

相关系数 $r=0.9552$，说明 A 产品年广告费用与年销售收入之间的关系是高度相关关系。

表 9-4　积差法相关系数计算表

| 年份编号 | 年广告费 $x$ /万元 | 年销售收入 $y$ /万元 | $x-\bar{x}$ | $y-\bar{y}$ | $(x-\bar{x})^2$ | $(y-\bar{y})^2$ | $(x-\bar{x})(y-\bar{y})$ |
|---|---|---|---|---|---|---|---|
| 1 | 2 | 50 | −2.8 | −3.7 | 7.84 | 13.69 | 10.36 |
| 2 | 2 | 51 | −2.8 | −2.7 | 7.84 | 7.29 | 7.56 |
| 3 | 3 | 52 | −1.8 | −1.7 | 3.24 | 2.89 | 3.06 |
| 4 | 4 | 53 | −0.8 | −0.7 | 0.64 | 0.49 | 0.56 |
| 5 | 5 | 53 | 0.2 | −0.7 | 0.04 | 0.49 | −0.14 |
| 6 | 6 | 54 | 1.2 | 0.3 | 1.44 | 0.09 | 0.36 |
| 7 | 6 | 55 | 1.2 | 1.3 | 1.44 | 1.69 | 1.56 |
| 8 | 6 | 56 | 1.2 | 2.3 | 1.44 | 5.29 | 2.76 |
| 9 | 7 | 56 | 2.2 | 2.3 | 4.84 | 5.29 | 5.06 |
| 10 | 7 | 57 | 2.2 | 3.3 | 4.84 | 10.89 | 7.26 |
| 合计 | 48 | 537 | — | — | 33.6 | 48.1 | 38.4 |

（2）简捷法

根据积差法计算简单相关系数比较麻烦，计算项目较多，会导致相关系数的数值出现

一定程度的误差。将积差法公式整理变形,得出如下相关系数的简捷计算公式:

$$r = \frac{n\sum_{i=1}^{n}x_i y_i - \sum_{i=1}^{n}x_i \sum_{i=1}^{n}y_i}{\sqrt{n\sum_{i=1}^{n}x_i^2 - \left(\sum_{i=1}^{n}x_i\right)^2}\sqrt{n\sum_{i=1}^{n}y_i^2 - \left(\sum_{i=1}^{n}y_i\right)^2}}$$

**例 9-2** 利用表 9-1 中的统计资料用简捷法计算简单相关系数。

解:将表 9-5 中的数据代入简捷计算公式得:

$$r = \frac{10 \times 2\,616 - 48 \times 537}{\sqrt{10 \times 264 - 48^2} \times \sqrt{10 \times 28\,885 - 537^2}}$$

$$= \frac{26\,160 - 25\,776}{\sqrt{2\,640 - 2\,304} \times \sqrt{288\,850 - 288\,369}}$$

$$\approx \frac{384}{18.330\,3 \times 21.931\,7} \approx 0.955\,2$$

表 9-5 简捷法相关系数计算表

| 年份编号 | 年广告费 $x$ /万元 | 年销售收入 $y$ /万元 | $x^2$ | $y^2$ | $xy$ |
|---|---|---|---|---|---|
| 1 | 2 | 50 | 4 | 2 500 | 100 |
| 2 | 2 | 51 | 4 | 2 601 | 102 |
| 3 | 3 | 52 | 9 | 2 704 | 156 |
| 4 | 4 | 53 | 16 | 2 809 | 212 |
| 5 | 5 | 53 | 25 | 2 809 | 265 |
| 6 | 6 | 54 | 36 | 2 916 | 324 |
| 7 | 6 | 55 | 36 | 3 025 | 330 |
| 8 | 6 | 56 | 36 | 3 136 | 336 |
| 9 | 7 | 56 | 49 | 3 136 | 392 |
| 10 | 7 | 57 | 49 | 3 249 | 399 |
| 合计 | 48 | 537 | 264 | 28 885 | 2 616 |

利用简捷法计算的结果与积差法计算的结果相同,但简捷法少计算了一部分数值,提高了计算效率,也就相应提高了相关系数的准确性。

(3) 其他变形公式

利用相关系数积差法公式可推导出相关系数的其他计算公式:

$$r = \frac{\sum_{i=1}^{n}x_i y_i - n\overline{x}\,\overline{y}}{\sqrt{\sum_{i=1}^{n}x_i^2 - n\overline{x}^2}\sqrt{\sum_{i=1}^{n}y_i^2 - n\overline{y}^2}}$$

或 $$r = \frac{\overline{xy} - \overline{x}\,\overline{y}}{\sqrt{\frac{1}{n}\sum_{i=1}^{n}(x_i - \overline{x})^2}\sqrt{\frac{1}{n}\sum_{i=1}^{n}(y_i - \overline{y})^2}}$$

## 任务三　一元线性回归分析

### 一、回归分析的概念与特点

1. 回归分析的概念

"回归"一词是由英国生物学家兼统计学家高尔顿在研究人体身高的遗传问题时首先提出的。根据遗传学的观点,子辈的身高受父辈影响,用 $X$ 表示父辈身高,$Y$ 表示子辈身高。虽然子辈身高一般受父辈影响,但同样身高的父亲,其子辈身高并不一致,因此,$X$ 和 $Y$ 之间存在一种相关关系。一般而言,父辈身高高的,其子辈身高也高,依此推论,祖祖辈辈遗传下来,身高必然向两极分化,而事实上并非如此,显然有一种力量将身高拉向中心,即子辈的身高有向中心回归的特点。"回归"一词即源于此。虽然这种向中心回归的现象只是特定领域里的结论,并不具有普遍性,但从它所描述的关于 $X$ 为自变量、$Y$ 为不确定的因变量这种变量间的关系来看,其和我们现在的回归含义是相同的。不过,现代回归分析虽然沿用了"回归"一词,但内容已有很大变化,它是一种应用于许多领域的分析研究方法,在经济理论研究和实证研究中也发挥着重要的作用。

回归分析就是对具有相关关系的两个变量之间数量变化的一般关系进行测定,确定一个与之相应的数学表达式,以便进行估计和预测的一种统计方法。

2. 回归分析的特点

(1) 回归分析的两个变量是非对等关系。在回归分析中,两个变量之间哪一个是因变量,哪一个是自变量要根据研究目的的具体情况来确定。自变量、因变量不同,所得出的分析结果也不同。而在相关分析中,相关关系的两个变量是对等的,不必区分哪一个是自变量,哪一个是因变量。

(2) 在回归分析中,因变量 $Y$ 是随机变量,自变量 $X$ 是可控变量。可依据研究的目的分别建立对于 $X$ 的回归方程或对于 $Y$ 的回归方程;而在相关分析中,被研究的两个变量都是随机变量,它只能通过计算相关系数来反映两个变量之间的密切程度。

3. 回归分析的类型

回归分析研究两个及两个以上的变量时,根据变量的地位、作用不同分为自变量和因变量。一般把作为估测根据的变量叫做自变量,把待估测的变量叫做因变量。反映自变量和因变量之间关系的数学表达式叫做回归方程,某一类回归方程的总称为回归模型。在回归分析中,根据研究变量的多少可以分为一元回归和多元回归。若只有一个自变量和一个因变量的回归,则称为一元回归或简单回归。若自变量的数目为两个或两个以上,因变量只有一个,则称为多元回归。根据所建立的回归模型的形式,又可以分为线性回归和非线性回归。

4. 回归分析的内容

(1) 建立回归方程。依据研究对象变量之间的关系建立回归方程。

（2）进行相关关系的检验。相关关系检验就是选择恰当的相关指标,判定所建立的回归方程中变量之间关系的密切程度。相关程度越高,就表明回归方程与实际值的偏差越小,拟合效果越好。如果回归方程变量间的相关关系不好,那么所建立的回归方程就失去了意义。

（3）利用回归模型进行预测。如果回归方程拟合得好,那么就可以用它做变量的预测,根据自变量取值估计因变量的值。由于回归方程与实际值之间存在误差,因此预测值不可能就是由回归方程计算所得的确定值,其应该处于一个范围或区间内。这个区间称为预测值的置信区间,它说明回归模型的适用范围或精确程度。实际值位于该区间的可靠度一般应在95%以上。

5. 相关分析与回归分析的区别与联系

就其研究对象来说,它们都是研究变量之间的相互关系。但是相关分析与回归分析存在着明显的区别:(1)相关分析泛指两个变量之间存在相关关系时,不必指出何者是自变量或因变量,两个变量是对等关系,都是随机变量;而回归分析必须根据研究目的,分别确定其中的自变量和因变量,两个变量是不对等关系,其中因变量是随机变量,而自变量是非随机变量。(2)两者研究的侧重点不同。相关分析主要研究变量之间是否存在相关关系及相关关系的表现形式和密切程度;而回归分析运用一定的回归模型来测定一个或几个自变量的变化对因变量数量变化的影响。下面介绍一元线性回归分析。

## 二、一元线性回归分析

1. 一元线性回归模型

一元线性回归模型也称为简单线性回归模型,是分析两个变量之间相互关系的数学方程式,其一般表达式为:

$$\hat{y} = a + bx$$

式中:$\hat{y}$代表因变量$y$的估计值;$x$代表自变量;$a,b$称为回归模型的待定参数,其中$b$又称为回归系数,它表示自变量每增加一个单位时,因变量的平均增减量。

用$x_i$表示自变量$x$的实际值,用$y_i$表示因变量$y$的实际值($i=1,2,3,\cdots,n$),因变量的实际值与估计值之差用$e_i$表示,称为估计误差或残差,即:$e_i = y_i - \hat{y}_i$。

根据最小平方法理论可得:

$$\sum_{i=1}^{n} y_i = na + b\sum_{i=1}^{n} x_i \tag{9-1}$$

$$\sum_{i=1}^{n} x_i y_i = a\sum_{i=1}^{n} x_i + b\sum_{i=1}^{n} x_i^2 \tag{9-2}$$

由以上两式即可求出$a,b$的计算公式:

$$b = \frac{\sum_{i=1}^{n} x_i y_i - \frac{1}{n}\sum_{i=1}^{n} x_i \sum_{i=1}^{n} y_i}{\sum_{i=1}^{n} x_i^2 - \frac{1}{n}\left(\sum_{i=1}^{n} x_i\right)^2} = \frac{\sum_{i=1}^{n} x_i y_i - n \cdot \overline{xy}}{\sum_{i=1}^{n} x_i^2 - n \cdot \bar{x}^2}$$

$$a = \frac{\sum_{i=1}^{n} y_i - b\sum_{i=1}^{n} x_i}{n} = \bar{y} - b\bar{x}$$

上述的回归方程式在平面直角坐标系中表现为一条直线,即回归直线。当 $b>0$ 时,$y$ 随 $x$ 的增加而增加,两变量之间存在着正相关关系;当 $b<0$ 时,$y$ 随 $x$ 的增加而减少,两变量之间存在着负相关关系;当 $b=0$ 时,$y$ 为一常量,不随 $x$ 的变动而变动。这为判断现象之间的相互关系,分析现象之间是否处于正常状态提供了标准。

**例 9-3** 应用表 9-1 中的统计资料建立一元线性回归模型。

设年广告费为自变量 $x$,年销售收入为因变量 $y$,则有:

$$\hat{y} = a + bx$$

依据表 9-5 中的数据可得:

$$b = \frac{\sum_{i=1}^{n} x_i y_i - \frac{1}{n}\sum_{i=1}^{n} x_i \sum_{i=1}^{n} y_i}{\sum_{i=1}^{n} x_i^2 - \frac{1}{n}\left(\sum_{i=1}^{n} x_i\right)^2} = \frac{2\,616 - \frac{1}{10} \times 48 \times 537}{264 - \frac{1}{10} \times 48^2} \approx 1.142\,9$$

$$a = \frac{\sum_{i=1}^{n} y_i - b\sum_{i=1}^{n} x_i}{n} = \frac{537 - 1.142\,9 \times 48}{10} \approx 48.214\,1$$

一元线性回归方程为:

$$\hat{y} = 48.214\,1 + 1.142\,9x$$

方程中 $a = 48.214\,1$ 为初始水平,$b = 1.142\,9$ 为回归系数。方程表明年广告费每增加 1 万元,年销售收入将会增加 1.142 9 万元。

2. 一元回归模型的检验

(1) 相关系数及其显著性检验

一般来说,相关系数可以反映自变量 $x$ 和因变量 $y$ 之间的线性相关程度,相关系数 $r$ 的绝对值越接近于 1,则 $x$ 与 $y$ 之间的线性关系越密切。但相关系数通常是根据总体的样本数据计算得出的,带有一定的随机性,会出现误差,因而有必要对相关系数进行显著性检验,以此来说明建立的回归模型有无实际意义。

为保证回归方程具有最低的线性关系,人们将相关系数 $r$ 的临界值列成专门的表,即相关系数检验表。给定显著性水平 $\alpha$ 以及自由度,查相关系数检验表,即可找到对应的 $r$ 的最低临界值 $r_\alpha$,据此就可以判断线性关系是否成立。在社会经济现象中,显著性水平 $\alpha$ 通常取 0.05。自由度指的是样本容量 $n$ 与回归模型中待定参数的个数 $m$ 之间的差,即自由度 $= n - m$。如例 9-3 中样本容量 $n = 10$,回归模型中待定参数个数 $m = 2$,则自由度 $= n - m = 10 - 2 = 8$。若 $|r| \geqslant r_{\alpha(n-m)}$,则表明在显著性水平 $\alpha$ 条件下,变量间的线性关系是显著的,建立的回归方程是有意义的;若 $|r| < r_{\alpha(n-m)}$,则表明在显著性水平 $\alpha$ 条件下,变量间的线性关系

不显著,建立的回归模型实际意义待定。

**例 9-4** 根据例 9-3 中的资料,对 A 产品年广告费与年销售收入的相关关系进行显著性检验。

解:由例 9-1 的计算可知,$r = 0.9552$,自由度 $= n - m = 10 - 2 = 8$,给定 $\alpha = 0.05$,查"相关系数检验表"得 $r_{0.05(10-2)} = 0.632$。$r > r_{0.05(10-2)}$,它表明有 95% 的概率保证 A 产品年广告费与年销售收入之间具有线性相关关系,所建立的回归方程 $\hat{y} = 48.2141 + 1.1429x$ 是有意义的。

(2) 估计标准误差检验

估计标准误差也称为估计标准差或估计标准误,是残差平方和的算术平均数的平方根,用 $S_y$ 表示。其计算公式为:

$$S_y = \sqrt{\frac{\sum_{i=1}^{n} e_i^2}{n - m}} \tag{9-3}$$

$$\sum_{i=1}^{n} e_i^2 = \sum_{i=1}^{n} (y_i - \hat{y})^2 = \sum_{i=1}^{n} (y_i - a - bx_i)^2$$

式中:$S_y$——估计标准误差;

$e_i$——估计残差(实际值与估计值之差);

$n$——样本容量;

$m$——回归模型中待定参数的个数。

残差的平方和可以反映出实际值与回归直线的离散程度。而计算其平均数,可以消除求和项数对残差平方和的影响。因而,在此基础上计算出的估计标准误差更能反映出实际值与回归直线的平均离散程度。估计标准差是一项误差分析指标,用于判断回归模型拟合的优劣程度。

式(9-3)计算估计标准差较烦琐,可以采用简捷计算公式计算估计标准差。其简捷计算公式为:

$$S_y = \sqrt{\frac{\sum_{i=1}^{n} y_i^2 - a \sum_{i=1}^{n} y_i - b \sum_{i=1}^{n} x_i y_i}{n - m}}$$

**例 9-5** 运用表 9-6 中的数据计算估计标准差。由表 9-6 可知,$\sum_{i=1}^{n} y_i^2 = 28885$,$a = 48.2141$,$b = 1.1429$,$\sum_{i=1}^{n} y_i = 537$,$n = 10$,$m = 2$,$\sum_{i=1}^{n} x_i y_i = 2616$,则用简捷公式计算估计标准差得:

$$S_y = \sqrt{\frac{28885 - 48.2141 \times 537 - 1.1429 \times 2616}{10 - 2}} \approx 0.7247$$

$S_y$ 越大,实际值与回归直线的离散程度越大;反之,$S_y$ 越小,实际值与回归直线的离散程度越小。一般要求 $\frac{S_y}{\bar{y}} < 15\%$。

运用上述两种公式计算出的估计标准差从理论上说应该是相等的，但在实际计算过程中，由于回归方程的待定系数 $a$ 和 $b$ 也是利用公式计算出来的，在计算的过程中通常会涉及四舍五入的情况，从而导致两种计算公式的结果不一致。但其偏差往往很小，不会影响对问题的分析。

上例中 $S_y = 0.7247$，$\bar{y} = 53.7$，$\frac{S_y}{\bar{y}} = \frac{0.7247}{53.7} \approx 0.0135$，由此可见，一元线性回归方程 $\hat{y} = 48.2141 + 1.1429x$ 精度较好。

3. 运用模型进行预测

一元线性回归模型通过上述检验，若其精度较好，拟合度优，则可用其进行预测。如例9-3 中一元线性回归方程 $y = 48.2141 + 1.1429x$，若 2024 年 A 产品年广告费为 8 万元，将 $x = 8$（万元）代入回归方程中，则年销售收入预测值为：

$$y = 48.2141 + 1.1429 \times 8 = 57.3573 （万元）$$

由于实际计算中不可避免地会出现误差，因而预测值应该是在一定范围之内的一个数值，而不是一个确定值。因此，除了测算一个数值点外，还应测算预测值可能所处的范围，即测算其置信区间。上述预测只测算了一个数值点，假定其他因素不变，$S_y = 0.7247$，置信度为 95% $[F(z) = 95\%]$，查正态分布概率表，$F(z) = 95\%$，$z = 1.96$，则 A 产品 2024 年年计销售收入为：

$$\hat{y} = 57.3573 \pm 1.96 \times 0.7247$$

即 A 产品年广告费为 8 万元时，其年销售收入在 55.9369～58.7777 万元之间。

4. 应用实例

**例 9-6** 某地居民年平均消费水平和食品类销售额统计资料如表 9-6 第 2、3 列所示，试据表中资料分析居民年平均消费水平与食品类销售额的关系，并预测居民年平均消费水平达到 213 万元时的食品类销售额。

表 9-6 某地食品类销售额关于居民消费水平的回归方程计算表

| 年份编号 | 居民年平均消费水平 $x$/万元 | 食品类销售额 $y$/万元 | $xy$ | $x^2$ | $y^2$ |
|---|---|---|---|---|---|
| 1 | 64 | 56 | 3 584 | 4 096 | 3 136 |
| 2 | 70 | 60 | 4 200 | 4 900 | 3 600 |
| 3 | 77 | 66 | 5 082 | 5 929 | 4 356 |
| 4 | 82 | 70 | 5 740 | 6 724 | 4 900 |
| 5 | 92 | 78 | 7 176 | 8 464 | 6 084 |
| 6 | 107 | 88 | 9 416 | 11 449 | 7 744 |
| 7 | 125 | 102 | 12 750 | 15 625 | 10 404 |
| 8 | 143 | 118 | 16 874 | 20 449 | 13 924 |
| 9 | 165 | 136 | 22 440 | 27 225 | 18 496 |
| 10 | 189 | 155 | 29 295 | 35 721 | 24 025 |
| 合计 | 1 114 | 929 | 116 557 | 140 582 | 96 669 |

解：第一，建立回归模型。令居民年平均消费水平为 $x$，食品类销售额为 $y$。设 $\hat{y} = a + bx$。

第二，计算参数 $a$ 和 $b$ 的值。根据表 9-7 中的资料计算可得：

$$b = \frac{\sum_{i=1}^{n} x_i y_i - \frac{1}{n} \sum_{i=1}^{n} x_i \sum_{i=1}^{n} y_i}{\sum_{i=1}^{n} x_i^2 - \frac{1}{n}\left(\sum_{i=1}^{n} x_i\right)^2} = \frac{116\,557 - \frac{1}{10} \times 1\,114 \times 929}{14\,0582 - \frac{1}{10} \times 1\,114^2} \approx 0.792\,7$$

$$a = \frac{1}{n} \sum_{i=1}^{n} y_i - b \frac{1}{n} \sum_{i=1}^{n} x_i = \frac{929}{10} - 0.792\,7 \times \frac{1}{10} \times 1\,114 \approx 4.593$$

由此，可得一元线性回归方程：$\hat{y} = 4.593 + 0.792\,7x$。

第三，进行相关性检验。

(1) 计算相关系数

$$r = \frac{n \sum_{i=1}^{n} x_i y_i - \sum_{i=1}^{n} x_i \sum_{i=1}^{n} y_i}{\sqrt{n \sum_{i=1}^{n} x_i^2 - \left(\sum_{i=1}^{n} x_i\right)^2} \sqrt{n \sum_{i=1}^{n} y_i^2 - \left(\sum_{i=1}^{n} y_i\right)^2}} \approx 0.999\,7$$

可见，$y$ 与 $x$ 具有高度线性相关关系。

(2) 估计标准误差检验

$$S_y = \sqrt{\frac{\sum_{i=1}^{n} y_i^2 - a \sum_{i=1}^{n} y_i - b \sum_{i=1}^{n} x_i y_i}{n - m}}$$

$$= \sqrt{\frac{96\,669 - 4.593 \times 929 - 0.792\,7 \times 116\,557}{10 - 2}} \approx 0.959\,8$$

$$\bar{y} = 92.9$$

$$\frac{S_y}{\bar{y}} = \frac{0.959\,8}{92.9} \approx 0.010\,3 < 15\%$$

由此可判断出 $y$ 与 $x$ 的线性关系是较强的。

第四，预测当居民年平均消费水平达到 213 万元时，食品类销售额是多少。

将 $x = 213$ 万元，代入 $\hat{y} = 4.593 + 0.792\,7x$ 得：

$$\hat{y} = 4.593 + 0.792\,7 \times 213 = 173.438\,1 \text{（万元）}$$

若其可靠度为 95%，则其置信区间为 $(173.438\,1 - 1.96 \times 0.959\,8, 173.438\,1 + 1.96 \times 0.959\,8)$，即置信区间为 $(171.56, 175.32)$。故当居民年平均消费水平达到 213 万元时，食品类销售额的预测范围在 171.56~175.32 万元之间。

## 任务四　多元线性回归分析

一元回归分析所反映的是一个自变量与一个因变量之间的关系。但在现实生活中，某一社会经济现象的变化通常是受多项因素变动影响的。例如，企业的年销售额要受销售数量、销售单价、市场供求状况、广告投入等多种因素的影响。对这种预测对象受多个因素影响的社会经济现象就需要采用多元回归分析来解释变量之间的关系。多元回归分析是指利用回归分析的原理，寻找因变量与多个自变量之间的变化规律，以建立回归模型，并利用所建立的回归模型进行预测。多元回归分析可分为线性和非线性两种，这里仅以二元线性回归为例来说明多元线性回归分析的原理与方法。

### 一、二元线性回归分析

1. 二元线性回归模型

一个因变量 $y$ 与两个自变量 $x_1, x_2$ 呈线性相关，则可建立如下二元线性回归模型：

$$\hat{y} = a + b_1 x_1 + b_2 x_2$$

式中：$\hat{y}$ 为因变量的估计值；$a$ 为回归常数；$b_1, b_2$ 为回归系数；$x_1, x_2$ 为自变量。

在一元线性回归分析中，我们利用最小二乘法推导出待定参数 $a, b$ 的计算公式。同样，也可根据最小二乘法推导出二元线性回归方程的参数 $a, b_1, b_2$ 的值。根据最小二乘法，要使实际值与对应估计值之间的残差平方和 $\left(Q = \sum\limits_{i=1}^{n} e_i^2\right)$ 最小，参数 $a, b_1, b_2$ 应满足的条件是：

$$\begin{cases} \dfrac{\partial Q}{\partial a} = 2\sum\limits_{i=1}^{n}(y_i - a - b_1 x_{1i} - b_2 x_{2i}) = 0, \\ \dfrac{\partial Q}{\partial b_1} = 2\sum\limits_{i=1}^{n}(y_i - a - b_1 x_{1i} - b_2 x_{2i})(-x_{1i}) = 0, \\ \dfrac{\partial Q}{\partial b_2} = 2\sum\limits_{i=1}^{n}(y_i - a - b_1 x_{1i} - b_2 x_{2i})(-x_{2i}) = 0 \end{cases}$$

将上式进行整理，即可得到关于 $a, b_1, b_2$ 的正规方程组：

$$\begin{cases} \sum\limits_{i=1}^{n} y_i = na + b_1 \sum\limits_{i=1}^{n} x_{1i} + b_2 \sum\limits_{i=1}^{n} x_{2i}, \\ \sum\limits_{i=1}^{n} x_{1i} y_i = a \sum\limits_{i=1}^{n} x_{1i} + b_1 \sum\limits_{i=1}^{n} x_{1i}^2 + b_2 \sum\limits_{i=1}^{n} x_{1i} x_{2i}, \\ \sum\limits_{i=1}^{n} x_{2i} y_i = a \sum\limits_{i=1}^{n} x_{2i} + b_1 \sum\limits_{i=1}^{n} x_{1i} x_{2i} + b_2 \sum\limits_{i=1}^{n} x_{2i}^2 \end{cases}$$

**例 9-7** 某商品的需求量主要受商品价格及居民收入水平的影响,近十年该商品的需求量与商品价格及居民收入的有关资料如表 9-7 所示,试建立二元线性回归方程。

表 9-7 某商品需求量、价格及居民收入统计表

| 年份编号 | 需求量/kg | 价格/(元/kg) | 居民收入/万元 |
|---|---|---|---|
| 1 | 5 | 8 | 30 |
| 2 | 6 | 9 | 30 |
| 3 | 6.5 | 7 | 40 |
| 4 | 7 | 6 | 50 |
| 5 | 7.5 | 7 | 60 |
| 6 | 8 | 6 | 120 |
| 7 | 9 | 5 | 130 |
| 8 | 10 | 4 | 110 |
| 9 | 10 | 5 | 100 |
| 10 | 11 | 3 | 130 |

解:令 $y$ 表示需求量,$x_1$ 表示价格,$x_2$ 表示居民收入,则回归方程为:

$$\hat{y} = a + b_1 x_1 + b_2 x_2$$

回归方程的参数计算如下:

$$\bar{y} = \frac{80}{10} = 8, \bar{x}_1 = \frac{60}{10} = 6, \bar{x}_2 = \frac{800}{10} = 80$$

根据表 9-9 中的数据,由正规方程组得 $a, b_1, b_2$ 的线性方程组为:

$$\begin{cases} 80 = 10a + 60b_1 + 800b_2, \\ 450 = 60a + 390b_1 + 4\,210b_2, \\ 7\,050 = 800a + 4\,210b_1 + 79\,800b_2 \end{cases}$$

解此方程组,得:

$$a = 10.516, b_1 = -0.646, b_2 = 0.017$$

故二元线性回归方程为:

$$\hat{y} = 10.516 - 0.646x_1 + 0.017x_2$$

这一模型表明,当居民收入不变时,价格每上涨 1 元/kg,该商品的需求量将平均减少 0.646 kg;当商品价格不变时,居民收入每增加 1 万元,该商品的需求量将平均增加 0.017 kg。

表 9-8　某商品需求量关于价格、居民收入的回归计算表

| 年份编号 | 需求量 $y$ | 价格 $x_1$ | 居民收入 $x_2$ | $x_1 y$ | $x_2 y$ | $x_1 x_2$ | $x_1^2$ | $x_2^2$ |
| --- | --- | --- | --- | --- | --- | --- | --- | --- |
| 1 | 5 | 8 | 30 | 40 | 150 | 240 | 64 | 900 |
| 2 | 6 | 9 | 30 | 54 | 180 | 270 | 81 | 900 |
| 3 | 6.5 | 7 | 40 | 45.5 | 260 | 280 | 49 | 1 600 |
| 4 | 7 | 6 | 50 | 42 | 350 | 300 | 36 | 2 500 |
| 5 | 7.5 | 7 | 60 | 52.5 | 450 | 420 | 49 | 3 600 |
| 6 | 8 | 6 | 120 | 48 | 960 | 720 | 36 | 14 400 |
| 7 | 9 | 5 | 130 | 45 | 1 170 | 650 | 25 | 16 900 |
| 8 | 10 | 4 | 110 | 40 | 1 100 | 440 | 16 | 12 100 |
| 9 | 10 | 5 | 100 | 50 | 1 000 | 500 | 25 | 10 000 |
| 10 | 11 | 3 | 130 | 33 | 1 430 | 390 | 9 | 16 900 |
| 合计 | 80 | 60 | 800 | 450 | 7 050 | 4 210 | 390 | 79 800 |

2．二元回归模型的检验

（1）相关系数及显著性检验

复相关系数是反映一个因变量与其他多个自变量之间的线性相关程度的指标，用 $R$ 表示。其计算公式为：

$$R = \sqrt{\frac{\sum_{i=1}^{n}(\hat{y}_i - \overline{y})^2}{\sum_{i=1}^{n}(y_i - \overline{y})^2}} = \sqrt{1 - \frac{\sum_{i=1}^{n}(y_i - \hat{y}_i)^2}{\sum_{i=1}^{n}(y_i - \overline{y})^2}}$$

此公式只能在因变量的估计值求得以后才能运用。其简捷计算公式为：

$$R = \sqrt{1 - \frac{\sum_{i=1}^{n} y_i^2 - a\sum_{i=1}^{n} y_i - b_1\sum_{i=1}^{n} x_{1i} y_i - b_2\sum_{i=1}^{n} x_{2i} y_i}{\sum_{i=1}^{n} y_i^2 - n\overline{y}^2}}$$

**例 9-8**　根据例 9-7 中的资料计算复相关系数。

表 9-9　复相关系数计算表

| 年份编号 | 需求量 $y$ | $\hat{y}$ | $(y-\hat{y})^2$ | $(y-\overline{y})^2$ | $y^2$ |
| --- | --- | --- | --- | --- | --- |
| 1 | 5 | 5.9 | 0.81 | 9 | 25 |
| 2 | 6 | 5.2 | 0.64 | 4 | 36 |
| 3 | 6.5 | 6.7 | 0.04 | 2.25 | 42.25 |
| 4 | 7 | 7.5 | 0.25 | 1 | 49 |
| 5 | 7.5 | 7.0 | 0.25 | 0.25 | 56.25 |
| 6 | 8 | 8.7 | 0.49 | 0 | 64 |
| 7 | 9 | 9.5 | 0.25 | 1 | 81 |
| 8 | 10 | 9.8 | 0.04 | 4 | 100 |
| 9 | 10 | 9.0 | 1.00 | 4 | 100 |
| 10 | 11 | 10.8 | 0.04 | 9 | 121 |
| 合计 | 80 | 80.1 | 3.81 | 34.5 | 674.5 |

$$R = \sqrt{1 - \frac{3.81}{34.5}} \approx 0.943$$

若显著性水平 $\alpha = 0.05$ 时,自由度 $= 10 - 3 = 7$,查"相关系数表"得,$R_{0.05(10-3)} = 0.666$。由相关系数及其显著性水平检验数值可知,上述二元线性方程具有高度相关关系。

复相关系数的取值范围为 $0 \leq R \leq 1$。复相关系数为 1,则表明因变量与自变量之间存在严密的线性关系;复相关系数为 0,则表明因变量与自变量之间不存在任何线性相关关系。一般情况下,复相关系数的取值在 0 和 1 之间,表明变量之间存在一定程度的线性相关关系。

(2)估计标准误检验

二元线性回归分析中,估计标准误也是残差平方和的算术平均数的平方根。

其一般计算公式为:
$$S_y = \sqrt{\frac{\sum_{i=1}^{n}(y_i - \hat{y}_i)^2}{n - m}}$$

其简捷计算公式为:
$$S_y = \sqrt{\frac{\sum_{i=1}^{n} y_i^2 - a\sum_{i=1}^{n} y_i - b_1\sum_{i=1}^{n} x_{1i} y_i - b_2 \sum_{i=1}^{n} x_{2i} y_i}{n - m}}$$

用例中的数据计算估计标准误得:

$$S_y = \sqrt{\frac{674.5 - 10.516 \times 80 - (-0.646) \times 450 - 0.017 \times 7\,050}{10 - 3}} \approx 0.763$$

估计标准误为 0.763,说明建立的二元线性回归方程拟合度较好。

3. 利用已建立的二元回归模型进行预测

**例 9-9** 以例 9-7 建立的二元线性回归方程预测当商品价格为 8 元/kg、居民收入为 100 万元时某商品的需求量。

**解**:将 $x_1 = 8$,$x_2 = 100$ 代入二元线性回归方程:$\hat{y} = 10.516 - 0.646 x_1 + 0.017 x_2$ 得 $\hat{y} = 10.516 - 0.646 \times 8 + 0.017 \times 100 = 7.048$(kg)。若其置信度为 $95\%(z = 1.96)$,则其置信区间为 $(7.048 - 1.96 \times 0.763, 7.048 + 1.96 \times 0.763)$,即当价格为 8 元/kg、居民收入为 100 万元时,商品需求量预测值在 5.552~8.543 kg 之间。

## 二、运用回归分析应注意的问题

相关与回归分析是重要的统计分析方法,在统计学知识体系中占有重要的地位。它对于我们加深现象间相互依存关系的认识,促使这种认识由定性阶段进入定量阶段具有重要意义。但是,在运用回归分析的过程中还应注意以下几点:

1. **注意现象的复杂性**

在选择因变量的影响因素时要选择影响因变量的主要因素。一种现象产生的结果往往受多种因素的影响,在进行回归分析时,自变量越多,计算工作量越大,分析也越复杂,从而影响工作的效率。因此，应选择主要自变量进行分析研究。

2. 正确理解回归系数

回归系数的值不表示变量之间相关关系的密切程度，只是表示自变量与因变量变动的比率。

3. 注意回归方程有效性的检验

在进行相关与回归分析时所得出的相关系数、回归直线模型、估计标准误差等都是根据样本数据计算出来的，但所得出的结论却是针对总体的。因而，在进行回归分析时，应检验回归模型的有效性。

4. 充分发挥计算机的作用

当变量较多、数据较大时，利用手工计算方法进行定量分析，往往难度很大。计算机的应用与发展，为进行回归分析提供了便利。可以使用专门开发的统计回归分析软件建立回归模型、求解参数、测定相关系数、计算估计标准误差等。

# 实训一　Excel 在相关与回归分析中的应用

## 一、Excel 在一元线性回归中的应用

**例 9-10**　J&T 公司是一家家用产品制造商，该公司推出了一种家用清洁剂，这种清洁剂已经在全国很多地区销售，公司花费了大量广告费，见表 9-10，公司的销售经理 John 考虑将清洁剂引进到一个新地区，如果这个地区的广告活动费用是 200 万美元，John 想要了解广告支出与第一年的销售额之间的相关关系，并且预测清洁剂在该地区第一年的销售额。

表 9-10　广告支出与销售额统计表

| J&T 公司广告支出与销售额/百万美元 | | |
| --- | --- | --- |
| 地区编号 | 广告支出 | 第一年的销售额 |
| 1 | 1.8 | 104 |
| 2 | 1.2 | 68 |
| 3 | 0.4 | 39 |
| 4 | 0.5 | 43 |
| 5 | 2.5 | 134 |
| 6 | 2.5 | 127 |
| 7 | 1.5 | 87 |
| 8 | 1.2 | 77 |

续表 9-10

J&T公司广告支出与销售额/百万美元

| 地区编号 | 广告支出 | 第一年的销售额 |
|---|---|---|
| 9 | 1.6 | 102 |
| 10 | 1 | 65 |
| 11 | 1.5 | 101 |
| 12 | 0.7 | 46 |
| 13 | 1 | 52 |
| 14 | 0.8 | 33 |
| 15 | 2 | ? |

解：(1) 选择"数据"，点击"数据分析"，如图 9-3 所示。

图 9-3　选择"数据分析"

(2) 选择"回归"，点击确定，弹出分析工具对话框(图 9-4)。

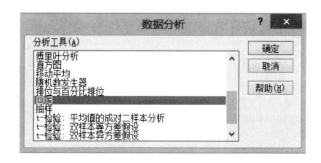

图 9-4　分析工具对话框

(3) 填写数据分析对话框,如图 9-5 所示。

| | A | B | C | D | E | F | G | H | I |
|---|---|---|---|---|---|---|---|---|---|
| 1 | J&T公司广告支出与销售额/百万美元 | | | | 回归 | | | ? | × |
| 2 | 地区编号 | 广告支出 | 第一年的销售额 | 输入 | | | | | |
| 3 | 1 | 1.8 | 104 | Y 值输入区域(Y): | | $C$2:$C$16 | | 确定 | |
| 4 | 2 | 1.2 | 68 | X 值输入区域(X): | | $B$2:$B$16 | | 取消 | |
| 5 | 3 | 0.4 | 39 | ☑ 标志(L) | □ 常数为零(Z) | | | 帮助(H) | |
| 6 | 4 | 0.5 | 43 | □ 置信度(F) | 95 % | | | | |
| 7 | 5 | 2.5 | 134 | | | | | | |
| 8 | 6 | 2.5 | 127 | 输出选项 | | | | | |
| 9 | 7 | 1.5 | 87 | ● 输出区域(O): | $E$1 | | | | |
| 10 | 8 | 1.2 | 77 | ○ 新工作表组(P): | | | | | |
| 11 | 9 | 1.6 | 102 | ○ 新工作薄(W) | | | | | |
| 12 | 10 | 1 | 65 | 残差 | | | | | |
| 13 | 11 | 1.5 | 101 | □ 残差(R) | □ 残差图(D) | | | | |
| 14 | 12 | 0.7 | 46 | □ 标准残差(T) | ☑ 线性拟合图(I) | | | | |
| 15 | 13 | 1 | 52 | 正态分布 | | | | | |
| 16 | 14 | 0.8 | 33 | □ 正态概率图(N) | | | | | |
| 17 | 15 | 2 | ? | | | | | | |

图 9-5　填写数据分析对话框

Y 值输出区域(Y)中:$C$2:$C$16。即因变量:以前 14 个地区的第一年销售额。

X 值输出区域(X)中:$B$2:$B$16。即自变量:以前 14 个地区的广告支出。

勾选"标志"。如需要将"广告支出"和"第一年的销售额"作为自变量和因变量的标志,则 X 值从$B$2开始,Y 值从$C$2开始,并勾选"标志"选项;如不需要将"广告支出"和"第一年的销售额"作为自变量和因变量的标志,则 X 值从$B$3 开始,Y 值从$C$3 开始,不用勾选"标志"选项。

选中输出区域,填写"$E$1"。即把输出结果从$E$1 开始显示。

勾选"线性拟合图",即在输出结果中附加输出一个二维相关关系图,结果如图 9-6 所示。

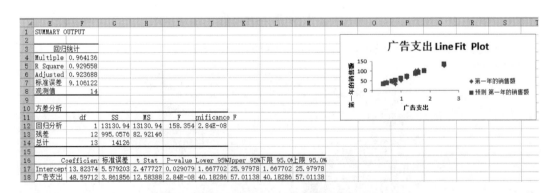

图 9-6　广告支出与第一年的销售额回归分析结果

从图 9-6 中我们可以看到，Multiple R=0.964 136，说明广告支出与第一年的销售额呈现出高度正线性相关关系。由 Coefficients Intercept=13.823 74，Coefficients 广告支出=48.597 12，推导出该回归方程为：$\hat{y}=13.82374+48.59712x$，最后由 Significance F=2.84E-08 可知，其 $F$ 值足够小，回归方程显著，故可由该方程预测。当广告支出为 2 百万美元时，销售收入为 111.017 98 百万美元。

## 二、Excel 在多元线性回归中的应用

**例 9-11** 李某是一名乡村副食品公司(CKC)的营销经理，他对预测公司的快餐食品"Nature-Bar"的未来销售额感兴趣，并按销售区域收集了上一年 CKC 公司的销售额、广告支出、快餐食品"Nature-Bar"的扩张支出以及主要竞争对手在这些区域的快餐食品销售额的数据(表 9-11)，李某想要建立一个未来销售额关于广告支出、扩张支出以及竞争对手的销售额的函数方程。

表 9-11 Nature-Bar 相关数据表

| 地区编号 | 销售额 $y$/万元 | 广告支出 $x_1$/万元 | 扩张支出 $x_2$/万元 | 竞争对手的销售额 $x_3$/万元 |
| --- | --- | --- | --- | --- |
| 1 | 101.8 | 1.3 | 0.2 | 20.4 |
| 2 | 44.4 | 0.7 | 0.2 | 30.5 |
| 3 | 108.3 | 1.4 | 0.3 | 24.6 |
| 4 | 85.1 | 0.5 | 0.4 | 19.6 |
| 5 | 77.1 | 0.5 | 0.6 | 25.5 |
| 6 | 158.7 | 1.9 | 0.4 | 21.7 |
| 7 | 180.4 | 1.2 | 1 | 6.8 |
| 8 | 64.2 | 0.4 | 0.4 | 12.6 |
| 9 | 74.6 | 0.6 | 0.5 | 31.3 |
| 10 | 143.4 | 1.3 | 0.6 | 18.6 |
| 11 | 120.6 | 1.6 | 0.8 | 19.9 |
| 12 | 69.7 | 1 | 0.3 | 25.6 |
| 13 | 67.8 | 0.8 | 0.2 | 27.4 |
| 14 | 106.7 | 0.6 | 0.3 | 24.3 |
| 15 | 119.6 | 1.1 | 0.3 | 13.7 |

解：(1) 选择"数据"，点击"数据分析"，如图 9-7 所示。

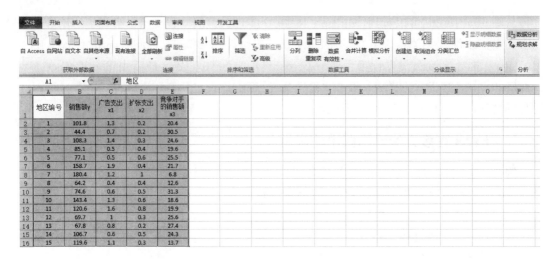

图 9-7 选择数据分析

(2) 选择"回归",点击确定,弹出数据分析对话框(图 9-8)。

图 9-8 数据分析对话框

(3) 填写数据分析对话框,如图 9-9 所示。

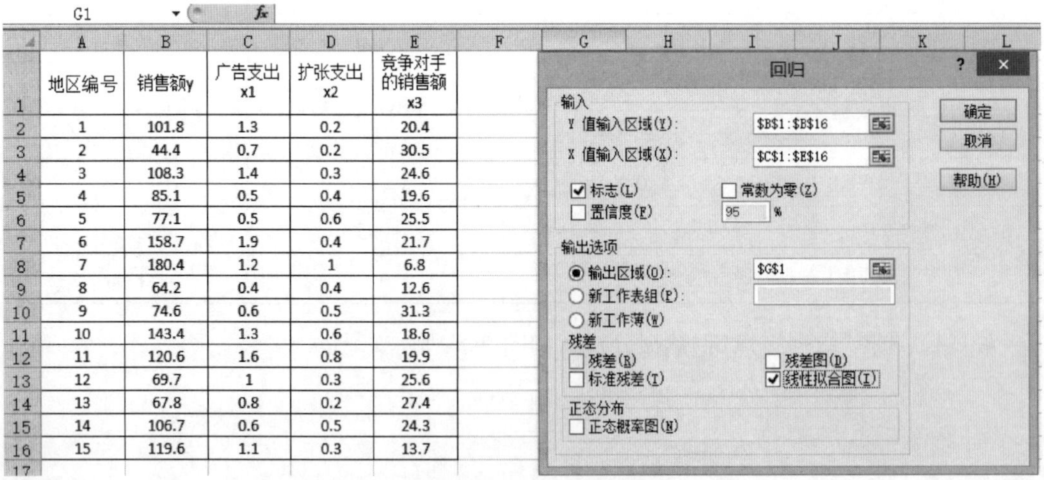

图 9-9 填写数据分析对话框

Y 值输出区域(Y)中：＄B＄1：＄B＄16。即因变量：以前 15 个地区的销售额。

Y 值输出区域(X)中：＄C＄1：＄E＄16。即自变量：以前 15 个地区的广告支出、扩张支出和竞争对手的销售额。

勾选"标志"。如需要将"广告支出、扩张支出和竞争对手的销售额"和"销售额"作为自变量和因变量的标志，则 X 值从＄C＄1 开始，Y 值从＄B＄1 开始，并勾选"标志"选项；如不需要将"广告支出、扩张支出和竞争对手的销售额"和"销售额"作为自变量和因变量的标志，则 X 值从＄C＄2 开始，Y 值从＄B＄2 开始，不用勾选"标志"选项。

选中输出区域，填写"＄G＄1"。即把输出结果从＄G＄1 开始显示。

勾选"线性拟合图"，即在输出结果中附加输出三张三个变量与因变量的相关关系图，结果如图 9-10～9-13 所示。

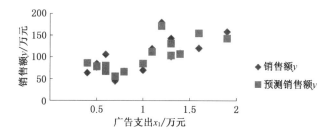

图 9-10　广告支出与销售额回归分析图

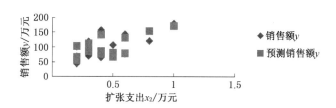

图 9-11　扩张支出与销售额回归分析图

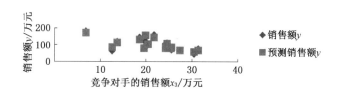

图 9-12　竞争对手的销售额与销售额回归分析图

```
SUMMARY OUTPUT

          回归统计
Multiple   0.912693
R Square   0.833008
Adjusted   0.787465
标准误差    17.60029
观测值         15

方差分析
            df        SS         MS         F      gnificance F
回归分析       3     16997.54   5665.846  18.29048    0.000139
残差          11     3407.473  309.7703
总计          14     20405.01

           Coefficien 标准误差    t Stat    P-value   Lower 95% Upper 95% 下限 95.0% 上限 95.0%
Intercept   65.70461   27.73107  2.36935   0.037195  4.668936  126.7403  4.668936  126.7403
广告支出x    48.97876   10.65787  4.59555   0.000771  25.52096  72.43657  25.52096  72.43657
扩张支出x    59.65426   23.6247   2.525081  0.028219  7.656657  111.6519  7.656657  111.6519
竞争对手的   -1.83763   0.813752 -2.25822   0.045233 -3.62869  -0.04658  -3.62869  -0.04658
```

图 9-13　三个变量与销售额回归分析结果

从图 9-13 中我们可以看到，Multiple R=0.912 693，说明广告支出、扩张支出和竞争对手的销售额与销售额呈现出高度密切的线性相关关系。由 Coefficients Intercept = 65.704 61，Coefficients 广告支出 = 48.978 76，Coefficients 扩张支出 = 59.654 26，Coefficients 竞争对手的销售额 = -1.837 63 推导出该回归方程为：$\hat{y}$ = 65.704 61 + 48.978 76$x_1$ + 59.654 26$x_2$ - 1.837 63$x_3$，最后由 Significance F=0.000 139 可知，其 F 值足够小，回归方程显著，故该方程为李某想要建立的未来销售额关于广告支出、扩张支出以及竞争对手的销售额的函数方程。

## 实训二　Python 在相关与回归分析中的应用

当涉及相关与回归分析时，一元一次模型是最简单和最常见的模型之一。下面是一个使用一元一次模型进行相关与回归分析的典型案例。

同学们可登录二手房交易平台，获取一组关于房屋尺寸和价格的数据，我们想要探索两者之间的关系并建立一个简单的线性回归模型。

```
import numpy as np
# 房屋尺寸(平方米)
x = np.array([x1, x2, x3, x4, x5…])
# 房屋价格(万元)
y = np.array([y1, y2, y3, y4, y5…])
```

接下来，我们可以使用 NumPy 库计算相关系数和建立线性回归模型。代码如下：

```
import numpy as np
```

```
#计算相关系数
correlation = np.corrcoef(x, y)[0, 1]
print('相关系数:', correlation)
#建立线性回归模型
coefficients = np.polyfit(x, y, 1)
slope = coefficients[0]
intercept = coefficients[1]
print('斜率:', slope)
print('截距:', intercept)
```

运行上述代码,我们可以得到相关系数、斜率和截距的值。相关系数描述了房屋尺寸和价格之间的线性关系强度,斜率表示单位尺寸增加对价格的影响,截距表示在尺寸为零时的价格。

最后,我们可以使用 matplotlib 库绘制原始数据和回归线。代码如下:

```
import matplotlib.pyplot as plt
#绘制原始数据散点图
plt.scatter(x, y, color='blue', label='Data')
#绘制回归线
regression_line = slope * x + intercept
plt.plot(x, regression_line, color='red', label='Regression Line')
#添加标题和标签
plt.title('House Size vs. Price')
plt.xlabel('Size (sq. meters)')
plt.ylabel('Price (10,000 CNY)')
#添加图例
plt.legend()
#显示图形
plt.show()
```

运行上述代码,我们将得到一个散点图,显示了原始数据点和通过回归模型拟合得到的回归线。

这是一个简单的一元一次模型在相关与回归分析中的应用案例。通过分析相关系数、斜率和截距,我们可以得出关于房屋尺寸和价格之间关系的一些结论,并通过绘制回归线来展示这种关系。请注意,这只是一个简单的示例,实际的数据分析和回归建模可能涉及更多的步骤和技术。

## ▶▶▶ 小 结

本章主要介绍了相关分析和回归分析的概念、内容和应用。在相关分析部分,我们了解了相关关系的概念和种类,包括涉及变量的多少、相关形式的不同、相关现象变化的方向以及相关程度。相关分析的任务包括揭示现象之间是否具有相关关系、测定现象相关关系的密切程度、构建现象相关关系数学模型以及测定因变量估计值的误差程度。

相关分析的判断可以通过定性分析、定量分析和相关图进行。相关关系的测定可以使用相关系数来衡量,其中介绍了简单相关系数的计算方法,包括积差法、简捷法和其他变形公式。

在回归分析部分,我们了解了回归分析的概念、特点和类型。一元线性回归分析是其中的一种,介绍了一元线性回归模型、模型的检验以及利用模型进行预测。此外,还介绍了多元线性回归分析中的二元线性回归分析。

最后,本章还介绍了 Excel 和 Python 在相关与回归分析中的应用实训,可以通过这些工具进行数据的分析和计算。

通过本章的学习,我们了解了相关与回归分析的基本概念、步骤和方法。相关分析帮助我们判断现象间的相关关系,而回归分析则可以建立数学模型并进行预测。掌握相关与回归分析的技巧和应用工具,有助于我们进行数据分析和预测,从而做出科学和准确的决策。

## 单元练习

**一、填空题**

1. 在相关关系中,按照相关因素的多少可分为(　　　)和(　　　)。
2. 完全相关关系即(　　　),其相关系数为(　　　)。
3. 相关分析的每一个变量都是随机变量,而回归分析所研究的两个变量,一个是(　　　),另一个是(　　　)。

**二、单项选择题**

1. 相关关系是指(　　)。
   A. 现象间客观存在的依存关系
   B. 现象间客观存在的,在数量上确定的依存关系
   C. 现象间客观存在的,在数量上不确定的依存关系
   D. 因果关系
2. 判断现象间有无相关关系,首先应(　　)
   A. 绘制相关表和相关图　　　　　　B. 计算相关系数
   C. 计算回归系数　　　　　　　　　D. 计算回归估计标准误差
3. 两个变量间的相关关系称为(　　)。
   A. 复相关　　　B. 单相关　　　C. 无相关　　　D. 不相关
4. 相关系数只能用于判断(　　)的密切程度。
   A. 直线相关　　B. 曲线相关　　C. 两者均可　　D. 两者均不可
5. 相关系数的取值范围是(　　)。

A. $-\infty < r < +\infty$   B. $-1 \leqslant r \leqslant 0$
C. $0 \leqslant r \leqslant 1$   D. $-1 \leqslant r \leqslant 1$

6. 在因变量的总离差中，若回归离差比重大，剩余离差比重小，则自变量和因变量（   ）。

A. 相关程度低   B. 相关程度高   C. 不相关   D. 无法判定

7. 计算回归估计标准误差的依据是（   ）。

A. 因变量的总离差   B. 因变量的回归离差
C. 因变量的剩余离差   D. 因变量与平均数的离差

8. 相关系数与回归系数的符号（   ）。

A. 相同   B. 相反   C. 视 $a$ 的符号而定   D. 不能确定

9. 不计算相关系数，是否也能判断两个变量间关系的密切程度？（   ）

A. 能   B. 不能
C. 有时能，有时不能   D. 根本不可能

10. 已知 $\sum_{i=1}^{n}(x_i-\bar{x})^2 = 2\sum_{i=1}^{n}(y_i-\bar{y})^2$，$x_i-\bar{x}=1.2(y_i-\bar{y})$，则相关系数为（   ）。

A. 0.5   B. 0.6   C. $1.2/\sqrt{2}$   D. $\sqrt{1.2}/\sqrt{2}$

三、多项选择题

1. 自变量 $X$ 按一定数量增加时，$Y$ 也随之增加，则两变量呈（   ）。

A. 正相关   B. 直线相关   C. 负相关   D. 零相关

2. 如果相关系数为 0，那么两变量（   ）。

A. 无直线相关   B. 呈负线性相关
C. 可能存在曲线相关   D. 无线性相关，也无非线性相关

3. 相关系数的大小（   ）。

A. 说明两个变量相关密切程度的高低   B. 和估计标准误差成反比
C. 和估计标准误差成正比   D. 和估计标准误差没有关系

4. 建立回归方程是为了（   ）。

A. 确定两个变量之间的数量关系   B. 用自变量推算因变量
C. 用于两个变量互相推算   D. 确定两个变量的相关程度

5. 相关关系的种类（   ）。

A. 按相关方向分为正相关和负相关
B. 按相关形式分为线性相关和非线性相关
C. 按因素多少分为完全相关、不相关
D. 按相关程度分为单相关和复相关

6. 直线相关分析的特点是（   ）。

A. 两个变量是对称的   B. 只能算出一个相关系数
C. 相关系数可正可负   D. 两个变量都是随机的

7. 回归估计标准误差是反映(　　　)。
   A. 因变量的估计值
   B. 自变量数列离散程度的指标
   C. 因变量数列离散程度的指标
   D. 回归方程代表性的指标
   E. 因变量估计可靠程度的指标

8. 成本关于产量的回归方程 $y=a+bx$ 中,(　　　)。
   A. $x$ 代表产量
   B. $y$ 代表产量
   C. $b$ 叫做回归系数
   D. $b$ 代表 $x$ 增加一个单位时,$y$ 平均增加 $b$ 个单位

9. 回归系数 $b$ 和相关系数 $r$ (　　　)。
   A. 两者符号相同
   B. 两者符号相反
   C. 前者的取值范围是 $(-\infty,+\infty)$,后者的取值范围是 $(-\infty,+\infty)$
   D. 前者的取值范围是 $(-\infty,+\infty)$;后者的取值范围是 $(-1,1)$

10. 回归系数 $b$ 和相关系数 $r$ (　　　)。
    A. 都能反映回归方程对现象之间关系的代表程度
    B. 相关系数的符号可反映变量间的相关方向
    C. 回归系数 $b$ 的符号也能反映变量间的相关方向
    D. 符号相同

### 四、问答题

1. 什么是相关关系?相关关系有哪些特点?
2. 简述相关关系的种类。
3. 相关分析的主要内容包括哪些?
4. 简述回归分析的概念与特点。

### 五、计算题

1. 某地 2009—2016 年的人均收入和耐用消费品销售额如下表所示:

| 年份 | 人均收入/万元 | 耐用消费品销售额/万元 |
| --- | --- | --- |
| 2009 | 3.0 | 80 |
| 2010 | 3.2 | 82 |
| 2011 | 3.4 | 85 |
| 2012 | 3.5 | 90 |
| 2013 | 3.8 | 100 |
| 2014 | 4.0 | 120 |
| 2015 | 4.5 | 140 |
| 2016 | 5.2 | 145 |

根据以上简单相关表的资料,绘制相关散点图,并判别相关关系的表现形式和方向。

2. 某种产品的产量与单位成本的资料如下:

| 序号 | 产量/件 | 单位成本/(元/件) |
|---|---|---|
| 1 | 2 | 73 |
| 2 | 3 | 72 |
| 3 | 4 | 71 |
| 4 | 3 | 73 |
| 5 | 4 | 69 |
| 6 | 5 | 68 |

(1) 计算相关系数 $r$,判断其相关方向和程度;(2) 建立直线回归方程。

3. 抽取由 10 名大学生组成的随机样本,研究他们在高中与大学的英语成绩,得出下表结果:

| 高中成绩 $x$/分 | 40 | 60 | 95 | 98 | 76 | 83 | 98 | 80 | 95 | 68 |
|---|---|---|---|---|---|---|---|---|---|---|
| 大学成绩 $y$/分 | 50 | 72 | 95 | 90 | 75 | 88 | 95 | 83 | 90 | 73 |

试用相关系数测定其相关程度。

4. 8 家企业的可比产品成本降低率(%)和销售利润(万元)的资料见下表:

| 企业编号 | 可比产品成本降低率 $x$/% | 销售利润 $y$/万元 |
|---|---|---|
| 1 | 2.1 | 4.1 |
| 2 | 2 | 4.5 |
| 3 | 3 | 8.1 |
| 4 | 3.2 | 10.5 |
| 5 | 4.5 | 25.4 |
| 6 | 4.3 | 25 |
| 7 | 5 | 35 |
| 8 | 3.9 | 23.4 |

计算:(1) 相关系数;(2) 直线回归方程;(3) 回归系数 $b$;(4) 估计标准误差;(5) 当可比产品成本降低率为 6% 时,估计销售利润。

5. 在相关与回归分析中,已知下列资料:$\sigma_x^2 = 16$,$\sigma_y^2 = 2.5$,$\sigma_{xy}^2 = -19$,$a = 30$,计算:(1) 相关系数 $r$,说明相关程度;(2) 求出直线回归方程。

6. 现有 10 家企业固定资产价值与总产值的资料,如下表所示,由表可计算:$n = 10$,$\sum_{i=1}^{n} x_i = 6\ 525$,$\sum_{i=1}^{n} y_i = 9\ 801$,$\sum_{i=1}^{n} x_i y_i = 7\ 659\ 156$,$\sum_{i=1}^{n} x_i^2 = 5\ 668\ 539$,$\sum_{i=1}^{n} y_i^2 = 10\ 866\ 577$。

| 企业编号 | 固定资产价值 | 总产值 |
| --- | --- | --- |
| 1 | 318 | 524 |
| 2 | 910 | 1 019 |
| 3 | 200 | 638 |
| 4 | 409 | 815 |
| 5 | 415 | 913 |
| 6 | 502 | 928 |
| 7 | 314 | 605 |
| 8 | 1 210 | 1 516 |
| 9 | 1 022 | 1 219 |
| 10 | 1 225 | 1 624 |
| 合计 | 6 525 | 9 801 |

计算：

(1) 固定资产价值与总产值的简单相关系数。

(2) 拟合总产值关于固定资产价值的回归直线。

(3) 解释 $b$ 的经济含义。

(4) 计算估计标准误差。

(5) 当固定资产价值为 1 300 万元时（$z=2$），在 95.45% 的概率保证程度下，对总产值做区间估计。

# 拓展材料

## 中国经济复苏的统计分析

2023 年上半年，中国国家统计局发布了经济数据，显示自 COVID-19 防控措施解除以来的六个月里，中国经济实现了强劲复苏。尽管 5 月和 6 月的增长有所放缓，但上半年的 GDP 增长率超过了年度目标，显示出稳定的后疫情复苏趋势。具体数据显示，上半年 GDP 达到 59.3 万亿元人民币（约 8.3 万亿美元），同比增长 5.5%；第二季度 GDP 达到 30.8 万亿元人民币（约 4.29 万亿美元），同比增长 6.8%。零售销售额达到 22.76 万亿元人民币（约 3.17 万亿美元），同比增长 8.2%。工业产出同比增长 3.8%，固定资产投资达到 24.3 万亿元人民币（约 3.38 万亿美元），同比增长 3.8%。此外，外贸总额达到 20.1 万亿元人民币（约 2.8 万亿美元），同比增长 2.1%。从行业细分来看，服务业相比于 2022 年经历了最快的复苏，其中，一级产业同比增长 3.7%，二级产业同比增长 4.3%，三级产业同比增长 6.4%。同时，2023 年上半年人均可支配收入为 19 672 元人民币（约 2 739.79 美元），同比名义增长 6.5%，经价格因素调整后实际增长为 5.8%。人均工资收入为 11 300 元人民币（约 1 573.79 美元），同比增长 6.8%，占可支配收入的 57.4%。

这些数据不仅显示了中国在经济复苏方面的显著成就，而且反映了国家在统计分析和经济政策制定方面的能力。通过对经济数据的深入分析和解读,可以更好地理解中国经济的增长动力、行业发展趋势以及民众生活水平的提升。这些成就不仅体现了中国统计学的实际应用价值,而且展示了中国在应对全球经济挑战和推动国内经济增长方面的努力。

(资料来源:China H1 2023 Economic Roundup:GDP Grows 5.5% on Steady Path to Recovery. Retrieved from https://www.china-briefing.com/news/china-h1-2023-economic-roundup-gdp-grows-5-5-on-steady-path-to-recovery/)

## 附表1 正态分布概率表

$$F(z) = P\{|x-\bar{x}|/\sigma < z\}$$

| $z$ | $F(z)$ | $z$ | $F(z)$ | $z$ | $F(z)$ | $z$ | $F(z)$ |
|---|---|---|---|---|---|---|---|
| 0.00 | 0.000 0 | 0.35 | 0.273 7 | 0.70 | 0.516 1 | 1.05 | 0.706 3 |
| 0.01 | 0.008 0 | 0.36 | 0.281 2 | 0.71 | 0.522 3 | 1.06 | 0.710 9 |
| 0.02 | 0.016 0 | 0.37 | 0.288 6 | 0.72 | 0.528 5 | 1.07 | 0.715 4 |
| 0.03 | 0.023 9 | 0.38 | 0.296 1 | 0.73 | 0.534 6 | 1.08 | 0.719 9 |
| 0.04 | 0.031 9 | 0.39 | 0.303 5 | 0.74 | 0.540 7 | 1.09 | 0.724 3 |
| 0.05 | 0.039 9 | 0.40 | 0.310 8 | 0.75 | 0.546 7 | 1.10 | 0.728 7 |
| 0.06 | 0.047 8 | 0.41 | 0.318 2 | 0.76 | 0.552 7 | 1.11 | 0.733 0 |
| 0.07 | 0.055 8 | 0.42 | 0.325 5 | 0.77 | 0.558 7 | 1.12 | 0.737 3 |
| 0.08 | 0.063 8 | 0.43 | 0.332 8 | 0.78 | 0.564 6 | 1.13 | 0.741 5 |
| 0.09 | 0.071 7 | 0.44 | 0.340 1 | 0.79 | 0.570 5 | 1.14 | 0.745 7 |
| 0.10 | 0.079 7 | 0.45 | 0.347 3 | 0.80 | 0.576 3 | 1.15 | 0.749 9 |
| 0.11 | 0.087 6 | 0.46 | 0.354 5 | 0.81 | 0.582 1 | 1.16 | 0.754 0 |
| 0.12 | 0.095 5 | 0.47 | 0.361 6 | 0.82 | 0.587 8 | 1.17 | 0.758 0 |
| 0.13 | 0.103 4 | 0.48 | 0.368 8 | 0.83 | 0.593 5 | 1.18 | 0.762 0 |
| 0.14 | 0.111 3 | 0.49 | 0.375 9 | 0.84 | 0.599 1 | 1.19 | 0.766 0 |
| 0.15 | 0.119 2 | 0.50 | 0.382 9 | 0.85 | 0.604 7 | 1.20 | 0.769 9 |
| 0.16 | 0.127 1 | 0.51 | 0.389 9 | 0.86 | 0.610 2 | 1.21 | 0.773 7 |
| 0.17 | 0.135 0 | 0.52 | 0.396 9 | 0.87 | 0.615 7 | 1.22 | 0.777 5 |
| 0.18 | 0.142 8 | 0.53 | 0.403 9 | 0.88 | 0.621 1 | 1.23 | 0.781 3 |
| 0.19 | 0.150 7 | 0.54 | 0.410 8 | 0.89 | 0.626 5 | 1.24 | 0.785 0 |
| 0.20 | 0.158 5 | 0.55 | 0.417 7 | 0.90 | 0.631 9 | 1.25 | 0.788 7 |
| 0.21 | 0.166 3 | 0.56 | 0.424 5 | 0.91 | 0.637 2 | 1.26 | 0.792 3 |
| 0.22 | 0.174 1 | 0.57 | 0.431 3 | 0.92 | 0.642 4 | 1.27 | 0.795 9 |
| 0.23 | 0.181 9 | 0.58 | 0.438 1 | 0.93 | 0.647 6 | 1.28 | 0.799 5 |
| 0.24 | 0.189 7 | 0.59 | 0.444 8 | 0.94 | 0.652 8 | 1.29 | 0.803 0 |
| 0.25 | 0.197 4 | 0.60 | 0.451 5 | 0.95 | 0.657 9 | 1.30 | 0.806 4 |
| 0.26 | 0.205 1 | 0.61 | 0.458 1 | 0.96 | 0.662 9 | 1.31 | 0.809 8 |
| 0.27 | 0.212 8 | 0.62 | 0.464 7 | 0.97 | 0.668 0 | 1.32 | 0.813 2 |
| 0.28 | 0.220 5 | 0.63 | 0.471 3 | 0.98 | 0.672 9 | 1.33 | 0.816 5 |
| 0.29 | 0.228 2 | 0.64 | 0.477 8 | 0.99 | 0.677 8 | 1.34 | 0.819 8 |
| 0.30 | 0.235 8 | 0.65 | 0.484 3 | 1.00 | 0.682 7 | 1.35 | 0.823 0 |
| 0.31 | 0.243 4 | 0.66 | 0.490 7 | 1.01 | 0.687 5 | 1.36 | 0.826 2 |
| 0.32 | 0.251 0 | 0.67 | 0.497 1 | 1.02 | 0.692 3 | 1.37 | 0.829 3 |
| 0.33 | 0.258 6 | 0.68 | 0.503 5 | 1.03 | 0.697 0 | 1.38 | 0.832 4 |
| 0.34 | 0.266 1 | 0.69 | 0.509 8 | 1.04 | 0.701 7 | 1.39 | 0.835 5 |

| $z$ | $F(z)$ | $z$ | $F(z)$ | $z$ | $F(z)$ | $z$ | $F(z)$ |
| --- | --- | --- | --- | --- | --- | --- | --- |
| 1.40 | 0.838 5 | 1.75 | 0.919 9 | 2.20 | 0.972 2 | 2.90 | 0.996 2 |
| 1.41 | 0.841 5 | 1.76 | 0.921 6 | 2.22 | 0.973 6 | 2.92 | 0.996 5 |
| 1.42 | 0.844 4 | 1.77 | 0.923 3 | 2.24 | 0.974 9 | 2.94 | 0.996 7 |
| 1.43 | 0.847 3 | 1.78 | 0.924 9 | 2.26 | 0.976 2 | 2.96 | 0.996 9 |
| 1.44 | 0.850 1 | 1.79 | 0.926 5 | 2.28 | 0.977 4 | 2.98 | 0.997 1 |
| 1.45 | 0.852 9 | 1.80 | 0.928 1 | 2.30 | 0.978 6 | 3.00 | 0.997 3 |
| 1.46 | 0.855 7 | 1.81 | 0.929 7 | 2.32 | 0.979 7 | 3.20 | 0.998 6 |
| 1.47 | 0.858 4 | 1.82 | 0.931 2 | 2.34 | 0.980 7 | 3.40 | 0.999 3 |
| 1.48 | 0.861 1 | 1.83 | 0.932 8 | 2.36 | 0.981 7 | 3.60 | 0.999 68 |
| 1.49 | 0.863 8 | 1.84 | 0.934 2 | 2.38 | 0.982 7 | 3.80 | 0.999 86 |
| 1.50 | 0.866 4 | 1.85 | 0.935 7 | 2.40 | 0.983 6 | 4.00 | 0.999 94 |
| 1.51 | 0.869 0 | 1.86 | 0.937 1 | 2.42 | 0.984 5 | 4.50 | 0.999 994 |
| 1.52 | 0.871 5 | 1.87 | 0.938 5 | 2.44 | 0.985 3 | 5.00 | 0.999 999 |
| 1.53 | 0.874 0 | 1.88 | 0.939 9 | 2.46 | 0.986 1 | | |
| 1.54 | 0.876 4 | 1.89 | 0.941 2 | 2.48 | 0.986 9 | | |
| 1.55 | 0.878 9 | 1.90 | 0.942 6 | 2.50 | 0.987 6 | | |
| 1.56 | 0.881 2 | 1.91 | 0.943 9 | 2.52 | 0.988 3 | | |
| 1.57 | 0.883 6 | 1.92 | 0.945 1 | 2.54 | 0.988 9 | | |
| 1.58 | 0.885 9 | 1.93 | 0.946 4 | 2.56 | 0.989 5 | | |
| 1.59 | 0.888 2 | 1.94 | 0.947 6 | 2.58 | 0.990 1 | | |
| 1.60 | 0.890 4 | 1.95 | 0.948 8 | 2.60 | 0.990 7 | | |
| 1.61 | 0.892 6 | 1.96 | 0.950 0 | 2.62 | 0.991 2 | | |
| 1.62 | 0.894 8 | 1.97 | 0.951 2 | 2.64 | 0.991 7 | | |
| 1.63 | 0.896 9 | 1.98 | 0.952 3 | 2.66 | 0.992 2 | | |
| 1.64 | 0.899 0 | 1.99 | 0.953 4 | 2.68 | 0.992 6 | | |
| 1.65 | 0.901 1 | 2.00 | 0.954 5 | 2.70 | 0.993 1 | | |
| 1.66 | 0.903 1 | 2.02 | 0.956 6 | 2.72 | 0.993 5 | | |
| 1.67 | 0.905 1 | 2.04 | 0.958 7 | 2.74 | 0.993 9 | | |
| 1.68 | 0.907 0 | 2.06 | 0.960 6 | 2.76 | 0.994 2 | | |
| 1.69 | 0.909 0 | 2.08 | 0.962 5 | 2.78 | 0.994 6 | | |
| 1.70 | 0.910 9 | 2.10 | 0.964 3 | 2.80 | 0.994 9 | | |
| 1.71 | 0.912 7 | 2.12 | 0.966 0 | 2.82 | 0.995 2 | | |
| 1.72 | 0.914 6 | 2.14 | 0.967 6 | 2.84 | 0.995 5 | | |
| 1.73 | 0.916 4 | 2.16 | 0.969 2 | 2.86 | 0.995 8 | | |
| 1.74 | 0.918 1 | 2.18 | 0.970 7 | 2.88 | 0.996 0 | | |

## 附表2  t 分布临界值表

$$P\{|t(\nu)| > t_\alpha(\nu)\} = \alpha$$

| 单侧<br>双侧 | $\alpha = 0.10$<br>$\alpha = 0.20$ | 0.05<br>0.10 | 0.025<br>0.05 | 0.01<br>0.02 | 0.005<br>0.01 |
|---|---|---|---|---|---|
| $\nu = 1$ | 3.078 | 6.314 | 12.706 | 31.821 | 63.657 |
| 2 | 1.886 | 2.920 | 4.303 | 6.965 | 9.925 |
| 3 | 1.638 | 2.353 | 3.182 | 4.541 | 5.841 |
| 4 | 1.533 | 2.132 | 2.776 | 3.747 | 4.604 |
| 5 | 1.476 | 2.015 | 2.571 | 3.365 | 4.032 |
| 6 | 1.440 | 1.943 | 2.447 | 3.143 | 3.707 |
| 7 | 1.415 | 1.895 | 2.365 | 2.998 | 3.499 |
| 8 | 1.397 | 1.860 | 2.306 | 2.896 | 2.355 |
| 9 | 1.383 | 1.833 | 2.262 | 2.821 | 3.250 |
| 10 | 1.372 | 1.812 | 2.228 | 2.764 | 3.169 |
| 11 | 1.363 | 1.796 | 2.201 | 2.718 | 3.106 |
| 12 | 1.356 | 1.782 | 2.179 | 2.681 | 3.055 |
| 13 | 1.350 | 1.771 | 2.160 | 2.650 | 3.012 |
| 14 | 1.345 | 1.761 | 2.145 | 2.624 | 2.977 |
| 15 | 1.341 | 1.753 | 2.131 | 2.602 | 2.947 |
| 16 | 1.337 | 1.746 | 2.120 | 2.583 | 2.921 |
| 17 | 1.333 | 1.740 | 2.110 | 2.567 | 2.898 |
| 18 | 1.330 | 1.734 | 2.101 | 2.552 | 2.878 |
| 19 | 1.328 | 1.729 | 2.093 | 2.539 | 2.861 |
| 20 | 1.325 | 1.725 | 2.086 | 2.528 | 2.845 |
| 21 | 1.323 | 1.721 | 2.080 | 2.518 | 2.831 |
| 22 | 1.321 | 1.717 | 2.074 | 2.508 | 2.819 |
| 23 | 1.319 | 1.714 | 2.069 | 2.500 | 2.807 |
| 24 | 1.318 | 1.711 | 2.064 | 2.492 | 2.797 |
| 25 | 1.316 | 1.708 | 2.060 | 2.485 | 2.787 |
| 26 | 1.315 | 1.706 | 2.056 | 2.479 | 2.779 |
| 27 | 1.314 | 1.703 | 2.052 | 2.473 | 2.771 |
| 28 | 1.313 | 1.701 | 2.048 | 2.467 | 2.763 |
| 29 | 1.311 | 1.699 | 2.045 | 2.462 | 2.756 |
| 30 | 1.310 | 1.697 | 2.042 | 2.457 | 2.750 |
| 40 | 1.303 | 1.684 | 2.021 | 2.423 | 2.704 |
| 50 | 1.299 | 1.676 | 2.009 | 2.403 | 2.678 |
| 60 | 1.296 | 1.671 | 2.000 | 2.390 | 2.660 |
| 70 | 1.294 | 1.667 | 1.994 | 2.381 | 2.648 |
| 80 | 1.292 | 1.664 | 1.990 | 2.374 | 2.639 |
| 90 | 1.291 | 1.662 | 1.987 | 2.368 | 2.632 |
| 100 | 1.290 | 1.660 | 1.984 | 2.364 | 2.626 |
| $\infty$ | 1.282 | 1.645 | 1.960 | 2.326 | 2.576 |

# 附表3 $\chi^2$ 分布临界值表

$$P\{\chi^2(\nu) > \chi^2_\alpha(\nu)\} = \alpha$$

| $\nu$ | 0.99 | 0.98 | 0.95 | 0.90 | 0.80 | 0.70 | 0.50 | 0.30 | 0.20 | 0.10 | 0.05 | 0.02 | 0.01 |
|---|---|---|---|---|---|---|---|---|---|---|---|---|---|
| 1  | 0.000 2 | 0.000 6 | 0.003 9 | 0.015 8 | 0.064 2 | 0.148 | 0.455 | 1.074 | 1.642 | 2.706 | 3.841 | 5.412 | 6.635 |
| 2  | 0.020 1 | 0.040 4 | 0.103   | 0.211   | 0.446   | 0.713 | 1.386 | 2.403 | 3.219 | 4.605 | 5.991 | 7.824 | 9.210 |
| 3  | 0.115   | 0.185   | 0.352   | 0.584   | 1.005   | 1.424 | 2.366 | 3.665 | 4.642 | 6.251 | 7.815 | 9.837 | 11.341 |
| 4  | 0.297   | 0.429   | 0.711   | 1.064   | 1.649   | 2.195 | 3.357 | 4.878 | 5.989 | 7.779 | 9.488 | 11.668 | 13.277 |
| 5  | 0.554   | 0.752   | 1.145   | 1.610   | 2.343   | 3.000 | 4.351 | 6.064 | 7.289 | 9.236 | 11.070 | 13.388 | 15.068 |
| 6  | 0.872   | 1.134   | 1.635   | 2.204   | 3.070   | 3.828 | 5.348 | 7.231 | 8.558 | 10.645 | 12.592 | 15.033 | 16.812 |
| 7  | 1.239   | 1.564   | 2.167   | 2.833   | 3.822   | 4.671 | 6.346 | 8.383 | 9.803 | 12.017 | 14.067 | 16.622 | 18.475 |
| 8  | 1.646   | 2.032   | 2.733   | 3.490   | 4.594   | 5.527 | 7.344 | 9.524 | 11.030 | 13.362 | 15.507 | 18.168 | 20.090 |
| 9  | 2.088   | 2.532   | 3.325   | 4.168   | 5.380   | 6.393 | 8.343 | 10.656 | 12.242 | 14.684 | 16.919 | 19.679 | 21.666 |
| 10 | 2.558   | 3.059   | 3.940   | 4.865   | 6.179   | 7.267 | 9.342 | 11.781 | 13.442 | 15.987 | 18.307 | 21.161 | 23.209 |
| 11 | 3.053   | 3.609   | 4.575   | 5.578   | 6.989   | 8.148 | 10.341 | 12.899 | 14.631 | 17.275 | 19.675 | 22.618 | 24.725 |
| 12 | 3.571   | 4.178   | 5.226   | 6.304   | 7.807   | 9.304 | 11.340 | 14.011 | 15.812 | 18.549 | 21.026 | 24.054 | 26.217 |
| 13 | 4.107   | 4.765   | 5.892   | 7.042   | 8.634   | 9.926 | 12.340 | 15.119 | 16.985 | 19.812 | 22.362 | 25.472 | 27.688 |
| 14 | 4.660   | 5.368   | 6.571   | 7.790   | 9.467   | 10.821 | 13.339 | 16.222 | 18.151 | 21.064 | 23.685 | 26.873 | 29.141 |
| 15 | 5.229   | 5.985   | 7.261   | 8.547   | 10.307  | 11.721 | 14.339 | 17.322 | 19.311 | 22.307 | 24.996 | 28.259 | 30.578 |
| 16 | 5.812   | 6.614   | 7.962   | 9.312   | 11.152  | 12.624 | 15.338 | 18.413 | 20.465 | 23.542 | 26.296 | 29.633 | 32.000 |
| 17 | 6.408   | 7.255   | 8.672   | 10.035  | 12.002  | 13.531 | 16.338 | 19.511 | 21.615 | 24.769 | 27.587 | 30.995 | 33.409 |
| 18 | 7.015   | 7.906   | 9.390   | 10.865  | 12.857  | 14.440 | 17.338 | 20.601 | 22.760 | 25.989 | 28.869 | 32.346 | 34.805 |
| 19 | 7.633   | 8.567   | 10.117  | 11.651  | 13.716  | 15.352 | 18.338 | 21.689 | 23.900 | 27.204 | 30.144 | 33.687 | 36.191 |
| 20 | 8.260   | 9.237   | 10.851  | 12.443  | 14.578  | 16.266 | 19.337 | 22.775 | 25.038 | 28.412 | 31.410 | 35.020 | 37.566 |
| 21 | 8.897   | 9.915   | 11.591  | 13.240  | 15.445  | 17.182 | 20.337 | 23.858 | 26.171 | 29.615 | 32.671 | 36.343 | 38.932 |
| 22 | 9.542   | 10.600  | 12.338  | 14.041  | 16.314  | 18.101 | 21.337 | 24.939 | 27.301 | 30.813 | 33.924 | 37.659 | 40.289 |
| 23 | 10.196  | 11.293  | 13.091  | 14.848  | 17.187  | 19.021 | 22.337 | 26.018 | 28.429 | 32.007 | 35.172 | 37.968 | 41.638 |
| 24 | 10.856  | 11.992  | 13.848  | 15.659  | 18.062  | 19.943 | 23.337 | 27.096 | 29.553 | 33.196 | 36.415 | 40.270 | 42.980 |
| 25 | 11.524  | 12.697  | 14.611  | 16.473  | 18.940  | 20.867 | 24.337 | 28.172 | 30.675 | 34.382 | 37.652 | 41.566 | 44.314 |
| 26 | 12.198  | 13.409  | 15.379  | 17.292  | 19.820  | 21.792 | 25.336 | 29.246 | 31.795 | 35.563 | 38.885 | 42.856 | 45.642 |
| 27 | 12.897  | 14.125  | 16.151  | 18.114  | 20.703  | 22.719 | 26.336 | 30.319 | 32.912 | 36.741 | 40.113 | 44.140 | 46.963 |
| 28 | 13.565  | 14.847  | 16.928  | 18.930  | 21.588  | 23.647 | 27.336 | 31.391 | 34.027 | 37.916 | 41.337 | 45.419 | 48.278 |
| 29 | 14.256  | 15.574  | 17.708  | 19.768  | 22.475  | 24.577 | 28.336 | 32.461 | 35.139 | 39.087 | 42.557 | 46.693 | 49.588 |
| 30 | 14.593  | 16.306  | 18.493  | 20.599  | 23.364  | 25.508 | 29.336 | 33.530 | 36.250 | 40.256 | 43.773 | 47.962 | 50.892 |

显著性水平($\alpha$)

## 附表4  F分布临界值表

$$P\{F(\nu_1,\nu_2) > F_\alpha(\nu_1,\nu_2)\} = \alpha\,(\alpha = 0.05)$$

| $\nu_2$ \ $\nu_1$ | 1 | 2 | 3 | 4 | 5 | 6 | 8 | 10 | 15 |
|---|---|---|---|---|---|---|---|---|---|
| 1 | 161.4 | 199.5 | 215.7 | 224.6 | 230.2 | 234.0 | 238.9 | 241.9 | 245.9 |
| 2 | 18.51 | 19.00 | 19.16 | 19.25 | 19.30 | 19.33 | 19.37 | 19.40 | 19.43 |
| 3 | 10.13 | 9.55 | 9.28 | 9.12 | 9.01 | 8.94 | 8.85 | 8.79 | 8.70 |
| 4 | 7.71 | 6.94 | 6.59 | 6.39 | 6.26 | 6.16 | 6.04 | 5.96 | 5.86 |
| 5 | 6.61 | 5.79 | 5.41 | 5.19 | 5.05 | 4.95 | 4.82 | 4.74 | 4.62 |
| 6 | 5.99 | 5.14 | 4.76 | 4.53 | 4.39 | 4.28 | 4.15 | 4.06 | 3.94 |
| 7 | 5.59 | 4.74 | 4.35 | 4.12 | 3.97 | 3.87 | 3.73 | 3.64 | 3.51 |
| 8 | 5.32 | 4.46 | 4.07 | 3.84 | 3.69 | 3.58 | 3.44 | 3.35 | 3.22 |
| 9 | 5.12 | 4.26 | 3.86 | 3.63 | 3.48 | 3.37 | 3.23 | 3.14 | 3.01 |
| 10 | 4.96 | 4.10 | 3.71 | 3.48 | 3.33 | 3.22 | 3.07 | 2.98 | 2.85 |
| 11 | 4.84 | 3.98 | 3.59 | 3.36 | 3.20 | 3.09 | 2.95 | 2.85 | 2.72 |
| 12 | 4.75 | 3.89 | 3.49 | 3.26 | 3.11 | 3.00 | 2.85 | 2.75 | 2.62 |
| 13 | 4.67 | 3.81 | 3.41 | 3.18 | 3.03 | 2.92 | 2.77 | 2.67 | 2.53 |
| 14 | 4.60 | 3.74 | 3.34 | 3.11 | 2.96 | 2.85 | 2.70 | 2.60 | 2.46 |
| 15 | 4.54 | 3.68 | 3.29 | 3.06 | 2.90 | 2.79 | 2.64 | 2.54 | 2.40 |
| 16 | 4.49 | 3.63 | 3.24 | 3.01 | 2.85 | 2.74 | 2.59 | 2.49 | 2.35 |
| 17 | 4.45 | 3.59 | 3.20 | 2.96 | 2.81 | 2.70 | 2.55 | 2.45 | 2.31 |
| 18 | 4.41 | 3.55 | 3.16 | 2.93 | 2.77 | 2.66 | 2.51 | 2.41 | 2.27 |
| 19 | 4.38 | 3.52 | 3.13 | 2.90 | 2.74 | 2.63 | 2.48 | 2.38 | 2.23 |
| 20 | 4.35 | 3.49 | 3.10 | 2.87 | 2.71 | 2.60 | 2.45 | 2.35 | 2.20 |
| 21 | 4.32 | 3.47 | 3.07 | 2.84 | 2.68 | 2.57 | 2.42 | 2.32 | 2.18 |
| 22 | 4.30 | 3.44 | 3.05 | 2.82 | 2.66 | 2.55 | 2.40 | 2.30 | 2.15 |
| 23 | 4.28 | 3.42 | 3.03 | 2.80 | 2.64 | 2.53 | 2.37 | 2.27 | 2.13 |
| 24 | 4.26 | 3.40 | 3.01 | 2.78 | 2.62 | 2.51 | 2.36 | 2.25 | 2.11 |
| 25 | 4.24 | 3.39 | 2.99 | 2.76 | 2.60 | 2.49 | 2.34 | 2.24 | 2.09 |
| 26 | 4.23 | 3.37 | 2.98 | 2.74 | 2.59 | 2.47 | 2.32 | 2.22 | 2.07 |
| 27 | 4.21 | 3.35 | 2.96 | 2.73 | 2.57 | 2.46 | 2.31 | 2.20 | 2.06 |
| 28 | 4.20 | 3.34 | 2.95 | 2.71 | 2.56 | 2.45 | 2.29 | 2.19 | 2.04 |
| 29 | 4.18 | 3.33 | 2.93 | 2.70 | 2.55 | 2.43 | 2.28 | 2.18 | 2.03 |
| 30 | 4.17 | 3.32 | 2.92 | 2.69 | 2.53 | 2.42 | 2.27 | 2.16 | 2.01 |
| 40 | 4.08 | 3.23 | 2.84 | 2.61 | 2.45 | 2.34 | 2.18 | 2.08 | 1.92 |
| 50 | 4.03 | 3.18 | 2.79 | 2.56 | 2.40 | 2.29 | 2.13 | 2.03 | 1.87 |
| 60 | 4.00 | 3.15 | 2.76 | 2.53 | 2.37 | 2.25 | 2.10 | 1.99 | 1.84 |
| 70 | 3.98 | 3.13 | 2.74 | 2.50 | 2.35 | 2.23 | 2.07 | 1.97 | 1.81 |
| 80 | 3.96 | 3.11 | 2.72 | 2.49 | 2.33 | 2.21 | 2.06 | 1.95 | 1.79 |
| 90 | 3.95 | 3.10 | 2.71 | 2.47 | 2.32 | 2.20 | 2.04 | 1.94 | 1.78 |
| 100 | 3.94 | 3.09 | 2.70 | 2.46 | 2.31 | 2.19 | 2.03 | 1.93 | 1.77 |
| 125 | 3.92 | 3.07 | 2.68 | 2.44 | 2.29 | 2.17 | 2.01 | 1.91 | 1.75 |
| 150 | 3.90 | 3.06 | 2.66 | 2.43 | 2.27 | 2.16 | 2.00 | 1.89 | 1.73 |
| 200 | 3.89 | 3.04 | 2.65 | 2.42 | 2.26 | 2.14 | 1.98 | 1.88 | 1.72 |
| ∞ | 3.84 | 3.00 | 2.60 | 2.37 | 2.21 | 2.10 | 1.94 | 1.83 | 1.67 |

附表4 F分布临界值表

($\alpha = 0.01$)

| $\nu_2$ \ $\nu_1$ | 1 | 2 | 3 | 4 | 5 | 6 | 8 | 10 | 15 |
|---|---|---|---|---|---|---|---|---|---|
| 1 | 4 052 | 4 999 | 5 403 | 5 625 | 5 764 | 5 859 | 5 981 | 6 065 | 6 157 |
| 2 | 98.50 | 99.00 | 99.17 | 99.25 | 99.30 | 99.33 | 99.37 | 99.40 | 99.43 |
| 3 | 34.12 | 30.82 | 29.46 | 28.71 | 28.24 | 27.91 | 27.49 | 27.23 | 26.87 |
| 4 | 21.20 | 18.00 | 16.69 | 15.98 | 15.52 | 15.21 | 14.80 | 14.55 | 14.20 |
| 5 | 16.26 | 13.27 | 12.06 | 11.39 | 10.97 | 10.67 | 10.29 | 10.05 | 9.72 |
| 6 | 13.75 | 10.92 | 9.78 | 9.15 | 8.75 | 8.47 | 8.10 | 7.87 | 7.56 |
| 7 | 12.25 | 9.55 | 8.45 | 7.85 | 7.46 | 7.19 | 6.84 | 6.62 | 6.31 |
| 8 | 11.26 | 8.65 | 7.59 | 7.01 | 6.63 | 6.37 | 6.03 | 5.81 | 5.52 |
| 9 | 10.56 | 8.02 | 6.99 | 6.42 | 6.06 | 5.80 | 5.47 | 5.26 | 4.96 |
| 10 | 10.04 | 7.56 | 6.55 | 5.99 | 5.64 | 5.39 | 5.06 | 4.85 | 4.56 |
| 11 | 9.65 | 7.21 | 6.22 | 5.67 | 5.32 | 5.07 | 4.74 | 4.54 | 4.25 |
| 12 | 9.33 | 6.93 | 5.95 | 5.41 | 5.06 | 4.82 | 4.50 | 4.30 | 4.01 |
| 13 | 9.07 | 6.70 | 5.74 | 5.21 | 4.86 | 4.62 | 4.30 | 4.10 | 3.82 |
| 14 | 8.86 | 6.51 | 5.56 | 5.04 | 4.69 | 4.46 | 4.14 | 3.94 | 3.66 |
| 15 | 8.86 | 6.36 | 5.42 | 4.89 | 4.56 | 4.32 | 4.00 | 3.80 | 3.52 |
| 16 | 8.53 | 6.23 | 5.29 | 4.77 | 4.44 | 4.20 | 3.89 | 3.69 | 3.41 |
| 17 | 8.40 | 6.11 | 5.19 | 4.67 | 4.34 | 4.10 | 3.79 | 3.59 | 3.31 |
| 18 | 8.29 | 6.01 | 5.09 | 4.58 | 4.25 | 4.01 | 3.71 | 3.51 | 3.23 |
| 19 | 8.18 | 5.93 | 5.01 | 4.50 | 4.17 | 3.94 | 3.63 | 3.43 | 3.15 |
| 20 | 8.10 | 5.85 | 4.94 | 4.43 | 4.10 | 3.87 | 3.56 | 3.37 | 3.09 |
| 21 | 8.02 | 5.78 | 4.87 | 4.37 | 4.04 | 3.81 | 3.51 | 3.31 | 3.03 |
| 22 | 7.95 | 5.72 | 4.82 | 4.31 | 3.99 | 3.76 | 3.45 | 3.26 | 2.98 |
| 23 | 7.88 | 5.66 | 4.76 | 4.26 | 3.94 | 3.71 | 3.41 | 3.21 | 2.93 |
| 24 | 7.82 | 5.61 | 4.72 | 4.22 | 3.90 | 3.67 | 3.36 | 3.17 | 2.89 |
| 25 | 7.77 | 5.57 | 4.68 | 4.18 | 3.85 | 3.63 | 3.32 | 3.13 | 2.85 |
| 26 | 7.72 | 5.53 | 4.64 | 1.14 | 3.82 | 3.59 | 3.29 | 3.09 | 2.81 |
| 27 | 7.68 | 5.49 | 4.60 | 4.11 | 3.78 | 3.56 | 3.26 | 3.06 | 2.78 |
| 28 | 7.64 | 5.45 | 4.57 | 4.07 | 3.75 | 3.53 | 3.23 | 3.03 | 2.75 |
| 29 | 7.60 | 5.42 | 4.54 | 4.04 | 3.73 | 3.50 | 3.20 | 3.00 | 2.73 |
| 30 | 7.56 | 5.39 | 4.51 | 4.02 | 3.70 | 3.47 | 3.17 | 2.98 | 2.70 |
| 40 | 7.31 | 5.18 | 4.31 | 3.83 | 3.51 | 3.29 | 2.99 | 2.80 | 2.52 |
| 50 | 7.17 | 5.06 | 4.20 | 3.72 | 3.41 | 3.19 | 2.89 | 2.70 | 2.42 |
| 60 | 7.08 | 4.98 | 4.13 | 3.65 | 3.34 | 3.12 | 2.82 | 2.63 | 2.35 |
| 70 | 7.01 | 4.92 | 4.07 | 3.60 | 3.29 | 3.07 | 2.78 | 2.59 | 2.31 |
| 80 | 6.96 | 4.88 | 4.04 | 3.56 | 3.26 | 3.04 | 2.74 | 2.55 | 2.27 |
| 90 | 6.93 | 4.85 | 4.01 | 3.53 | 3.23 | 3.01 | 2.72 | 2.52 | 2.42 |
| 100 | 6.90 | 4.82 | 3.98 | 3.51 | 3.21 | 2.99 | 2.69 | 2.50 | 2.22 |
| 125 | 6.84 | 4.78 | 3.94 | 3.47 | 3.17 | 2.95 | 2.66 | 2.47 | 2.19 |
| 150 | 6.81 | 4.75 | 3.91 | 3.45 | 3.14 | 2.92 | 2.63 | 2.44 | 2.16 |
| 200 | 6.76 | 4.71 | 3.88 | 3.41 | 3.11 | 2.89 | 2.60 | 2.41 | 2.13 |
| ∞ | 6.63 | 4.61 | 3.78 | 3.32 | 3.02 | 2.80 | 2.51 | 2.23 | 2.04 |

## 附表5　累计法平均增长速度查对表

递增速度　　　　　　　　　　　　　　　　　　　　　　　　　　　　　间隔期：1~5年

| 平均每年增长/% | 各年发展水平总和为基期的% | | | | |
|---|---|---|---|---|---|
| | 1年 | 2年 | 3年 | 4年 | 5年 |
| 0.1 | 100.10 | 200.30 | 300.60 | 401.00 | 501.50 |
| 0.2 | 100.20 | 200.60 | 301.20 | 402.00 | 503.00 |
| 0.3 | 100.30 | 200.90 | 301.80 | 403.00 | 504.50 |
| 0.4 | 100.40 | 201.20 | 302.40 | 404.00 | 506.01 |
| 0.5 | 100.50 | 201.50 | 303.01 | 405.03 | 507.56 |
| 0.6 | 100.60 | 201.80 | 303.61 | 406.03 | 509.06 |
| 0.7 | 100.70 | 202.10 | 304.21 | 407.03 | 510.57 |
| 0.8 | 100.80 | 202.41 | 304.83 | 408.07 | 512.14 |
| 0.9 | 100.90 | 202.71 | 305.44 | 409.09 | 513.67 |
| 1.0 | 101.00 | 203.01 | 306.04 | 410.10 | 515.20 |
| 1.1 | 101.10 | 203.31 | 306.64 | 411.11 | 516.73 |
| 1.2 | 101.20 | 203.61 | 307.25 | 412.13 | 518.27 |
| 1.3 | 101.30 | 203.92 | 307.87 | 413.17 | 519.84 |
| 1.4 | 101.40 | 204.22 | 308.48 | 414.20 | 521.40 |
| 1.5 | 101.50 | 204.52 | 309.09 | 415.23 | 522.96 |
| 1.6 | 101.60 | 204.83 | 309.71 | 416.27 | 524.53 |
| 1.7 | 101.70 | 205.13 | 310.32 | 417.30 | 526.10 |
| 1.8 | 101.80 | 205.43 | 310.93 | 418.33 | 527.66 |
| 1.9 | 101.90 | 205.74 | 311.55 | 419.37 | 529.24 |
| 2.0 | 102.00 | 206.04 | 312.16 | 420.40 | 530.80 |
| 2.1 | 102.10 | 206.34 | 312.77 | 421.44 | 532.39 |
| 2.2 | 102.20 | 206.65 | 313.40 | 422.50 | 534.00 |
| 2.3 | 102.30 | 206.95 | 314.01 | 423.53 | 535.57 |
| 2.4 | 102.40 | 207.26 | 314.64 | 424.60 | 537.20 |
| 2.5 | 102.50 | 207.56 | 315.25 | 425.63 | 538.77 |
| 2.6 | 102.60 | 207.87 | 315.88 | 426.70 | 540.40 |
| 2.7 | 102.70 | 208.17 | 316.49 | 427.73 | 541.97 |
| 2.8 | 102.80 | 208.48 | 317.12 | 428.80 | 543.61 |
| 2.9 | 102.90 | 208.78 | 317.73 | 429.84 | 545.20 |
| 3.0 | 103.00 | 209.09 | 318.36 | 430.91 | 546.84 |
| 3.1 | 103.10 | 209.40 | 319.00 | 432.00 | 548.50 |
| 3.2 | 103.20 | 209.70 | 319.61 | 433.04 | 550.10 |
| 3.3 | 103.30 | 210.01 | 320.24 | 434.11 | 551.74 |
| 3.4 | 103.40 | 210.32 | 320.88 | 435.20 | 553.41 |
| 3.5 | 103.50 | 210.62 | 321.49 | 436.24 | 555.01 |
| 3.6 | 103.60 | 210.93 | 322.12 | 437.31 | 556.65 |
| 3.7 | 103.70 | 211.24 | 322.76 | 438.41 | 558.34 |
| 3.8 | 103.80 | 211.54 | 323.37 | 439.45 | 559.94 |
| 3.9 | 103.90 | 211.85 | 324.01 | 440.54 | 561.61 |
| 4.0 | 104.00 | 212.16 | 324.65 | 441.64 | 563.31 |

附表 5　累计法平均增长速度查对表

递增速度　　　　　　　　　　　　　　　　　　　　　　　　间隔期：1～5 年

| 平均每年增长/% | 各年发展水平总和为基期的% | | | | |
|---|---|---|---|---|---|
| | 1 年 | 2 年 | 3 年 | 4 年 | 5 年 |
| 4.1 | 104.10 | 212.47 | 325.28 | 442.72 | 564.98 |
| 4.2 | 104.20 | 212.78 | 325.92 | 443.81 | 566.65 |
| 4.3 | 104.30 | 213.08 | 326.54 | 444.88 | 568.31 |
| 4.4 | 104.40 | 213.39 | 327.18 | 445.98 | 570.01 |
| 4.5 | 104.50 | 213.70 | 327.81 | 447.05 | 571.66 |
| 4.6 | 104.60 | 214.01 | 328.45 | 448.15 | 573.36 |
| 4.7 | 104.70 | 214.32 | 329.09 | 449.25 | 575.06 |
| 4.8 | 104.80 | 214.63 | 329.73 | 450.35 | 576.76 |
| 4.9 | 104.90 | 214.94 | 330.37 | 451.46 | 578.48 |
| 5.0 | 105.00 | 215.25 | 331.01 | 452.56 | 580.19 |
| 5.1 | 105.10 | 215.56 | 331.65 | 453.66 | 581.89 |
| 5.2 | 105.20 | 215.87 | 332.29 | 454.76 | 583.60 |
| 5.3 | 105.30 | 216.18 | 332.94 | 455.89 | 585.36 |
| 5.4 | 105.40 | 216.49 | 333.58 | 456.99 | 587.06 |
| 5.5 | 105.50 | 216.80 | 334.22 | 458.10 | 588.79 |
| 5.6 | 105.60 | 217.11 | 334.86 | 459.29 | 590.50 |
| 5.7 | 105.70 | 217.42 | 335.51 | 460.33 | 592.26 |
| 5.8 | 105.80 | 217.74 | 336.17 | 461.47 | 594.04 |
| 5.9 | 105.90 | 218.05 | 336.82 | 462.60 | 595.80 |
| 6.0 | 106.00 | 218.36 | 337.46 | 463.71 | 597.54 |
| 6.1 | 106.10 | 218.67 | 338.11 | 464.84 | 599.30 |
| 6.2 | 106.20 | 218.98 | 338.75 | 465.95 | 601.04 |
| 6.3 | 106.30 | 219.30 | 339.42 | 467.11 | 602.84 |
| 6.4 | 106.40 | 219.61 | 340.07 | 468.24 | 604.61 |
| 6.5 | 106.50 | 219.92 | 340.71 | 469.35 | 606.35 |
| 6.6 | 106.60 | 220.24 | 341.38 | 470.52 | 608.18 |
| 6.7 | 106.70 | 220.55 | 342.03 | 471.65 | 609.95 |
| 6.8 | 106.80 | 220.86 | 342.68 | 472.78 | 611.73 |
| 6.9 | 106.90 | 221.18 | 343.35 | 473.95 | 613.56 |
| 7.0 | 107.00 | 221.49 | 343.99 | 475.07 | 615.33 |
| 7.1 | 107.10 | 221.80 | 344.64 | 476.20 | 617.10 |
| 7.2 | 107.20 | 222.12 | 345.31 | 477.37 | 618.94 |
| 7.3 | 107.30 | 222.43 | 345.96 | 478.51 | 620.74 |
| 7.4 | 107.40 | 222.75 | 346.64 | 479.70 | 622.61 |
| 7.5 | 107.50 | 223.06 | 347.29 | 480.84 | 624.41 |
| 7.6 | 107.60 | 223.38 | 347.96 | 482.01 | 626.25 |
| 7.7 | 107.70 | 223.69 | 348.61 | 483.15 | 628.05 |
| 7.8 | 107.80 | 224.01 | 349.28 | 484.32 | 629.89 |
| 7.9 | 107.90 | 224.32 | 349.94 | 485.48 | 631.73 |
| 8.0 | 108.00 | 224.64 | 350.61 | 486.66 | 633.59 |

统计学基础

递增速度　　　　　　　　　　　　　　　　　　　　　　　　间隔期：1～5 年

| 平均每年增长/% | 各年发展水平总和为基期的% | | | | |
|---|---|---|---|---|---|
| | 1 年 | 2 年 | 3 年 | 4 年 | 5 年 |
| 8.1 | 108.10 | 224.96 | 351.29 | 487.85 | 635.47 |
| 8.2 | 108.20 | 225.27 | 351.94 | 489.00 | 637.30 |
| 8.3 | 108.30 | 225.59 | 352.62 | 490.19 | 639.18 |
| 8.4 | 108.40 | 225.91 | 353.29 | 491.37 | 641.05 |
| 8.5 | 108.50 | 226.22 | 353.95 | 492.54 | 642.91 |
| 8.6 | 108.60 | 226.54 | 354.62 | 493.71 | 644.76 |
| 8.7 | 108.70 | 226.86 | 355.30 | 494.91 | 646.67 |
| 8.8 | 108.80 | 227.17 | 355.96 | 496.08 | 648.53 |
| 8.9 | 108.90 | 227.49 | 356.63 | 497.26 | 650.41 |
| 9.0 | 109.00 | 227.81 | 357.31 | 498.47 | 652.33 |
| 9.1 | 109.10 | 228.13 | 357.99 | 499.67 | 654.24 |
| 9.2 | 109.20 | 228.45 | 358.67 | 500.87 | 656.15 |
| 9.3 | 109.30 | 228.76 | 359.33 | 502.04 | 658.02 |
| 9.4 | 109.40 | 229.08 | 360.01 | 503.25 | 659.95 |
| 9.5 | 109.50 | 229.40 | 360.69 | 504.45 | 611.87 |
| 9.6 | 109.60 | 229.72 | 361.37 | 505.66 | 663.80 |
| 9.7 | 109.70 | 230.04 | 362.05 | 506.86 | 665.72 |
| 9.8 | 109.80 | 230.36 | 362.73 | 508.07 | 667.65 |
| 9.9 | 109.90 | 230.68 | 363.42 | 509.30 | 669.62 |
| 10.0 | 110.00 | 231.00 | 364.10 | 510.51 | 671.56 |
| 10.1 | 110.10 | 231.32 | 364.78 | 511.72 | 673.50 |
| 10.2 | 110.20 | 231.64 | 365.47 | 512.95 | 675.47 |
| 10.3 | 110.30 | 231.96 | 366.15 | 514.16 | 677.42 |
| 10.4 | 110.40 | 232.28 | 366.84 | 515.39 | 679.39 |
| 10.5 | 110.50 | 232.60 | 367.52 | 516.61 | 681.35 |
| 10.6 | 110.60 | 232.92 | 368.21 | 517.84 | 683.33 |
| 10.7 | 110.70 | 233.24 | 368.89 | 519.05 | 685.28 |
| 10.8 | 110.80 | 233.57 | 369.60 | 520.32 | 687.32 |
| 10.9 | 110.90 | 233.89 | 370.29 | 521.56 | 689.32 |
| 11.0 | 111.00 | 234.21 | 370.97 | 522.77 | 691.27 |
| 11.1 | 111.10 | 234.53 | 371.66 | 524.01 | 693.27 |
| 11.2 | 111.20 | 234.85 | 372.35 | 525.25 | 695.27 |
| 11.3 | 111.30 | 235.18 | 373.06 | 526.52 | 697.32 |
| 11.4 | 111.40 | 235.50 | 373.75 | 527.76 | 699.33 |
| 11.5 | 111.50 | 235.82 | 374.44 | 529.00 | 701.33 |
| 11.6 | 111.60 | 236.15 | 375.15 | 530.27 | 703.38 |
| 11.7 | 111.70 | 236.47 | 375.84 | 531.52 | 705.41 |
| 11.8 | 111.80 | 236.79 | 376.53 | 532.76 | 707.43 |
| 11.9 | 111.90 | 237.12 | 377.24 | 534.03 | 709.48 |
| 12.0 | 112.00 | 237.44 | 377.93 | 535.28 | 711.51 |

附表 5　累计法平均增长速度查对表

递增速度　　　　　　　　　　　　　　　　　　　　　　　　　　　　　　间隔期：1～5 年

| 平均每年增长/% | 各年发展水平总和为基期的% | | | | |
|---|---|---|---|---|---|
| | 1 年 | 2 年 | 3 年 | 4 年 | 5 年 |
| 12.1 | 112.10 | 237.76 | 378.62 | 536.52 | 713.53 |
| 12.2 | 112.20 | 238.09 | 379.34 | 537.82 | 715.63 |
| 12.3 | 112.30 | 238.41 | 380.03 | 539.07 | 717.67 |
| 12.4 | 112.40 | 238.74 | 380.75 | 540.37 | 719.78 |
| 12.5 | 112.50 | 239.06 | 381.44 | 541.62 | 721.82 |
| 12.6 | 112.60 | 239.39 | 382.16 | 542.92 | 723.94 |
| 12.7 | 112.70 | 239.71 | 382.85 | 544.17 | 725.98 |
| 12.8 | 112.80 | 240.04 | 383.57 | 545.47 | 728.09 |
| 12.9 | 112.90 | 240.36 | 384.26 | 546.72 | 730.14 |
| 13.0 | 113.00 | 240.69 | 384.98 | 548.03 | 732.28 |
| 13.1 | 113.10 | 241.02 | 385.70 | 549.33 | 734.40 |
| 13.2 | 113.20 | 241.34 | 386.39 | 550.59 | 736.46 |
| 13.3 | 113.30 | 241.67 | 387.11 | 551.89 | 738.59 |
| 13.4 | 113.40 | 242.00 | 387.83 | 553.20 | 740.73 |
| 13.5 | 113.50 | 242.32 | 388.53 | 554.48 | 742.83 |
| 13.6 | 113.60 | 242.65 | 389.25 | 555.79 | 744.98 |
| 13.7 | 113.70 | 242.98 | 389.97 | 557.10 | 747.13 |
| 13.8 | 113.80 | 243.30 | 390.67 | 558.38 | 749.23 |
| 13.9 | 113.90 | 243.63 | 391.39 | 559.69 | 751.38 |
| 14.0 | 114.00 | 243.96 | 392.11 | 561.00 | 753.53 |
| 14.1 | 114.10 | 244.29 | 392.84 | 562.34 | 755.74 |
| 14.2 | 114.20 | 244.62 | 393.56 | 563.65 | 757.89 |
| 14.3 | 114.30 | 244.94 | 394.26 | 564.93 | 760.01 |
| 14.4 | 114.40 | 245.27 | 394.99 | 566.27 | 762.21 |
| 14.5 | 114.50 | 245.60 | 395.71 | 567.59 | 764.39 |
| 14.6 | 114.60 | 245.93 | 396.43 | 568.90 | 766.55 |
| 14.7 | 114.70 | 246.26 | 397.16 | 570.24 | 768.76 |
| 14.8 | 114.80 | 246.59 | 397.88 | 571.56 | 770.94 |
| 14.9 | 114.90 | 246.92 | 398.61 | 572.90 | 773.16 |
| 15.0 | 115.00 | 247.25 | 399.34 | 574.24 | 775.38 |
| 15.1 | 115.10 | 247.58 | 400.06 | 575.56 | 777.56 |
| 15.2 | 115.20 | 247.91 | 400.79 | 576.91 | 779.80 |
| 15.3 | 115.30 | 248.24 | 401.52 | 578.25 | 782.02 |
| 15.4 | 115.40 | 248.57 | 402.25 | 579.60 | 784.26 |
| 15.5 | 115.50 | 248.90 | 402.98 | 580.94 | 786.48 |
| 15.6 | 115.60 | 249.23 | 403.71 | 582.29 | 788.73 |
| 15.7 | 115.70 | 249.56 | 404.44 | 583.64 | 790.97 |
| 15.8 | 115.80 | 249.90 | 405.19 | 585.02 | 793.26 |
| 15.9 | 115.90 | 250.23 | 405.92 | 586.36 | 795.49 |
| 16.0 | 116.00 | 250.56 | 406.65 | 587.71 | 797.74 |

## 附表6 相关系数表

| $n-2$ | 5% | 1% | $n-2$ | 5% | 1% |
| --- | --- | --- | --- | --- | --- |
| 1 | 0.997 | 1.000 | 24 | 0.388 | 0.496 |
| 2 | 0.950 | 0.990 | 25 | 0.381 | 0.487 |
| 3 | 0.878 | 0.959 | 26 | 0.374 | 0.478 |
| 4 | 0.811 | 0.917 | 27 | 0.367 | 0.470 |
| 5 | 0.754 | 0.874 | 28 | 0.361 | 0.463 |
| 6 | 0.707 | 0.834 | 29 | 0.355 | 0.456 |
| 7 | 0.666 | 0.798 | 30 | 0.349 | 0.449 |
| 8 | 0.632 | 0.765 | 35 | 0.325 | 0.418 |
| 9 | 0.602 | 0.735 | 40 | 0.304 | 0.393 |
| 10 | 0.576 | 0.708 | 45 | 0.288 | 0.372 |
| 11 | 0.553 | 0.684 | 50 | 0.273 | 0.354 |
| 12 | 0.532 | 0.661 | 60 | 0.250 | 0.325 |
| 13 | 0.514 | 0.641 | 70 | 0.232 | 0.302 |
| 14 | 0.497 | 0.623 | 80 | 0.217 | 0.283 |
| 15 | 0.482 | 0.606 | 90 | 0.205 | 0.267 |
| 16 | 0.468 | 0.590 | 100 | 0.195 | 0.254 |
| 17 | 0.456 | 0.575 | 125 | 0.174 | 0.228 |
| 18 | 0.444 | 0.561 | 150 | 0.159 | 0.208 |
| 19 | 0.433 | 0.549 | 200 | 0.138 | 0.181 |
| 20 | 0.423 | 0.537 | 300 | 0.113 | 0.148 |
| 21 | 0.413 | 0.526 | 400 | 0.098 | 0.128 |
| 22 | 0.404 | 0.515 | 1 000 | 0.062 | 0.081 |
| 23 | 0.396 | 0.505 | | | |